LUTZ ZÜNDORF
DAS WELTSYSTEM DES ERDÖLS

NEUE BIBLIOTHEK DER SOZIALWISSENSCHAFTEN

Die Neue Bibliothek der Sozialwissenschaften versammelt Beiträge zur sozialwissenschaftlichen Theoriebildung und zur Gesellschaftsdiagnose sowie paradigmatische empirische Untersuchungen. Die Edition versteht sich als Arbeit an der Nachhaltigkeit sozialwissenschaftlichen Wissens in der Gesellschaft. Ihr Ziel ist es, die sozialwissenschaftlichen Wissensbestände zugleich zu konsolidieren und fortzuentwickeln. Dazu bietet die Neue Bibliothek sowohl etablierten als auch vielversprechenden neuen Perspektiven, Inhalten und Darstellungsformen ein Forum. Jenseits der kurzen Aufmerksamkeitszyklen und Themenmoden präsentiert die Neue Bibliothek der Sozialwissenschaften Texte von Dauer.

DIE HERAUSGEBER

Uwe Schimank ist Professor für Soziologie an der FernUniversität in Hagen.

Jörg Rössel ist Professor für Soziologie an der Universität Zürich.

Georg Vobruba ist Professor für Soziologie an der Universität Leipzig.

Redaktion: Frank Engelhardt

LUTZ ZÜNDORF
DAS WELTSYSTEM DES ERDÖLS
ENTSTEHUNGSZUSAMMENHANG, FUNKTIONSWEISE, WANDLUNGSTENDENZEN

VS VERLAG FÜR SOZIALWISSENSCHAFTEN

Bibliografische Information der Deutschen Nationalbibliothek
Die Deutsche Nationalbibliothek verzeichnet diese Publikation in der
Deutschen Nationalbibliografie; detaillierte bibliografische Daten sind im Internet über
<http://dnb.d-nb.de> abrufbar.

Für Christine und Julian

1. Auflage 2008

Alle Rechte vorbehalten
© VS Verlag für Sozialwissenschaften | GWV Fachverlage GmbH, Wiesbaden 2008

Lektorat: Frank Engelhardt

VS Verlag für Sozialwissenschaften ist Teil der Fachverlagsgruppe
Springer Science+Business Media.
www.vs-verlag.de

Das Werk einschließlich aller seiner Teile ist urheberrechtlich geschützt. Jede Verwertung außerhalb der engen Grenzen des Urheberrechtsgesetzes ist ohne Zustimmung des Verlags unzulässig und strafbar. Das gilt insbesondere für Vervielfältigungen, Übersetzungen, Mikroverfilmungen und die Einspeicherung und Verarbeitung in elektronischen Systemen.

Die Wiedergabe von Gebrauchsnamen, Handelsnamen, Warenbezeichnungen usw. in diesem Werk berechtigt auch ohne besondere Kennzeichnung nicht zu der Annahme, dass solche Namen im Sinne der Warenzeichen- und Markenschutz-Gesetzgebung als frei zu betrachten wären und daher von jedermann benutzt werden dürften.

Umschlaggestaltung: KünkelLopka Medienentwicklung, Heidelberg
Druck und buchbinderische Verarbeitung: MercedesDruck, Berlin
Gedruckt auf säurefreiem und chlorfrei gebleichtem Papier
Printed in Germany

ISBN 978-3-531-16085-6

Inhalt

Einleitung	**7**
1 Struktur und Dynamik der kapitalistischen Weltwirtschaft	**15**
1.1 Weltwirtschaft	15
1.2 Kapitalismus	29
1.3 Die langen Wellen der wirtschaftlichen und politischen Entwicklung	44
2 Die langen Wellen der ölbasierten Wirtschaft	**59**
2.1 Die formative Phase der modernen Erdölindustrie	59
2.2 Die Entwicklung der Weltölförderung	65
2.3 Erdöl als Schlüsselfaktor der wirtschaftlichen Entwicklung	81
2.4 Erdöl als strategischer Rohstoff im Weltsystem	100
3 Die Inkorporation externer Regionen	**125**
3.1 Die Inkorporation Lateinamerikas	132
3.2 Die Inkorporation des Nahen Ostens	140
3.3 Die Inkorporation Afrikas	151
3.4 Die Inkorporation Zentralasiens nach dem Zusammenbruch der Sowjetunion	157
4 Gegenmacht aus der Peripherie	**175**
4.1 Manifestation ursprünglicher Macht	181
4.2 Politik der Gegenmacht	199
4.3 Die Machtprobe und ihre Folgen	214
4.4 Inverse Effekte in Verbrauchs- und Förderländern	222
5 Weltwirtschaftliche Integration	**229**
5.1 Das alte Erdölregime der integrierten Konzerne	239
5.2 Das revolutionäre Regime der OPEC	258
5.3 Das neue Erdölregime im Zeichen der Marktkräfte	261
5.4 Erklärung der Regimewandel	270

| 6 | Die Zukunft des Erdölsystems | **277** |

| 7 | **Anhang** | **295** |

Bibliographie 295
Verzeichnis der Abbildungen und Tabellen 305
Sachregister 306

Einleitung

Diesem Buch liegt die Vorstellung zugrunde, dass Erdöl eine nicht vermehrbare, für viele Zwecke nutzbare und daher international umkämpfte Ressource ist, um deren Kontrolle sich ein komplexes und dynamisches System von Staaten, Unternehmen, Organisationen und Märkten herausgebildet hat, das man als *Weltwirtschaft des Erdöls* bezeichnen kann. Dieses System umfasst Öl verbrauchende Industrieländer und Öl exportierende Entwicklungsländer, multinationale Mineralölkonzerne aus den industriellen Importländern und Staatskonzerne aus den Exportländern, Märkte für Rohöl und Ölprodukte, sowie die OPEC als internationales Kartell der Exportstaaten und Gegenmacht zu den multinationalen Konzernen der Industrieländer. Dieses politökonomische Netzwerk hat sich von den Vereinigten Staaten ausgehend mit fortschreitender Industrialisierung seit der Mitte des 19. Jahrhunderts an auf immer mehr Länder ausgedehnt und umfasst nahezu die ganze Welt.

Die Globalisierung des Mineralölkomplexes kann aus verschiedenen Perspektiven betrachtet werden. Aus historischer Sicht ist vor allem der Prozess von Interesse, in dem Öl geschichtsmächtig wird und den Gang der wirtschaftlichen und politischen Entwicklung beeinflusst. Historiker identifizieren historische Weichenstellungen und rekonstruieren Entwicklungspfade, Kontinuitäten und Brüche. Geologen gehen von der Tatsache aus, dass es sich bei Erdöl um eine nicht vermehrbare Ressource handelt, die auf dem Globus ungleich verteilt ist und in den verschiedenen Regionen zu bestimmbaren Zeiten erschöpft sein wird. Auf der Basis theoretischer Überlegungen und empirischer Daten über Ölfunde, Fördermengen und Reserven entwickeln sie Hypothesen über den Produktionsverlauf und die statistische Reichweite des Öls. Ökonomen befassen sich vorrangig mit der In-Wert-Setzung und Bewertung des Erdöls. Sie untersuchen die Strategien und Strukturen multinationaler Mineralölkonzerne, die zwischen Förder- und Verbrauchsländern gespannten Handels- und Verarbeitungsketten, die Preisbildungsprozesse auf Märkten und Börsen. Politologen gehen internationalen Machtbeziehungen nach, untersuchen den Wechsel von Kooperation und Konflikt in der heterogenen Staatenwelt und erkunden die Möglichkeiten belastbarer

Ordnungssysteme. Aus soziologischer Sicht können Weltmärkte, multinationale Unternehmen und internationale Organisationen als rational motivierte Formen des Interessenausgleichs oder der Interessenverbindung betrachtet werden, die sich „quer" zu einzelnen Gesellschaften (Nationalstaaten, Volkswirtschaften) entwickeln, diese durchdringen, miteinander verbinden und voneinander abhängig machen (vgl. Zündorf 1999).

Sucht man nach einem Bezugsrahmen, in dem sich historische Rekonstruktion mit systematischer Analyse verbindenden lässt, kommt die *Weltsystemperspektive* in Betracht, wie sie von Fernand Braudel und Immanuel Wallerstein entwickelt worden ist (vgl. Braudel 1986; Wallerstein 1979; Zündorf 1995). Der Begriff „Perspektive" deutet darauf hin, dass es sich hierbei weniger um eine ausgearbeitete Theorie als vielmehr um eine bestimmte Sichtweise handelt. In ihr erscheint die „Welt" als ein hierarchisch strukturiertes System von „Zentren" und „Peripherien". Das Zentrum umfasst die wirtschaftlich am höchsten entwickelten und politisch mächtigsten Nationen, in denen die weltwirtschaftlich entscheidenden Akteure residieren und die weltwirtschaftlich relevanten Entscheidungen getroffen werden. Peripherien sind weniger entwickelte und schwächere Länder, deren Funktion darin besteht, die Zentrumsländer mit mineralischen und agrarischen Rohstoffen zu versorgen, im Gegenzug Fertigprodukte abzunehmen und Standorte für arbeitsintensive Routineproduktionen bereitzustellen. Aufgrund des internationalen Entwicklungs- und Machtgefälles kommt es zu ungleichen Tauschbeziehungen, die eine Verfestigung, wenn nicht Vergrößerung der globalen Asymmetrie fortschreiben.

In Bewegung gebracht und gehalten wird das moderne Weltsystem durch den *Kapitalismus*, der sich zuerst in den Ländern des Zentrums entfaltet und von dort aus bis in die Peripherien hinein ausgebreitet hat. Kapitalistische Unternehmer betrachten die ganze Welt als potentielle Nutzfläche, als Ressourcenpool, Absatzgebiet für Fertigprodukte und Ensemble von Produktionsstandorten. In Abhängigkeit von Organisationskapazitäten und Kapitalrechnung dehnen sie ihre Geschäftsfelder so weit aus, wie sie sich gerade noch rentieren. Da der Kapitalismus dazu tendiert, auf der Suche nach Investitions- und Gewinnchancen politische Grenzen zu durchqueren und Akteure aus vielen verschiedenen Ländern in seine Netzwerke einzubinden, kann er nicht nur als ökonomisches Phänomen betrachtet werden, sondern muss auch in seinem politischen und gesellschaftlichen Charakter erkannt werden.

Sowohl der Kapitalismus als auch die Weltwirtschaft wandeln sich in Form langer Wellen. Im Bereich der Wirtschaft spricht man in diesem Zusammenhang von *Kondratieff-Zyklen*, die von „dynamischen Unternehmern" ausgelöst und geformt werden. Nachdem die (fünfzig bis sechzig Jahre dauernden) langen Wellen der wirtschaftlichen Entwicklung nacheinander von Dampfmaschine und Baumwollindustrie, Eisenbahn und Stahl, Elektrizität und Chemie getragen wurden, kommt es im vierten Kondratieff-Zyklus zur „innovativen Kombination" von Erdöl und Verbrennungsmotor, die sich als Standardantrieb für Automobile, Schiffe und Flugzeuge durchsetzt und von den USA aus in der ganzen Welt verbreitet. Wie jede große Neuerung durchläuft auch der Öl-Auto-Komplex einen Zyklus von Aufstieg und Niedergang, in dem er zunächst zum Führungssektor der Wirtschaft avanciert, allmählich sein Innovationspotenzial erschöpft, um schließlich von einer neuen langen Welle, dem fünften Kondratieff-Zyklus im Zeichen der Informations- und Kommunikationstechnologie, verdrängt zu werden. Obwohl Erdöl seit langem keine Quelle großer Innovationen mehr ist und als Inputfaktor für wirtschaftliches Wachstum tendenziell an Bedeutung verliert, ist es für das alltägliche Funktionieren der Weltwirtschaft nach wie vor unentbehrlich. Man muss also unterscheiden zwischen der Bedeutung von Erdöl als Wachstumsfaktor und als Element der Systemerhaltung.

Industriewirtschaftliche Kondratieff-Zyklen bilden seit Beginn der Industrialisierung auch die Grundmechanismen der (doppelt so langen) *Hegemonialzyklen*, die sich auf die Abfolge der führenden Staaten im Weltsystem beziehen (vgl. Bühl 1990: 74). Unter „Hegemonialmächten" verstehen wir Staaten des Zentrums, die aufgrund ihrer wirtschaftlichen, politischen und militärischen Überlegenheit, aber auch wegen ihrer kulturellen Attraktivität, in der Lage sind, im Weltsystem für einen begrenzten Zeitraum ein neues Ordnungsmodell durchzusetzen, von dem nicht nur sie selbst, sondern auch viele andere Staaten profitieren. In der Weltwirtschaft des Erdöls haben wir es mit zwei einander ablösenden Hegemonialmächten zu tun: mit Großbritannien und den Vereinigten Staaten, unter deren Regie fast alle wichtigen Erdölregionen in die Weltwirtschaft eingegliedert wurden. Dabei stellt sich die Frage, inwieweit die Überlegenheit bei der wirtschaftlich-technischen Nutzung des Erdöls und bei der Verfügung über bedeutende Ölvorkommen im In- und Ausland zum Aufstieg der Vereinigten Staaten und zur Ablösung Großbritanniens als Hegemonialmacht beigetragen hat.

Hintergrund und Grundlage der beiden wiederkehrenden Typen langer Wellen ist eine dritte, noch viel längere und historisch einmalige lange Welle: die *sehr* lange Welle der *Weltölproduktion*. Man kann davon ausgehen, dass die Ausbeutung einer nicht vermehrbaren Ressource wie Mineralöl im Zeitablauf einen glockenförmigen Verlauf annimmt. In der Aufschwungphase steigt die Förderrate exponentiell an, flacht mit der allmählichen Erschöpfung der Vorkommen ab, erreicht ihr Maximum und geht mit rückläufigen Förderraten in die Abschwungphase über, die im Idealtyp ein Spiegelbild der Aufschwungphase darstellt (vgl. Campbell 2002: 73ff., 188ff.). Nach Auskunft maßgeblicher Geologen hat die Weltölförderung etwa die Hälfte dieses Zyklus durchlaufen. Nachdem die Weltölproduktion seit der ersten industriellen Förderung im Jahre 1859 etwa 100 Jahre großenteils exponentiell zugenommen hat, steigt sie seit einigen Jahrzehnten nur noch mit überwiegend abnehmenden Zuwachsraten und scheint sich ihrem Produktionsmaximum zu nähern. Wir betrachten diese lange Welle, über deren künftigen Verlauf es unterschiedliche Prognosen und Szenarien gibt, als eine Art langsamer Tiefenströmung, auf der sich die kurzwelligeren und stärker ausschlagenden wirtschaftlichen und politischen Zyklen aufbauen.

Diese drei Typen von langen Wellen können in ein noch umfassenderes Konzept integriert werden, das wir als *Hyperzyklus* bezeichnen. Er umfasst das gesamte (bisherige) Erdölzeitalter, verbindet den ökonomischen Kondratieff-Zyklus mit dem politischen Hegemonialzyklus und thematisiert damit auch die Auseinandersetzungen zwischen Zentren und Peripherien um die Kontrolle der Ölvorkommen und Wertschöpfungsketten. Unser Hyperzyklus des globalen Erdölsystems besteht aus einer Abfolge von vier, sich teilweise überlagernden historischen Phasen, in deren Mittelpunkt jeweils eine Weltregion und ein Funktionsproblem des Weltsystems stehen.

Terminus a quo ist der *Kapitalismus* der Zentrumsländer, der in Gestalt innovativer Unternehmer in einem bestimmten historischen Moment Erdöl als kommerziell verwertbare Ressource „entdeckt" und betriebsförmig zu fördern, zu verarbeiten und zu vermarkten beginnt. Als Ursprung der modernen Ölindustrie wird in der (amerikanisch beherrschten) Literatur die erste industrielle Erdölbohrung im Jahre 1859 im US-Bundesstaat Pennsylvania bezeichnet. Sie löst den ersten Ölboom aus, in deren Folge der bis heute größte, seinerzeit von John D. Rockefeller als Standard Oil Corporation gegründete und heute als Exxon firmierende Konzern entsteht.

Die zweite Phase ist gekennzeichnet durch die *Inkorporation* ölreicher Regionen durch Unternehmen und Staaten der Zentrumsländer. Mit der zunehmenden wirtschaftlichen und strategischen Bedeutung des Erdöls erhöht sich der Anreiz zur Erschließung zusätzlicher Lagerstätten und zu ihrer festen, machtpolitisch abgesicherten Einbindung in die expandierende Weltwirtschaft. Diese Phase beginnt schon Anfang des 20. Jahrhunderts, als britische und amerikanische Unternehmen mit mehr oder weniger großer Unterstützung ihrer jeweiligen Regierungen etwa zeitgleich in der westlichen Hemisphäre (Mexiko) und in der östlichen Hemisphäre (Persien) aktiv werden. Sie erreicht ihren Höhepunkt mit der exklusiven Eingliederung der ölreichsten Region, der arabischen Halbinsel, durch amerikanische Konzerne in den 1930er Jahren.

In der dritten Phase kommt es zu einer Konfrontation zwischen Zentrum und Peripherie um die Eigentums- und Verfügungsrechte an den Ölvorkommen. Während die Weltsystemperspektive davon ausgeht, dass derartige Auseinandersetzungen regelmäßig zugunsten des Zentrums entschieden werden, zeigt sich in der Weltwirtschaft des Erdöls eine abweichende Entwicklung. Die peripheren Ölexportstaaten waren im Stande, eine nahezu vollständige nationale Kontrolle der heimischen Ölvorkommen und Ölproduktion und damit auch eine fundamentale Veränderung der Vermarktungsbedingungen gegen den Widerstand der Zentrumsländer durchzusetzen. Dieser Prozess, der 1960 mit der Gründung der OPEC beginnt und in der ersten Ölkrise von 1973/74 seinen Höhepunkt erreicht, wird mit dem Konzept der *Gegenmacht (countervailing power)* zu erklären versucht.

In der vierten Phase wird nach einem neuen Interessenausgleich zwischen Industrie- und Exportländern gesucht, nachdem beide feststellen mussten, dass sie auf fundamentale Weise wechselseitig voneinander abhängig sind. Die Exportländer erkannten, dass sie ohne Vermittlung der multinationalen Konzerne keinen Zugang zu den großen Verbrauchsmärkten der Industrieländer finden würden, und die Konzerne fanden sich damit ab, ihre weltweiten Absatzmärkte nie wieder mit eigenem Öl bedienen zu können. Damit stellt sich das Problem der *(Re)Integration* des heterogenen Weltölsystems, in der die Beziehungen zwischen Staaten, Unternehmen und Märkten auf neue, effiziente und belastbare Weise zu ordnen wären.

Aufbau und Gliederung des vorliegenden Buches folgen diesem Hyperzyklus des Weltöls. Im ersten Kapitel wird der theoretische Bezugsrahmen für die historischen und empirischen Analysen in drei Schritten entfaltet.

Von der Weltsystemperspektive ausgehend, werden zunächst die strukturellen Besonderheiten der Weltwirtschaft des Erdöls ausgearbeitet. Im zweiten Abschnitt wird der Kapitalismus als Quelle der Bewegung und des Wandels mit seinen drei Kernelementen: Profitmaximierung als Ziel, Innovation und Expansion der Produktion als Mittel der Gewinnerzielung, herausgearbeitet. Im dritten Abschnitt werden die zyklischen Bewegungsmuster der kapitalistischen Weltwirtschaft modelliert.

Im zweiten Kapitel geht es um Erdöl als nicht vermehrbaren Rohstoff, als Schlüsselfaktor der wirtschaftlichen Entwicklung und als strategische Ressource von weltpolitischer Bedeutung. Die drei entsprechenden Typen langer Wellen: die lange Welle der Weltölförderung, der vierte Kondratieff-Zyklus und der US-Hegemonialzyklus werden in ihren Besonderheiten und Zusammenhängen untersucht. Dabei erweist sich die massenhafte Verfügbarkeit billigen Öls als notwendige Voraussetzung für seine Entfaltung als Schlüsselfaktor der wirtschaftlichen Entwicklung, und die Kontrolle großer Ölvorkommen und wichtiger Distributionswege in Verbindung mit der Führerschaft bei der technischen und ökonomischen Nutzung dieser Ressource erscheinen als unabdingbare Voraussetzungen für hegemoniale Machtentfaltung bis in die heutige Zeit hinein.

Thema des dritten Kapitels ist die räumliche Expansion der internationalen Ölwirtschaft: die von Staaten und Unternehmen der Zentrumsländer betriebene Inkorporation externer Regionen als Rohstofflieferanten der Öl basierten Weltwirtschaft. Von einer Typologie theoretischer Inkorporationsformen im Kontinuum von Freihandel und Imperium ausgehend, werden die historischen Inkorporationsmethoden der miteinander konkurrierenden und einander ablösenden Zentrumsländer Großbritannien und Vereinigte Staaten in den vier wichtigsten Erdölregionen analysiert: Lateinamerika mit Venezuela und Mexiko, der Nahe Osten mit Irak, Iran und Arabischer Halbinsel, das westafrikanische Nigeria und als vorerst letzte große Förderregion die zentralasiatischen Länder Aserbaidschan, Kasachstan und Turkmenistan.

Im vierten Kapitel wird der Aufbau von Gegenmacht in der Peripherie als Folge von zwei Prozessen untersucht: Zum einen als Reaktion auf die in den Konzessionsverträgen und Gewinnverteilungen zum Ausdruck kommenden Übermacht der westlichen Konzerne und zum anderen als Folge des Machtgewinns der Exportländer im Kontext von Entkolonialisierung, Staatenbildung und internationaler Kooperation. Wir werden sehen, in welchem Maß die Peripherie vom Zentrum gelernt hat und dessen Methoden unter ihren eigenen Voraussetzungen gegen jenes anwendet. So werden den Konzernen der Zentrumsländer die Staatskonzerne der Peripherie entgegengesetzt, und das Kartell der Konzerne findet einen Widerpart im Kartell der OPEC. Die Geschichte der internationalen Mineralölindustrie liefert ein Beispiel dafür, wie periphere Länder unter bestimmten Bedingungen die Austauschverhältnisse zum eigenen Vorteil verändern können. Sie zeigt aber auch, dass die kapitalistischen Zentrumsländer derartige „Abweichungen" relativ gut verkraften können und nicht unbedingt auf „ungleichen Tausch" zu ihren Gunsten in allen Bereichen angewiesen sind.

Im fünften Kapitel geht es um den Zusammenhalt des immer komplexeren und störanfälligeren Weltölsystems. In dem von wirtschaftlichen, politischen und kulturellen Konfliktlinien durchzogenen System ist Integration ein Dauerproblem, das immer wieder neu bewältigt werden muss. Wir werden drei einander ablösende Erdölregimes mit verschiedenartigen Ordnungsvorstellungen und Integrationsmechanismen unterscheiden: das alte Regime, dessen Regeln von den multinationalen Konzernen der Industrieländer bestimmt wurden, das revolutionäre Regime der OPEC, in dem die Exportstaaten die Übermacht der Konzerne brechen und neue Spielregeln durchsetzen, und schließlich das neue Erdölregime im Zeichen der Marktkräfte, der miteinander verquickten Güter- und Finanzmärkte. Damit schließt sich ein Zyklus, in dem der alte Industriekapitalismus durch den neuen Finanzkapitalismus durchdrungen und überformt worden ist. Dabei stellt sich die Frage, inwieweit die Zentrumsländer mit dem von ihnen entfesselten globalen Finanzkapitalismus die Herrschaft über das Öl mit neuen Mitteln zurückgewonnen haben.

Das letzte (sechste) Kapitel verbindet eine Zusammenfassung der wichtigsten Wandlungstendenzen mit einem Ausblick auf die Zukunft der globalen Ölwirtschaft. Dabei handelt es sich nicht um eine Prognose der weiteren Entwicklung des Gesamtsystems, sondern um eine Pointierung einzelner Wandlungsprozesse. Wie sich die abnehmende Dominanz des Westens, die Expansion und Variation des Kapitalismus, die Mobilisierung der letzten Ölreserven und -ressourcen, die globale Vermehrung von Gegenmachtpotentialen und die Fortsetzung des internationalen Kampfs um Ordnung und Hegemonie auf die weitere Entwicklung der Weltwirtschaft des Erdöls auswirken werden, ist offen und ungewiss.

1 Struktur und Dynamik der kapitalistischen Weltwirtschaft

Der theoretische Bezugsrahmen zur Analyse der Strukturbildungen, der Funktionsweise und der Entwicklungsdynamik der Weltwirtschaft des Erdöls besteht aus einer Konfiguration von drei miteinander verbundenen Begriffskomplexen: *„Weltwirtschaft"*, *„Kapitalismus"* und *„lange Wellen"*. Mit „Weltwirtschaft" ist nicht die Wirtschaft der ganzen Welt gemeint, sondern lediglich ein Ausschnitt, eine Mehrzahl von Ländern, die durch weltweite Arbeitsteilung und internationalen Austausch miteinander verbunden und voneinander abhängig sind. „Weltwirtschaft" repräsentiert den sich nur langsam verändernden strukturellen Rahmen, in dem der Kapitalismus als Profit orientierte, innovative und expansive Wirtschaftsweise seine eigentümliche Dynamik entfaltet und dabei auf Struktur und Funktionsweise der Weltwirtschaft zurückwirkt. Der Begriff der langen Wellen bezieht sich auf die grundlegenden Reproduktions- und Entwicklungsmechanismen von Weltwirtschaft und Kapitalismus und unterstellt, dass sich beide nicht kontinuierlich sondern zyklisch, in Abfolgen von Konjunkturen und Krisen, verändern. Die drei Leitbegriffe werden im Folgenden weiter ausgearbeitet, um einen raum-zeitlich umfassenden und strukturell differenzierten Bezugsrahmen für die empirische Analyse der Weltwirtschaft des Erdöls zu erhalten.

1.1 Weltwirtschaft

Braudel zufolge existieren „seit unvordenklichen Zeiten" nicht nur Gesellschaften, Kulturen, Staaten und Weltreiche, sondern auch Weltwirtschaften. „Folgen wir dem Gang der Weltgeschichte mit Siebenmeilenstiefeln, so präsentieren sich uns als frühe, von den gewaltigen Weltreichen der damaligen Zeit abstechende Weltwirtschaften das antike Phönizien, Karthago in seiner Glanzzeit, die hellenistische Welt und streng genommen auch Rom und der Islam im Anschluss an seine überwältigenden Erfolge. Im 9. Jahrhundert zeichnet sich mit dem normannischen Abenteuer am Rande Westeuropas eine zerbrechliche Weltwirtschaft von kurzer Dauer ab, deren Erbe andere antreten, und vom 11. Jahrhundert an baut Europa dann seine erste Weltwirtschaft auf, der bis in die Gegenwart weitere folgen sollten" (Braudel 1986: 20). Dabei gab es zur gleichen Zeit oft ein Nebeneinander koexistierender Weltwirtschaften, zuletzt eine antagonistische Koexistenz von kapitalistischer und sozialistischer Weltwirtschaft. Erst seit dem Zusammenbruch der Sowjetunion gibt es nur noch eine einzige Weltwirtschaft, aber auch die ist weit davon entfernt, die ganze Welt zu umfassen.

Universalhistoriker kennen also eine beträchtliche Zahl von Weltwirtschaften und könnten daher versuchen, Typologien zu entwickeln und Entwicklungsgesetze zu formulieren. Genau das versucht Braudel und erweist sich dabei ebenso als Soziologe wie als Historiker. Vorsichtigerweise spricht er allerdings nicht von „Gesetzmäßigkeiten" oder gar „Gesetzen", sondern von „tendenziellen Regeln". Es handelt sich dabei um historisch-empirische Generalisierungen im Spannungsfeld zwischen narrativem Historismus (Beschreibung, wie sich die Dinge „wirklich zugetragen haben") und abstrakter Theorie in Form raum-zeitlich invarianter Gesetze. Man könnte mit Merton hier auch von einer Theorie mittlerer Reichweite sprechen, die mehr ist als eine bloße ad-hoc-Theorie „wie sie dauernd zur Verständigung über einzelne wahrgenommene empirische Regelmäßigkeiten produziert werden, aber weniger als umfassende und komplexe Theorien bzw. integrierte theoretische Zusammenhänge" (König 1973: 3). In unserem Zusammenhang stellt sich die Frage, inwieweit die von Braudel aus der langzeitlichen und großräumigen Analyse der verschiedenen Weltwirtschaften heraus induktiv gewonnenen Regeln helfen, die Entwicklung der Weltwirtschaft des Erdöls zu beschreiben und zumindest ansatzweise zu erklären.

Auch Wallerstein sucht eine Vermittlung zwischen ideographischen und nomothetischen Formen der Analyse, eine „*via media* between transhistorical generalizations and particularistic narrations" (Wallerstein 1991: 244). Ähnlich wie Braudel gilt sein Interesse raum- und zeitgebundenen Systemen, insbesondere dem *„historischen Kapitalismus"*. In dem gleichnamigen Buch versucht Wallerstein „zu beschreiben, was Kapitalismus in der Praxis bedeutet, wie er als System funktioniert, warum er sich so entwickelte, wie er sich entwickelte und in welche Richtung er sich gegenwärtig bewegt" (Wallerstein 1984: 9). Die Warum-Frage deutet darauf hin, dass Wallersteins Ambition über eine bloße Beschreibung hinaus auf eine theoretische Erklärung zielt. Erklärung bedeutet für ihn offensichtlich die Identifizierung derjenigen – invarianten – Regeln, nach denen die kapitalistische Weltwirtschaft funktioniert und nach denen sie sich – unter verändernden historischen Bedingungen – beständig reproduziert. Die wohl allgemeinste Formulierung dieser Regel lautet: „Insgesamt wirkt das System >>räumlich<< als allgegenwärtige Trennung in ... >>Zentren<< und >>Peripherien<<, verbunden und reproduziert durch Prozesse der Kapitalakkumulation und des ungleichen Tauschs; >>zeitlich<< funktioniert es im wesentlichen zyklisch dergestalt, dass sein >>Wachstum<< ... bislang in >>Wellen<< verlief und weiterhin verläuft ..." (Hopkins/Wallerstein 1979: 152).

Braudels und Wallersteins Regeln der Analyse von Weltwirtschaften lassen sich (unter Einbeziehung weiterer Autoren) wie folgt zusammenfassen:

1. „Den ersten Schritt zum Verständnis einer Weltwirtschaft bildet die Abgrenzung des von ihr eingenommenen Raums", und die erste Regel ist eine *„langsame Veränderung des Raums"* (Braudel 1986: 22). Dabei kann zwischen innerer und äußerer Erschließung oder Expansion unterschieden werden. Der Begriff der „inneren" Expansion verweist auf den Sachverhalt, dass nicht sämtliche Gebiete, die innerhalb der Grenzen einer Weltwirtschaft liegen, notwendigerweise von Anfang an wirtschaftlich integriert sind. Während die äußere Expansion schon an Grenzen gestoßen ist, kann die innere Erschließung noch nicht völlig abgeschlossen sein. In allen Weltwirtschaften, selbst in Zentrumsländern, gibt es „neutrale Zonen", die überhaupt nicht oder verzögert in die Weltwirtschaft integriert werden, weil sie weder als Rohstofflieferanten noch als Produktionsstandorte oder Absatzgebiete attraktiv erscheinen.

Raumbezogene Wirtschaftsprozesse können in Richtung und Geschwindigkeit variieren; sie müssen weder dauerhaft expansionistisch, noch gleich bleibend langsam verlaufen. So beobachtet Wallerstein bei der Entwicklung der „europäischen Weltwirtschaft" einen Wechsel von Phasen der Expansion, in denen immer mehr Regionen und Sektoren in das System einbezogen werden, und Phasen der Konsolidierung, in denen die Strukturen vertieft werden.[1] Bei der räumlichen Ausdehnung der Mineralölwirtschaft ist

---

[1] In Stichworten: Erste Phase (1450-1640): Entstehung der europäischen Weltwirtschaft im „langen 16. Jahrhundert"; Auslöser: Krise des Feudalismus, die zu räumlicher Expansion führt; Entwicklung einer internationalen Arbeitsteilung; Schwerpunktverlagerung

zu unterscheiden zwischen Räumen der Produktion und Räumen des Verbrauchs. Die geologisch bedingten Produktionsräume sind wesentlich kleiner als die von Industrialisierung und Wirtschaftswachstum getriebenen Verbrauchsräume. Letztere umfassen inzwischen mehr oder weniger die ganze Welt, wenn auch mit sehr unterschiedlichen Verbrauchsintensitäten. Die Produktionsräume liegen auf der nördlichen Erdkugel und sind dort in zwei Gürteln konzentriert, die zusammen mehr als 80 Prozent des Erdöls umfassen. Ein westlicher Gürtel erstreckt sich von Alaska durch Kanada und die Vereinigten Staaten über Mittelamerika (Mexiko) bis zum nördlichen Südamerika (Venezuela). Ein östlicher Gürtel verläuft in konvexer Form durch Russland über den Nahen Osten (Iran, Irak, Arabien) nach Nordafrika (Libyen, Algerien); er wird wegen seiner Form und Bedeutung – hier lagern ca. 70 Prozent der konventionellen Weltölreserven und ca. 68 Prozent der Weltgasreserven – auch „strategische Ellipse" genannt (vgl. Kosinowski 2002: 70ff.). Produktions- und Verbrauchsräume sind nur partiell kongruent. Es gibt nur eine relativ kleine geo-ökonomische Schnittmenge von Produktion und Verbrauch. Sie wird größtenteils von den Vereinigten Staaten ausgefüllt, die von Anfang an gleichzeitig Förder- und Verbrauchsland sind, daher beide Welten wohl am besten kennen und ihre Wechselwirkungen vermutlich am besten verstehen.

2. Der Raum, den eine Weltwirtschaft einnimmt, lässt sich hierarchisch in *Zentrum*, *Semiperipherie*, *Peripherie* und *Außenarena* gliedern. Das Zentrum ist der wirtschaftlich am höchsten entwickelte und politisch mächtigste Sektor des Weltsystems. Hier residieren die weltwirtschaftlich entscheidenden Akteure: die mächtigsten Regierungen und die größten Unternehmen. Hier werden die weltwirtschaftlich relevanten Entscheidungen getroffen, von hier aus werden

---

des Zentrums der Weltwirtschaft vom Mittelmeer (Venedig, Genua) zum Atlantik (Niederlande); zweite Phase (1650/1730-1750): Konsolidierung der Weltwirtschaft im Zeichen des Merkantilismus; Aufstieg Englands und Verdrängung der Niederlande aus dem Zentrum; dritte Phase (1750-1917): Entwicklung des Industriekapitalismus; erneute geographische Ausweitung der Weltwirtschaft und Zunahme des Welthandels; Suche nach Rohstofflagerstätten; Entfaltung des Imperialismus; vierte Phase (nach 1917): Konsolidierung der industriekapitalistischen Weltwirtschaft trotz Rückschläge durch weltweite Kriege und Krisen; Aufstieg der USA mit Ablösung Großbritanniens als Zentrum der Weltwirtschaft; Entkolonialisierungs- und Staatenbildungsprozesse nach dem Zweiten Weltkrieg (vgl. Wallerstein 1979: 53ff.).

die Produktionsfaktoren Länder übergreifend kombiniert und die globalen Geld- und Güterströme dirigiert. Die die Zentrumsländer umgebende Semiperipherie umfasst sowohl abgestiegene Zentrumsländer als auch aus der Peripherie aufgestiegene Länder, wie z. B. die so genannten Schwellenländer (*Newly Industrialized Countries*), die die Zentrumsländer wirtschaftlich herausfordern und selbst eine Position im Zentrum anstreben. Diese „Mittelschicht" von Ländern ist für die Funktionsfähigkeit der Weltwirtschaft als Ensemble von Produktionsstandorten und Absatzmärkten, aber auch als Vermittler und Puffer zwischen Zentrum und Peripherie unentbehrlich. An die Semiperipherie schließt sich die riesige abhängige Peripherie an, deren Funktion vor allem darin besteht, die Zentrumsländer mit mineralischen und agrarischen Rohstoffen zu versorgen. „Welche Erzeugnisse auch immer produziert wurden, das Zentrum hat sich stets auf Wirtschaftstätigkeiten mit vergleichsweise hohem Mechanisierungsgrad, hohen Gewinnspannen, hohen Löhnen und hoch qualifizierten Arbeitskräften spezialisiert, während der Peripherie nur das Gegenteil blieb. Die Semiperipherie weist dagegen eine Mischung aus zentralen und peripheren Wirtschaftsaktivitäten auf: Sie betreibt Außenhandel in zwei verschiedenen Richtungen" (Hopkins/Wallerstein 1979: 172f.).[2] Die Außenarena schließlich umfasst Regionen, die nicht in die Weltwirtschaft integriert und für ihre Funktionsweise ohne Bedeutung sind. Man kann sie auch als potentielle Peripherie bezeichnen, die bei Bedarf inkorporiert wird.

In der Weltwirtschaft des Erdöls entspricht die Differenz von Verbrauch und Produktion (beziehungsweise von Import- und Exportländern) weitgehend der Differenz von Zentrum und Peripherie. Auf der einen Seite haben wir es mit einer Gruppe von hoch entwickelten Ländern zu tun, die aufgrund ihrer energieintensiven Wirtschafts- und Lebensweise große Mengen von Erdöl verbrauchen, selbst aber über keine ausreichenden Ölvorkommen verfügen, auf der anderen Seite mit einer wesentlich kleineren Gruppe überwiegend weniger entwickelter Länder, die über große Erdölvor-

---

[2] An anderer Stelle wird der Semiperipherie vor allem eine politische Funktion zugeschrieben: „Man könnte sagen, dass die Weltwirtschaft als Ökonomie ohne Semiperipherie genauso gut funktionieren würde wie mit einer solchen. Aber sie wäre politisch weit weniger stabil, weil das Fehlen der Semiperipherie ein polarisiertes Weltsystem zur Folge hätte. Die Existenz der dritten Kategorie bedeutet gerade, dass die Oberschicht nicht mit der vereinigten Opposition aller übrigen konfrontiert wird, weil die Mittelschicht sowohl ausgebeutet wird als auch selbst ausbeutet" (Wallerstein 1979: 51f.).

kommen verfügen, diese international vermarkten und aus den Exporterlösen einen großen Teil ihrer Staatseinnahmen bestreiten. Obwohl die USA immer noch einer der größten Ölproduzenten sind, zählen wir sie zur Gruppe der Verbrauchsländer, weil sie als das weitaus größte Verbrauchsland ihre eigenen Ölvorkommen selbst verbrauchen und inzwischen auch der weitaus größte Importeur von Mineralöl sind.

Zentren und Peripherien stehen sich nicht als homogene Blöcke gegenüber, sondern sind in sich wirtschaftlich, politisch und kulturell gespalten. Dies gilt vor allem für die peripheren Exportländer, die nach Ölreserven, Pro-Kopf-Einkommen, politischen Herrschaftsformen und kultureller Zugehörigkeit enorm differieren. Ländern mit großen Reserven, relativ geringer Bevölkerungszahl und hohen Pro-Kopf-Einkommen wie Kuwait und die Vereinigten Emirate stehen bevölkerungsreiche Länder mit geringen Reserven und niedrigen Pro-Kopf-Einkommen wie Ägypten oder auch Nigeria gegenüber. Höchst unterschiedlich sind auch die politischen Herrschaftsformen und kulturellen Orientierungen. Das Spektrum reicht von Demokratien (Mexiko, Venezuela) über Theokratien mit demokratischen Elementen (Iran) bis zu Monarchien ohne demokratische Legitimation (arabische Staaten). Verschiedenartig sind auch die kulturellen Zugehörigkeiten. Die Länder des Nahen Ostens gehören ausnahmslos der islamischen Kultur an; die lateinamerikanischen Länder (Mexiko, Venezuela) bilden Huntington zufolge einen eigenen, vom „Westen" verschiedenen Kulturkreis; Russland wird zum orthodoxen Kulturkreis gezählt, der ebenfalls von „Westen" unterschieden wird; und Nigeria wird vom afrikanischen und islamischen Kulturkreis durchschnitten (vgl. Huntington 1996: 49ff.). Demgegenüber sind die Zentrumsländer im Hinblick auf Ölabhängigkeit, Pro-Kopf-Einkommen, politischer Herrschaft und kultureller Zugehörigkeit sehr viel homogener. Sie sind ausnahmslos Demokratien und gehören mit Ausnahme Japans *einem*, dem westlichen, Kulturkreis an, – was aber unterschiedliche Politiken gegenüber den Öl exportierenden Staaten keinesfalls ausschließt, wie nicht nur der dritte Irakkrieg, sondern die gesamte Geschichte der internationalen Ölwirtschaft zeigt.

Aus der Gruppe der Zentrumsländer hebt sich von Zeit zu Zeit eine *Hegemonialmacht* heraus, ein Zentrumsstaat, der in der Lage ist, dem zwischenstaatlichen System sein Regelwerk aufzuzwingen und dadurch vorübergehend eine neue politische Ordnung zu schaffen (Wallerstein 2002: 357).[3] Die Fähigkeit zur Durchsetzung einer weltweiten Ordnung basiert im Wesentlichen auf einer Kombination von technisch-ökonomischer Überlegenheit und politisch-militärischer Dominanz. Da es sich bei der Aufrechterhaltung einer internationalen Ordnung um ein kollektives oder öffentliches Gut handelt, dessen (Re-)Produktion erhebliche Kosten verursacht, muss eine Hegemonialmacht über eine leistungsfähige Wirtschaft verfügen. Um nicht zu viele Ressourcen für ihre globale Ordnungs- und Sicherheitsfunktion einsetzen zu müssen, streben Hegemonialmächte die Zustimmung und Beteiligung anderer Zentrumsländer und möglichst auch semiperipherer und peripherer Länder an. Dies gilt für die britische wie die amerikanische Hegemonie; beide einander ablösenden und zeitweise miteinander konkurrierenden Hegemonialmächte stützen ihre politischen Weltordnungen auf Kombinationen wirtschaftlicher, politischer und militärischer Stärke und auf ideologische Überzeugungskraft.

Ein Problem wirft die Zwischenkategorie der Semiperipherie auf. Es stellt sich die Frage, ob und inwieweit man in der Weltwirtschaft des Erdöls eine „Mittelschicht" von Ländern definieren kann, die die Polarisierung zwischen Zentrum und Peripherie abmildern und zu einer Stabilisierung des Systems beitragen. Unter ökonomischen Aspekten könnte man einige Exportländer insofern zur Semiperipherie rechnen, als sie nicht nur Rohöl, sondern in erheblichem Masse auch Industriegüter exportieren. Entscheidend für den Status einer Semiperipherie ist laut Wallerstein aber nicht ihre ökonomische Struktur, sondern ihre politische Funktion, ihre Fähigkeit zur Vermittlung zwischen Zentrum und Peripherie. Hierfür kämen Mexiko und Russland in Betracht. Mexiko ist in beiden Welten verankert: als Rohölexporteur ist es der Peripherie verbunden und als Mitglied der NAFTA dem (nordamerikanischen) Zentrum angeschlossen. Russland ist einem Teil des Zentrums (Europa) und dem wichtigsten Teil der Peripherie (Naher Osten) benachbart, gehört weder dem westlichen noch dem islamischen Kulturkreis an, sondern ist „Kernstaat" eines eigenen (orthodoxen) Kulturkreises (vgl.

---

3 An anderer Stelle wird „Hegemonie" etwas präziser definiert als „die relativ große Überlegenheit einer Macht des Zentrums über andere Zentrumsmächte, und zwar so, dass keine zweite Macht und kein Zusammenschluss zweier Mächte imstande wäre, die wirtschaftliche Überlegenheit der stärksten Zentralmacht effektiv anzutasten" (Hopkins/Wallerstein 1979: 164).

Huntington 1996: 260ff.). Russlands Einfluss ist geringer als der der amerikanischen Hegemonialmacht, aber größer als der jedes anderen (semi-)peripheren Staates. Unter diesen Aspekten scheint zur Vermittlung zwischen den beiden Welten kein Land besser geeignet zu sein als das ambitionierte Russland (vgl. Rahr 2006).

3. Die vertikale Differenzierung in Zentrum und Peripherie ist mit einer horizontalen Differenzierung in Form einer *internationalen Arbeitsteilung* verbunden. „Wenn man von einer Arbeitsteilung innerhalb des Weltsystems spricht, so bedeutet das, daß die verschiedenen geographischen Gebiete, aus denen sich das System zusammensetzt, auf verschiedene Produktionsaufgaben spezialisiert ... und auf wirtschaftlichen Austausch mit anderen angewiesen sind, um die Bedürfnisse des eigenen Gebiets reibungslos und kontinuierlich zu befriedigen". (Hopkins/Wallerstein 1979: 172). Aus der Weltsystemperspektive erscheint internationale Arbeitsteilung nicht als Ergebnis freiwilliger Spezialisierung autonomer und gleichberechtigter Staaten nach dem Kalkül komparativer Vorteile (wie es die klassische Ökonomie unterstellt), sondern als Folge eines expansiven Kapitalismus, der ursprünglich von Europa und später von den USA aus zahlreiche Länder penetriert, transformiert und in das nach seinen Bedürfnissen und Interessen gestaltete System integriert hat. Dabei hat sich der Charakter der spezifischen Aufgaben im Zeitverlauf zwar verändert, „doch gilt für alle Zeiten, dass diese Aufgaben nicht denselben wirtschaftlichen Gewinn einbringen. In der Weltwirtschaft geht >>Komplementarität<< mit Ungleichheit einher". (Hopkins/Wallerstein 1979: 172).

Während die mit der überseeischen Expansion Europas und der Kolonialisierung großer Teile Amerikas, Afrikas und Asiens entstandene internationale Arbeitsteilung in der Form einer großenteils erzwungenen Spezialisierung der Peripherie auf agrarische und mineralische Rohstoffe und einer selbst bestimmten Spezialisierung der Zentrumsländer auf gewerbliche und industrielle Produkte in der Weltwirtschaft insgesamt stark an Bedeutung verloren hat, ist sie in der Weltwirtschaft des Erdöls noch deutlich ausgeprägt. Gegen den allgemeinen Trend einer Veränderung der Exportstruktur der Entwicklungs- und Schwellenländer zugunsten von Halb- und Fertigwaren mit rückläufigem Anteil an Rohstoffen hat sich in der Weltwirtschaft des Öls die archaische Form der internationalen Arbeitsteilung weitgehend erhalten. Vor allem die arabischen Länder, die über die weltweit größten Vorräte verfügen, haben sich – nicht nur unter äußerem Zwang, sondern auch aus eigenem Interesse – auf den Export von Rohöl und Ölprodukten spezialisiert und zu „*Rentierstaaten*" entwickelt. Dabei handelt es sich um „politische Systeme, deren finanzielle Grundlagen zu einem hohen Prozentsatz nicht aus Steuern, sondern aus internationalen Einnahmen bestehen, z. B. aus Einnahmen aus dem Verkauf von Erdöl, Kanal- und Pipelinegebühren, Dividenden aus dem Ausland oder politisch bedingten Kapitalhilfen ... Den Einnahmen stehen keine entsprechenden Aufwendungen gegenüber, etwa in Form von Kapital- und Arbeitseinsatz. Die Renten fließen also gleichsam von selbst. Sie stärken den einnehmenden Staat, seinen Apparat bzw. die über sie verfügenden Cliquen bzw. Familien. Der Demokratie fördernde Ansatz '*No taxation without representation*' kommt hier nicht zum Tragen, da der Staat auf die Steuern seiner Untertanen nicht angewiesen ist". (Pawelka/ Wehling 1999: 9).

4. Die horizontal und vertikal differenzierte Grundstruktur von Zentrum, Semiperipherie und Peripherie wird Hopkins und Wallerstein zufolge durch „*ungleichen Tausch*" beständig reproduziert: „Was für die Konzeption von zentraler Bedeutung ist, ist die Tatsache des ungleichen Tausches ... mit Hilfe ganz bestimmter Mechanismen ..., welche die grundlegende Arbeitsteilung zwischen Zentrum und Peripherie selbst fortwährend reproduzieren – und dies obwohl es im Lauf der Jahrhunderte tief greifende Veränderungen in der jeweiligen Organisation der Produktionsprozesse und ständige Verschiebungen zwischen den Gebieten und Prozessen, die das Zentrum, die Semiperipherie und die Peripherie ausmachen, gegeben hat" (vgl. Hopkins/ Wallerstein 1979: 159). Ungleicher Tausch ist vor allem durch Unterschiede in der Stärke der Staatsapparate bedingt: „Sobald es einen Unterschied in der Stärke der Staatsapparate gibt, beginnt auch der Mechanismus des >>ungleichen Tausches<< zu wirken, ein Mechanismus, den starke Staaten gegen schwache, Länder des Zentrums gegen periphere Gebiete einsetzen" (Wallerstein 1979: 47). Davon profitieren dann auch die Unternehmen der Zentrumsländer, insbesondere die der Hegemonialmächte, die bei der Organisation des Austauschs mit den Peripherien Gewinne realisieren, die über denen liegen, die ein (staats-)freier Markttausch ermöglichen würde.

Während die Konzeption der Weltwirtschaft als arbeitsteiliges und geschichtetes System von Ländern plausibel und unproblematisch erscheint, ist der Begriff des ungleichen Tausches und die These, nach der die Entwicklung der Zentrumsländer im Wesentlichen mit dem peripheren und semiperipheren Regionen abgepressten „*surplus*" finanziert wurde, höchst umstritten (vgl. Pomeranz 2000: 3ff., 14ff., 186ff.). Gegen Wallerstein wurde eingewandt, dass für die Kapitalbildung in den Zentrumsländern technische und organisatorische Innovationen, expandierende Binnenmärkte, staatlich garantierte Eigentumsrechte und andere institutionelle Errungenschaften – endogene Faktoren also – ungleich relevanter waren als „*overseas extraction*".[4] Auf der anderen Seite ist zu bedenken, dass der finanzielle Beitrag der Peripherie für die Kapitalakkumulation in den Zentrumsländern zwar marginal gewesen sein mag, dass aber die physischen Ressourcen der Peripherie für die Entfaltung und Funktionsweise der Weltwirtschaft nach wie vor unentbehrlich sind.[5]

Das Konzept des ungleichen Tausches erfordert Differenzierungen in dreierlei Hinsicht. Erstens stellt die Vorstellung eines Austauschs zwischen Staaten oder Ländern eine übermäßige Vereinfachung dar. Staaten sind keine unmittelbaren Tauschpartner, sondern stehen über multinationale Konzerne, die den internationalen Handel organisieren, Rohöl in Ölprodukte transformieren und den größten Teil der Wertschöpfungskette kontrollieren, in vielfach vermittelten Austauschbeziehungen. Wenn man die Austauschverhältnisse angemessen analysieren will, kann man nicht von den vermittelnden Konzernen abstrahieren. Somit ist es nur konsequent, wenn sich die vor allem von Seiten der Peripherie vorgebrachte Kritik an vermeintlich ungerechten Tauschbeziehungen primär nicht an die Regierungen der Zentrumsländer richtet, sondern auf die Praktiken der multinationalen Konzerne konzentriert. Zweitens zeigt sich in der Weltwirtschaft des Erdöls, dass die Austauschbeziehungen zwischen Zentren und Peripherien nicht unveränderlich sind und nicht bis in alle Ewigkeit zum Vorteil der Zentren funktionieren müssen. Unter bestimmten Bedingungen kann es peripheren Ländern gelingen, die internationalen Austauschbeziehungen zu ihren Gunsten zu verändern, vor allem dann, wenn sie über wirtschaftlich relevante, nicht vermehr-

---

[4] Z. B. haben die Profite aus dem interkontinentalen Handel für Großbritannien am Ende des 18. Jahrhunderts nach Berechnungen von O'Brien höchstens ein Fünftel der gesamten Kapitalbildung ausgemacht und für Europa insgesamt noch weit weniger. Er kommt zu dem Ergebnis: „for the economic growth of the core, the periphery was peripheral" (O'Brien 1982: 12).

[5] Dies konzediert auch Pomeranz, wenn er darauf verweist, dass die Extraktion überseeischer Ressourcen, insbesondere die der Neuen Welt, für den Aufstieg Europas von großer Bedeutung waren (vgl. Pomeranz 2000: 12f., 23).

bare und schwer substituierbare Ressourcen verfügen und wenn sie kollektiv handeln. Die so genannte „OPEC-Revolution" ist ein eindrucksvolles, wenn auch seltenes Beispiel für die Aktivierung von Gegenmachtpotentialen in der Peripherie. Drittens hat sich herausgestellt, dass der Kapitalismus der Zentrumsländer eine Abkehr von asymmetrischen Tauschbeziehungen verkraften und sich auf weniger vorteilhafte Tauschrelationen einstellen kann. Während der erste Ölpreisschock von 1973/74 noch zu einem sprunghaften Anstieg der Inflation und der Arbeitslosigkeit führte und das Wirtschaftswachstum abrupt stoppte, zeigten die nachfolgenden Preisschocks von 1979/80 (im Kontext der islamischen Revolution im Iran) und von 1991 (als Folge der Invasion Kuwaits durch den Irak und der anschließenden Militärintervention der USA) deutlich geringere Auswirkungen auf makroökonomische Variablen, wie Wirtschaftswachstum, Arbeitslosigkeit, Inflation (vgl. Sachverständigenrat 2004/2005: 150-165). Dies spricht für die Anpassungsfähigkeit und Innovationskraft des Kapitalismus, dem es zunehmend besser gelingt, Wirtschaftswachstum vom Energieeinsatz zu entkoppeln.

5. Aufgrund ihrer strukturellen Ungleichheit und Heterogenität ist eine Weltwirtschaft jederzeit anfällig für *Konflikte*: für Konflikte zwischen den Ländern des Zentrums, für Konflikte zwischen Zentren und Peripherien sowie für Konflikte zwischen peripheren Exportländern. Konflikte zwischen Zentrumsländern beziehen sich vor allem auf den internationalen Staatenwettbewerb um die Erringung einer hegemonialen Position, die es erlaubt, das eigene Ordnungsmodell im Weltsystem durchzusetzen und die Beziehungen zu wichtigen Peripherieländern zu kontrollieren. Der mit politisch-militärischen und ökonomisch-kommerziellen Mitteln geführte Kampf um Hegemonie und Weltordnung involviert in der Regel auch die Peripherien und Semiperipherien, deren Rohstoffe, Absatzmärkte und Standortvorteile für die Aufrechterhaltung oder Vergrößerung der eigenen wirtschaftlichen und politischen Macht von erheblicher Bedeutung sein können. In solchen Hegemonialkonflikten geht es nicht zuletzt auch um die Definition von Interessensphären und Einflussgebiete, um monopolisierten oder freien Zugang zu den Ressourcen der Peripherie.

Konflikte zwischen Zentren und Peripherien kreisen zumeist um drei Fragenkomplexe: um die Eigentums- und Verfügungsrechte an den Ressourcen der Peripherien, um die Organisation und Kontrolle ihrer Weiterverarbeitungs- und Vermarktungsprozesse, sowie um die Verteilung der Gewinne aus den verschiedenen Abschnitten der Wertschöpfungsketten. Konflikte nehmen an Schärfe und Komplexität zu, wenn ökonomische Konflikte über Fragen der Wertbestimmung und Gewinnverteilung mit politischen Problemen wie z. B. Machtverschiebungen im Zentrum oder Unabhängigkeitsbewegungen in der Peripherie oder auch kulturellen Divergenzen, die aus der Zugehörigkeit von Zentren und Peripherien zu unterschiedlichen Kulturkreisen resultieren, verwoben sind.

Konflikte zwischen peripheren Exportländern beziehen sich (in Umkehrung zur Konkurrenz der Zentrumsländer um die Ressourcen der Peripherien) auf den Zugang zu den Ressourcen der Zentrumsländer: auf Auslandsinvestitionen und Technologietransfer, Entwicklungshilfe und Kredite, und vor allem um Zugang zu ihren Märkten. Um ruinöse Konkurrenz – sie ist unter Peripherieländern, die vom Export eines oder nur weniger Exportprodukte abhängen eher zu erwarten als unter Zentrumsländern, die über stärker diversifizierte Ökonomien und sehr viel bessere Substitutionsmöglichkeiten verfügen – zu vermeiden, bieten sich Peripherieländern zwei Strategien (mit Zwischenformen und Kombinationsmöglichkeiten) an: eine Strategie der Anpassung an die Bedürfnisse und Interessen der scheinbar übermächtigen Zentrumsländer oder eine Strategie der Gegenmacht, bei der periphere Länder sich zusammenschließen, um ihre eigenen Interessen gegenüber den Zentrumsländern besser durchsetzen zu können.

In den Auseinandersetzungen um die Kontrolle des Öls finden wir alle drei Typen von Konflikten – überwiegend in kombinierten Formen. Die beiden Weltkriege, die als Hegemonialkriege zwischen Zentrumsländern zu verstehen sind, involvierten auch die Erdöl exportierenden Peripherien und zeigten tief greifende und nachhaltige Auswirkungen auf die Beziehungen zwischen beiden Kategorien von Ländern. Nach dem Ersten Weltkrieg haben die Siegermächte Großbritannien und Frankreich das Territorium des untergegangenen Osmanischen Reiches in Mandatsgebiete aufgeteilt, neue künstliche Staaten wie den Irak geschaffen und im gesamten Nahen Osten willkürliche Grenzen gezogen. Diese imperialistischen Interventionen haben die Beziehungen zu den Ländern der Region dauerhaft belastet und wirken bis heute fort. Aus dem Zweiten Weltkrieg gingen die europäischen Kolonialmächte geschwächt hervor und haben damit wichtige Voraussetzungen für Unabhängigkeitsbewegungen und Staatenbildungsprozesse in der Region geschaffen und die Chancen für den allmählichen Aufbau von Gegenmacht unwillentlich verbessert.

Der seit dem Zweiten Weltkrieg folgenreichste Konflikt in der Region, der *Jom-Kippur*-Krieg zwischen Israel und seinen arabischen Nachbarstaaten im Jahre 1973 war nur vordergründig ein Konflikt zwischen peripheren Ländern. Zumindest aus arabischer Sicht handelte es sich auch um einen Kampf gegen den „Westen", der Israel einseitig unterstützt hatte. Die arabische Seite setzte zum ersten Mal „Öl als Waffe" gegen die westlichen Industrieländer ein, indem sie die Öllieferungen abrupt stoppte und die Preise drastisch erhöhte – und damit andere ölabhängige Peripherieländer unbeabsichtigterweise noch stärker traf als die Zentrumsländer. Ein anderer folgenreicher Konflikt zwischen peripheren Staaten war der Krieg zwischen den OPEC-Mitgliedern Iran und Irak nach der Islamischen Revolution im Iran im Jahre 1979, die die zweite Ölkrise auslöste. Auch hier waren Zentrumsländer indirekt beteiligt, insbesondere die USA, die das säkulare Regime des Saddam Hussein gegen den Gottesstaat des Ayatollah Khomeini unterstützten.

Unmittelbare Zentrums-Peripherie-Konflikte involvierten beide Hegemonialmächte. Zwischen Großbritannien und Persien (Iran) kam es zu einem schweren, wenn auch nicht militärisch ausgetragenen Konflikt, nachdem die Anglo-Iranian Oil Company, „das Juwel in der Krone der BP" von der demokratisch gewählten Regierung Mossadegh in den 1950er Jahren enteignet wurde (vgl. Sampson 1976: 119ff.). Zwischen den Vereinigten Staaten und dem Irak kam es nach dem Überfall auf Kuwait (1991) und unter dem Vorwand der Produktion von Massenvernichtungsmitteln (2003) zu Kriegen. Die Besetzung des Irak im Jahre 2003 hat u. a. wohl deshalb so viel Kritik hervorgerufen, weil sie so eindeutig dem imperialistischen Muster „Zentrum gegen Peripherie" entsprach und den unverhohlenen Anspruch der Hegemonialmacht auf Neuordnung der Region nach ihren Ideen und Interessen zum Ausdruck brachte.

6. Weltwirtschaftlicher *Wandel* lässt sich als langzeitlicher Prozess des Auf- und Abstiegs von Ländern und damit verbundener Umgruppierungen in den Beziehungen zwischen Zentrum, Semiperipherie und Peripherie beschreiben, die immer auch mit geographischen Schwerpunktverlagerungen einhergehen. Für Umbesetzungen der wirtschaftlichen und politischen Führungspositionen kommen eine Vielzahl interner und externer, wirtschaftlicher, politischer und kultureller Faktoren sowie geographischer Gegebenheiten und historischer Zufälle in Frage, deren Gewichtung umstritten ist. Vertreter der Weltsystemperspektive tendieren dazu, weltsystemische Bedin-

gungen höher zu gewichten als innergesellschaftliche Ereignisse, wirtschaftlichen gegenüber politischen und kulturellen Faktoren Priorität einzuräumen und historische Zufälle hinter systemischen Regelhaftigkeiten verschwinden zu lassen. Für Braudel, der geographischen Gegebenheiten und historischen Zufällen große Bedeutung beimisst, sind Prozesse der „Zentrierung, Dezentrierung und Rezentricrung ... meistens mit lang anhaltenden Krisen der allgemeinen Ökonomie verbunden ... Daher müssen wir vermutlich von diesen Krisen ausgehen, wenn wir die schwierige Untersuchung der Gesamtmechanismen, die die Weltgeschichte bewegen, in Angriff nehmen wollen" (Braudel 1986: 79).

In der Weltwirtschaft des Erdöls haben sich zwei nachhaltige Schwerpunktverschiebungen ereignet: Im Zentrum die Verlagerung der wirtschaftlichen und politischen Führungsrolle von der europäischen auf die amerikanische Seite des Atlantiks, in der Peripherie die Verlagerung des Schwerpunktes der Förderung und des Exports in umgekehrter Richtung aus der westlichen in die östliche Hemisphäre: vom Golf von Mexiko und der Karibik zum Persischen Golf und zur Arabischen Halbinsel. Die Machtverlagerung im Zentrum kann im Bezugssystem des Hegemonialzyklus mit den beiden Weltkriegen und der Weltwirtschaftskrise von 1929 erklärt werden. Die Umgewichtung innerhalb der Öl produzierenden Peripherie hat demgegenüber weniger mit Weltkriegen und -krisen, weniger mit politischen und wirtschaftlichen Ereignissen als mit geologischen Gegebenheiten zu tun: mit der Erkenntnis, dass die weitaus größeren Ölvorkommen im Nahen Osten liegen und dort zudem mit wesentlich geringerem Aufwand gefördert werden können.

Im Hinblick auf die Folgen dieser Umgruppierungen in der Weltwirtschaft des Erdöls stellt sich die Frage, inwieweit mit dem Aufstieg der Vereinigten Staaten im Zentrum und dem Aufstieg des Nahen Ostens in der Peripherie eine Veränderung der Beziehungen zwischen beiden Seiten verbunden ist. Geht mit der Ablösung Großbritanniens durch die USA eine Abkehr von den Methoden und Strukturen des alteuropäischen Imperialismus, eine Neuordnung der Beziehungen zwischen Zentrum und Peripherie einher oder haben die Vereinigten Staaten das imperiale Erbe Großbritanniens mit nur leicht veränderten regionalen Präferenzen, Herrschaftsmethoden und Rechtfertigungen fortgesetzt? (vgl. Ferguson 2004: 24ff., 47ff., 82ff.; Münkler 2005: 228ff.).

1.2 Kapitalismus

Für Wallerstein sind Weltwirtschaft und Kapitalismus „zwei Seiten ein und derselben Medaille. Das eine ist nicht Ursache des anderen. Wir definieren dasselbe unteilbare Phänomen lediglich nach anderen Merkmalen ... Wesensmerkmal einer kapitalistischen Weltwirtschaft (ist): Produktion zum Zwecke des Absatzes auf einem Markt mit dem Ziel, den größtmöglichen Profit zu realisieren. In einem solchen System wird die Produktion ständig ausgeweitet, solange die Produktion profitabel ist, und die Menschen ersinnen ständig neue Möglichkeiten, Dinge zu produzieren, die die Gewinnspannen erweitern können" (Wallerstein 1979: 36, 43)[6]. Den ersten Teil der Definition kann man so interpretieren, dass „Weltwirtschaft" die strukturellen Aspekte dieses „unteilbaren Phänomens" verkörpert und „Kapitalismus" seine prozessuale Dynamik ausmacht. Im zweiten Teil der Definition werden drei Komponenten angesprochen, die man als Bewegungskräfte des Kapitalismus verstehen kann: Profitmaximierung als Ziel, Innovation und Expansion der Produktion als Mittel der Gewinnerzielung. Wir wollen nun versuchen, die Dynamik des Kapitalismus als Interaktion zwischen diesen drei miteinander verbundenen Komponenten zu erklären. Dabei orientieren wir uns bei der Ausarbeitung des kapitalistischen Profitstrebens an Max Webers Unterscheidung von Geist und Form des Kapitalismus, bei der Bestimmung der Innovation als Triebkraft des kapitalistischen Wirtschaftsprozesses an Schumpeters Theorie der wirtschaftlichen Entwicklung, und bei Erfassung des expansiven Charakters des Kapitalismus kehren wir zu Wallersteins Weltsystemperspektive zurück.

Profitstreben

Für Max Weber ist Profitstreben als solches kein Spezifikum des Kapitalismus. „>> Erwerbstrieb<<, >>Streben nach Gewinn<<, nach Geldgewinn, nach möglichst hohem Geldgewinn hat an sich mit Kapitalismus gar nichts

---

[6] Wallersteins Konzeption erlaubt sowohl eine Definition des Zentrums durch den Kapitalismus: Dort wo sich der Kapitalismus am stärksten durchsetzt, bildet sich das Zentrum – als auch eine Definition des Kapitalismus durch das Zentrum: Zentren zeichnen sich dadurch aus, dass sie die Entfaltung des Kapitalismus begünstigen.

zu schaffen. Dieses Streben fand und findet sich ... bei >>all sorts and conditions of men<<, zu allen Epochen aller Länder der Erde, wo die objektive Möglichkeit dafür irgendwie gegeben war und ist. ... Schrankenloseste Erwerbsgier ist nicht im Mindesten gleich Kapitalismus, noch weniger gleich dessen >>Geist<<. ... Kapitalismus *kann* geradezu identisch sein mit *Bändigung*, mindestens mit rationaler Temperierung, dieses irrationalen Triebes. Allerdings ist Kapitalismus identisch mit dem Streben nach *Gewinn*: im kontinuierlichen, rationalen, kapitalistischen Betrieb; nach immer *erneutem* Gewinn: nach >>*Rentabilität*<<" (Weber 1988: 4). Definitionskriterium des Kapitalismus ist also nicht der Geldgewinn als solcher, sondern seine Reinvestition, seine Transformation in „stehendes Kapital" und seine betriebliche Nutzung zur Produktion marktgängiger und gewinnbringender Güter nach Maßgabe der Kapitalrechung.

Um Überschüsse aus wirtschaftlichen Tätigkeiten nicht für konsumtive Zwecke zu verbrauchen, sondern immer wieder in den Wirtschaftskreislauf zurückzuleiten, muss es starke Gründe geben. Weber unterscheidet zwischen ethisch begründeten Handlungsmaximen und rein ökonomischen Zwängen. Die ursprüngliche Motivation für kapitalistisches Gewinnstreben resultiert aus einem Komplex von religiös begründeten Werten und Normen, die Weber „Geist des Kapitalismus" nennt. Konstitutiv für diese Art der Wirtschaftsgesinnung ist eine „rationale Lebensführung auf der Grundlage der Berufsidee ... geboren aus dem Geist der christlichen Askese" (Weber 1988: 202). Diese im Kontext der Reformation entstandene Wirtschaftsethik ist in dem Maße, in dem sich der Kapitalismus als System verfestigt und gesellschaftlich durchgesetzt hat, verblasst.[7] Seitdem „der siegreiche Kapitalismus ... auf mechanischer Grundlage ruht", bedarf er dieser Stütze nicht mehr. Die ethisch begründete Berufspflicht geht Weber zufolge nur noch als „Gespenst ehemals religiöser Glaubensinhalte in unserem Leben um ...", und die einstige Berufserfüllung wird nur mehr „subjektiv einfach als ökonomischer Zwang empfunden". (Weber 1988: 203f.). Es ist nun der Kampf konkurrierender Unternehmen um die Kaufkraft der Konsumenten, der die Unternehmer zur fortgesetzten Investition, zur Verbesserung der

---

[7] Als Wirtschaftssystem betrachtet, impliziert „Kapitalismus" eine Vielzahl konkurrierender Unternehmen, die unter Einsatz rationaler Technik Massengüter für die Deckung von Alltagsbedürfnissen produzieren, unter der Zusatzbedingung, dass dies die dominante Form der Bedarfsdeckung ist.

Produktion, zur Zurückleitung der Gewinne in den Wirtschaftskreislauf zwingt. Nur wenn das Kapital ständig umgewandelt wird, von Kapital in Produktion, von Produktion in Geld und von Geld in neue Investitionen, kann es sich vermehren, und es muss reinvestiert werden, um sich im Konkurrenzkampf mit anderen kapitalistischen Unternehmen erhalten und vermehren zu können (vgl. Boltanski/Chiapello 2003: 39).

Dem systemisch bedingten Zwang zur Reinvestition der erzielten Gewinne geht die Freiheit zu betrieblicher Kapitalbildung voraus, und diese musste in der Gesellschaft gegen starke Widerstände erstritten werden. Für Weber ist „der Gegner, mit welchem der >>Geist<< des Kapitalismus im Sinne eines bestimmten, im Gewande einer >>Ethik<< auftretenden, Norm gebundenen Lebensstils in erster Linie zu ringen hatte, ... jene Art des Empfindens und der Gebarung, die man als Traditionalismus bezeichnen kann." Er bezieht sich auf ein Verhalten, demgemäß "der Mensch ... >>von Natur<< nicht Geld und mehr Geld verdienen (will), sondern einfach leben (will), so leben, wie er zu leben gewohnt ist, und soviel erwerben (will), wie dazu erforderlich ist. Überall, wo der moderne Kapitalismus sein Werk der Steigerung der >>Produktivität<< der menschlichen Arbeit durch Steigerung ihrer Intensität begann, stieß er auf den unendlich zähen Widerstand dieses Leitmotivs präkapitalistischer wirtschaftlicher Arbeit, und er stößt noch heute überall um so mehr darauf, je >>rückständiger<< (vom kapitalistischen Standpunkt aus) die Arbeiterschaft ist, auf die er sich angewiesen sieht". (Weber 1988: 43ff.).

In langen und wechselvollen Auseinandersetzungen musste sich der Geist des Kapitalismus, der in der modernen kapitalistischen Unternehmung seine „adäquateste Form" gefunden hat, vielfältige mentale und strukturelle Widerstände durchbrechen (vgl. ebd.: 49).[8] Wie Boltanski und Chiapello hervorheben, musste sich der Kapitalismus ständig rechtfertigen, um die Mitwirkung derjenigen sichern, die nicht zu den größten Nutznießern der erwirtschafteten Gewinne gehören; die sich durch die fortlaufende Rationalisierung

---

[8] Kritik und Widerstand können aber nicht nur auf bloßen Traditionalismus zurückgeführt werden, sondern speisen sich auch aus der Grunderfahrung des Kapitalismus als ein System „schöpferischer Zerstörung", das nicht nur Gewinner, sondern auch Verlierer hervorbringt, Disparitäten erzeugt und soziale Gruppen marginalisiert. Nach Schumpeter erzeugt der kapitalistische Prozess aus sich selbst heraus eine „wachsende Feindseligkeit", als deren Sprachrohr er „die Intellektuellen" ausmacht (vgl. Schumpeter 1975: 134ff., 231ff.).

der Produktionsprozesse und Arbeitsformen bedroht fühlen; die seinen gesellschaftlichen Nutzen bezweifeln. Jede Epoche muss einen „neuen Geist des Kapitalismus" hervorbringen, eine mehr oder weniger neue „Ideologie ..., die das Engagement für den Kapitalismus rechtfertigt" (Boltanski/Chiapello 2003: 43).

Eine der ältesten und stärksten Rechtfertigungsgründe dürfte die Widerlegung des von Vertretern der traditionellen Ethik immer wieder vorgebrachten Gegensatzes zwischen Eigennutz und Gemeinwohl durch Adam Smith gewesen sein. Nach der Argumentation des Begründers der klassischen Ökonomie bilden sich aus der wechselseitigen Abhängigkeit der Menschen bei der Befriedigung ihrer Bedürfnisse heraus Märkte, auf denen arbeitsteilige Leistungen ausgetauscht werden. Unter der Bedingung eines freien Wettbewerbs kommt es spontan zu einem Ausgleich der individuellen Interessen und zur Steigerung der gesellschaftlichen Wohlfahrt. Wie von einer „unsichtbaren Hand" geleitet, tragen die Menschen, indem sie ihre eigenen Interessen verfolgen, unbeabsichtigt zum Wohlstand der Gesellschaft bei. Nachdem sich die utilitaristische Denkweise durchgesetzt hatte, konnte als selbstverständlich erachtet werden, dass „alles, was für den Einzelnen von Vorteil ist, auch der Gesellschaft nutzt. Analog dazu hat alles, was Profit abwirft (und damit dem Kapitalismus dient), eben auch einen gesellschaftlichen Nutzen". (vgl. ebd.: 49).

Nun bedarf die Aufrechterhaltung und Fortsetzung unternehmerischen Profitstrebens nicht nur ideologischer Rechtfertigungen, sondern auch institutioneller Regelungen, die den Platz des Kapitalismus in der Gesellschaft und sein Verhältnis zu den anderen Gesellschaftsbereichen definieren. Unter Bezugnahme auf die Tendenz der Ausdifferenzierung funktional spezialisierter Gesellschaftsbereiche hat Lepsius im Anschluss an Weber auf die miteinander unvereinbaren und untereinander nicht kompatiblen Rationalitäten von kapitalistischem Gewinnstreben und sozialer Sicherheit hingewiesen. Während Smith den Markt als generellen und genuinen Mechanismus des Ausgleichs komplementärer aber antagonistischer Interessen betrachtet, zeigt Lepsius am Beispiel des Arbeitsmarktes die Unvereinbarkeit von Rentabilitätsorientierung der Unternehmer und Ansprüchen der Arbeitnehmer auf Existenzsicherung. Im Kapitalismus hat der Arbeitsmarkt eine doppelte Bedeutung. Einerseits ist der „von irrationalen Schranken des Verkehrs" befreite Arbeitsmarkt eine notwendige Voraussetzung für rationales unternehmerisches Handeln, bei dem gerade so viele Arbeitskräfte eingestellt werden, wie für die aktuelle Produktion benötigt werden, während die überschüssigen Arbeitskräfte freigestellt werden. Andererseits ist die Mehrheit der Menschen im Kapitalismus darauf angewiesen, ihre Arbeitskraft auf dem Markt anzubieten, um ihren Lebensunterhalt bestreiten zu können. Das unternehmerische Motiv einer flexiblen Beschäftigung kollidiert mit dem sozialen Motiv einer dauerhaften Sicherung der materiellen Existenz (vgl. Lepsius 1995).

Diese Interessengegensätze sind Lepsius zufolge auf dem freien Markt nicht auszugleichen, sondern erfordern eine „Institutionenpolitik". Dabei gibt es prinzipiell zwei Möglichkeiten: Man kann die Dispositionsfreiheit der kapitalistischen Unternehmen einschränken oder das Problem der Existenzsicherung aus dem betrieblichen Kontext des Betriebs herauslösen und der Sozialpolitik überantworten. Im real existierenden Sozialismus hat man den ersten Weg gewählt und die Betriebsleiter auf die Bereitstellung von sicheren Arbeitsplätzen für alle arbeitsfähigen Menschen verpflichtet. Dies ging zu Lasten betrieblicher Produktivität und trug letztlich zum Untergang des Systems bei. In den kapitalistischen Marktwirtschaften hat man den Interessengegensatz zwischen Arbeit und Kapital durch die Aussonderung des Problems der sozialen Sicherheit aus dem Handlungskontext des Betriebs und seine Überantwortung an spezielle Einrichtungen der Sozialpolitik aufzulösen versucht. Die Dispositionsfreiheit der Unternehmer wurde kaum beschnitten und die Beschäftigungsrisiken der Arbeitnehmer wurden durch sozialstaatliche Maßnahmen abgesichert. Die Kosten für die Finanzierung der sozialen Sicherheit wurden mehr oder weniger breit in der Gesellschaft verteilt: auf Arbeitgeber und Arbeitnehmer (in paritätischen Systemen) oder auf die gesamte Gesellschaft (in Steuer finanzierten Systemen) oder primär auf die Arbeitnehmer (in Form individueller Absicherung durch Beitragszahlungen an private Fonds) oder in Kombinationen aller drei Formen. Wie auch immer die Lasten der sozialen Sicherheit verteilt werden, gerade die institutionelle Trennung von kapitalistischem Rentabilitätsstreben und sozialpolitischer Absicherung erhält sowohl die wirtschaftliche Dynamik als auch die gesellschaftliche Akzeptanz des Systems.

Innovation

Für Schumpeter ist Innovation das „zentrale Bewegungsmoment" im kapitalistischen Wirtschaftsprozess. Wie die Akkumulation von Kapital kann auch die Innovation von Produkten und Prozessen als Kreislauf verstanden werden, als ein Zyklus von Phasen akkumulierter Innovationen, in denen die Wirtschaft wächst, und Phasen rückläufiger Innovationstätigkeit, in denen sie stagniert oder schrumpft. Schumpeter interessiert sich nun weniger für wirtschaftliches Wachstum, das „keine qualitativ neuen Erscheinungen" hervorruft, als vielmehr für wirtschaftliche Entwicklung im Sinne von Veränderungen des Wirtschaftskreislaufs und der Wirtschaftsstrukturen (vgl. Schumpeter 1987: 95f.). So wie Weber der Trägheit der Tradition die Bewegungskräfte der Rationalität gegenüber stellt, so kontrastiert Schumpeter die stationäre Wirtschaft, die weitgehend in tradierten Bahnen verharrt und sich nur aufgrund exogener Einwirkungen verändert, mit der dynamischen Wirtschaft, die ihre Bahnen aus sich selbst heraus verändert.

Inbegriff der dynamischen Wirtschaft ist der moderne Kapitalismus, der seine Bahn nicht nur in zahllosen kleinen, infinitesimalen Schritten, sondern in „ruckweisen" Veränderungen, durch „produktive Revolutionen" verändert und zu qualitativ neuen Entwicklungen gelangt. „Diese spontanen und diskontinuierlichen Veränderungen der Bahnen des Kreislaufs und Verschiebungen des Gleichgewichtszentrums treten ... nicht in der Sphäre des Bedarfslebens der Konsumenten der Endprodukte" auf, sondern werden auf der Produktionsseite initiiert. „Wenngleich die ökonomische Betrachtung von der fundamentalen Tatsache ausgeht, dass die Bedürfnisbefriedigung die Ratio alles Produzierens ist und der jeweils gegebene Wirtschaftszustand von dieser Seite her verstanden werden muss, so vollziehen sich Neuerungen in der Wirtschaft doch in der Regel nicht so, dass erst neue Bedürfnisse spontan bei den Konsumenten auftreten und durch ihren Druck der Produktionsapparat umorientiert wird ..., sondern so, dass neue Bedürfnisse den Konsumenten von der Produktionsseite her anerzogen werden, so dass die Initiative bei der letzteren liegt ..." (Schumpeter 1987: 99f.).[9]

---

[9] An anderer Stelle heißt es: „Der fundamentale Antrieb, der die kapitalistische Maschine in Bewegung setzt und hält, kommt von den neuen Konsumgütern, den neuen Produktions- oder Transportmethoden, den neuen Märkten, den neuen Formen der industriellen Organisation, welche die kapitalistische Unternehmung schafft" (ebd: 137).

Die Initiative zur Veränderung der Wirtschaftskreisläufe und Produktionsstrukturen geht von dynamischen Unternehmern aus, die *„neue Kombinationen"* durchsetzen. Diese umfassen:

1. „Herstellung eines neuen, d. h. dem Konsumentenkreise noch nicht vertrauten Gutes oder einer neuen Qualität eines Gutes" (wie z. B. das Automobil).
2. „Einführung einer neuen, d. h. dem betreffenden Industriezweig noch nicht praktisch bekannten Produktionsmethode, die keineswegs auf einer wissenschaftlich neuen Entdeckung zu beruhen braucht und auch in einer neuartigen Weise bestehen kann, mit einer Ware kommerziell zu verfahren" (wie z. B. die Raffinierung von Rohöl oder die Fließfertigung von Automobilen).
3. „Erschließung eines neuen Absatzmarktes, d. h. eines Marktes, auf dem der betreffende Industriezweig bisher noch nicht eingeführt war, mag dieser Markt schon vorher existiert haben oder nicht" (wie z. B. die Entwicklung weltweiter Märkte für Automobile und Kraftstoffe).
4. „Eroberung einer neuen Bezugsquelle von Rohstoffen oder Halbfabrikaten, wiederum: gleichgültig, ob diese Bezugsquelle schon vorher existierte ... oder ob sie erst geschaffen werden muss" (wie z. B. die „Eroberung" von Erdöllagerstätten in den beiden Amerikas, im Nahen und Fernen Osten, in Afrika usw.).
5. „Durchführung einer Neuorganisation, wie Schaffung einer Monopolstellung (z. B. durch Vertrustung) oder Durchbrechen eines Monopols" (wie z. B. die Schaffung des Standard Oil Trust durch John D. Rockefeller und seine Zerschlagung durch die Roosevelt-Administration nach dem Sherman Antitrust Act) (vgl. Schumpeter 1987: 100f.).

Schumpeter definiert den Unternehmer funktional und grenzt ihn von Kapitalisten, Managern und Erfindern ab. Die Funktion des Unternehmers besteht nicht darin, Neues zu erfinden („Invention"), sondern Erfindungen wirtschaftlich auszunutzen („Innovation").[10] Erst in der Anwendung entscheidet sich, was aus neuen Erkenntnissen und Techniken wirtschaftlich folgt. Der Unternehmer unterscheidet sich vom Manager („Wirt") dadurch,

---

[10] Zur Analyse der Beziehungen zwischen Inventionen und Innovationen vgl. Clark, Freeman und Soete 1981.

dass er die Prozesse nicht bloß verwaltet, sondern fortwährend verändert. Vom Kapitalisten oder Investoren unterscheidet sich der Unternehmer dadurch, dass seine Funktion nicht in der Akkumulation von Kapital besteht, sondern in der innovativen Kombination von Kapital und Arbeit im Rahmen der Unternehmung. „Unternehmung nennen wir die Durchsetzung neuer Kombinationen und auch deren Verkörperungen in Betriebsstätten usw., Unternehmer die Wirtschaftssubjekte, deren Funktion die Durchsetzung neuer Kombinationen ist und die dabei das aktive Element sind". (Schumpeter 1987: 111).

Um neue Kombinationen durchsetzen zu können, braucht der Unternehmer Kaufkraft. Soweit sie ihm nicht aus dem Erlös der Produkte der vorhergegangenen Wirtschaftsperiode oder aus eigenem Vermögensbesitz zur Verfügung steht, muss er sie sich ausleihen.[11] Die Kreditgewährung ermöglicht es dem Unternehmer, die Produktionsmittel, die er für seine neuen Kombinationen benötigt, aus ihren bisherigen Verwendungen zu ziehen und in neue Bahnen zu lenken. „Durch den Kredit wird den Unternehmern der Zutritt zum volkswirtschaftlichen Güterstrom eröffnet, ehe sie den normalen Anspruch darauf erworben haben. Es ersetzt gleichsam eine Fiktion dieses Anspruchs temporär diesen Anspruch selbst. Die Kreditgewährung in diesem Sinne wirkt wie ein Befehl an die Volkswirtschaft, sich den Zwecken des Unternehmers zu fügen, wie eine Anweisung auf die Güter, die er braucht, wie ein Anvertrauen von Produktivkräften" (Schumpeter 1987: 153). Wenn allerdings die Abhängigkeit des Unternehmers von den Finanzierungsinstitutionen zu groß wird, wenn finanzielle Interessen die industriellen Interessen dominieren und die Risikobereitschaft von Unternehmern durch das Sicherheitsdenken von Banken gebremst wird, kann die Innovationstätigkeit erlahmen und die Wirtschaft in eine Krise stürzen.

Der Kreis der Akteure und Instanzen, die das unternehmerische Handeln beeinflussen, muss über das Wirtschaftssystem hinaus in die Gesellschaft hinein vergrößert werden. Die Gesellschaft liefert Anreize und Wi-

---

[11] „Er kann nur Unternehmer werden, indem er vorher Schuldner wird. Er wird zum Schuldner infolge einer inneren Notwendigkeit der Entwicklung, sein Schuldnerwerden gehört zum Wesen der Sache und ist nicht etwas Abnormales, ein durch akzidentielle Umstände zu erklärendes missliches Ereignis. Sein erstes Bedürfnis ist ein Kreditbedürfnis. Ehe er irgendwelcher Güter bedarf, bedarf er der Kaufkraft. Er ist sicher der typische Schuldner unter den Typen von Wirtschaftssubjekten, die die Analyse der Wirklichkeit herausarbeitet" (Schumpeter 1987: 148).

derstände bei der Durchsetzung neuer Kombinationen und wird durch diese selbst tief greifend verändert. Für Schumpeter sind drei Aspekte der Interaktion zwischen innovativen Unternehmern und gesellschaftlichen Strukturen von besonderer Bedeutung: Gesellschaft als Generator für Handlungsmotivationen, Gesellschaft als Konfiguration von Widerständen gegen Neuerungen und Gesellschaftswandel als ungeplante Folge unternehmerischen Handelns.

Obwohl Schumpeter den Unternehmer primär als Träger einer Funktion konzipiert, geht er auch den Motiven nach, die bestimmte Menschen zu unternehmerischem Handeln bewegen, und diese sind nicht auf Profitmotive oder Akkumulationszwänge reduzierbar.[12] Wie bei Weber entstammen die entscheidenden Handlungsmotive kapitalistischer Unternehmer nicht der Wirtschaft, sondern aus Gesellschaft und Kultur. Aus den „unendlich mannigfachen Motiven" werden drei Motivreihen herausgestellt: „Da ist zunächst der Traum und der Wille, ein privates Reich zu gründen, meist, wenngleich nicht notwendig, auch eine Dynastie ... Da ist sodann der Siegerwille. Kämpfenwollen einerseits, Erfolghabenwollen des Erfolgs als solchen wegen anderseits ... Wirtschaftliches Handeln als Sport: Finanzieller Wettlauf, noch mehr aber Boxkampf ... Freude am Gestalten endlich ist eine dritte solche Motivfamilie ... Das kann sowohl bloße Freude am Tun sein ... als auch speziell Freude am Werk, an der Neuschöpfung als solcher ... Nur bei der ersten der drei Motivreihen ist privates Eigentum am Resultat der Unternehmertätigkeit ein wesentlicher Faktor dafür, dass sie wirksam wird. Bei den beiden andern handelt es sich nicht so sehr darum, als vielmehr um die eigenartig präzise und vom Urteil anderer Leute unabhängige

---

[12] Osterhammel zufolge impliziert Schumpeter „daß es mit den menschlichen Motivationen vielleicht gar nicht so einfach und säuberlich bestellt sein könnte, wie die verschiedenen Orthodoxien annehmen. Der eudämonistisch eingestellte Mensch, der Nutzenmaximierer, der egoistische Verfechter eigener Interessen, der ‚ordinary business man', gibt es sie wirklich? Und wenn es sie gibt, sind sie repräsentativ? Und wenn sie repräsentativ sind, sind sie die Menschentypen, die tatsächlich die Wirtschaft prägen und sie voranbringen? Vielleicht, so vermutet Schumpeter, liegen die anthropologischen Dinge viel komplizierter, und es empfiehlt sich, sie schon deshalb aus der Theorie auszuklammern. Schumpeter vertreibt den Menschen aus der ökonomischen Theorie, um ihn dann desto wirkungsvoller wieder einführen zu können. Das Nicht-Ökonomische wird aus der Ökonomie verbannt, damit die Ökonomie dann in das Nicht-Ökonomische eingebettet werden kann" (Osterhammel 1987: 49).

Art, in der im kapitalistischen Leben ‚Sieg' und ‚Erfolg' gemessen wird und das den Gestalter freuende Werk zustande kommt und sich bewährt" (Schumpeter 1987: 138f.). Im unternehmerischen Verhalten verknüpfen sich also vormoderne mit modernen, rationale mit irrationalen Motivationen.

Wie bei Weber ist der Kampf gegen das Gegebene und Überkommene ein wesentlicher Bestandteil des mehr oder weniger rational vorgehenden Unternehmers. Innovative Unternehmer müssen sich nicht nur im wirtschaftlichen Konkurrenzkampf behaupten, sondern auch Widerstände aus der Gesellschaft überwinden. Welche Innovationen ein Unternehmer auch immer durchzusetzen versucht, er stößt immer auf „Gegendruck, mit dem die soziale Umwelt jedem begegnet, der überhaupt oder wirtschaftlich etwas Neues tun will". (ebd.: 126). Dieser Widerstand gegen Innovationen erklärt sich aus ihrer Zwiespältigkeit, denn sie schaffen nicht nur Neues, sondern zerstören auch Bestehendes. Widerstand kommt von denen, die die zerstörerischen Effekte höher veranschlagen als die schöpferischen, die sich auf der Seite der Bedrohten und der Verlierer sehen. Sie sind in allen Bereichen von Wirtschaft und Gesellschaft zu finden, auch innerhalb der Unternehmen, auf allen Ebenen, vom ausführenden Arbeiter bis hinauf in die Spitze des Managements.

Um die Schwierigkeiten und Widerstände bei der Einführung neuer Kombinationen zu überwinden, muss der Unternehmer ein charismatischer Führer, ein „Revolutionär der Wirtschaft", sein, und er wird zum „unfreiwillige(n) Pionier sozialer und politischer Revolution". (ebd.: 130). „Diese Revolutionen formen periodisch die bestehende Struktur der Industrie um, indem sie neue Produktionsmethoden einführen ... oder neue Güter ... oder neue Organisationsformen ... oder neue Versorgungsquellen oder neue Handelswege und -märkte für den Absatz und so weiter" (Schumpeter 1975: 114). Demgegenüber erscheint „Gesellschaft" als eher passives und retardierendes Gefüge, das sich aus unterschiedlichen Interessenlagen und in verschiedenen Formen dem Wandel eine zeitlang widersetzt, letztlich aber doch durch industrielle „Revolutionäre" umgestaltet wird.

Ähnlich wie Weber erkennt Schumpeter im Zuge der Ausreifung des Kapitalismus eine Tendenz zur Absorbierung individueller Unternehmer durch bürokratische Strukturen, einen Wandel vom Führer zum Funktionär, vom Unternehmer zum Manager. Wie Osterhammel bemerkt, verliert dabei „nicht die Unternehmerfunktion als solche, sondern die *individualistisch verstandene* Unternehmerfunktion ... ihre Bedeutung" (Osterhammel 1988:

191). Die unternehmerische Funktion wird von einem Kollektiv von Managern und Experten in einer Hierarchie von Ausschüssen wahrgenommen, die Galbraith im Anschluss an Schumpeter „*Technostruktur*" nennt. „Diese Gruppe ist sehr groß; sie reicht von der Führungsspitze des Unternehmens bis hinunter zu den Meistern, Vorarbeitern und Arbeitern, deren Aufgabe darin besteht, mehr oder weniger mechanisch die ergangenen Anweisungen auszuführen und ihre Routinearbeit zu tun. Es gehören alle dazu, die zur Entscheidungsfindung durch die Gruppe spezielles Wissen, besondere Talente oder Erfahrungen beitragen. Diese Gruppe, und nicht das Management, ist die Richtung weisende Intelligenz – das Gehirn – des Unternehmens" (Galbraith 1968: 73).

In diesem Zusammenhang ist auf Schumpeters Beurteilung großer Unternehmen und unvollkommenen Wettbewerbs hinzuweisen. Einerseits hatte er aufgrund eigener Erfahrungen wenig Vertrauen in die *Anti-Trust*-Politik der Staaten, andererseits hielt er Monopole im Innovationsprozess für unvermeidlich. Regierungen zeigen sich gegenüber großen Unternehmen wankelmütig. Mal bekämpfen sie im Namen der Demokratie und im Interesse der Verbraucher (die ja auch Wähler sind) die Konzentration wirtschaftlicher Macht, mal begünstigen sie im Namen nationaler Interessen die Machtentfaltung der großen Konzerne – vor allem im Ausland.[13] Unternehmer, die als Erste neue Kombinationen durchsetzen, werden für Risikobereitschaft und Erfolg mit Monopolgewinnen belohnt. Diese Führungsposition muss aber gegen Imitatoren und Konkurrenten verteidigt werden; entweder gelingt es ihnen, ihre überlegene Position durch fortgesetzte Innovationstätigkeit zu behaupten, oder sie werden durch innovativere Wettbewerber aus ihrer Position und möglicherweise sogar aus dem Markt verdrängt.

Der Begriff der innovativen Kombination eignet sich als Ausgangspunkt für begriffliche und theoretische Weiterentwicklungen. Nach Schumpeters Definition erstrecken sich neue Kombinationen auf alle Produktionsstufen: von der „Eroberung neuer Bezugsquellen von Rohstoffen" über

---

[13] Sehr instruktiv ist die Darstellung über den Kampf innerhalb der Truman-Administration zwischen dem Justizministerium, das die Macht und das Kartellverhalten der großen Ölkonzerne als Verletzung der freien Marktwirtschaft und Bedrohung der Demokratie bekämpfte, und dem Außenministerium, das die Aktivitäten der multinationalen Konzerne – im vorliegenden Fall im Iran – als Teil ihrer Außenpolitik gegenüber diesem Land betrachtete, in Sampson 1976: 127ff.

neue Produkte, neue Produktions- und Organisationsmethoden bis zu neuen Absatzmärkten. Diese vom Rohstoffbezug bis zum Endverbrauch die gesamte Wertschöpfungskette umfassenden Produktionsstufen können in Form von Marktketten oder vertikal integrierten Unternehmen miteinander verbunden werden. Im ersten Fall hätten wir es mit einer Vielzahl von Unternehmen zu tun, die auf verschiedenen Produktionsstufen angesiedelt, untereinander nach Marktregeln verkehren. Im zweiten Falle hätten (wenige) Unternehmen, von ihrer ursprünglichen Produktionsstufe aus, andere Unternehmen auf den jeweils vor- und nachgelagerten Produktionsstufen übernommen und im Rahmen eines umfassenden Konzerns integriert. Der (dezentrale) Marktmechanismus wäre durch eine (zentralisierte) Managerhierarchie verdrängt worden. Die Suche nach der jeweils kostengünstigsten und effizientesten Koordinationsform in räumlich ausgedehnten, Zentren und Peripherien umfassenden Produktions- und Handelsketten ist ein wichtiger Aspekt unternehmerischer Innovationstätigkeit. Mineralölkonzerne gehören, wie wir noch genauer sehen werden, zu den Pionieren bei der Entwicklung globaler unternehmerischer Strategien und Strukturen im Spektrum zwischen „Markt" und „Hierarchie".

Expansion

Neben der Innovation ist Expansion ein zweites Mittel kapitalistischer Profitmaximierung. In Schumpeters Konzeption ist die Durchsetzung neuer Kombinationen mit sektoraler und geographischer Expansion verbunden. Der sektorale Aspekt der Expansion kommt dadurch zum Ausdruck, dass sich eine Innovation zuerst in *einem* Sektor – zumeist im industriellen Sektor – in Form neuer Produkte oder Verfahren – ereignet und von dort aus die anderen Sektoren der Wirtschaft – den primären Sektor als Lieferanten von Rohstoffen und den tertiären Sektor für unternehmensbezogene Dienstleistungen – durchdringt. Der geographische Aspekt ergibt sich aus der territorialen Erweiterung des intersektoralen Wirtschaftskreislaufs: aus der Einbeziehung zusätzlicher Regionen als Absatzmärkte für Fertigprodukte, Beschaffungsmärkte für Rohstoffe und Standorte für industrielle Produktionen.

Im Hinblick auf die Modalitäten der Expansion findet man bei Schumpeter einen interessanten Hinweis: Während er im Hinblick auf Absatzmärkte, die ja zunächst vor allem in anderen Zentrumsländern mit hoher Kaufkraft gesucht werden, von „Erschließung" spricht, ist bei der Suche nach neuen Rohstoffvorkommen, die sich vor allem auf periphere Gebiete erstreckt, von „Eroberung" die Rede. Die Wortwahl scheint zu unterstellen, dass im zweiten Fall, anders als im ersten, Gewalt im Spiel ist: das Streben nach territorialer Kontrolle und politischer Herrschaft.

Dies führt zur Vorstellung unterschiedlicher Formen oder Methoden der Expansion. Eine extreme Form wirtschaftlich motivierter Expansion ist der *Imperialismus*. Was immer man unter Imperialismus in Einzelnen versteht, unbestreitbar ist diese Form der Herrschaft immer mit wirtschaftlichen Interessen verbunden. Eine Dominanz wirtschaftlicher Interessen vertritt in radikaler Zuspitzung Lenin (im Anschluss an den liberalen Imperialismuskritiker Hobson) mit seiner These vom „Imperialismus als höchstes Stadium des Kapitalismus". Dem zufolge verschaffen sich kapitalistische Unternehmer mit Hilfe des Staatsapparates die politische Kontrolle über externe Regionen, um dort Anlagemöglichkeiten für überschüssiges Kapital, Absatzmärkte für überschüssige Waren und Beschaffungsmöglichkeiten für fehlende Rohstoffe zu finden.

Aus Camerons Sicht ist diese These aus verschiedenen Gründen nicht stichhaltig. Das Hauptargument besagt, dass kapitalistische Großunternehmen sich auch ohne politische Kontrolle durch den Staat ihres Stammlandes über eine rohstoffreiche Region Zugang zu neuen Rohstoffquellen verschaffen können. Private Unternehmen tendieren dazu, sich vom Staat zu entkoppeln und an Marktchancen zu orientieren, und dies umso mehr, je rationaler sie sind (vgl. Weber 1976: 95f.). Außerdem können sie sich in Regionen, die nicht von dem starken Staat ihres Stammlandes, sondern von vergleichsweise schwachen lokalen Machthabern beherrscht werden, freier bewegen und ihre Interessen besser durchsetzen. Auf der anderen Seite war den meisten Zentrumsstaaten eine direkte territoriale Kontrolle und Verwaltung entfernter Regionen zu teuer und zu riskant. Daher haben sie zumeist indirekte Formen politischer Herrschaft bevorzugt und sich darauf beschränkt, die Auslandsaktivitäten der heimischen Wirtschaft diplomatisch abzustützen.

Den Gegenpol und Gegentypus zum territorialen Imperialismus bildet der *Freihandel* als rein ökonomisch motiviertes Muster der Erweiterung wirtschaftlicher Austauschbeziehungen auf der Grundlage frei vereinbarter Handelsverträge, unter allseitigem Verzicht auf Handelshemmnisse jeglicher Art und auf jedwede staatliche Intervention. Theoretiker des Freihandels könnten, Lenin paraphrasierend und ebenso einseitig-überspitzt, vom Freihandel als höchstem Stadium des Kapitalismus sprechen. Sie könnten sich dabei auf Weber berufen, für den „Marktfreiheit, d. h. Freiheit des Marktes von irrationalen Schranken des Verkehrs" und „Orientierung der Bedarfsdeckung an Markchancen und an Rentabilität" wesentliche Voraussetzungen des rationalen Kapitalismus sind (vgl. Weber 1981: 239f.).

Auch die Freihandelsdoktrin ist anfechtbar. Aus der Weltsystemperspektive ist der entscheidende Einwand die strukturelle Asymmetrie in der Weltwirtschaft. Die Handel treibenden Staaten sind wirtschaftlich und politisch nicht gleichgestellt, und gleiches gilt auch für die den Handel organisierenden Unternehmen. Unternehmen der Zentrumsländer verfügen über größere Verhandlungsmacht als die der Peripherie und setzen diesen gegenüber in der Regel „ungleiche Verträge" durch. Außerdem bedarf der Freihandel einer politischen und militärischen Absicherung durch starke Staaten, die imstande sind, die Sicherheit der Verkehrswege zu garantieren und Behinderungen des freien Austauschs zu sanktionieren. Zwischen dem Schutz des freien Handels und der Ausübung von Macht gegen Länder, die sich seinen Regeln nicht unterwerfen wollen, ist es nur ein kleiner Schritt, und beide Hegemonialmächte haben ihn nicht selten getan. [14]

„Imperialismus" und „Freihandel" sind genau genommen historische Typen, die jeweils in einer bestimmten Periode, in einem bestimmten historischen Kontext entstanden sind. Der Begriff des Imperialismus ist Hobsbawm zufolge „erstmals in den 90er Jahren (des 19. Jahrhunderts; meine Hinzufügung), im Verlauf der Auseinandersetzung um koloniale Eroberungen, zu einem festen Bestandteil des politischen und journalistischen Vokabulars" geworden und nahm „ genau zu jener Zeit die ökonomische Dimension an, die er als Begriff seither nicht mehr verlieren sollte" (Hobsbawm 1989: 83). Nur wenig früher hat sich die Idee des Freihandels international durchgesetzt. Als Ausgangspunkt wird zumeist der Cobden-Chevalier-Vertrag von 1860 zwischen Großbritannien und Frankreich genannt, der eine Fülle ähnlicher Verträge zwischen fast allen europäischen Ländern nach sich

---

[14] Zum Spannungsverhältnis zwischen Imperialismus und Freihandel im Kontext des British Empire vgl. Porter 1997: 155-173. Porter weist auf das vielfach übersehene Phänomen eines „antikapitalistischen Imperialismus" hin, der seine Wurzeln in den aristokratischen Wertvorstellungen von Kolonialverwaltungen hat. Diese unterscheiden sich signifikant von denen der kapitalistischen Unternehmen und deren zügellose Ausbeutung ihrer Untertanen (ebd.: 167).

zog und zu signifikanten Zollsenkungen und Handelserleichterungen führte (vgl. Cameron 1992: 87ff.). Freihandel und Imperialismus haben sich also ungefähr zur gleichen Zeit im Rahmen des British Empire nebeneinander entfaltet und hybride Formen hervorgebracht. Freihandel und Imperialismus können als Innovationen des zu dieser Zeit wirtschaftlich und politisch führenden Landes und aufgrund ihres nahezu zeitgleichen Auftretens auch als Alternativen wirtschaftlicher und politischer Expansion betrachtet werden.

Zwischen Imperialismus und Freihandel gibt es zahlreiche Zwischenformen und Übergänge. Die wichtigsten Zwischenformen sind das *„informal empire"* und der *„Imperialismus des Freihandels"*. Informelle Herrschaft bedeutet „die Dominanz eines Landes über ein anderes durch nahezu jedes Mittel diesseits der offenen Annexion und Administration; typischerweise also durch ökonomischen Druck seitens mächtiger Abnehmer oder Kapitalgeber, manchmal auch durch eine Gruppe zwischengeschalteter, eingeborener Kollaborateure" (Porter 1997: 162). Eine auf Großbritannien gemünzte Variante des informellen Imperialismus ist der „Imperialismus des Freihandels". Gallagher und Robinson verstehen darunter eine Spielart des informellen Imperialismus, „die sich in der Regel auf Methoden wirtschaftlichen Einflusses beschränkt, aber notwendigenfalls bereit ist, den privaten Kolonisatoren und Kolonialgesellschaften mit staatlichen Mitteln zu Hilfe zu kommen" (vgl. Mommsen 1971: 15; Gallagher/Robinson 1972). Diese Symbiose von Handel und Herrschaft resultiert vor allem aus dem liberalistischen Prinzip des Vorrangs privater Unternehmungen und der Beschränkung der Staatstätigkeit (inklusive der Anwendung militärischer Gewalt) auf das Unumgängliche – wenn alle anderen Mittel zur Erschließung und Absicherung von Siedlungsgebieten, Rohstoffvorkommen und Absatzmärkten versagen.[15] Im Hinblick auf die Vereinigten Staaten spricht Wehler von einer „hybride(n) Verbindung

---

[15] Einen anderen Aspekt des Verhältnisses zwischen Unternehmen und Regierungen beleuchtet die *„trade-follows-the flag"*-Hypothese, der zufolge Regierungen die Auslandsaktivitäten der eigenen Unternehmen mit politischen Mitteln vorbereiten und wenn sie es mit einem strategisch wichtigen, politisch aber unterlegenen Land zu tun haben, nach einem Versagen der Diplomatie unter Umständen auch vor militärischem Druck oder gar offener Gewaltanwendung nicht zurückschrecken. Man kann die Hypothese auch umdrehen und argumentieren, dass Regierungen außenpolitische Risiken im allgemeinen vermeiden und die Initiative bei der Erschließung von Rohstoffgebieten und Absatzmärkten lieber Unternehmen überlassen und nur dann intervenieren, wenn nationale Interessen auf dem Spiel stehen. Vgl. Pollins 1989. Gowa und Mansfield 1993.

von Antikolonialismus und Wirtschaftsimperialismus" (vgl. Wehler 1971: 187). Ferguson charakterisiert amerikanische Vorgehensweisen als „Imperialismus des Antiimperialismus" (vgl. Ferguson 2004: 82ff.).

In gewisser Weise könnte auch der Begriff der *Hegemonie* im Kontinuum von Freihandel und Imperialismus eingeordnet werden. In seinem klassischen Werk definiert Triepel „Hegemonie" als „Führungsverhältnis zwischen einem Staate und einem oder mehreren anderen Staaten" und ordnet sie „in der Mitte zwischen bloßem Einflusse und Herrschaft" ein (vgl. Triepel 1928: 125, 140). „Die Stufenleiter beginnt mit dem bloßen Einflusse, sie endigt mit der Herrschaft. Zwischen diesen beiden Polen bewegt sich das gesamte internationale Leben; diese Bewegung bildet den Inhalt aller Geschichte" (Triepel 1928: 139). Bei allem hin- und her der zwischenstaatlichen Führungsverhältnisse glaubt Triepel einen Prozess der „Selbstbändigung der Macht" zu erkennen und sogar ein „*Gesetz der abnehmenden Gewalt*" formulieren zu können, demzufolge die „Herrschaft über fremde Staaten und Völker durch die schwächere Machtform der Hegemonie" ersetzt wird (vgl. Triepel 1928: 283, 146f.). Wir können also prüfen, ob und inwieweit die Ablösung Großbritanniens als Hegemonialmacht durch die Vereinigten Staaten mit abnehmender Gewalt bei der globalen Versorgung mit Rohstoffen verbunden ist, mit einer Umschaltung von „Eroberung" unter Anwendung staatlicher Gewalt auf kommerziell-friedliche „Erschließung" durch multinationale Unternehmen.[16]

1.3 Die langen Wellen der wirtschaftlichen und politischen Entwicklung

Nachdem mit dem Begriff der Weltwirtschaft der sich nur langsam verändernde strukturelle Rahmen und mit dem Begriff des Kapitalismus die Bewegungsenergie in der Weltwirtschaft zu erfassen versucht wurde, geht es im Folgenden um die Bewegungs*muster* des kapitalistischen Weltsystems. Ihre wirtschaftlichen und technischen Aspekte können am besten mit den Kondratieff-Zyklen erfasst werden, deren Analyse Schumpeter zufolge „die Natur und den Mechanismus des kapitalistischen Prozesses besser als irgend etwas anderes enthüllt" (Schumpeter 1975: 114) Die politischen Bewegun-

---

[16] Wenn dieses „Gesetz" von heute aus gesehen als fragwürdig oder gar unhaltbar erscheint, muss man berücksichtigen, daß es die Erfahrungen und Hoffnungen der Zeit nach dem Ersten Weltkrieg wiedergibt.

gen des Weltsystems lassen sich mit den länger und langsamer schwingenden Hegemonialzyklen beschreiben, deren Verläufe sich nicht unabhängig von wirtschaftlichen Entwicklungen erklären lassen. Da es sich bei der Weltwirtschaft des Erdöls *per definitionem* um ein polit-ökonomisches Phänomen handelt, das von wirtschaftlichen und politischen Interessen bestimmt, von Unternehmen und Staaten bewegt wird, liegt es nahe, den Wechselwirkungen zwischen industriewirtschaftlichen Kondratieff- und weltpolitischen Hegemonialzyklen nachzugehen.

Die langen Wellen der wirtschaftlichen Entwicklung

Bei der Analyse der wirtschaftlich-technischen Bewegungen geht man am besten von Schumpeter aus, der seine mikroökonomische Theorie des innovativen Unternehmers mit einer makroökonomischen Theorie der wirtschaftlichen Entwicklung verknüpft hat. Der idealtypische Verlauf eines Kondratieff-Zyklus beginnt mit dem Auftritt eines „dynamischen Unternehmers". Hat ein solcher „Pionier der wirtschaftlichen Entwicklung" eine „neue Kombination" durchgesetzt und einen Monopolgewinn erzielt, zieht er unverzüglich „Schwärme" von anderen Unternehmern an, die ihn nachahmen und mit ihm in Wettbewerb treten. Daraus ergeben sich Folge- und Verbesserungsinnovationen, die zu einem Ausreifen der Produkte und Verfahren führen. Mit der Erhöhung der Produktion sinken die Preise und steigt der Absatz. Das neue Produkt wird vom Luxusgut zum Alltagsgut und damit für neue Käuferschichten erschwinglich. Mit der Ausweitung der Produktion steigt die Nachfrage nach Produktionsfaktoren, wodurch weitere Unternehmen von dem Boom erfasst werden, der sich nun immer stärker in der Wirtschaft ausbreitet. In den involvierten Wirtschaftssektoren entsteht zusätzliches Einkommen, das die Nachfrage nach Gütern und Dienstleistungen weiter belebt. Nach einer gewissen Zeit kommt es unweigerlich zu einer Sättigung der Nachfrage und einem Abschmelzen der Gewinne infolge intensivierter Konkurrenz. Preise und Profite sinken und mit ihnen schwindet der Anreiz für weitere Investitionen. Die wirtschaftliche Entwicklung stockt und geht allmählich in eine Phase der Rezession oder gar Depression über, der viele Unternehmen zum Opfer fallen. Nun kann nur noch ein neuer Innovationsschub aus der Wirtschaftskrise heraushelfen.

Nach diesem Muster lassen sich von der industriellen Revolution bis heute fünf oder sechs Kondratieff-Zyklen unterscheiden. Den Kern der industriellen Revolution bildet eine Verzahnung von drei technologischen Umwandlungen: „Erstens traten mechanische Anlagen an die Stelle der menschlichen Fertigkeiten; zweitens ersetzte die unbeseelte Kraft – insbesondere der Dampf – die menschliche und tierische Kraft; und drittens wurden, speziell im Bereich der metallurgischen und chemischen Industrie, die Verfahren der Erzeugung und der Verarbeitung der Rohstoffe wesentlich verbessert" (Landes 1973: 15). Der erste, auch als „Wasser getriebene Mechanisierung der Industrie" charakterisierte Kondratieff-Zyklus (Aufschwung 1780er–1815; Abschwung 1815–1848) basierte im Wesentlichen auf der (erstmals) fabrikmäßigen Verarbeitung von Baumwolle (vgl. Freeman/Louca 2001: 141).

Träger des zweiten Kondratieff-Zyklus (Aufschwung 1848–1873; Abschwung 1873–1895) sind Dampfmaschine und Eisenbahn. Die Dampfmaschine wurde zuerst stationär eingesetzt: im Bergbau zum Antrieb von Pumpen zur Entwässerung der Kohlegruben, dann vor allem in der Baumwollindustrie, dem ersten Führungssektor der Industriellen Revolution, zum Antrieb von Spinn- und Webmaschinen. Ein weiterer, entscheidender Schritt war die mobile Nutzung der Dampfmaschine zum Antrieb von Lokomotiven und Schiffen, mit denen die Transportbedingungen auf dem Land und zu Wasser enorm verbessert wurden. Ihre Produktion belebte den Kohlebergbau, den Maschinenbau und die Eisen erzeugende Industrie.

Den dritten Kondratieff-Zyklus (Aufschwung 1895–1918; Abschwung 1918–1940), in dem die industrielle Nutzung wissenschaftlichen Wissens sprunghaft an Bedeutung gewinnt, dominieren die elektrotechnische und die chemische Industrie. Basisinnovation der Elektrotechnik war Nefiodow zufolge „das von Werner von Siemens entdeckte Elektrodynamik-Prinzip, das die Voraussetzung für Erzeugung und Anwendung der Elektrizität" zum Antrieb von Maschinen, zur Beleuchtung von Gebäuden und Strassen und zur Übermittlung von Informationen (Telegraph, Telefon) bildet; „Kern der Basisinnovation ‚Chemie' war die Entdeckung des Aufbaus der Materie, wie sie im Periodischen System der Elemente zum Ausdruck kommt." (Nefiodow 2001: 235) In neuen chemischen Verbindungen wurden zahlreiche neue synthetische Stoffe für vielfältige Anwendungen entwickelt.

In dem für uns zentralen vierten Kondratieff-Zyklus (Aufschwung 1941–1973; Abschwung 1973–?) verdrängt der Verbrennungsmotor die

Dampfmaschine, das Mineralöl die Kohle und das Automobil die Eisenbahn. Der Öl-Auto-Komplex profitiert wie jeder Zyklus aber auch von Innovationen früherer Zyklen, insbesondere von Fortschritten in der chemischen Industrie, die durch neue Raffinierungsverfahren die Nutzungsmöglichkeiten des Erdöls erweiterten und seine Produktion verbilligen. Die Umstellung der Automobilproduktion von handwerklich-werkstattmäßiger Produktion auf Großserien- und Fliessfertigung (Fordismus) führt zur Entfaltung der „automobilen Gesellschaft" mit weitreichenden Auswirkungen auf (die Trennung von) Wohnen und Arbeiten, Siedlungsformen und Einkaufsmöglichkeiten, Reisen und Freizeitverhalten usw. Damit erreicht die „Kohlenwasserstoff-Zivilisation" ihren Höhepunkt.

Der um 1990 aufschwingende fünfte Kondratieff-Zyklus wird erstmals nicht von Energie, sondern von Information und Kommunikation bestimmt. Die Industriegesellschaft wird von der Informationsgesellschaft überlagert und an wirtschaftlicher Dynamik übertroffen (vgl. Nefiodow 2001: 20ff.). Nefiodow sieht bereits einen sechsten Kondratieff-Zyklus im Zeichen von Biotechnologie und Gesundheit heraufziehen (vgl. ebd.: 96ff.).

Im Hinblick auf unsere Untersuchungsziele erfordert Schumpeters Konzept des Kondratieff-Zyklus, das eine bis heute anhaltende Forschungslinie eingeleitet hat, einige Modifikationen. Sie betreffen den Begriff der Innovation, eine Differenzierung der von neuen Kombinationen erfassten Branchen sowie eine Ausweitung der Analyse auf das Weltsystem mit seinen Zentren und Peripherien.

1. Nicht alle neuen Kombinationen kommen als Auslöser und Träger von Kondratieff-Zyklen in Betracht. Um diese Funktionen erfüllen zu können, muss es sich um eine *„Basisinnovation"* handeln, die Nefiodow zufolge aus „einem Bündel vernetzter Technologien" besteht und Potential genug hat, um erstens das Tempo und die Richtung des Innovationsgeschehens für mehrere Jahrzehnte zu bestimmen," zweitens „für mehrere Jahrzehnte die Rolle einer Lokomotive für die gesamte Wirtschaft" zu übernehmen und dadurch „entscheidenden Einfluss auf das Wirtschaftswachstum" auszuüben und drittens „zu einer weitreichenden Reorganisation der Gesellschaft" zu führen (vgl. Nefiodow 2001: 15f.). In einem Komplex vernetzter Technologien haben nicht alle Komponenten die gleiche Bedeutung. Freeman und Perez heben als kritische Komponente den so genannten *„Schlüsselfaktor"* hervor, der

folgende Eigenschaften aufzuweisen hat: er muss auf vielfältige Weise kombinierbar sein, in viele Produkte und Prozesse des gesamten Wirtschaftssystems inkorporierbar sein und darüber hinaus auch zu relativ niedrigen und schnell sinkenden Kosten führen, sowie in nahezu unbegrenzter Weise für größere Zeiträume verfügbar sein (vgl. Freeman/ Perez 1988: 38-66, insbes.: 48). Schlüsselfaktor des vierten Kondratieff-Zyklus ist das Erdöl.

2. Die Durchsetzung neuer Kombinationen involviert mehrere Branchen: *Grundstoffbranchen*, die einen neuen Schlüsselfaktor für vielfältige Nutzungsmöglichkeiten bereitstellen (z. B. die Mineralölindustrie); *Trägerbranchen*, die den Schlüsselfaktor für die Produktion langlebiger Güter verwenden oder die Güter herstellen, deren Gebrauch von der Verfügbarkeit des Schlüsselfaktors als komplementäres Produkt abhängt (z. B. die Automobilindustrie); *induzierte* Branchen, die sich als Konsequenz der beiden anderen Branchen oder komplementär zu ihnen entwickeln (z.B. Straßenbau, Tankstellen, Werkstätten, Tourismus, usw.). Aus der Interaktion der Branchen, aus Vor- und Rückkopplungen mit vor- und nachgelagerten Bereichen, gewinnt ein Kondratieff-Zyklus seine Entwicklungsdynamik.

3. Entscheidend für die Durchsetzung und Diffusion technisch-ökonomischer Neuerungen sind die kulturelle Aufgeschlossenheit der Gesellschaft und die Problemverarbeitungskapazitäten ihrer institutionellen Strukturen. Eine Basisinnovation muss einerseits eine gesellschaftliche Bedarfslage treffen, Nachfrage mobilisieren und Märkte erschließen; anderseits müssen die sozialen und institutionellen Strukturen für die Aufnahme und Verarbeitung der Neuerungen geeignet sein beziehungsweise angepasst werden können. Nur wenn die technisch-ökonomischen Faktoren, der *„technologische Stil"* (er umfasst neue Produkte und Produktionsprozesse, veränderter Unternehmensstrukturen und Entscheidungsverfahren, reformierte Arbeitsformen und Eigentumsrechte), und die sozio-institutionellen Faktoren beziehungsweise das *„politökonomische Regime"* (bestehend aus Institutionen der Willens- und Konsensbildung, der Kompromissfindung und der Konfliktaustragung), zueinander passen und sich miteinander verzahnen, kann es zu einem Aufschwung kom-

men.¹⁷ Andernfalls wird ein Aufschwung verzögert oder verhindert beziehungsweise es kommt zu einer Rezession oder Depression.
4. Alle bisherigen Kondratieff-Zyklen haben ihren Ursprung in den westlichen Industrieländern. Der erste („*early mechanization*") Kondratieff hatte seinen geographischen Schwerpunkt in Großbritannien, Frankreich und Belgien; der zweite („*steam power and railway*") Kondratieff in Großbritannien, Frankreich, Belgien, Deutschland und USA; der dritte („*electrical and heavy engineering*") Kondratieff in Deutschland, USA, Großbritannien, Frankreich, Belgien, Niederlande und Schweiz; der vierte („*Fordist mass production*") Kondratieff in USA, Deutschland und anderen Ländern der EWG, Japan, Schweiz, Schweden und anderen EFTA-Ländern, Kanada, Australien; der fünfte („*information and communication*") Kondratieff in Japan, USA, Deutschland und anderen EWG- und EFTA-Ländern, Schweden, Taiwan, Korea, Kanada, Australien.¹⁸ Hier tauchen also erstmals semiperiphere Länder Südostasiens in der Spitzengruppe auf.
5. Eine wichtige Frage betrifft die Rolle der Peripherie in den verschiedenen Phasen der Kondratieff-Zyklen. Zwar entstanden alle großen Innovationen bisher regelmäßig aus den kapitalistischen Zentrumsländern, aber manche der verwendeten Techniken stammten aus der Peripherie. Zum Beispiel stammt die Technik des Raffinierens aus China und wurde von den Arabern nach Europa gebracht (vgl. Yergin 1991: 148). Auch als Rohstofflieferanten waren periphere Länder schon vom Beginn der Industriellen Revolution an involviert. Am ersten Kondratieff-Zyklus war die Peripherie als Baumwolllieferant entscheidend beteiligt (vgl. Hobsbawm 1968: 47ff.; Pomeranz/Topik 2006: 216ff.; Nefiodow 2001: 4). Im zweiten und dritten Kondratieff-Zyklus ging die Bedeutung der Peripherie als Rohstofflieferant relativ zurück, um dann in vierten Kondratieff-Zyklus erneut anzusteigen.¹⁹ Von einer gewissen

---

[17] Das Begriffspaar „technologischer Stil" und „politökonomisches Regime" wurde von Bornschier verwendet, um über Schumpeter und Perez hinaus den Wandel umfassender Gesellschaftsmodelle zu analysieren. Vgl. Bornschier 1988.
[18] Die Bezeichnung der Zyklen und die Zuordnung von Ländern stammt aus Dicken 1998: 148.
[19] Diese Entwicklung wird mit der *diminishing trade*-Hypothese auf den Punkt gebracht. „Sie besagt vereinfacht, dass technischer Fortschritt, Industrialisierung, steigende Realeinkommen u. a. Faktoren zu einer relativen Verminderung des internationalen Austausches

Ausreifung der Produktion an, kommen weniger entwickelte Länder als Produktionsstandorte und Absatzmärkte ins Spiel. Nach der (auf Schumpeter aufbauenden) Theorie des internationalen Produktlebenszyklus bestimmt das wirtschaftliche Gefälle der Länder in der Weltwirtschaft die internationale Diffusion von Innovationen.[20]

Wie auch immer: Kondratieff-Zyklen sollten als ein weltweites Phänomen und können als Grundmechanismus von Hegemonialzyklen begriffen werden, denen wir uns nun zuwenden.

---

von Gütern führen, weil die Technik die Substitution von natürlichen durch synthetische, in Industrieländern hergestellte Rohstoffe und den sparsameren Gebrauch von Rohstoffen ermögliche, weil die Verbreitung der Industrialisierung die komparativen Kostenvorteile vermindere, die Fähigkeit zur Herstellung industrieller Güter verallgemeinere und damit die Notwendigkeit von Einfuhren für Industriewaren verringere und weil sie bei steigendem Einkommen ein immer geringerer Prozentsatz des Einkommens für zu importierende Nahrungsmittel ausgegeben werden müsse, dafür aber mehr für Hausbau, Dienstleistungen, Erziehung und Kultur, die meistens in der Binnenwirtschaft produziert würden. Schließlich wurde argumentiert, dass ein natürliches Ende der räumlichen Expansion der Weltwirtschaft bevorstünde, sobald praktisch alle Nationen in sie integriert seien. Wiederum neigten viele Ökonomen dazu, in der Verminderung der Handelsquoten so etwas wie ein 'Naturgesetz' reif gewordener Industriewirtschaften zu sehen" (Fischer 1979: 48).

[20] Nach dieser Theorie beginnt der Lebensweg eines neuen Produktes in der Regel in forschungs- und entwicklungsintensiven Unternehmen der am höchsten entwickelten Industrieländer, zumeist solchen der USA. In der Einführungsphase kommt es vor allem auf die Kommunikation zwischen innovativen Unternehmen und einkommensstarken Kunden an, die von Anfang an auch im Ausland gesucht werden, so dass der Export schon in der Einführungsphase beginnt. Der Erfolg des innovativen Unternehmens mobilisiert Imitatoren im eigenen Land und in anderen Industrieländern. Dort kommt es zu einer allmählichen Importsubstitution, die in einen zunehmenden Export übergeht. Infolge des zunehmenden Wettbewerbs zwischen dem Innovations- und den Imitationsunternehmen sinken die Marktpreise und steigt entsprechend die Bedeutung der Stückkosten, insbesondere der Lohnkosten. Nun können Entwicklungsländer ihre Kostenvorteile ausspielen. Mit zunehmender Ausreifung des Produktes werden die Unternehmen der Industrieländer immer weniger wettbewerbsfähig. Die Produktion verlagert sich in Entwicklungsländer, die ihre Exporte in die Industrieländer kräftig steigern können. Dort findet dann eine Exportsubstitution durch Importe aus den Entwicklungsländern statt. (Vgl. Dicken 1998: 183ff.).

Hegemonialzyklen im Weltsystem

Das Konzept des Hegemonialzyklus geht von der Beobachtung aus, dass sich aus der Gruppe der Zentrumsstaaten in mehr oder weniger regelmäßigen Abständen – die meisten Forscher gehen von etwa 100 Jahren aus – eine Hegemonialmacht ausbildet, die aufgrund ihrer wirtschaftlichen, politischen, militärischen und auch ideologischen Macht in der Lage ist, im Weltsystem für eine bestimmte Zeit ein neues Ordnungsmodell durchzusetzen.[21]

Wirtschaftliche Macht basiert auf Innovationskraft, die zu komparativen Vorteilen in Produktion, Handel und Finanzen führen. Indikatoren sind ein überproportionaler Anteil an der Weltproduktion, am Welthandel und an den Weltfinanzen (Leitwährung).[22] Man darf annehmen, dass überlegene Wirtschaftskraft eine notwendige Voraussetzung für die Durchsetzung einer nach eigenen Ideen und Interessen gestalteten internationalen Ordnung ist.

Politische Macht äußert sich in der Fähigkeit, Ordnungsmodelle und Regelwerke auch gegen Widerstreben durchzusetzen. Wenn man sich an Wallersteins Begriff des „starken Staates" – die Fähigkeit, „Politik gegen Widerstand im Inneren und Opposition von außen durchzusetzen" (Hopkins/Wallerstein 1979: 175) – hält, dann umfasst politische Macht nicht nur die Fähigkeit, nationale Interessen im internationalen System durchzusetzen, sondern auch die antezedente Fähigkeit, nationale Interessen zu definieren, Klassengegensätze zu überwinden und gesellschaftliche Kräfte zu bündeln. Indikatoren für (außen)politische Macht sind der Grad der weltweiten Zustimmung zu den Ordnungsvorstellungen eines Staates oder der Anteil der Länder, die den von ihm initiierten internationalen Regimes beziehungsweise internationalen Organisationen beitreten.[23]

---

[21] Bei der Unterscheidung dieser vier Quellen der Macht folge ich Mann 1990: 15ff.
[22] Bühl zufolge ist es seit dem Beginn der Industrialisierung „keiner Macht mehr gelungen, ohne einen überproportionalen Anteil am Weltwirtschaftsprodukt, ohne an der Spitze des Produktzyklus und der wirtschaftlichen Produktivität zu stehen, ohne die Leitwährung zu stellen und ein weltweites Handels- und Kommunikationsnetz zu beherrschen, eine stabile hegemoniale Führung aufzubauen" (Bühl 1990: 76). Daten für die hier zur Debatte stehende Zeit finden sich in Maddison 2001.
[23] Anzeichen für die Grenzen hegemonialer Macht sind die Unwilligkeit, eine Führungsrolle zu spielen; die Rücknahme von Forderungen gegenüber anderen Ländern; die Notwendigkeit, Kompromisse zu schließen, die die eigenen Interessen beeinträchtigen; der Verzicht auf Sanktionen gegenüber Ländern, die internationale Verträge brechen…

Militärische Macht bezieht sich auf defensive und offensive Fähigkeiten, andere Länder von Angriffen abzuschrecken beziehungsweise zu erobern, einschließlich der Fähigkeit, sie nach gewonnen Kriegen zu befrieden (vgl. Mann 2003: 31). Indikatoren für militärische Macht sind der Anteil an der weltweiten Flotten- oder Truppenstärke oder am Anteil an den weltweiten Rüstungsausgaben. Für Modelski ist Seemacht, die Kontrolle und der Schutz der maritimen Handelsrouten, entscheidend (vgl. Münkler 2005: 59ff.). Nach seiner Ansicht kann man von „*world leadership*" sprechen, wenn eine Seemacht einen Anteil von mindestens 50 Prozent an den Flotten der Welt hat (vgl. Modelski 1987; Kennedy 1989).

Ideologische Macht bezieht sich auf die „sanfte Macht", die sich aus der Attraktivität der Kultur, der Akzeptanz der Werte, der Vorbildlichkeit der Institutionen speist.[24] Sie äußert sich in der Fähigkeit, immer mehr Menschen und Länder wenn nicht zur Identifikation mit, dann doch zur Anerkennung von Argumenten, Normen und Praktiken des jeweiligen Landes zu bewegen. Triepel spricht von „Kulturhegemonie", die „als Gehilfin der politischen zur Seite" tritt (Triepel 1928: 254).[25] Kulturelle und ideologische Macht sind schwer zu quantifizieren. Als Indikatoren kommen in Betracht: internationale Verbreitung der eigenen Sprache, Übernahme von Wertvorstellungen, gesellschaftlichen Institutionen und Lebensformen durch andere Länder, Akzeptanz als „Kernstaat" eines Kulturkreises (vgl. Huntington 1996: 79, 81ff., 210ff., 247ff.).

---

[24] Nye zufolge kann ein Land „weltpolitisch seine Ziele erreichen, weil andere Länder ihm folgen möchten, weil sie seine Werte bewundern, seinem Beispiel nacheifern, sein Niveau von Wohlstand und Offenheit anstreben.... Es ist die Kunst zu verführen, die Fähigkeit anziehend zu wirken." (zitiert nach Ferguson 2004: 31)

[25] Todd betont den „Universalismus, die Fähigkeit, Menschen und Völker gleich zu behandeln. Eine universalistische Haltung erlaubt die kontinuierliche Ausdehnung der Machtbasis, weil immer mehr eroberte Völker und Individuen in den Kern der Macht einbezogen werden. Die Herrschaft reicht über die ursprüngliche ethnische Basis hinaus. Immer mehr Menschen identifizieren sich mit dem System, weil es die Beherrschten in die Lage versetzt, sich als Herrschende zu fühlen. In den Köpfen der unterworfenen Völker verwandelt sich die anfängliche Gewalt des Eroberers in die Großmut des Herrschers" (Todd 2003: 131). Zu den Ideologien und Legitimationsproblemen von Imperien vgl. Münkler 2005: 132ff. Vereinfacht gesagt, basiert die ideologischer Macht Spaniens auf der Gegenreformation, Großbritanniens auf der Idee der Zivilisierung der Welt, der Vereinigten Staaten auf Marktwirtschaft, Demokratie und Menschenrechten.

Unter Berücksichtigung dieser vier Formen von Macht lässt sich der Verlauf eines Hegemonialzyklus, dessen verschiedene Phasen durch unterschiedliche Konfigurationen der vier Machtquellen gekennzeichnet sind, idealtypisch nun wie folgt skizzieren. Der Aufstieg eines (Zentrums-)Landes zur Hegemonialmacht (in Wallersteins Terminologie „*ascending hegemony*") beginnt mit wirtschaftlichen, technischen und organisatorischen Innovationen, die ihm zu komparativen Vorteilen verhelfen. Diese Vorrangstellung entwickelt sich Wallerstein zufolge in einer Sequenz von der Produktion, über den Handel bis zu den Finanzen.[26] Eine prosperierende Wirtschaft drängt nach Expansion, nach der Eroberung ausländischer Märkte und nach einem Spitzenplatz in der Hierarchie der Staaten.

Ein Staat mit hegemonialen Ambitionen muss sich im Verlauf seines Aufstiegs mit Konkurrenten aus dem Zentrum und/oder Herausforderern aus der Semiperipherie auseinandersetzen. Dabei kommt es regelmäßig zu lang andauernden internationalen Kriegen. Der Sieg in einem hegemonialen Krieg („*hegemonic victory*") basiert letztlich auf einer überlegenen Wirtschaft, die Kriegsgüter in erforderlicher Menge und Qualität bereitzustellen vermag, aber auch auf einer Politik, die im Stande ist, Verbündete zu gewinnen und weitere potentielle Gegner abzuschrecken.[27]

Nach Beendigung des Krieges geht es um die Sicherung des Friedens, um den Aufbau einer internationalen Ordnung, die auch die ehemaligen Gegner einbindet. In dieser Phase der hegemonialen Reife („*hegemonic maturity*") setzt die konsolidierte Hegemonialmacht ein ihren Ideen und Interessen entsprechendes, international verbindliches Regelwerk durch, das nicht nur zum eigenen Vorteil funktioniert, sondern auch für andere Staaten mit Vorteilen verbunden ist und daher von ihnen akzeptiert wird.

Der Niedergang der Hegemonialmacht („*declining hegemony*") wird durch das Schwinden der komparativen Vorteile in der gleichen Reihenfolge – zuerst die Produktion, dann der Handel, schließlich das Finanzwesen – eingeleitet. Mit der Zeit werden die Innovationen der Hegemonialmacht von anderen Zentrumsländern und sogar von Ländern der Semiperipherie übernom-

---

[26] Eine prägnante Zusammenfassung von Wallersteins Konzeption des Hegemonialzyklus findet sich in ders. 1984: 49ff.
[27] Der Politikwissenschaftler Modelski lässt seine Hegemonialzyklen mit einem globalen Krieg beginnen, aus dem heraus sich dann auf friedliche Weise eine „*world power*" herausbildet. Sie entspricht Wallersteins Phase der „*hegemonic maturity*".

men. Dadurch verkleinert sich der Vorsprung der Hegemonialmacht bis er schließlich ganz verschwindet. Die internationale Ordnung zeigt Zersetzungserscheinungen; Regelverletzungen durch andere Staaten häufen sich; die Kosten zur Aufrechterhaltung der Weltordnung überfordern die Hegemonialmacht.[28] Der Zyklus endet mit der Ausdifferenzierung einer multizentralen Struktur der weltweiten wirtschaftlichen und politischen Macht.[29]

Nach diesem Muster lassen sich seit der Entstehung des modernen Weltsystems im „langen 16. Jahrhundert" vier bis fünf Hegemonialzyklen unterscheiden: die Hegemonialzyklen Portugals oder Spaniens im 16. Jahrhundert, den Hegemonialzyklus der Niederlande im 17. Jahrhundert, ein oder zwei Hegemonialzyklen Großbritanniens im 18. und 19. Jahrhundert und der Hegemonialzyklus der Vereinigten Staaten im 20. Jahrhundert.[30]

Im Hinblick auf die Globalisierung der Erdölindustrie stellt sich die Frage, inwieweit nicht erst der amerikanische, sondern schon der britische Hegemonialzyklus von Bedeutung ist. In der Entstehungsphase der modernen Erdölindustrie ist Großbritannien zwar noch das wirtschaftliche und politische Zentrum der Welt, doch ist dies ohne erkennbaren Einfluss auf die Grundlegung der neuen Industrie, deren Zentren außerhalb Großbritanniens und seines Empires in den semiperipheren Regionen Amerikas und zeitweise auch Russlands liegen. Die moderne Erdölindustrie ist einerseits zwar in den Vereinigten Staaten entstanden und von ihnen von Anfang an technisch und

---

[28] Kennedy zufolge hat seit der Neuzeit regelmäßig eine „strategische Überdehnung" entscheidend zum Niedergang von Großmächten beigetragen. „Wenn ein Staat sich strategisch überdehnt – zum Beispiel dadurch, daß er ausgedehnte Territorien erobert oder kostspielige Kriege führt ... läuft er Gefahr, dass die potentiellen Vorteile dieser äußeren Expansion von den großen Kosten der ganzen Unternehmung überschattet werden – ein Dilemma, das akut wird, wenn die betroffene Nation in eine Phase relativen wirtschaftlichen Abstiegs eintritt" (Kennedy 1989: 12.).

[29] Wallersteins Phase des „hegemonialen Niedergangs" wird bei Modelski in zwei Phasen aufgeteilt: in eine Phase der „*Delegitimation*" der hegemonialen Ordnung und in eine Phase der „*Deconcentration*" der politischen Macht.

[30] Wallerstein unterscheidet maximal vier Hegemonialzyklen, den Zyklus der Habsburger (1450 – 1575), den der Niederlande (1575 – 1672), den Großbritanniens (1798 – 1897) und den der Vereinigten Staaten (1897/1920 – 1967). Vollgültige Hegemonialmächte sind nach seiner Auffassung aber nur die Niederlande, Großbritannien und die USA. Modelski identifiziert fünf Hegemonialzyklen: Portugal (1494 – 1580), Niederlande (1580 – 1688), zwei Hegemonialzyklen Großbritanniens (1688 – 1792 und 1792 – 1914), USA (1914 – 1973 ff). Eine instruktive kritische Auseinandersetzung findet sich in Rosecrance 1987: 183-301.

ökonomisch dominiert worden, andererseits sind aber einige der wichtigsten Erdöl exportierenden Länder (wie im dritten Kapital ausgeführt wird) noch unter britischer Vorherrschaft und mit spezifisch britischen Methoden in das international-arbeitsteilige Gefüge der Mineralölindustrie eingegliedert worden. Dies gilt insbesondere für den Nahen Osten, in dem Großbritannien bis weit ins 20. Jahrhundert hinein erheblichen Einfluss ausübte, nachdem es als Hegemonialmacht (nach den Datierungen von Modelski und Wallerstein) längst abgestiegen war. Nach dem Ersten Weltkrieg war Großbritannien noch stark genug, zusammen mit Frankreich fast den gesamten Nahen Osten neu zu ordnen; und selbst nach dem Zweiten Weltkrieg riskierten die beiden europäischen Mittelmächte noch eine imperial-militärische Intervention zur Kontrolle des Suezkanals, die aber mit einem Fiasko endete und den endgültigen Niedergang Großbritanniens und die Dominanz der Vereinigten Staaten auch in diesem Raum signalisierte. Das Beispiel zeigt, dass der Übergang der hegemonialen Macht von einem Land auf ein anderes nicht immer in allen Regionen parallel verlaufen muss, sondern sich je nach Interessenlagen und regionalen Bedingungen zeitversetzt ereignen kann.

Die Vereinigten Staaten lösten Großbritannien im Nahen Osten als Hegemonialmacht erst ab, als Erdöl zum Schlüsselfaktor der wirtschaftlichen Entwicklung avanciert war und es galt, die reichen Ölvorkommen dieser Region für die zunehmend energiehungrigeren Industrieländer des Westens zu sichern und vor dem Zugriff der Sowjetunion, dem neuen Rivalen um globale Hegemonie, zu bewahren. Während Erdöl für den Aufstieg der britischen Hegemonialmacht in keiner Weise und für ihren Niedergang von eher geringer Bedeutung war, findet man im Falle der Vereinigten Staaten eine auffallende Kovariation zwischen Kondratieff- und Hegemonialzyklus. Wie im folgenden Kapital genauer dargelegt wird, verlaufen Aufstieg und Niedergang des vierten Kondratieff-Zyklus einerseits und Aufstieg und angeblicher Niedergang der USA als Hegemonialmacht anderseits nach den unabhängigen Datierungen führender Zyklusforscher parallel. Nun kann aus der zeitlichen Kovariation der beiden Zyklen zwar nicht auf kausale Beziehungen geschlossen werden, doch erscheint es im Interesse der Weltsystemtheorie lohnend, nach systematischen Zusammenhängen zwischen beiden Typen von Zyklen zu forschen.

Dabei stellen sich zwei gegenläufige Fragen: Erstens, inwieweit hat die Verfügbarkeit über bedeutende Ölvorkommen und die Führung bei der wirtschaftlichen (und militärischen) Nutzung von Erdöl zu hegemonialen

Machtbildungen beigetragen? Zweitens, inwieweit haben hegemoniale Strukturen und Wandlungsprozesse die Globalisierung der Erdölwirtschaft beeinflusst? Die erste Frage, in der der Kondratieff-Zyklus als unabhängige und der Hegemonialzyklus als abhängige Variable erscheinen, betrifft nur die Vereinigten Staaten und wird im folgenden Kapitel analysiert. Die zweite Frage, in der der Hegemonialzyklus als unabhängige Variable und die Inkorporation externer Regionen als abhängige Variable postuliert wird, betrifft beide Hegemonialmächte, sowohl Großbritannien als auch die USA, und wird im dritten Kapitel untersucht.

Vor Beginn der empirischen Analysen sei festgehalten, dass die Weltsystemperspektive zwar einen umfassenden und kohärenten Bezugsrahmen für die Untersuchung globaler Strukturen und Prozesse liefert, für bestimmte Problemlagen aber keine adäquaten Begriffe und Argumente bereithält. Daher muss sie um geeignete Konzepte aus anderen Theorie- und Forschungslinien ergänzt werden.

Zu den für unsere Gesamtargumentation wichtigsten importierten Elementen gehört das bereits erwähnte Konzept der *Gegenmacht*, mit dem weltsystemisch unerwartete Veränderungen der Machtbalancen zwischen Zentrum und Peripherie erklärt werden können. Es handelt sich um eine dynamische Gegenhypothese zum statischen Mechanismus des ungleichen Tausches. Sie wird im vierten Kapitel ausführlich begründet und überprüft.

Während das Konzept der *countervailing power* (als eines der Grundmechanismen des „*American Capitalism*") sozialökonomischen Studien entnommen wurde, stammt ein zweiter, eher differenzierender als kontradiktischer Theorieimport aus der politischen Wissenschaft. Mit der *Theorie internationaler Regime* kann das Problem der weltwirtschaftlichen Integration auf differenzierte Weise analysiert werden, indem man die formalen und informellen Regelwerke der internationalen Austauschbeziehungen einschließlich ihrer mehr oder weniger radikalen Umstellungen als Folge wirtschaftlicher, politischer und ideologischer Veränderungen im (hegemonialen) Zentrum, in der (revoltierenden) Peripherie und im kapitalistischen Weltsystem insgesamt zu beschreiben und zu erklären versucht. Dies wird im fünften Kapitel unternommen.

Ebenfalls im fünften Kapitel wird mit der Einführung des *Markt-und-Hierarchie-Ansatzes* der institutionellen Ökonomie eine dritte Verfeinerung der Weltsystemperspektive eingeführt. (Welt-)Märkte und (multinationale) Unternehmen sind nicht nur alternative Formen der Systemintegration, sondern auf vielfältige Weise aufeinander bezogen und zudem mit staatlicher Macht verknüpft. Sowohl Unternehmen wie Regierungen können unter Umständen mit Marktkräften und hierarchischen Organisationsformen als alternative Koordinationsmechanismen strategisch „spielen". Unternehmen variieren ihre Umweltbeziehungen aufgrund von Transaktionskosten- oder Machtkalkülen im Kontinuum von *spot-market-contracts* und der kompletten Übernahme anderer Unternehmen (mit der wichtigen Zwischenform langfristiger Lieferverträge). Staaten des Zentrums wie solche der Peripherie können auf ihrem Hoheitsgebiet auf Marktregeln und Wettbewerb bestehen oder nationale Monopole begründen; und sie können beides miteinander verbinden, indem sie, wie fast alle Öl exportierenden Länder der Peripherie, einerseits ihre Ölindustrie in einem Staatsmonopol vereinigen (oder jedenfalls unter Staatskontrolle stellen) und andererseits ihre ausländischen Kunden zum Wettbewerb um Förderlizenzen oder Öllieferungen zwingen.[31] Die Weltsystemperspektive ist also alles andere als ein bereits erschöpftes oder geschlossenes Theoriesystem, sondern offen für vielfältige Erweiterungen und Vertiefungen.

---

[31] Der Markt-und-Hierarchie-Ansatz eignet sich auch zur Beschreibung unterschiedlicher Modalitäten der Inkorporation externer Regionen. So könnte man Inkorporation unter dem Regime des Freihandels als eine Ausprägung von „Markt" verstehen, während Inkorporation in Form des Imperialismus dem Typus der Hierarchie zuzuordnen wäre. Im ersten Fall würden Explorations-, Produktions- und Marktrechte in externen oder peripheren Regionen zwischen konkurrierenden Unternehmen und Regierungen frei ausgehandelt, im zweiten Fall würden ölreiche Regionen von einem anderen Staat annektiert und von dessen Konzernen ausgebeutet.

2 Die langen Wellen der ölbasierten Wirtschaft

In diesem Kapitel geht es um die Bedeutung des Erdöls als nicht vermehrbaren Rohstoff, als Schlüsselfaktor der wirtschaftlichen Entwicklung und als strategische Ressource im Weltsystem. Den drei Bedeutungen des Erdöls entsprechen drei Typen von langen Wellen: die lange Welle der Weltölförderung, der vierte industriewirtschaftliche Kondratieff-Zyklus und der politökonomische US-Hegemonialzyklus. Die lange Welle der Weltölförderung liefert den quantitativen Rahmen für die beiden ökonomisch-politischen Zyklen; ohne massenhafte Verfügbarkeit billigen Öls hätte dieser Rohstoff nicht zum Schlüsselfaktor der wirtschaftlichen Entwicklung avancieren und ohne diese Qualifikation keine global-strategische Bedeutung gewinnen können. Umgekehrt hätte sich die Weltölförderung ohne die technologischen Innovationen des vierten Kondratieff-Zyklus und die zunehmende strategische Bedeutung dieses vielfältig nutzbaren Rohstoffs nicht in dem beobachteten Maße entwickeln können. Quantitative und qualitative Faktoren wirken also aufeinander ein, verstärken sich gegenseitig und müssen in ihren Wechselwirkungen analysiert werden.

2.1 Die formative Phase der modernen Erdölindustrie

Der Analyse dieser Zusammenhänge sei eine Skizze des Entstehungszusammenhangs und Entwicklungspfads der modernen Erdölindustrie in Begriffen von „Kapitalismus" und „Weltwirtschaft" vorangestellt. Diese Begriffe beziehen sich offensichtlich nicht auf die Anfänge wirtschaftlicher Strukturbildungen und Wandlungsprozesse, sondern auf weit fortgeschrittene Zustände oder Phasen. Für Braudel bedeutet Kapitalismus „Wirtschaften auf höchstem Niveau", und Weltwirtschaft „bildet gewissermaßen nur die oberste Schicht" weit verzweigter Wirtschaftsbeziehungen unterschiedlicher Reichweite und Intensität (vgl. Braudel 1986: 18). Unterhalb des Kapitalismus liegen andere, ältere, weniger fortgeschrittene Ebenen des Wirtschaftslebens, die er „materielle Zivilisation" und „Marktwirtschaft" nennt.

Der Begriff des materiellen Lebens oder der *materiellen Zivilisation* bezieht sich auf den Bereich der tradierten Lebensgewohnheiten, die sich durch monotone Wiederholung zu „Strukturen des Alltagslebens" verfestigt haben.[1] Er umfasst die in einer Region verfügbaren Wissensbestände, Techniken und Ressourcen, aber auch die allmähliche Erweiterung der „Grenzen des Möglichen" durch technische Neuerungen.[2] Die Grenze zur *Marktwirtschaft* ist da erreicht, wo nicht mehr primär für den Eigenbedarf, sondern gezielt für fremde Nachfrage produziert wird, um Einkommen zu erzielen. Während in der Marktwirtschaft eine Vielzahl kleinerer, funktional spezialisierter Unternehmen um die Kaufkraft von Kunden konkurrieren und nur geringe Gewinnspannen realisieren, ist unter *Kapitalismus* ein System zu verstehen, in dem es einer Reihe von Unternehmen gelungen ist, sich den Zwängen des Marktes zu entziehen und Marktmacht aufzubauen. Zwar ist auch der Kapitalismus wie die Marktwirtschaft bei der Güterproduktion an den Gegebenheiten der materiellen Zivilisation orientiert, er ist aber darüber hinaus auch imstande, neue Bedürfnisse zu generieren und die Grenzen der materiellen Zivilisation zu sprengen. Während in der Marktwirtschaft die Unternehmen dem Wettbewerb unterworfen sind und untereinander nach Marktregeln verkehren, sind kapitalistische Unternehmen in der Lage, Wettbewerb und Marktmechanismus durch Organisationsmacht zu überspielen.

Während Wallerstein die Entfaltung der kapitalistischen Weltwirtschaft primär als „horizontalen" Prozess rekonstruiert, der sich von „innen" nach „außen", von expansiven Zentren zur Inkorporation externer Regionen entfaltet, betrachtet Braudel wirtschaftliche Entwicklung in quasi stereomet-

---

[1] Braudels Unterscheidung von materieller Zivilisation und Kapitalismus und seine Auffassung vom Ausbruch des Kapitalismus aus der materiellen Zivilisation ähnelt Webers Antinomie von Traditionalismus und Kapitalismus und seiner Konzeption vom kapitalistischen „Durchbrechen der Schranken der Tradition". Im Unterschied zu Weber interessiert sich Braudel überwiegend für die materiellen Aspekte von Lebensweisen, kaum hingegen für ihre mentalen Dimensionen. Ihn interessieren mehr die Grenzen einer materiellen Zivilisation als die Möglichkeiten einer Kultur.

[2] Innovationstätigkeit entfaltet sich auf allen Ebenen des Wirtschaftslebens, wenn auch mit unterschiedlicher Geschwindigkeit, Reichweite und Veränderungskraft. Auf der Ebene der materiellen Zivilisation dienen Neuerungen primär der allmählichen Verbesserung des Alltagslebens; auf der Ebene der Marktwirtschaft zwingt der Konkurrenzmechanismus die Unternehmen zu Produkt- und Verfahrensinnovationen; auf der Ebene des Kapitalismus wird methodische Innovation zu einer revolutionären Kraft, die neue Strukturen schafft und bestehende zerstört.

rischer Perspektive zudem als einen vertikalen Prozess, der von „unten" nach „oben" verläuft. Er beginnt in den „alt eingefahrenen Gleisen" des „materiellen Lebens", steigt, indem er die „Grenzen des Möglichen" durch technische Neuerungen erweitert, unter bestimmten Bedingungen auf die darüber liegende Ebene der Marktwirtschaft auf und erreicht wiederum unter gewissen Voraussetzungen die Ebene des Kapitalismus.

Die Karriere des Erdöls von einem ursprünglich nur in bestimmten Regionen für begrenzte Zwecke eingesetzten und allenfalls lokal gehandelten Gut zu einem Welthandelsgut, bei dem die Produktion überwiegend in den Welthandel geht, wie auch der Entstehungszusammenhang und Entwicklungspfad der darauf aufgebauten Industrie lassen sich in einem Koordinatensystem darstellen, auf dessen Y-Achse die drei Ebenen des Wirtschaftlebens und auf dessen X-Achse die räumliche Expansion der Wirtschaftstätigkeit von „Region" über „Nation" zu „Welt" abgetragen sind (Abbildung 2.1).

Abbildung 2.1: Ursprung und Entwicklungspfad der Ölwirtschaft

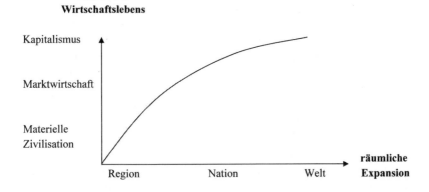

Die Entfaltung der modernen Erdölindustrie entspricht im Großen und Ganzen dem Braudel-Wallerstein-Schema. Allerdings verbinden sich von Anfang an tradierte Elemente mit marktwirtschaftlichen und auch schon kapitalistischen Komponenten. Die Idee der Pioniere, das an einigen Stellen im abgelegenen nordwestlichen Pennsylvania aus dem Boden sickernde „Steinöl" (so genannt, um es von pflanzlichen Ölen und tierischen Fetten zu unterscheiden) zu einem Leuchtstoff für Lampen zu verarbeiten, erscheint nicht gerade revolutionär, – jedenfalls sehr viel weniger revolutionär als die (im dritten Kondratieff-Zyklus eingeführte) elektrische Beleuchtung von Gebäuden und Straßen oder die spätere Verwendung von Erdöl als Kraftstoff für Automobile (im vierten Kondratieff-Zyklus), die beide neuartige und großflächige Infrastrukturen erforderten. Eher traditionell waren auch die technischen Mittel zur Förderung, Verarbeitung und zum Transport des Erdöls. Im Bereich der Förderung griff man auf bekannte Bohrtechniken und einfache Pumpen zurück, mit denen Öl aus zumeist geringer Tiefe (anfänglich etwa 20 Meter) gefördert wurde.[3] Für Lagerung und Transport des Öls benutzte man die seinerzeit in Pennsylvania gebräuchlichen Holzfässer, *barrels*, die 24 US-Gallonen oder 159 Liter aufnahmen, und mit Pferdefuhrwerken in nahe gelegene Verbrauchsregionen transportiert wurden. Die von den Arabern nach Europa und von dort in die Vereinigten Staaten gebrachte Technik des Raffinierens d. h. die Trennung des Rohöls in verschiedene Stoffe wurde mit einfachen Destillierapparaten bewerkstelligt, die nur wenig kosteten, aber einen hohen Ertrag abwarfen.

Die Pioniere der modernen Ölindustrie bewegten sich mental und materiell zwar noch in den tradierten Strukturen des Alltagslebens, strebten aber auch nach Erfolg auf dem Markt und nach kapitalistischem Profit. Von Anfang an ging es nicht um die Deckung von Eigenbedarf, sondern um die Produktion für den Markt und um Konkurrenz mit den traditionellen pflanzlichen und tierischen Ölen, sowie den synthetisch gewonnenen Kohleölen. Die Bahnen des Althergebrachten wurden auch dadurch verlassen, dass die Pioniere die Eigenschaften des Erdöls und die Möglichkeiten seiner Veredelung chemisch untersuchen ließen und wissenschaftliche Gutachten gezielt für die Einwerbung von Investoren nutzten.

Von einem „Geist des Kapitalismus" im Sinne Webers kann bei den Pionieren der Erdölindustrie kaum die Rede sein. Vielmehr handelt es sich bei den *„wildcatters"*, *„speculators"* und *„drillers"*, von denen in der Literatur die Rede ist, eher um Vertreter eines irrationalen Beute- oder Abenteurerkapitalismus, bei dem spekulative Gewinn- und zufällige Besitz- und Marktchancen gegenüber einer rationalen Erwerbsorientierung im kontinuierlichen kapitalistischen Betrieb mit stehendem Kapital und rationaler Kapitalrechnung überwogen. Nur wenige von ihnen kamen zu Reichtum, und nur einer kleinen Minderheit gelang es, sich als Unternehmer dauerhaft zu behaupten. Wie An-

---

[3] Eine instruktive Darstellung der „Bohrwege ins Öl" findet sich in Barudio 2001: 52ff.

derson bemerkt: „The profit often went to those who came afterward, those with the business and financial acumen to finance, transport, manufacture, and market the oil that others found. Those who elbowed aside the pioneers went on to build the companies and fortunes. Few of today's great oil companies can trace their beginnings to an original founder who single-handed drilled an important discovery well in a new field. Virtually all trace their corporate beginnings to businessmen and financiers who were able to exploit and build on the initial discoveries of others" (Anderson 1984: 26). Exemplarisch ist die Biografie des ersten Pioniers der amerikanischen Ölindustrie: „Edwin Laurentine Drake was a retired railroad conductor, failed speculator, an self-styled 'colonel'. On August 27, 1859, near Titusville, Pennsylvania, Drake's primitive cable-drilling rig struck oil at the negligble depth of 69,5 feet and flowered 20 barrels a day. ... As it was, he went from failed speculator to successful oil producer and back to failed speculator. He died poor, the first and far from the last oilman to follow that cycle"(ebd.: 2).

Der irrationale und spekulative Umgang mit Erdöl wurde von dem tradierten „*law of capture*" befördert (vgl. ebd.: 28f.; Yergin 1991: 38f.). Das aus dem englischen *common law* stammende Gesetz der Beute räumt Grundeigentümern das Recht ein, jegliches Wild, das sie auf ihrem Grund und Boden antreffen, zu erlegen. In gleicher Weise haben sie Eigentumsrechte an allen Schätzen auf und unter ihrem Grundstück. Stößt ein Grundeigentümer auf eine Ölquelle, darf er diese vollständig ausbeuten. Dabei spielt es keine Rolle, ob sich die Lagerstätte unterirdisch möglicherweise weit über seine Grundstücksfläche hinaus erstreckt. Somit besteht ein Anreiz, so schnell wie möglich, so viel Öl wie möglich zu fördern, um den Eigentümern benachbarter Grundstücke zuvorzukommen. Das *law of capture* stimuliert also eine schnelle Ausbeutung der Bodenschätze und einen hitzigen Wettbewerb zwischen Nachbarn, die sich in diesem Nullsummenspiel eher als Konkurrenten wahrnehmen, die sich wechselseitig den Gewinn abjagen wollen, und weniger als potentielle Kooperationspartner, die eine Lagerstätte zum gemeinsamen Vorteil strategisch bewirtschaften könnten. Die hektische Jagd nach dem schnellen individuellen Gewinn führt zu einer schnellen Erschöpfung der Lagerstätten und zu einer Verschwendung wertvoller Ressourcen, und sie ist eine der Ursachen für die Unstetigkeit der Förderung und die

Sprunghaftigkeit der Preise, die die Erdölindustrie seit jeher charakterisieren.[4]

Nun findet man in der Anfangsphase der Erdölindustrie nicht nur Abenteurer und Spekulanten, sondern auch schon methodisch vorgehende Unternehmer und rational kalkulierende Investoren, die die nervösen Pioniere der ersten Stunde verdrängen und Ordnung in das Chaos des Ölrausches zu bringen versuchen. Protagonist des kapitalistischen Unternehmertypus ist John D. Rockefeller (1839–1937), der Schumpeters Begriff des kapitalistischen Unternehmers – dessen Funktion darin besteht, „die Produktionsstruktur zu reformieren oder zu revolutionieren entweder durch die Ausnützung einer Erfindung oder, allgemeiner, einer noch unerprobten technischen Möglichkeit zur Produktion einer neuen Ware bzw. zur Produktion einer alten auf eine neue Weise, oder durch die Erschließung einer neuen Rohstoffquelle oder eines neuen Absatzgebietes oder durch die Reorganisation einer Industrie usw." – hätte Pate stehen können (vgl. Schumpeter 1975: 214). Rockefellers Verhalten entspricht weitgehend dieser Funktionsbeschreibung. Er hat eine neue Rohstoffquelle unternehmerisch erschlossen, die Produktionsstruktur der anfangs chaotischen Industrie mit der Waffe des ruinösen Wettbewerbs und der Strategie der vertikalen Integration revolutioniert und weltweit neue Absatzmärkte erobert. Im Rahmen einer 1859 gegründeten Handelsgesellschaft begann er mit dem Vertrieb von Öl aus Pennsylvania, stieg 1863 in das Raffineriegeschäft ein und hatte „im Frühjahr 1872 ... bereits den Großteil der Raffinerien Clevelands unter seiner Kontrolle, dazu einige der wichtigsten Raffinerien in New York City – womit er Herr der größten Raffineriegruppe der Welt war" (Yergin 1991: 51). Der Erfolg seiner 1870 gegründeten Standard Oil Company (Vorläufer der Exxon Mobil, des größten Mineralölkonzerns der Welt) basierte nicht nur auf der Kontrolle der Raffineriekapazitäten, sondern auch und vor allem auf einer engen Kooperation mit den Eisenbahngesellschaften, die es ihm ermöglichten, seine Konkurrenten im Transportbereich zu unterbieten und anschließend zu übernehmen. Als Pipelines immer stärker mit dem Bahntransport konkurrierten, gelang es der Standard Oil Company, auch diese in kurzer Zeit unter ihre Kontrolle zu bringen. Auf dem Gipfelpunkt seiner

---

[4] Auf der anderen Seite ermöglichte diese nicht-restriktive Gesetzespraxis vielen Amerikanern die Chance, sich an der Jagd nach Ölreichtum zu beteiligen und in der sich entwickelnden Industrie Fuß zu fassen (vgl. Yergin 1991: 38).

Macht um das Jahr 1879 kontrolliert Rockefeller 90 bis 95 Prozent der Raffineriekapazität der Vereinigten Staaten (vgl. Anderson 1984: 20; Yergin 1991: 51, 53), beherrschte 85 Prozent des amerikanischen Marktes, und es gingen „mindestens 90 Prozent des exportierten Petroleums ... durch die Hände von Standard" (Yergin 1991: 68, 73).[5] Zwanzig Jahre nach der ersten Ölförderung war die amerikanische Ölindustrie vollständig kapitalistisch und global ausgerichtet und auf dem unternehmerischen Niveau der führenden Branchen der Zeit angekommen (vgl. Chandler 1977: 320ff.).

2.2 Die Entwicklung der Weltölförderung

Die lange Welle der Weltölförderung wurde also in den Vereinigten Staaten eingeleitet. Sie begann 1859 mit Titusville in Pennsylvania und breitete sich wellenförmig auf andere Regionen aus: westwärts nach Ohio (ab 1880) bis nach Kalifornien (ab 1879), in südwestlicher Richtung nach Oklahoma (ab 1904), Texas (ab 1901; in East Texas ab 1930) und den Golf von Mexiko, in nördlicher Richtung nach Alaska (seit den 1960er Jahren). Im ersten Ölboom stieg die Produktion von 450.000 Barrel im Jahr 1860 auf 3 Mio. Barrel in 1862; 1865 waren es bereits 6,8 Mio. Barrel und 1874 32,8 Mio. Barrel. Danach vergrößerte sich die Produktion alle 10 Jahre bis zum Zweiten Weltkrieg um mehr als das Doppelte (ebd.: 34ff., 1014). Bis zum Zweiten Weltkrieg waren die USA das absolut führende Ölförderland und produzierten mindestens die Hälfte des weltweiten Erdöls.

Nach dem zweiten Weltkrieg nahm der Anteil der Vereinigten Staaten an der Weltölförderung tendenziell immer mehr ab. Bestritten die USA 1940 noch zwei Drittel der Weltproduktion, war es 1960 nur noch ein Drittel, 1973 nur noch ein Sechstel, heute weniger als ein Zehntel. Auf dem Höhepunkt im Jahre 1970 waren es 9,6 Mio. Barrel b/d (b/d = *barrels per day*), heute sind es 6,2 Mio. Barrel täglich (vgl. Mommer 2002: 63). Ihr absolutes

---

[5] „Beinahe über Nacht bekam das Exportgeschäft immense Bedeutung für die neue amerikanische Ölindustrie und die Volkswirtschaft. In den siebziger und achtziger Jahren des neunzehnten Jahrhunderts floss mehr als die Hälfte der gesamten amerikanischen Ölproduktion in den Petroleumexport. Petroleum war dem Wert nach der viertwichtigste Exportartikel Amerikas; das erste unter den Industriegütern. Und Europa war der weitaus größte Absatzmarkt" (ebd.: 72).

Fördermaximum erreichen die USA um 1970, nachdem sie schon 1947 zum Nettoimporteur von Rohöl und Ölprodukten geworden waren (vgl. Jenkins 1986: 102; Mommer 2002: 64).

Außerhalb der Vereinigten Staaten und fast zeitgleich mit ihnen entwickelte sich in *Russland* unter Führung ausländischer Investoren, vor allem der Brüder Nobel aus Schweden und der französischen Rothschilds, in Baku am Kaspischen Meer ein zweites Zentrum der Ölförderung. „Die russische Rohölproduktion, die 1874 weniger als 600.000 Barrel betragen hatte, erreichte ein Jahrzehnt später 10,8 Millionen, was fast einem Drittel der amerikanischen Produktion entsprach (Yergin 1991: 76)."[6] Anfang des 20. Jahrhunderts lieferte Baku fast die Hälfte des weltweit geförderten Öls. Die spektakuläre Steigerung der russischen Erdölproduktion – sie hatte sich von 1884 bis 1888 mehr als verdoppelt und mehr als 80 Prozent der amerikanischen Produktion erreicht – zwang die russischen Produzenten zur Erschließung neuer Absatzmärkte außerhalb des russischen Reiches. Sie bauten mit der „Murex" 1892 den ersten modernen Öltanker und transportierten ihr Öl durch den 1869 eröffneten Suez-Kanal zu den aufnahmefähigen Märkten des Fernen Ostens. In den so genannten „Ölkriegen" der 1890er Jahren konkurrierten sie weltweit mit der amerikanischen Standard Oil Corporation. In dieser von Markt- und Preiskämpfen, von Übernahme- und Fusionsversuchen geprägten Zeit, „waren die Nobels, Rothschilds und Standard nahe daran, buchstäblich die gesamte Ölproduktion unter einen Hut zu bringen und die Welt unter sich aufzuteilen." (ebd.: 91)

In den Wirren der Revolution von 1905 fielen die Förderstätten am Kaspischen Meer als Exportregion aus. Der Anteil an den Welölexporten fiel von 31 Prozent im Jahr 1904 auf 8 Prozent im Jahr 1913. „Doch Lenin erkannte die Schlüsselrolle von Öl als Basis für die Wirtschaft und als Devisenbringer und forcierte eine Revitalisierung der Ölindustrie. ... 1930 war die Produktion wieder auf 200.000 b/d gestiegen. Der größte Teil wurde in den Westen exportiert. ... 1940 stieg die Produktion auf 450.000 b/d, das waren drei Viertel der gesamten russischen Ölproduktion und 10 Prozent der Weltölproduktion. Baku wurde zum Zentrum der russischen Ölindustrie" (Campbell u.a. 2002: 52ff.). Das Vorrücken der deutschen Truppen im Zweiten Weltkrieg führte zu einer Verlagerung der Ölausrüstungen in die Region

---

[6] Eine vergleichende Tabelle der internationalen Rohölproduktion von 1860–1945 findet sich ebendort: 1014.

zwischen Wolga und Ural, wo in den 1950er und 1960er Jahren große Ölvorkommen entdeckt wurden. Später kamen Funde in Sibirien dazu. Durch systematische Exploration wurde ein großes Erdölfeld nach dem anderen entdeckt. Damit reihte sich die Sowjetunion in die Gruppe der führenden Ölproduzenten ein. 1961 wurde die UdSSR wieder der zweitgrößte Ölproduzent der Welt (vgl. Dienes/Shabad 1979: 59ff.). Nach dem Zusammenbruch der Sowjetunion stieg die russische Erdölförderung seit Ende der 1990er Jahre stark an. Heute ist Russland mit über 9 Millionen Barrel pro Tag neben Saudi-Arabien der größte Produzent und Exporteur von Erdöl.[7]

Zu der Zeit, in der Russland infolge der Wirren des Ersten Weltkriegs und der Oktoberrevolution zurückfiel, kamen in der westlichen Hemisphäre Mexiko und Venezuela und in der östlichen Hemisphäre Persien/Iran ins Spiel.[8] In *Mexiko* wurde zwar schon seit 1863 Erdöl gefördert, weltwirtschaftlich relevant wurde die mexikanische Förderung aber erst Anfang des 20. Jahrhunderts, als britische und amerikanische Unternehmer auf Einladung der Regierung begannen, im Regenwald von Veracruz und entlang den Küsten des Golfs von Mexiko Öl zu fördern. Mit der 1916 entdeckten Quelle Cerro Azul No. 4 (Gesamtmenge ca. 2 Gb; 1 Gigabarrel = 1 Milliarde Barrel) verfügte Mexiko über die seinerzeit zweitergiebigste Ölquelle der Welt (vgl. Campbell u.a. 2002: 38). Zu dieser Zeit war die mexikanische Ölproduktion bereits die drittgrößte der Welt und erreichte 1919, begünstigt durch die kriegsbedingte Nachfragesteigerung und den Ausfall der russischen Produktion, sogar den zweiten Platz hinter den Vereinigten Staaten, zu deren Inlandsverbrauch sie zu 20 Prozent beitrug. Seinen Gipfel erreichte der mexikanische Ölboom 1921, um danach infolge erschwerter Förderbedingungen und eines weltweiten Überangebots einzubrechen.

Ende der 1920er Jahre wurde Mexiko von *Venezuela* mit seinen großen Vorkommen am Maracaibo-See als weltweit zweitgrößter Ölproduzent abgelöst. Die größten Ölquellen sind die 1928 entdeckten Quirequire (1 Gb) und Tia Juana (5 Gb) und das 1930 entdeckte Bachaquero (fast 8 Gb) (vgl.

---

7 Einen guten Überblick über die gegenwärtige Entwicklung und die Zukunftsaussichten Russlands gibt Götz 2005.
8 Die Eingliederung dieser und anderer (afrikanischer und asiatischer), aus Sicht der industriellen Zentren allesamt peripherer Regionen in die expandierende Weltwirtschaft des Erdöls wird im nächsten Kapitel im Detail analysiert, so dass hier nur einige Daten über ihren Beitrag zum anschwellenden globalen Ölfluss angeführt werden.

Campbell u.a. 2002: 40). Das südamerikanische Land profitierte von der Krise der mexikanischen Produktion nach der Verstaatlichung der dortigen Ölindustrie im Jahre 1938 und des darauf folgenden Boykotts, sowie von der stark ansteigenden Ölnachfrage der Alliierten infolge des Zweiten Weltkriegs. 1946 war Venezuela, dessen Produktion (bis zur Verstaatlichung 1976) ebenfalls von britischen und nordamerikanischen Unternehmen kontrolliert wurde, der weltweit bedeutendste Ölexporteur (vgl. Yergin 1991: 298, 305).

Schon in den 1930er Jahren zeichnete sich die Verschiebung des Schwerpunkts der Erdölförderung von der Karibik und dem Golf von Mexiko in den Nahen Osten und die Region des Persischen Golfs ab (vgl. Mejcher 1990: 76). Der Aufstieg dieser Region begann unter britischer Kontrolle (ohne Beteiligung der Amerikaner) um 1908 im heutigen Iran, setzte sich mit bedeutenden Ölfunden im benachbarten Irak 1927 (mit Beteiligung der Amerikaner) fort und erreichte Ende der 1930er Jahre einen ersten Höhepunkt, als unter amerikanischer Kontrolle (mit relativ geringer Beteiligung der Briten) die arabische Halbinsel mit Kuwait (1938) und Saudi-Arabien (1938) erschlossen wurde.

Die Erschließung des *iranischen* Öls begann im schwer zugänglichen Landesinneren zwischen Kaspischem Meer und Persischem Golf, als in Maschid-i-Suleiman unweit eines altpersischen Feuertempels ein erstes großes Ölfeld entdeckt wurde. Das dort geförderte Öl wurde über eine 200 km lange Pipeline – eine der ersten des Nahen Ostens – zu einer Raffinerie nach Abadan im Schatt-el-Arab gepumpt, die sich zu einer der größten der Region entwickeln sollte. Das größte iranische Ölfeld namens Gachseran wurde 1928 entdeckt und enthält ca. 15 Gb (vgl. Campbell u.a. 2002: 42). Der Iran überflügelte Mexiko um 1930, Venezuela um 1970.

Die *irakische* Produktion begann 1927 im nördlichen Teil des Landes, in der Region von Kirkuk, dessen 16 Gb großes Ölfeld fast 50 Jahre lang eines der größten des Nahen Ostens war und in diesem Zeitraum zumeist 50 bis 70 Prozent der irakischen Produktion ausmachte; vor der amerikanischen Besetzung des Landes trug es noch zu 30 bis 40 Prozent zur irakischen Produktion bei (vgl. Simmons 2006: 24). 1957 wurde das größte Ölfeld des Irak, Ruwaila, entdeckt, das mit 26 Gb mehr als doppelt so groß ist wie das mit 11 bis 12 Gb größte nordamerikanische Ölfeld Prudhoe Bay in Alaska, das Ende der 1960er Jahre entdeckt wurde (vgl. Campbell u.a. 2002: 44, 36). Die irakische Produktion blieb von wenigen Jahren abgesehen immer hinter der iranischen Förderung zurück.

In den 1930er Jahren begann der Aufbau der Produktion in *Saudi-Arabien*, dem ölreichsten Land der Welt. 1938 wurde mit Dammam das erste große Ölfeld gefunden. Zwei Jahre später folgte die Entdeckung des unweit gelegenen Abqaiq, „das vielleicht beste jemals in der Welt bekannt gewordene Ölfeld was Größe, Produktivität und Qualität betrifft" (Simmons 2006: 31). Südlich davon wurde 1948 Ghawar, das mit etwa 100 Gb nun weltweit größte Ölfeld gefunden. 1951 wurde *offshore* im Persischen Golf mit Safaniya das zweitgrößte saudi-arabische Ölfeld und weltweit größte *offshore*-Ölfeld entdeckt. Ghawar und Safaniya produzieren zusammen ungefähr 75 Prozent des saudi-arabischen Öls ebd.: 41). Betrachtet man die Entwicklung der saudi-arabischen Produktion im Ganzen, dann zeigt sich zunächst eine allmähliche Steigerung bis Ende der 1960er Jahre, die sich dann explosionsartig bis 1974 steigert, um von da an in erratischen Bewegungen weiter zuzunehmen (ebd.: 47; Motzkuhn 2005: 480). Der Höhenflug des arabischen Öls begann zu der Zeit, als die USA den historischen Höhepunkt ihrer Förderung erreicht hatten.

In *Kuwait* wurde 1938 mit Burgan (65 Gb) das zweitgrößte Ölfeld der Welt entdeckt (vgl. Campbell u.a. 2002: 46, 48). Das kuwaitische Burgan und das saudi-arabische Ghawar enthalten ein Zehntel des bisher gefundenen Öls (ebd.: 188, 46, 48). Von den Vereinigten Arabischen Emiraten verfügt nur *Abu Dhabi* über bedeutende Ölvorkommen. Das erste große Ölfeld Bab mit ca. 8 Gb wurde erst 1954 entdeckt, der größte Fund gelang 1964 mit dem 22 Gb großen Zakkum (ebd.: 48f.). Die Produktion der Vereinigten Emirate bewegt sich auf ähnlichem Niveau wie die kuwaitische Produktion. In den 1960er Jahren löst der Nahe Osten die Vereinigten Staaten als größte Förderregion ab.

Afrika hat erst seit den 1960er Jahren in nennenswerter Weise zum globalen Ölfluss beigetragen. Er begann in Nordafrika, wo in *Algerien* noch unter französischer Herrschaft in den 1950er Jahren das Hassi-Messaoud-Feld, mit 9,1 Gb das größte Ölfeld des afrikanischen Kontinents, gefunden wurde (ebd.: 63). In *Libyen* wurden Ende der 1950er und Anfang der 1960er Jahre mit Sarir, Zelton (Nasser) und Gialo große Vorkommen entdeckt.[9] Südlich der Sahara ist *Nigeria* das ölreichste Land. Die größten Ölfelder liegen im Niger-Delta und wurden ab Mitte der 1950er Jahre und verstärkt in

---

[9] Zur Entwicklung der Libyschen Produktion vgl. Karlsson 1986: 202; dort auch detaillierte Statistiken über die Weltölproduktion, vgl. 20ff und 40.

der zweiten Hälfte der 1960er und Anfang der 1970er Jahre zuerst auf dem Festland, später immer mehr im Schelf vor der Küste entdeckt. Von den vielen Ölfeldern der Region sind nur wenige sehr groß. Die drei größten Ölfelder im Umfang von je etwa 1 Gb sind Forcardos Yokri (entdeckt 1968), Meren (entdeckt 1965) und Nembe Creek (entdeckt 1973) (vgl. Campbell u.a. 2002: 63f.).

Zentralasien kam nach dem Zusammenbruch der Sowjetunion mit den drei unabhängig gewordenen Anrainerstaaten des Kaspischen Meeres, Aserbaidschan (mit Baku), Kasachstan und Turkmenistan, ins „große Spiel" um Erdöl. *Aserbaidschan,* wo bereits zur Zarenzeit die russische Erdölindustrie entstanden war und wo die Sowjetunion nach dem Zweiten Weltkrieg einen Neuanfang versuchte, hat seine einstige Bedeutung nie wieder erreicht. Ende der 1970er Jahre wurde das größte Ölfeld der Region, das heute Guneshli heißt, entdeckt. Nach der Unabhängigkeit des Landes wurden weitere Ölvorkommen gefunden, die alle zum gleichen Azeri-Chirag-Guneshli-Komplex (5,4 Gb) gehören und von internationalen Konsortien ausgebeutet werden (vgl. Energy Information Administration [EIA] 2007: 15).

Auf *Kasachstan* haben sich die größten Erwartungen der internationalen Mineralölindustrie gerichtet. Man hoffte, dort ein künftiges Gegengewicht zur OPEC, insbesondere zu Saudi-Arabien, aufbauen zu können. Inzwischen ist Ernüchterung eingekehrt. Die Ölvorkommen der Region lassen sich nicht mit Saudi-Arabien, sondern eher mit den Vorkommen der Nordsee vergleichen. Noch zur Sowjet-Zeit wurde 1979 Tengiz, mit 6 bis 9 Gb das größte Ölfeld der Region, entdeckt, ein Jahr später Karachaganak (2,4 Gb). Nach der Unabhängigkeit des Landes wurde 2000 Kashagan mit geschätzten 7 bis 9 Gb gefunden (vgl. ebd.: 15).

Turkmenistan, der am wenigsten entwickelte Anrainer des Kaspischen Meere verfügt mit 0,7 Gb über relativ geringe Ölvorkommen (vgl. ebd.: 15). Dafür sind die Gasreserven des Landes mit geschätzten 2 Billionen Kubikmetern die viertgrößten der Welt. Gemeinsam sind den Erdölfeldern am und im Kaspischen Meer ihre ungünstige geographische Lange und die eher schlechte Ölqualität. Die Überwindung großer Distanzen und die Durchquerung problematischer Länder erschweren und verteuern das Öl.

Demgegenüber liegen die Ölvorkommen der *Nordsee,* wo 1965 das erste Ölfeld mit Namen West Sole entdeckt wurde, in der Nähe großer Verbrauchsregionen. Das größte Feld Statfjord mit ca. 5 Gb wurde 1974 entdeckt, nachdem schon 1969 das zu Norwegen gehörende Ekofisk mit 2,4

Gb, 1970 das britische Forties-Feld mit 2,7 Gb und 1971 das Brent-Feld mit 2,6 Gb entdeckt worden waren (vgl. Campbell u.a. 2002: 68).

Weltweit sind heute sind mehr als 43.000 Ölfelder bekannt, von denen die 400 größten mehr als 75 Prozent des insgesamt gefundenen Öls enthalten (vgl. ebd.: 22; Rifkin 2002: 26). Die 33 größten jemals gefundenen Ölfelder verteilen sich auf 15 Länder (USA, Russland, Venezuela, Mexiko, Brasilien, Iran, Irak, Saudi-Arabien, Kuwait, VAE, Algerien, Libyen, Indonesien, China, Norwegen), von denen sieben im Nahen Osten liegen (vgl. Simmons 2006: 373).

Aus der Summe der Fördermengen der einzelnen Ölfelder lässt sich die *Weltförderung* (auch „kumulierte Förderung" genannt) berechnen. In Abbildung 2.2 ist die weltweite Erdölförderung von den Anfängen bis zur Gegenwart dargestellt. Sie zeigt in der formativen Phase (Rockefeller, Nobels und Rothschilds) eine von heute aus gesehen verschwindend geringe Produktion. Sie reichte aber aus, um bei den damaligen Preisen enormen Reichtum (bei sehr wenigen Unternehmen) hervorzubringen. Vom Ersten bis zum Zweiten Weltkrieg steigt die Weltölförderung – durch die Weltwirtschaftskrise von 1929 zwischenzeitlich etwas zurückgeworfen – deutlich an. Nach dem Zweiten Weltkrieg beginnt eine nahezu explosionsartige, progressiv verlaufende Steigerung der Weltölförderung, die mit der ersten Ölkrise von 1973/74 endet. Nach dem relativ kurzzeitigen Einbruch in Folge dieser Krise steigt die Produktion mit geringeren Zuwachsraten bis zur zweiten Ölpreiskrise von 1979 wieder an, um danach für einige Jahre drastisch abzufallen. Nach dem Rückgang der frühen 1980er Jahre nimmt die Produktion – unterbrochen von einer Stagnation um die 1990er Jahre infolge der Invasion Kuwaits durch den Irak und der anschließenden Intervention der Vereinigten Staaten zur Befreiung Kuwaits – wieder zu, aber mit durchschnittlich geringeren Zuwachsraten als zuvor. Seit der ersten Ölpreiskrise sind im Großen und Ganzen eher degressive Wachstumsraten der Weltölproduktion zu verzeichnen. Ein oberer Wendepunkt ist aus dem bisherigen Produktionsverlauf nicht zu erkennen. Deutlich erkennbar ist aber, dass in den letzten 20 Jahren etwa die Hälfte des seit Beginn der industriellen Erdölförderung (vor fast 150 Jahren) weltweit geförderten Erdöls gewonnen und verbraucht wurde.

Prognosen über die weitere Entwicklung der Weltförderung gehen von der Vorstellung aus, dass der „Lebenszyklus" des Erdöls (wie der aller nicht vermehrbarer Ressourcen) glockenförmig, in Form einer Normalverteilungskurve, verläuft (vgl. Abbildung 2.3; vgl. Campbell u.a. 2002: 73f., 188ff.). In der Pionierphase steigt die Ölförderung langsam an. Die ersten Ölfunde sind eher zufällig und die Nutzungsmöglichkeiten des neuen Rohstoffs begrenzt. In dem Maße, in dem die Vorteile des Öls – leichte Transport- und Lagerfähigkeit, gute Brenneigenschaften – erkannt und die Verwendungsmöglichkeiten erweitert werden, entwickelt sich eine Industrie, die die Suche nach weiteren Ölquellen intensiviert und systematisiert. Nun werden große Vorkommen entdeckt, die Förderung steigt exponentiell an. Mit zunehmender Ausbeutung der Quellen verlangsamt sich der Ölfluss. Es wird schwieriger, neue große Ölfelder zu finden. Man muss nun auch kleinere Vorkommen erschließen, deren Exploration und Produktion mit höheren Kosten verbunden ist. Die Verbindung von rückläufiger Entdeckung neuer Ölvorkommen und verlangsamter Förderung aus alten Ölfeldern führt zu einem Abflachen der Förderkurve. Bald ist das Fördermaximum erreicht, von der ab die Produktion nicht mehr erhöht werden kann. Nach Erreichen des Produktionsgipfels entwickelt sich die Förderrate (Menge pro Zeiteinheit) rückläufig.

Abbildung 2.2: Weltweite Erdölförderung 1857 – 2004

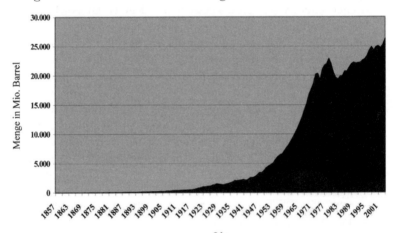

Quelle: EIA (Daten auf Anfrage zur Verfügung gestellt)

Der amerikanische Geologe M. King Hubbert hat diesen idealtypischen Verlauf bei der Ausbeutung nicht vermehrbarer Ressourcen empirisch überprüft (vgl. Hubbert 1956). Seine These besagt, dass der Gipfelpunkt der Förderung („*peak production*" oder „*depletion mid-point*") mit der 50-prozentigen Erschöpfung der Vorkommen zusammenfällt. Am Beispiel der US-amerikanischen Ölförderung (ohne Alaska) prognostizierte Hubbert 1956 auf der Basis von Daten über die bisherige Exploration und Förderung und der geschätzten Gesamtmenge ein Produktionsmaximum zwischen 1965 und 1970. Von den meisten Geologen und Unternehmensmanagern verspottet und zwischenzeitlich in Vergessenheit geraten, behielt Hubbert Recht: die USA erreichten 1970 ihr historisches Fördermaximum, und seither entwickelt sich die Produktion rückläufig. Seit ihrer eindrucksvollen Bestätigung ist die Hubbert-Kurve Grundlage fast aller Zukunftsprojektionen.[10]

Abbildung 2.3: Idealtypische Lebenszykluskurve des Erdöls

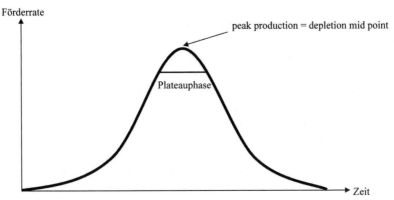

Quelle: Bundesanstalt für Geowissenschaften und Rohstoffe (Hg.), Reserven, Ressourcen und Verfügbarkeit von Energierohstoffen, Hannover 2004, S. 29.

Auf der Hubbert-Kurve basieren fast alle Prognosen über den Verlauf der künftigen Ölförderung. Um ihn abzuschätzen benötigt man Daten über die bisherige Ölförderung und über die Gesamtmenge des verfügbaren Erdöls. Prognosen über die Entwicklung der Weltförderung werden durch unklare Begriffe, unterschiedliche Erfassungsmethoden und unsichere Daten er-

---

[10] Für die Erdölproduktion Westdeutschlands hat sich Hubberts Methode als weniger treffsicher erwiesen. Hier verschob sich der Zeitpunkt der 50-prozentigen Rohstofferschöpfung (1975) hinter den Zeitpunkt der Maximalförderung (1968) aufgrund besonderer, politisch induzierter Förderbedingungen und neuer Bohrtechniken (vgl. Bundesanstalt für Geowissenschaften und Rohstoffe 2005: 29).

schwert. Schon die Definition von Öl ist umstritten. Sie beginnt mit der Unterscheidung zwischen *konventionellem* und *unkonventionellem* Öl. „Für die einen ist konventionelles Öl alles, was kommerziell gefördert werden kann. Andere verstehen darunter das Öl, das unter einem bestimmten Ölpreis produziert wird, für wieder andere ist es das Öl, das als Menge in einer Datenbank auftaucht" (Campbell u.a. 2002: 23). Unkonventionelles Öl umfasst Ölschiefer, Ölsande, aus Kohle gewonnenes Öl, Öl aus der Tiefsee und aus den Polarregionen. Je nachdem, ob man von konventionellem Öl ausgeht oder auch unkonventionelle Ölvorkommen mit einbezieht, kommt man zu höchst unterschiedlichen Schätzungen der weltweiten Reserven.

Eine weitere wichtige Unterscheidung ist die zwischen *Reserven* und *Ressourcen*. Nach der international üblichen Terminologie versteht man unter „Reserven" die „zu heutigen Preisen und mit heutiger Technik wirtschaftlich gewinnbaren Mengen"; „Ressourcen" umfassen „nachgewiesene, aber derzeit technisch und/oder wirtschaftlich nicht gewinnbare, sowie nicht nachgewiesene, aber geologisch mögliche, künftig gewinnbare Mengen (*yet to find*)" (Bundesanstalt für Geowissenschaften und Rohstoffe 2004: 37f.).[11] Reserven und Ressourcen sind variable Größen. Die Größe der Reserven hängt von der Technologie und dem Preisgefüge ab. Durch neue Fördertechniken und bessere Kenntnis der Lagerstätten kann die Ausbeutung von Erdölfeldern, der so genannte *Entölungsrad*, gesteigert werden.[12] Steigende Ölpreise ermöglichen die Ausbeutung zuvor unwirtschaftlicher Lagerstätten. Steigende Reservezahlen können aus neuen Ölfunden oder aus einer Höherbewertung bekannter Felder resultieren.

---

[11] Dabei ist zwischen „nachgewiesenen" und „wahrscheinlichen" Reserven zu unterscheiden. Letztere werden, wie weiter unten dargestellt, in Prozentzahlen ausgedrückt. Addiert man die nachgewiesenen und wahrscheinlichen Reserven zu der bisherigen „kumulierten Förderung", erhält man die „ursprünglichen Reserven". Die „kumulierte Förderung" und die „nachgewiesenen Reserven" sind Tatsachen, die „wahrscheinlichen Reserven" sind Schätzwerte. Schätzwerte sind auch die so genannten „Ressourcen". Man versteht darunter diejenigen Mengen, „die entweder nachgewiesen, aber derzeit nicht wirtschaftlich gewinnbar sind, oder aber die Mengen, die auf Basis geologischer Indikatoren noch erwartet werden und mittels Exploration nachgewiesen werden können." Bei den Ressourcen wird wieder unterschieden zwischen nachgewiesenen, aber technisch-wirtschaftlich (noch) nicht gewinnbaren und nicht nachgewiesenen, geologisch aber möglichen Ressourcen.

[12] Innovationen in Bereich der Exploration und Förderung werden im folgenden Abschnitt besprochen. Vgl. auch Barudio 2001: 52ff.

Aus der Summe von Reserven und Ressourcen ergibt sich das „*verbleibende Potential*". Fügt man dem noch das bisher geförderte Öl, die „*kumulierte Förderung*", hinzu, erhält man das „*Gesamtpotential*", die „*insgesamt förderbare Menge*", das „*estimated ultimate recovery*" (EUR).

Tabelle 2.1: Rohstoffe, Reserven, Ressourcen und Verfügbarkeit von Energierohstoffen 2005

Kumulierte Förderung	Reserven	Ressourcen	
	technisch und wirtschaftlich gewinnbar	nachgewiesen, derzeit aber technisch und/oder wirtschaftlich nicht gewinnbar	nicht nachgewiesen, geologisch aber möglich
	V e r b l e i b e n d e s P o t e n z i a l		
G e s a m t p o t e n z i a l (E s t i m a t e d U l t i m a t e R e c o v e r y [EUR])			

Quelle: Bundesanstalt für Geowissenschaften und Rohstoffe (Hg.), Reserven, Ressourcen und Verfügbarkeit von Energierohstoffen, Hannover 2005, S. 37.

Zu den verschiedenen Parametern, deren Ungewissheiten auf die Tabelle bezogen von links nach rechts zunehmen, findet man sehr unterschiedliche Zahlenangaben. Sie haben nicht nur mit unterschiedlichen Definitionen und Methoden zu tun, sondern auch mit unterschiedlichen wirtschaftlichen und politischen Interessen der Daten publizierenden Mineralölkonzerne, Regierungsbehörden, internationalen Organisationen, Beratungsfirmen, Fachzeitschriften usw. (vgl. Campbell u.a. 2002: 166-185).

Bei der Abschätzung von Reserven sind zunächst Geologen gefragt. Sie ermitteln die Wahrscheinlichkeiten, mit der bestimmte Mengen gefördert werden können. Dabei wird zwischen „*nachgewiesenen*" und „*wahrscheinlichen*" Reserven unterschieden. Erstere basieren auf einer 90-prozentigen Wahrscheinlichkeit (P_{90}), letztere auf einer 10-prozentigen Wahrscheinlichkeit (P_{10}), die angegebenen Mengen zum derzeitigen Preis mit verfügbaren Techniken zu fördern. P_{90}-Schätzungen, wie sie die amerikanischen Börsenaufsicht den Aktiengesellschaften vorschreibt, unterschätzen erfahrungsgemäß die tatsächlichen Reserven, P_{10}-Schätzungen, die alles mit einbeziehen, was sich in einer geologischen Konstellation noch finden ließe, tendieren zur Überschätzung des real verfügbaren Erdöls. Nach Auskunft von Campbell

u. a. tendieren Geologen schon aufgrund des Erfolgsdrucks beim Nachweis rentabler Ölfelder zu den höchsten Schätzungen, die ihre Daten und ihre Phantasie erlauben (vgl. Campbell u.a. 2002: 174).

In der zweiten Phase kommen die wirtschaftlichen Aspekte der Fördermöglichkeiten ins Spiel. Die Schätzungen der Geologen werden im Lichte der Wirtschaftlichkeitsrechnung, der erforderlichen Investitionen und der zu erwarteten Profite von Ingenieuren und Managern erneut bewertet, „wobei man diesmal sehr konservative Annahmen macht, um bei der Wirtschaftlichkeitsberechnung auf der sicheren Seite zu sein ... Diese Schätzung, oft nur die Hälfte dessen, was der Explorateur angegeben hat, wird nun veröffentlicht und in den offiziellen Statistiken geführt" (ebd.: 174). Unternehmensmanager haben einerseits ein Interesse am Ausweis geringer Reserven, um die Steuerlast zu senken, anderseits ein Interesse an wachsenden Reserven, um damit eine positive Unternehmensentwicklung zu dokumentieren und den Börsenwert ihres Unternehmens und auch ihre eigenen Bezüge zu steigern. Grundsätzlich besteht immer die Gefahr, die Bewertungen der verfügbaren Reserven mehr an ökonomischen Interessen als an realen Vorkommen zu orientieren.

Die Angaben der Unternehmen gehen über verschiedene Filter in die amtliche Statistik der Staaten ein. Ein Filter sind Fachbehörden wie z. B. das *United States Geological Survey* (USGS) oder die deutsche *Bundesanstalt für Geowissenschaften und Rohstoffe* (BGR), die die verfügbaren Informationen prüfen und eigene Recherchen betreiben. Diese Institutionen veröffentlichen in regelmäßigen Abständen umfangreiche Studien.[13] Die Veröffentlichungen der Regierungen sind, vor allem in nichtdemokratischen Förderstaaten, in der Regel noch durch einen politischen Filter gelaufen. Die einzelnen OPEC-Mitglieder tendieren zu übertriebenen Angaben über ihre Reserven und Ressourcen, um auf diese Weise ihre nationalen Förderquoten innerhalb der OPEC zu erhöhen und bessere Konditionen für Kredite bei Geschäftsbanken, Weltbank und Internationalem Währungsfond zu erzielen. Die politisch motivierte Manipulation dieser Länder lässt sich Rifkin zufolge schon an folgender Tatsache ablesen: „Die weltweit nachgewiesenen Rohölreserven lagen Mitte der achtziger Jahre bei 650 beziehungsweise 700 Milliarden Barrel,

---

[13] Die letzte große Studie der Bundesanstalt für Geowissenschaften und Rohstoffe, Reserven, Ressourcen und Verfügbarkeit von Energierohstoffen 2002, wird in Kurzstudien jährlich aktualisiert.

Mitte der neunziger Jahre wurden jedoch 300 Milliarden Barrel zusätzlich angegeben, also ein Drittel mehr, obwohl keine nennenswerten neuen Ölfelder gefunden worden waren. Der Anstieg ging praktisch ausschließlich auf die OPEC-Mitglieder zurück. Saudi-Arabien gab seine Reserven jahrelang mit 163 bis 170 Milliarden Barrel an, so noch 1989. Plötzlich, 1990, schnellte die Zahl auf 257,5 Milliarden Barrel hoch. Die Reserven Kuwaits stiegen zwischen 1984 und 1985 von 63,9 Milliarden Barrel um 26 Milliarden Barrel auf 90 Milliarden Barrel Rohöl. Die nachgewiesenen Reserven von Irak verdoppelten sich zwischen 1987 und 1988 angeblich um 47,1 Milliarden Barrel auf 100 Milliarden Barrel. Iran setzte 1987 48,8 Milliarden Barrel an und wies zwölf Monate später 92,9 Milliarden Barrel aus. Abu Dhabi und Dubai verdreifachten ihre Reserven zwischen 1987 und 1988. Von einem Jahr zum anderen behaupteten fünf der wichtigsten Erdöl exportierenden Staaten eine Verdoppelung ihrer Reserven!" (Rifkin 2002: 29).

Die entscheidende Methode zur Verhinderung falscher Angaben ist eine genaue „Buchführung" über die Entwicklung jeder Ölquelle seit ihrer Entdeckung, wie sie z. B. von der privaten Beratungsfirma *Petroconsultants* praktiziert wird. Nach Auskunft von Campbell u. a. sind in der Datenbank „dieser wohl wichtigsten Beratungsfirma" Daten über mehr als 16.000 Öl- und Gasfelder mit Angaben über Entdeckungsjahr, Versuchsbohrungen, Ölqualität, ursprüngliche Größe, Produktionszustand, Reserveangaben nach unterschiedlichen Wahrscheinlichkeiten und mit späteren Korrekturen usw. enthalten. Industriedaten werden „die besten Informationen über die weltweiten Ölvorkommen" attestiert (vgl. Campbell u.a. 2002: 171f.). Fachzeitschriften wie das *Oil & Gas Journal* oder *World Oil* sammeln Daten aus privaten und staatlichen Quellen und stellen sie – zumeist ungeprüft – zu umfangreichen und detaillierten Statistiken zusammen. Sehr renommiert ist die *BP Statistical Review of World Energy*, die erklärtermaßen nicht die Meinung des herausgebenden Konzerns wiedergibt.

Noch viel schwieriger als die Reserven sind die *Ressourcen* zu schätzen, also die Vorkommen, die zu den derzeitigen Marktbedingungen mit den derzeit verfügbaren Techniken nicht wirtschaftlich gefördert und verarbeitet werden können, einschließlich der geologisch möglichen, künftig gewinnbaren Mengen (*yet to find*) (vgl. Schindler/Zittel 2000: 17ff.). Angesichts dieser Ungewissheiten erstaunt es wenig, dass man in der Literatur sehr unterschiedliche Prognosen und Szenarien über die zukünftige Entwicklung der Weltförderung, über die Reichweite des Erdöls und das Fördermaximum findet. Campbell u. a. heben die Bedeutung des Produktionsmaximums gegenüber der statistischen Reichweite des Erdöls hervor: „Entscheidend für die strukturelle Änderung der Energieversorgung ist nicht die (statische oder dynamische) Reichweite der Reserven, also >>wie lange reicht das gefundene Öl bei vorgegebener jährlicher Förderquote?<<, sondern die Frage: Ab welchem Zeitpunkt kann die Ölproduktion aus geologischen, technischen und ökonomischen Gründen nicht mehr erhöht werden, sondern nimmt ‚tendenziell' nur noch ab? Der Übergang von tendenziell zunehmender zu tendenziell abnehmender Produktion ist der Zeitpunkt, an dem die Endlichkeit der Ressourcen sich erstmals auch auf den Märkten spiegelt. Ab diesem Zeitpunkt richtet sich in den Köpfen der Menschen der >>energiepolitische Kompass<< neu aus. Dies wird zu einer weit greifenden und dauerhaften Veränderung des Investitionsverhaltens führen, weg vom Öl und hin zu den möglichen Alternativen der Energieversorgung. Das Erreichen des weltweiten Fördermaximums ist der aussagekräftige Indikator für kommende Strukturbrüche und nicht die Reichweite der Ölreserven, also die Frage nach dem >>letzten Tropfen Öl<<" (Campbell u.a. 2002: 76f.).

Die Bundesanstalt für Geowissenschaften und Rohstoffe (BGR) geht in ihrer Schätzung von 2005 von einem Gesamtpotential an konventionellem Erdöl von 386.715 Mt (Mt = Megatonne = 1 Million Tonnen) aus; die kumulierte Förderung beläuft sich auf 143.058,9 Mt; die Reserven werden mit 161.600 Mt, die Ressourcen mit 82.056 Mt veranschlagt; das verbleibende Potential (Reserven + Ressourcen) summiert sich somit auf 243.656 Mt. (vgl. Bundesanstalt für Geowissenschaften und Rohstoffe 2005: 49). „Der ‚depletion mid-point' für konventionelles Erdöl, bei dem die Hälfte des Gesamtpotentials gefördert ist, dürfte innerhalb der nächsten 10 bis 20 Jahre erreicht werden. So ist ein sukzessiver Rückgang der Förderung spätestens ab diesem Zeitpunkt vorprogrammiert." (ebd. 2005: 15).

Neben dem konventionellen Erdöl wird ein bedeutendes Potential nicht-konventionellen Erdöls ausgewiesen. Die Reserven an nicht-konventionellem Erdöl umfassen etwa 41 Prozent der Reserven an konventionellem Erdöl, die Ressourcen übersteigen die der konventionellen Erdöle um das Dreifache. Ca. 80 Prozent der Ressourcen entfallen auf Ölschiefer, dessen Nutzung aufgrund hoher Kosten und gravierender Umweltprobleme eher zögerlich in Angriff genommen wird. Ölsande und Schwerstöle hingegen werden aufgrund der dem konventionellen Erdöl vergleichbaren Produktionskosten vor allem in Kanada und Venezuela produziert, in absehbarer Zeit jedoch nur einen Bruchteil der Förderung von konventionellem Erdöl erreichen und weniger zu einer Aufschiebung des Produktionsmaximums als zu einer Modifizierung des abfallenden Asts der ‚Glockenkurve' führen (vgl. Bundesanstalt für Geowissenschaften und Rohstoffe 2005: 16 und 2004: 31). In Abbildung 2.4 ist eine Projektion aus dem Jahr 2004 wiedergegeben.

Abbildung 2.4: Historische Entwicklung und Projektion der weltweiten Erdölförderung

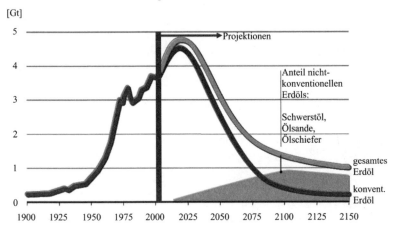

Quelle: Bundesanstalt für Geowissenschaften und Rohstoffe (Hg.), Reserven, Ressourcen und Verfügbarkeit von Energierohstoffen, Hannover 2004, S. 32.

Dies ist nur eine von vielen Schätzungen, die je nach dem Gesamtpotential (EUR) und seinen Komponenten (kumulierte Förderung, Reserven und Ressourcen) und dem (vom Wachstum der Weltwirtschaft abhängigen) Weltverbrauch, stark variieren. Aus der BGR stammt auch eine Graphik, die einen Eindruck über die Varianz der Prognosen über Fördermaximum und Produktionsverlauf in Abhängigkeit unterschiedlicher Definitionen und Schätzungen des EUR gibt.[14] Während der als Pessimist angesehene Camp-

---

[14] Colin Campbell ist nach seiner Arbeit als Geologe für verschiedene Firmen heute Gründer und Vorsitzender der Association for the Study of Peak Oil (ASPO) sowie Treuhänder beim Oil Depletion Analysis Centre (ODAC), einer unabhängigen britischen nicht-

bell von einem EUR konventionellen Erdöls von 250 Mrd. t ausgeht und das Fördermaximum schon erreicht sieht, schätzt der optimistische Odell das EUR konventionellen Erdöls auf 450 Mrd. t und kommt zu einem Fördermaximum um 2025 – wie die BGR, die allerdings von einem deutlich geringeren EUR von 380.880 Mt ausgeht. Bezieht man die nichtkonventionellen Öle mit ein, variieren die Schätzungen des EUR zwischen 500 und 800 Mrd. t und die Fördermaxima zwischen 2025 und 2060 (vgl. Abb. 2.5).

Abbildung 2.5: Szenarien der Weltproduktion

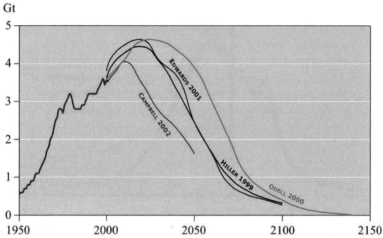

Quelle: Bundesanstalt für Geowissenschaften und Rohstoffe (Hg.), Reserven, Ressourcen und Verfügbarkeit von Energierohstoffen 2002, Hannover 2003, S. 103.

Auch unter der Berücksichtigung der nicht-konventionellen Reserven und Ressourcen liegt der Scheitelpunkt nach den Prognosen führender Experten und Institutionen zwischen den Jahren 2000 und 2050. Der entscheidende Unterschied zwischen den auf konventionellen Ölvorkommen basierenden

---

kommerziellen Einrichtung zur Erforschung des Scheitelpunkts der Ölproduktion und der damit verbundenen Konsequenzen. John D. Edwards ist Professor für Geologie mit dem Schwerpunkt Erdöl, strukturelle Geographie und Energieressourcen an der University of Colorado. Karl Hiller war Präsident der BGR. Peter R. Odell ist Professor Emeritus für internationale Energiewissenschaften an der Erasmus Universität Rotterdam.

und den zusätzlich noch die nichtkonventionellen Ölvorkommen einbeziehenden Prognosen liegt in einem weniger steil abfallenden und zeitlich weiter ausgedehnten Niedergang der Produktion. Wie bereits erwähnt, kann die zusätzliche Nutzung der nichtkonventionellen Ölvorkommen den Niedergang der Weltproduktion zwar kaum aufhalten, aber deutlich abmildern. Wie auch immer: Zwischen fast allen Forschern besteht Einigkeit darüber, dass die Ära des billigen konventionellen Erdöls sich ihrem Ende nähert.

2.3 Erdöl als Schlüsselfaktor der wirtschaftlichen Entwicklung

Die wirtschaftliche Bedeutung des Erdöls lässt sich mit dem Begriff des Schlüsselfaktors im Bezugssystem des Kondratieff-Zyklus erfassen. Nach Freeman und Perez kann ein Rohstoff wie Erdöl zu einem Schlüsselfaktor der wirtschaftlichen Entwicklung werden, wenn er drei Bedingungen erfüllt. Er muss

- erstens über lange Zeiträume in scheinbar nahezu unbegrenzter Menge zur Verfügung stehen,
- zweitens zu vergleichsweise niedrigen und tendenziell sinkenden Kosten beschafft werden können,
- drittens ein deutlich erkennbares Potential für profitable Nutzanwendungen in vielen Produkten und Prozessen quer durch die gesamte Wirtschaft haben (vgl. Freeman/Perez 1988: 48).

Verfügbarkeit

Entscheidend für die Karriere eines Schlüsselfaktors sind die Wahrnehmungen und Vorstellungen der Wirtschaftssubjekte. Wenn die Entscheidungsträger *glauben*, dass Erdöl über lange Zeiträume nahezu unbegrenzt verfügbar sein wird, wenn sie relativ niedrige und tendenziell sinkende Kosten *erwarten* und wenn sie ein großes Nutzungspotential mit guten Profitchancen *erkennen*, dann werden sie in Erdöl investieren, und durch die Investitionen wird Erdöl dann tatsächlich – als sich selbst erfüllende Prophezeiung – zum Schlüsselfaktor. Obwohl es immer klar war, dass Erdöl ein nicht vermehrbaren Rohstoff ist, handelten seine Produzenten und Konsumenten lange Zeit (zum Teil bis auf den heutigen Tag) so, als ob er nahezu unbegrenzt zur Verfügung stünde.

Objektiv betrachtet ist das Kriterium der dauerhaften Verfügbarkeit nur so lange erfüllt, wie die jährlichen Neufunde die jährliche Produktion übersteigen. Wie Abbildung 2.6 zeigt, ist dies bis um 1980 der Fall. Danach übersteigt die (relativ kontinuierliche) jährliche Ölförderung die (erratisch schwankenden) jährlichen Ölfunde. Von heute aus gesehen zeigt sich folgende Entwicklung: „Mengenmäßig wurde das meiste Öl in den 60er Jahren gefunden. Damals waren es im Mittel etwa 40 Gb pro Jahr. Seit dieser Zeit gehen die jährlichen Ölfunde zurück. Auch die verstärkten Explorationsbemühungen Anfang der 80er Jahre, ausgelöst durch die vorangegangenen Ölpreisschocks, konnten den Trend der geringer werdenden Funde kaum beeinflussen. Seit etwa 20 Jahren übersteigt die jährliche Produktion die Neufunde. Es ist wesentlich vernünftiger anzunehmen, dass dieser Trend der zurückgehenden Neufunde weitergeht, als davon auszugehen, dass nochmals große Ölfunde gemacht werden, die bisher übersehen wurden" (Campbell u.a. 2002: 24ff., 66, 170, 194, 210). Neuere Studien, die die Entwicklung der Neufunde von 1980 bis 2005 bis zum Jahr 2030 fortschreiben, gehen von weiter rückläufigen Neufindungen von Öl aus (vgl. Berenberg Bank/HWWI 2005: 25, 28).

Ein anderer Aspekt von Verfügbarkeit betrifft den *Zugang* der Ölverbraucher zu den Ölquellen. Er ist im Wesentlichen eine Frage der wirtschaftlichen und politischen Macht, des Machtverhältnisses zwischen Produzenten und Verbrauchern. Hier leitet die Erdölkrise von 1973 eine Trendwende ein. Wie wir im vierten Kapitel genauer ausführen, zerbrach in dieser Krise endgültig das schon lange brüchig gewordene alte Erdölregime, in dem die industriellen Verbrauchsländer über ihre Konzerne einen direkten Zugang zu den Ölvorkommen dieser Welt hatten und kontinuierlich mit Öl in den erforderlichen Mengen und zu niedrigen Preisen versorgt wurden. Nachdem einzelne Exportstaaten schon früher die auf ihrem Territorium befindlichen Ölvorkommen nationalisiert, Produktionsanlagen ausländischer Unternehmen enteignet und in Staatskonzerne überführt hatten, zerschlugen die geschlossen auftretenden OPEC-Staaten nun endgültig das von ihnen seit langem als ungerecht empfundene Konzessionssystem und erreichten eine vollständige Kontrolle über die Produktion und Vermarktung ihrer Ölvorkommen. Die Verbrauchsländer und die multinationalen Konzerne mussten sich mit einem revolutionären Wandel der Eigentums- und

Verfügungsrechte an den großen Ölvorkommen abfinden und hinnehmen, dass die Exportstaaten bereit waren, Öllieferungen aus politischen Gründen zu stoppen und „Öl als Waffe" zur Durchsetzung ihrer Interessen einzusetzen. Mit der Nationalisierung und Politisierung des Erdöls durch die Förderländer ist die Versorgung der Industrieländer unsicherer geworden.

Abbildung 2.6:   Jährliche Ölfunde und Weltölproduktion

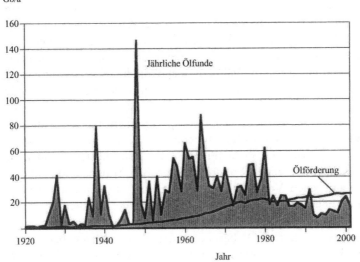

Quelle: Campbell u. a. 2002: 25.

Kosten

Die zweite Voraussetzung für die Funktion des Erdöls als Schlüsselfaktor der wirtschaftlichen Entwicklung sind vergleichsweise niedrige Kosten und Kostensenkungspotentiale. Im Vergleich zu anderen Energieträgern ist Erdöl (wie auch Erdgas) hier im Vorteil. Eine alte Regel besagt, dass die (einmaligen) Explorationskosten zwar relativ hoch, die (laufenden) Förderkosten aber vergleichsweise niedrig sind. In der Regel müssen viele aufwendige Bohrungen durchgeführt werden, bevor ein ergiebiges Ölfeld gefunden wird. Die anschließenden Kosten der Förderung selbst sind vergleichsweise gering und sinken mit der ausgebrachten Menge. Erdöl hat also gegenüber seinen Konkurrenzprodukten den Vorteil, dass die Kosten je Tonne mit der Größe der Felder sinken, während bei den übrigen Energieträgern der Ertrag proportional zu den Kosten verläuft und laufend Investitionen verlangt (vgl. Anderson 1984: Kap. 31). Diese Regel ist so lange gültig, wie man große Ölfelder findet und ausbeutet. Bei kleinen Ölfeldern, die unter ungünstigen geologischen Bedingungen ausgebeutet werden, können die Förderkosten dauerhaft hoch sein. Da die großen Erdölvorkommen der Erde offenbar längst entdeckt sind und seit langem ausgebeutet werden und Neufunde überwiegend in geologisch schwierigen (z. B. *offshore*) oder verkehrsmäßig schwer zugänglichen Regionen (z. B. in Zentralasien) gemacht werden und die nichtkonventionellen Ölvorkommen (z. B. in Kanada und Venezuela) nur mit großem Aufwand erschlossen werden können, ist mit langfristigen Kostensenkungen kaum mehr zu rechnen; die Kostensenkungspotentiale scheinen weitgehend erschöpft zu sein. Neufunde tragen eher zur Deckung des weiter ansteigenden Bedarfs als zur Senkung des Preisniveaus bei.[15]

Während die Kosten der Exploration und Produktion von Erdöl weitgehend geologisch und technisch bedingt sind, spiegeln die Preise für gefördertes, handelbares Öl nicht nur die Gestehungskosten, sondern auch die Machtverhältnisse wider. So lange die großen Mineralölkonzerne aufgrund ihrer überlegenen Verhandlungsmacht Eigentumsrechte an großen Ölvorkommen billig erwerben konnten, relativ geringe Abgaben an die Regierungen der Ölländer zu zahlen hatten und die *economics of scale* (sinkende Erzeugungskosten je Barrel Öl bei steigender Produktionsmenge) zum Tragen kamen, konnte der Ölpreis niedrig gehalten werden. In dem Moment, in dem die in der OPEC zusammengeschlossenen Förderstaaten die Entscheidungsmacht über die Produktion und Vermarktung von Rohöl an sich rissen, ging die seit dem Ende des Zweiten Weltkriegs während Phase des billigen Öls und der moderaten Preisschwankungen um etwa 2 Dollar pro Barrel zu Ende. Am 16. Oktober 1973 verkündete die OPEC eine Erhöhung des Ölpreises um 70 Prozent auf 5,12 Dollar pro Barrel. Am Ende des Jahres war der Ölpreis um weitere 128 Prozent auf 11,65 Dollar gestiegen. Im zweiten, durch die islamische Revolution im Iran verursachten Ölpreisschock, stieg der Ölpreis im Jahre 1980 auf fast 40 Dollar, etwa das zwanzigfache des Preises der frühen 1970er Jahre. Im dritten Ölpreisschock um die

---

[15] Seit etwa 20 Jahren übersteigt der Ölförderung die Neufunde (vgl. Abb. 2.6; Campbell u. a. 2002: 24; Berenberg Bank/HWWI 2005: 28).

Jahrtausendwende kletterten die Ölpreise infolge von Kürzungen der Fördermengen durch die OPEC auf über 30 Dollar. Im Juli 2006 erreichten sie ein Rekordniveau von 78 Dollar je Barrel (der Marke Brent).[16] Anfang 2008 wurde erstmals die Grenze von 100 Dollar je Barrel (der Sorte WTI) überschritten.

Seit der OPEC-Revolution der 1970er Jahre haben wir es mit erratischen Preisbewegungen zu tun, die das Kriterium der niedrigen Kosten und Kostensenkungspotentiale allenfalls temporär, als unvorhersehbare Intermezzi zwischen Hochpreisphasen, erfüllen.

---

[16] Der Sachverständigenrat spricht in seinem Jahresgutachten von 2004/05: 153 von einem eigenständigen Ölpreisschock ab 2003. Eine äußerst differenzierte, ereignisbezogene Analyse der Ölpreisentwicklung hat die Energy Information Administration (EIA) in „World Oil Market and Oil Price Chronologies: 1970-2001" (http://eia.doe.gov/emeu/cabs/ chron.html) veröffentlicht.

Abbildung 2.7: Preisentwicklung für Rohöl 1970-2004

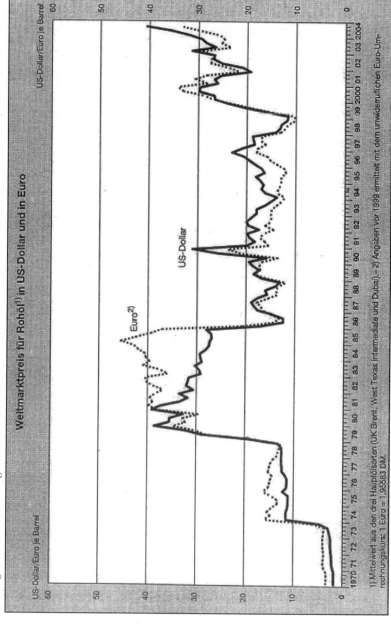

Quelle: Sachverständigenrat zur Begutachtung der gesamtwirtschaftlichen Entwicklung, Jahresgutachten 2004/2005, S. 153

Nutzungsmöglichkeiten

Die dritte und wohl wichtigste Voraussetzung für die Funktion des Erdöls als Schlüsselfaktor der wirtschaftlichen Entwicklung ist ein deutlich erkennbares Potential für innovative und profitable Nutzanwendungen in vielen Produkten und Prozessen quer durch die gesamte Wirtschaft. An der Ausschöpfung des Nutzungspotentials von Erdöl sind drei Branchen beteiligt: die Mineralölindustrie, die als Grundstoffbranche Erdöl in erforderlichen Mengen und angemessenen Preisen für vielfältige Nutzungsmöglichkeiten anbietet; als Trägerbranche vor allem die Automobilindustrie, deren in großen Serien hergestellten Fahrzeuge Erdölprodukte wie Benzin, Diesel, Motoröl und Schmierfett als komplementäre Güter benötigen; und als induzierte Branchen Automobil orientierte Dienstleistungsgewerbe wie Tankstellen und Reparaturwerkstätten, die Bauindustrie, die durch Straßen-, Autobahn-, Brücken- und Tunnelbau zur Steigerung des Gebrauchswertes von Automobilen beiträgt, der Tourismus, der all diese Vorleistungen nutzt, usw.[17]

Entscheidend für die Qualifizierung von Erdöl als Schlüsselfaktor der wirtschaftlichen Entwicklung war die Interaktion zwischen Mineralölindustrie und Automobilindustrie, die durch Innovationen auf beiden Seiten die Dynamik des vierten Kondratieff-Zyklus bestimmte. Wichtigste Innovation auf Seiten der Mineralölindustrie war natürlich die Herstellung von Benzin. In ihrer Anfangsphase fiel Benzin bei der Erzeugung von Leuchtöl als Abfallprodukt an, für das es kaum einen Markt gab. Erst durch seine Verwendung als Kraftstoff für Automobile wurde es vom Abfall- zum Hauptprodukt. Entscheidend war der Übergang von der Destillation zum Kracken. Bei der anfänglichen Destillation konnten nur die leichten Anteile des Erdöls von den schwer verdampfbaren Anteilen durch gezieltes Erhitzen und Abkühlen getrennt werden. Der Anteil des dabei gewonnen Rohbenzins lag bei 15 bis 18, im Höchstfall bei 20 Prozent. Durch das Kracken konnten nun auch die schwer siedenden Ölverbindungen aufgebrochen (*cracked*) und damit die Benzinausbeute erhöht werden. Die Technologie des Krackens wurde maßgeblich von amerikanischen Chemikern in Diensten von Mineralölkonzernen in mehreren Schritten vorangetrieben. Sie begann mit dem von William Burton M. von 1909 bis 1913 für die Standard Oil of Indiana

---

[17] Vgl. Perez 1983. Mit diesem Beitrag wurde auch der Begriff des Schlüsselfaktors bekannt gemacht.

entwickelten *thermischen* Kracken, bei dem die Benzinausbeute des Erdöls durch starke Erhitzung (340 Grad und mehr) und unter hohem Druck auf bis zu 45 Prozent gesteigert werden konnte (vgl. Yergin 1991: 145ff.).
Der Absatz von Benzin überstieg 1911 erstmals den von Petroleum. Damit zeichnete sich ab, dass die Zukunft des Erdöls in seiner Transformation in Kraftstoffe und in der Kombination mit dem Verbrennungsmotor beziehungsweise dem Automobil liegen würde. Eine zweite große Innovation war das 1920 von der Texas Corporation eingeführte *kontinuierliche thermische* Kracken. Während das Öl bisher partieweise raffiniert werden musste, konnte es nun in kontinuierlicher Prozessproduktion hergestellt werden. Dies ist in gewisser Hinsicht das Äquivalent zu der (weiter unten erläuterten) Fließfertigung von Automobilen. Ein dritter wichtiger Schritt war das 1937 von der Sun Oil und der Socony-Mobil eingeführte *kathalytische* Kracken, mit dem man hochwertiges Flugbenzin herstellen konnte. Auch bei diesem, vor allem von der Luftwaffe im Zweiten Weltkrieg eingesetzten Treibstoff gelang einige Jahre später (1942) in den Raffinerien der Standard Oil of New Jersey der Durchbruch zur kontinuierlichen Prozessproduktion (*continuous cathalytic cracking*) (vgl. ebd.: 489ff.).[18] Damit war die petrochemische Industrie in ihrer heutigen Form geboren.

Auf Seiten der Automobilindustrie waren die entscheidenden Innovationen die Durchsetzung des Verbrennungsmotors und die Massenproduktion standardisierter Fahrzeuge. Bei der Entwicklung von Verbrennungsmotoren, die durch periodische Verbrennung und Explosion eines Luft-Kraftstoff-Gemischs in einem geschlossenen Zylinder einen Kolben in schnelle Bewegung versetzen, hatte man zunächst mit Gas experimentiert, dessen hoher Verbrauch aber eine praktische Verwendung vereitelte. Erst mit der Verwendung von flüssigen Treibstoffen konnte ein wirtschaftlich einsetzbarer Verbrennungsmotor entwickelt werden (vgl. Landes 1973: 263f.). Der

---

[18] Zu den großen Innovationen der Mineralölindustrie im vierten Kondratieff-Zyklus vgl. auch van Duijn 1981: 271. Mit der Mineralölindustrie entfalteten sich die chemische Industrie, insbesondere die Petrochemie, die Kunststoffindustrie und letztlich auch die Landwirtschaft als Nutzer von Öl basierten Kunstdüngern und Pestiziden. Öl durchströmte in verschiedenen Formen und Veredelungen alle Sektoren der Wirtschaft und erschien als Kraftstoff, Grundstoff, Energieträger vorläufig unentbehrlich und mittelfristig nur schwer substituierbar. Zur Entwicklung der Inventionen und Innovationen in der Plastikindustrie, deren Grundstoff überwiegend Erdöl ist (vgl. Clark et al. 1981: 319). Zur Bedeutung des Erdöls für die Landwirtschaft vgl. Adams 1995: 232ff.

nach seinem Erfinder benannte Otto-Motor wurde 1885 von Gottlieb Daimler und ein Jahr später von Karl-Friedrich Benz erstmals als Antrieb für Fahrzeuge eingesetzt.[19]

Während in Deutschland und anderen europäischen Ländern Automobile noch in Einzelfertigung oder in kleinen Serien für wohlhabende Käuferschichten produziert wurden, erfolgte in den Vereinigten Staaten der Durchbruch zur Massenproduktion standardisierter Automobile für breite Käuferschichten. Diese „erste Revolution in der Automobilindustrie" ist mit dem Namen Henry Ford verbunden. Seine Grundidee war, ein Automobil zu entwickeln und zu produzieren, das für den Durchschnittsamerikaner erschwinglich und leicht zu handhaben (zu warten und zu reparieren) sein würde. Um dies zu verwirklichen, mussten die Grenzen der überkommenen handwerklichen Fertigung durch ein neuartiges System der Massenproduktion überwunden werden. Voraussetzung dafür war „die vollständige und passgenaue Austauschbarkeit der Bauteile und die Einfachheit ihres Zusammenbaus. Diese Neuerungen in der Fertigung machten das Fließband erst möglich" (Womack u.a. 1992: 31).

Der Weg von der handwerklich-werkstattmäßigen Einzel- und Kleinserienfertigung zur mechanisierten (und später auch automatisierten) Großserienproduktion lief darauf hinaus, stationäre Montagestände durch ein bewegliches Montageband zu ersetzen. Ursprünglich wurden Automobile auf Montageständen, oftmals von einem einzigen Monteur zusammengebaut, der die Einzelteile selbst aus dem Lager holen und sie so bearbeiten musste, dass sie passten. Die erste Verbesserung bestand darin, die Einzelteile von anderen, geringer bezahlten Arbeitskräften an den jeweiligen Montagestand zu bringen, so dass der Fertigungsprozess ohne Unterbrechung vonstatten ging. Nachdem dank verbesserter Werkzeugmaschinen eine perfekte Austauschbarkeit der Teile erreicht wurde, erfolgte eine Spezialisierung der Monteure, die nun von einem Montagestand zum nächsten gingen und dort jeweils nur einen einzigen Arbeitsschritt ausführten. Im dritten Schritt wurde die Bewegung der Monteure durch die Bewegung des zu montierenden Autos ersetzt. Jetzt konnte die Arbeitsgeschwindigkeit vom Management vorgegeben, das Arbeitstempo erhöht und die Produktivität weiter gesteigert werden. Gegenüber der späten handwerklichen Fertigung im Herbst 1913 und der im Früh-

---

19 Unter dem Druck der französischen Konkurrenten Peugeot und Renault kam es 1925 Fusion in Form der Daimler Benz AG.

jahr 1914 eingeführten Massenproduktion reduzierte sich der Zeitbedarf zum Zusammenbau größerer Aggregate zum Gesamtfahrzeug von 750 auf 93 Minuten. Das entsprach einer Zeitersparnis von 88 Prozent.[20]

Dank dieser enormen Produktivitätssteigerung konnten die Produktionskosten und mit ihnen die Preise drastisch gesenkt und ein Massenmarkt für Automobile geschaffen werden. Das im Jahre 1908 eingeführte Modell T kostete 850 Dollar und wurde in einer Stückzahl von 5.986 Autos verkauft; 1916 war der Preis auf 360 Dollar gesunken und die Absatzmenge auf 577.036 gestiegen; 1923 wurden von dem nur noch 290 Dollar teuren Automobil 1,8 Millionen Exemplare abgesetzt (vgl. Adams 1995: 188). Während der Preis für ein Modell T im Jahre 1912 dem durchschnittlichen Jahreslohn in den Vereinigten Staaten entsprach, konnte im Jahr 1923 ein Ford-Arbeiter ein *Model-T* mit dem Lohn aus 58 Arbeitstagen erwerben (vgl. Adams 1995: 187f.).

Das neue Produktionsparadigma des Fordismus umfasste also Massenproduktion und Massenkonsum. Die Klammer zwischen beiden Bereichen war McNeill zufolge eine Art Sozialvertrag zwischen Arbeitgeber und Arbeitnehmern, der die Gewinne aus der Massenproduktion in Massenkonsum verwandelte. Seiner Meinung nach begriff Henry Ford, dass es für ihn von Vorteil wäre, wenn er die aus der Neuorganisation der Arbeit erwachsenden Gewinne mit seinen Arbeitskräften teilen würde. Indem er ab 1914 Löhne zahlte, die die Arbeiter darauf hoffen ließ, sich ein Automobil leisten zu können, sei er zu einem Begründer der modernen Konsumgesellschaft geworden (vgl. McNeill 2003: 335; Bardou 1982: 54ff.). Zu Beginn des Ersten Weltkriegs hatte Ford einen US-Markanteil von 45 Prozent (vgl. Bardou 1982: 54ff.). Die Anzahl der registrierten Kraftfahrzeuge hatte die Millionengrenze weit überschritten und war damit dreimal so groß wie die von Großbritannien, Frankreich und Deutschland zusammen (vgl. Landes 1973: 409).

Von der Automobilindustrie gingen Übertragungs- und Verstärkungseffekte in vorgelagerte Industrien wie Stahlerzeugung, Metallverarbeitung und Maschinenbau, in Auto bezogene Dienstleistungen wie Tankstellen, Raststätten und Reparaturwerkstätten, in öffentliche Infrastrukturbereiche wie Straßen-, Brücken- und Tunnelbau und auch in den Städtebau in Form der Suburbanisierung (Trennung von Arbeiten und Wohnen) und nicht zuletzt in

---

[20] Vgl. Womack u.a. 1992: 33, Abbildung 2.1.

den Tourismus hinein (vgl. Perez 1983: 367; Freeman/Perez 1988: 52, 60; Nefiodow 1990: 30ff., ders. 2001: 237). In den Vereinigten Staaten entstand seit 1900 ein Straßennetz, das in der Zeit zwischen 1920 und 1980 – der schnellste Zuwachs erfolgte Ende der 1940er Jahre – am stärksten ausgebaut wurde und schließlich die Ausdehnung des Eisenbahnnetzes um das Zehn- bis Fünfzehnfache übertraf. Vor allem die Bundesstraßen „zogen Menschen, Siedlungen und Geschäfte an wie ein Magnet Eisenspäne und reorganisierten die weiten Flächen der Vereinigten Staaten nach neuen Mustern. Im Gegenzug machte diese Neuordnung es für die meisten erwachsenen Amerikaner nahezu unumgänglich, ein Auto zu besitzen. Kein anderes Land erreichte je eine solche Sättigung mit Automobilen wie die USA ..." (Adams 1995: 329).

Der Siegeszug des Öl-Auto-Komplexes ist ökonomisch-technisch allein nicht zu erklären. Um ihn zu verstehen, muss man sehen, dass hier der Kapitalismus auf beispiellose, revolutionäre Art die materielle Zivilisation erobert hat. Das massenproduzierte Automobil wurde zum integralen Bestandteil der Alltagskultur, zum Vehikel des tief verankerten Bedürfnisses nach räumlicher Mobilität und individueller Bewegungsfreiheit. Wie Burkart ausführt, ist „die spezifische Verknüpfung von Individualität und Mobilität ... ein wesentlicher Grund dafür, dass der Siegeszug des Automobils in Amerika begann und der Automobilismus dort auch seine stärkste Entfaltung erfuhr. ... Die US-Kultur war besonders empfänglich für das Auto: Zum einen war der Bedarf nach individuellen Transport- und Mobilitätsmöglichkeiten strukturell größer [als in Europa, wo das Automobil erfunden wurde], insbesondere wegen der besonderen Situation der amerikanischen Landwirtschaft und der Siedlungsweise ... Zum anderen waren Mobilität und Individualismus als Werte stärker verankert als in Europa ... Das Auto war bald ein fixer Bestandteil der US-Kultur und wurde, besonders in der populären Kunst, als neues Kernelement des *American Dream* gefeiert" (Burkart 1994: 221ff.).

Die wirtschaftliche Bedeutung der Automobilindustrie und die gesellschaftliche Wertigkeit des Automobils wirkten sich auch auf das Regierungshandeln aus. Der arbeitsintensive Autokomplex (zu dem auch zahlreiche Zulieferer und Dienstleister zu zählen sind) übte auf die Regierungen Druck zur Stabilisierung der Massenkaufkraft aus, um einen kontinuierlichen Automobilabsatz aufrecht zu erhalten, und das Heer der Autofahrer (die ja auch Wähler sind) erwartete den Ausbau einer autogerechten Infrastruktur. Automobile Gesellschaft und eine keynesianistische Politik staatlicher Nachfragestabilisierung entwickelten sich parallel und wechselseitig verstärkend.

Ingesamt gesehen kann man im vierten Kondratieff-Zyklus einen Komplex von drei Selbstverstärkungsmechanismen erkennen (vgl. Zündorf 2002: 37-42). Erstens eine *wechselseitige Verstärkung zwischen Mineralöl- und Automobilindustrie*: Die Mineralölindustrie versorgte die westliche Welt bis zum ersten Ölpreisschock in den 1970er Jahren mit preiswerten Ölprodukten.[21] Und die niedrigen Benzinkosten begünstigten die Verbreitung des Automobils als dominierendes Transportmittel. Weitaus wichtiger als die niedrigen Treibstoffkosten waren allerdings die stark sinkenden Anschaffungskosten für die Automobile auf der Grundlage der von Ford eingeführten Massenproduktion.[22] Die stark steigenden Automobilzulassungen und der aufgrund zunehmender Fahrtleistungen stark ansteigende Automobilverkehr stimulierten wiederum die Exploration, Förderung, Raffinierung und Distribution von Mineralöl(Produkten). Ingesamt gesehen wurden die Interaktionen und Verstärkungsmechanismen zwischen Mineralöl- und Automobilindustrie stärker von dieser als von jener bestimmt, vor allem deshalb, weil sie stärker in Gesellschaft und Kultur verankert ist. In einem gewissen Sinne war es weniger das Öl, das immer mehr Autos antreibt, als die gesellschaftlich verankerte, scheinbar unaufhaltsame Automobilisierung, die die Exploration und Förderung von Erdöl treibt. Infolge innovativer Massenproduktions- beziehungsweise Prozessproduktionstechnologien und der damit verbundenen Skalenvorteile realisierten beide Branchen hohe Gewinne und hatten somit ein vitales Interesse an der alltagsweltlichen und psychologischen Verankerung des Automobils in der Gesellschaft, der durch massive Werbung kräftig nachgeholfen wurde.[23]

---

[21] Der Rohölpreis blieb von 1880 bis 1973 nahezu stabil und pendelte um die 2 Dollar pro Barrel (in laufenden Preisen); die Benzinpreise bewegten sich um einen viertel Dollar pro Gallone (vgl. BP Statistical Review of World Energy, June 2000: 14; Energy Information Administration 2000: 169).

[22] Die Preise für das legendäre Ford T-Modell sanken von ca. 950 US-Dollar im Jahre 1910 auf ca. 250 Dollar im Jahre 1917. Während die Kosten für ein derartiges Automobil im Jahre 1912 noch denen eines durchschnittlichen US-Jahreslohns entsprachen, betrugen sie im Jahr nur noch etwa ein Zehntel (vgl. Bardou et al. 1982: 55).

[23] Außerdem führte die Interessenkonvergenz von Mineralöl- und Automobilindustrie dazu, alternative Entwicklungspfade im Bereich des Verkehrs zu unterdrücken. Sampson berichtet, dass „die Vororte von Los Angeles ... ursprünglich nicht entlang der Straßen angelegt worden [waren], sondern um eine elektrisch betriebene Eisenbahn herum, deren Reste entlang den Autobahnen noch zu sehen sind. Ende der dreißiger Jahre jedoch tat sich General Motors mit der örtlichen Ölgesellschaft Socal zusammen (und auch mit

Zweitens eine *wechselseitige Verstärkung zwischen Automobilindustrie und materieller Zivilisation*: Die Industrie bedient mit dem Automobil eine weit verbreitete Bedarfslage und trägt mit der massenhaften Produktion erschwinglicher Fahrzeuge zur Veränderung des Alltagslebens und des Lebensstils zahlloser Menschen bei. Die Verankerung des Automobils in der materiellen Zivilisation belebt und erhält die Automobilproduktion, die sich der Kultur bedient, um für ihre Produkte zu werben. Die (Werbe-)Industrie strebt mit Mitteln einer „mentalen Programmierung" unaufhörlich danach, „die kulturellen Werthaltungen zu erzeugen, die für materiellen Konsum unerlässlich sind. ... Die Marktstrategie bezieht sich genauso auf Symbole wie auf Waren und verkauft nicht Lebensbedarf, sondern Lebensstil – das ist der moderne Weg vom Leib zur Seele" (Barber 1996: 119, 68).

Drittens eine *wechselseitige Verstärkung zwischen Automobilindustrie, materieller Zivilisation und Regierung*: Die Entfaltung der automobilen Gesellschaft erfordert den Ausbau einer entsprechenden Infrastruktur, bei der die Politik gefragt ist. Sie kann die Entwicklung und Erhaltung der Infrastruktur zur Staatsaufgabe erklären oder privaten Unternehmen überantworten. Mächtige Interessengruppen und zahlreiche Wähler zwingen die Regierung zum Handeln. In den USA kam es früher und entschiedener als in anderen Industrieländern zu einer Richtungsentscheidung zugunsten der Straße gegenüber der Schiene. Mit dem Automobil hat sich der Kern des vierten Kondratieff-Zyklus gegen die Eisenbahn, den Führungssektor des zweiten Kondratieff-Zyklus, durchgesetzt. Die Regierungen begünstigten die neuen Führungssektoren (Automobil- und Mineralölindustrie) und banden deren Arbeitgeberverbände und Gewerkschaften – in Europa mehr als in den Vereinigten Staaten – in neokorporatistische Strukturen und makroökonomische Stabilisierungspolitik ein.[24]

---

dem Reifenhersteller Firestone) kaufte die Eisenbahn und legt sie still. Ähnliches geschah in anderen Großstädten des Landes, weil man die Bevölkerung vom Straßenverkehr abhängig machen wollte. So fraßen sich denn überall Schnellstraßen ins Land, während die Eisenbahnen verkamen" (Sampson 1976: 156f).

24 Piore und Sabel beschreiben die Ursprünge dieser Politik in den USA wie folgt: „Der Markstein des gesamten Systems der makroökonomischen Stabilisierung war das Abkommen, das 1948 zwischen General Motors und den United Auto Workers ausgehandelt wurde. Die dabei gefundene Formel setzte als Standard für die Lohnfestlegung den langfristigen gesamtwirtschaftlichen Zuwachs der Arbeitsproduktivität plus Veränderungen im Verbrauchsindex; die Löhne, so wurde vereinbart, sollten alljährlich um diesen

Erschöpfung, Krise und Niedergang

Im Lebenszyklus jedes Produkts machen sich auch bei verführerischster Werbung und stärkster Interessenvertretung irgendwann eine Sättigung der Nachfrage und eine Erschöpfung der Technologie bemerkbar. Im Falle des vierten Kondratieff-Zyklus scheint die Wachstum treibende Interaktion zwischen der Mineralölindustrie und Automobilindustrie in den 1970er Jahren ihren Höhepunkt erreicht und an eine Grenze gestoßen zu sein.[25]

Auf der einen Seite konnte Erdöl seine Funktion als Schlüsselfaktor der wirtschaftlichen Entwicklung immer weniger erfüllen. Der erste Ölpreisschock von 1973 hat die Ära stabiler Preise und sicherer Versorgung beendet und eine neue Periode eingeleitet, die durch erratische Preisschwankungen und verschärfte Verteilungskämpfe gekennzeichnet ist. Schon lange vor die-

---

Betrag steigen. Unter der Voraussetzung, dass die um Preisveränderungen bereinigte Arbeitsproduktivität ein Maßstab der Produktionskapazität sei, würde eine allgemeine und einheitliche Anwendung der Formel auf alle Löhne und Gehälter sicherstellen, dass die private Kaufkraft der Verbraucher im selben Umfang steigt wie die nationale Produktionskapazität. Der institutionelle Komplex zur Regelung der Beziehungen zwischen Kapital und Arbeit und der Lohnfindung generalisierte die Formel in genau dieser Weise. Innerhalb der Massenproduktionsindustrien breitete sich das Abkommen der Automobilindustrie über institutionelle Verbindungsglieder zwischen den wichtigsten nationalen Gewerkschaften aus" – und, so ließe sich fortfahren, in Modifikationen und nach den jeweiligen spezifischen Voraussetzungen auch in den anderen Industrieländern (Piore und Sabel 1985: 93).

[25] Bühl (1990: 70) terminiert den vierten Kondratieff-Zyklus (charakterisiert durch „Erdöl als Energieträger, Motorisierung, Automatisation, Suburbanisierung") von 1920 bis 1970. Er befindet sich damit in Übereinstimmung mit Drucker (1984: 9), der einzig auf die Erdölindustrie abstellend, deren Niedergang als Wachstumsindustrie schon um 1950 feststellt. Betont man mit Freeman und Perez (1988) nicht den dominierenden Energieträger, sondern das zentrale Produkt und die vorherrschende Produktionsweise – „*Fordist mass-production*" mit dem Automobil als wichtigste „*carrier branch*" – kommt man zu einer anderen Datierung. Unter diesen Aspekten dauert der vierte Kondratieff-Zyklus von 1930/40 bis 1980/90 mit 1955/65 als Hoch- und Wendephase. Man kann aus dieser Diskrepanz den Schluss ziehen, dass Erdöl und Automobil, obwohl als Komplementärprodukte wechselseitig aufeinander angewiesen, keine parallelen, sondern eher zeitlich versetzte „Karrieren" durchlaufen. Ein noch weitergehendes Kriterium für die Terminierung von langen Wellen sind internationale Wirtschaftskrisen. Nach diesem Kriterium datiert van Duijn (1983) die Aufschwungphase des vierten Kondratieff-Zyklus von 1948 bis 1973 mit der 1973 im Zusammenhang mit dem Ölpreisschock einsetzenden weltweiten Rezession als oberen Wendepunkt.

sen spektakulären Ereignissen hatte sich von den USA ausgehend eine Entwicklung angebahnt, die auf eine abnehmende Bedeutung des Erdöls für das Wachstum der Wirtschaft hinwies. Nach Peter Drucker befindet sich die Petro-Industrie „sogar schon seit 1950 im Niedergang. Dieses Jahr ist nämlich das letzte, in dem die Zuwachseinheit Erdöl, die für eine Zuwachseinheit Industrieproduktion gebraucht wird, angewachsen ist. Seit 1950 ist diese Zuwachseinheit ständig kleiner geworden – und zwar schon vor 1973 sehr schnell. Nach der wirtschaftswissenschaftlichen Definition steigt in einer >>Wachstumsindustrie<< die Ausgangsleistung einer Zuwachseinheit schneller als die Ausgangsleistung der Fertigung, die Bevölkerung oder das Bruttosozialprodukt, während in einer niedergehenden Industrie die Ausgangsleistung einer Zuwachseinheit weniger schnell steigt, und in der Petro-Industrie sind seit 1950 Ausgangsleistung und Verbrauch weniger schnell gestiegen als die Ausgangsleistung der Gesamtindustrie. Bis 1960 war dieser Niedergang auch in dem zweiten großen Markt für Erdölprodukte, dem Transportwesen deutlich geworden ... Von 1970 an begann auch im dritten und letzten großen Bereich des Erdölverbrauchs, dem der Heizung und der Klimaanlagen, die Zuwachseinheit Energie, die für eine Zuwachseinheit in der Produktion gebraucht wird, deutlich zu sinken. Diese Entwicklungen wurden natürlich durch die >>Ölkrise<< ungeheuer beschleunigt ..." (Drucker 1984: 9ff.).

Auf der anderen Seite haben sich auch die Innovations- und Wachstumskräfte der Trägerbranchen des vierten Kondratieff-Zyklus zunehmend erschöpft. In den 1970er Jahren war von den Vereinigten Staaten, dem Land der großen Pioniere ausgehend, mit der Automobilindustrie das gesamte Paradigma der Massenproduktion in eine Krise geraten – Piore und Sabel sprechen sogar vom „Ende der Massenproduktion". Sie stellen die Krise der Massenproduktion in einen Zusammenhang mit einer Reihe gesellschaftlicher und wirtschaftlicher Erschütterungen, die durch Fehler der Politiker noch verschärft worden seien; außer den beiden Ölpreiskrisen von 1973 und 1979 erwähnen sie die sozialen Unruhen der späten sechziger und frühen siebziger Jahre, die Flexibilisierung des Weltwährungssystem nach dem Ende der Goldkonvertibilität des Dollars 1971 und die Hochzinspolitik der US-Regierung.[26]

---

[26] „Wenn man die Krise als das Ergebnis externer Erschütterungen betrachtet, deren einschneidende Wirkung durch Fehler der Politiker noch verstärkt worden ist, so lässt sie

Neben diesen äußeren Ereignissen, die das System der Massenproduktion plötzlich erschütterten, sind noch zwei langfristige Tendenzen zu nennen, die es allmählich von innen unterminierten: die Sättigung des Marktes für Automobile, ablesbar an der Zahl der jährlichen Zulassung für Neuwagen, und an Veränderungen des Geschmacks der Konsumenten, die infolge des zunehmenden Wohlstands differenziertere Produkte verlangten.[27] Auf diese externen und internen Herausforderungen, die sich in einem bestimmten Moment krisenhaft zuspitzten, konnte das auf einen kontinuierlichen Output standardisierter Güter ausgerichtete System der Massenproduktion nicht schnell und flexibel genug reagieren.

Die amerikanische Automobilindustrie hat sich von der Krise der Massenproduktion nie wirklich erholt und konnte nie wieder zum wirtschaftlichen Führungssektor aufsteigen. Auswege aus der Krise haben vor allem die Japaner mit der Einführung der „schlanken Produktion" gefunden. Dabei handelt es sich um einen Komplex von Innovationen, der fast alle Elemente der Automobilindustrie umfasst und Antworten auf fast alle Defizite der Massenproduktion gefunden hat: von der schnelleren Entwicklung sparsamerer und umweltfreundlicherer Motoren, über die weitere Senkung der Produktionskosten und die Verkürzung der Produktionszeiten, einer effek-

---

sich in fünf ineinander übergehende Episoden gliedern. Die erste Episode ist durch die sozialen Unruhen der späten sechziger und frühen siebziger Jahre gekennzeichnet. Die zweite Episode begann damit, dass die USA von ihrer Verpflichtung abrückten, Dollars zu einem festen Kurs gegen Gold zu tauschen, was zur Folge hatte, dass das internationale Währungssystem im Jahre 1971 zu floatenden Wechselkursen überging. Die Episoden drei und vier begannen mit einem ungeheuren Anstieg der Ölpreise; der erste Ölpreisanstieg erstreckte sich, von Lebensmittelverknappungen begleitet, von 1973 bis 1979; der zweite, ein Resultat der Iranischen Revolution, prägte die Ereignisse zwischen 1979 und 1983. Die fünfte Episode ist durch den tiefen, weltweiten ökonomischen Abschwung gekennzeichnet, der eine Folge der seit 1980 anhaltenden Hochzinspolitik der USA ist" (Piore/Sabel 1985: 186).

[27] Die 1970er Jahre markieren eine Wende in der Automobilisierungsdichte der USA. Während die Anzahl der Automobile pro 1000 Personen von 1940 bis 1970 in etwa linear von über 200 bis auf 600 Fahrzeuge angestiegen war, ist die Automobilisierung seitdem nur noch mit degressiven Zuwachsraten auf maximal etwas über 800 Fahrzeuge pro 1000 Einwohner gestiegen und nach dem Jahr 2000 auf etwa 750 zurückgegangen. (Vgl. US-Department of Energy, Energy Efficiency and Renewable Energy: Freedom Car and Vehicle Programm, Fact#415, March 13, 2006: Changes in Vehicles per Capita around the World, http://www1. eere.energy.gov/vehiclesandfuels/facts/printable_versions/2006_fcvt_fot ... 31.10.2006)

tiveren Koordinierung der Zuliefererkette bis hin zur flexiblen Anpassung an individuelle Kundenwünsche. Womack u. a. sprechen in diesem Zusammenhang von einer „zweiten Revolution" in der Automobilindustrie. Aus unserer Sicht sind diese Innovationen aber nicht als Basisinnovation einzustufen; vielmehr handelt es sich um einen Komplex von Verbesserungsinnovationen, die sich zudem kaum auf das Produkt (Automobil), sondern überwiegend auf den Produktionsprozess und die Unternehmensorganisation beziehen. Somit konnte die zweite Revolution auch keinen neuen Kondratieff-Zyklus hervorbringen, sondern den alten nur vorübergehend stärken und möglicherweise verlängern.

Ein weiterer Grund für die abnehmende Bedeutung von Mineralölindustrie und Automobilindustrie als innovative Treiber der wirtschaftlichen Entwicklung ist das Aufkommen eines neuen Kondratieff-Zyklus mit einem neuen Schlüsselfaktor, mit neuen Trägerbranchen und einem neuen technologischen Stil. Als Schlüsselfaktor des fünften „Informations- und Kommunikations-Kondratieff" kann man Silizium oder *chips* (integrierte Schaltungen) und als Trägerbranche die Computerindustrie bezeichnen, die mit ihrer *hardware* und *software* alle Bereiche der Wirtschaft (einschließlich der „alten" Industrien) durchdringt und die Trennung von Produkt und Dienstleistung weitgehend aufhebt. Den technologischen Stil des „Informations- und Kommunikations-Kondratieff", der sich seit den 1970er Jahren zu kristallisieren beginnt, könnte man als Netzwerklogik bezeichnen[28].

Nun ist aber jenseits des abgelaufenen vierten und im angelaufenen fünften Kondratieff-Zyklus eine weiterhin zunehmende Nachfrage nach Erdöl festzustellen. Während die Bedeutung des Erdöls als Schlüsselfaktor der wirtschaftlichen Entwicklung zurückging, ist die physische Weltölproduktion weiter angestiegen, wenn auch mit abnehmenden Zuwachsraten. Wie ist dieses in den 1970er Jahren sich abzeichnende Auseinanderklaffen zwischen dem abschwingenden vierten Kondratieff-Zyklus und der weiterhin aufschwingenden Welle der Weltölproduktion zu erklären? Um die Frage zu beantworten, ist es sinnvoll, zwischen Typen von Ländern (Zentrum, Semiperipherie, Peripherie) einerseits und zwischen unterschiedlichen Qualifikationen des Erdöls (Schlüsselfaktor versus Funktionserfordernis) andererseits zu unterscheiden.

---

[28] Zur Beschreibung des Paradigmas der Informationstechnologie vgl. Castells 2001: 75ff. Vgl. auch Nefiodow 2001: 24, 28f, 32, 39, 230.

In den *Industrieländern* hat das Erdöl seine Rolle als Schlüsselfaktor der wirtschaftliche Entwicklung – wie andere ehemalige Schlüsselfaktoren und Führungssektoren (Baumwolle, Kohle und Stahl, Eisenbahn, Elektrizität usw.) – zwar weitgehend verloren, ist aber für das alltägliche Funktionieren der arbeitsteiligen Wirtschaft – auch im Informationszeitalter – weiterhin unentbehrlich. Der unter Bedingungen der Globalisierung stark expandierende Verkehrsbereich ist zu Lande, auf dem Wasser und in der Luft nahezu vollständig vom Erdöl abhängig. Der Anspruch auf individuelle Mobilität ist tief in der materiellen Zivilisation entwickelter Länder verankert und auf einen weit verzweigten kontinuierlichen Ölzufluss angewiesen. Güter- und Personentransporte absorbieren in der industrialisierten Welt gegenwärtig ca. 70 Prozent des produzierten Öls, gefolgt von der Industrie (Chemie, Plastik/Verpackungen, Kosmetika, Pharma, Pestizide) mit ca. 22 Prozent, dem Wohnen (Heizöl) mit ca. 6 Prozent und der Verstromung mit ca. 2 Prozent (vgl. Berenberg Bank/HWWI 2005: 54).

Aufstrebende Entwicklungsländer wie China und Indien befinden sich – großenteils wegen der Verlagerung energieintensiver Produktion aus den Zentrumsländern – auf einem sehr viel energieintensiveren Wachstumspfad. Während entwickelte Industrieländer immer weniger Energieeinsatz pro Wirtschaftseinheit benötigen, müssen weniger entwickelte Schwellenländer einen erheblich höheren Energieanteil für einen gleich großen Wachstumseffekt einsetzen. Beispielsweise benötigt China zur Herstellung einer Einheit des Bruttosozialprodukts zur Zeit 7,7 mal mehr Energie als Deutschland. Die Zuwächse der Weltölproduktion werden zu immer größeren Anteilen von aufstrebenden Ländern wie China und Indien absorbiert (vgl. Sachverständigenrat 2004/2005: 156ff.; Motzkuhn 2005: 168ff.). Dadurch verschärft sich die Konkurrenz um die knapper werden Ölvorkommen zwischen den Ländern des Zentrums, der Semiperipherie und der ölarmen Peripherie (vgl. Hermann 2006: 12).

Die *Öl exportierenden Staaten* profitieren von dem internationalen Ressourcenkampf, der ihnen steigende Ölrenten beschert. In dieser Gruppe von Ländern kann Erdöl insoweit als ein Schlüsselfaktor fungieren, als aus den Öleinnahmen Projekte zur Entwicklung und Diversifizierung der Wirtschaft finanziert werden. Wenn die Ölrenten hingegen bevorzugt für die Aufrechterhaltung überkommener Sozial- und Herrschaftsstrukturen verwendet werden, wirkt Erdöl wie ein negativer Schlüsselfaktor. In diesem Falle hemmt der Ölreichtum die wirtschaftliche und gesellschaftliche Entwicklung und kann sogar zu weiterer Verarmung großer Bevölkerungsschichten führen. In der Literatur wird dies als *paradox of plenty* oder „Fluch der Ressourcen" diskutiert (vgl. Karl 1997). (Im vierten Kapitel werden diese Probleme genauer erörtert.)

Ingesamt gesehen könnte man von einer *Zyklusverschleppung* sprechen: Von den Vereinigten Staaten angeführt, befinden sich die Länder des Zentrums bereits im Aufstieg des fünften Kondratieff, dem Zyklus des Informationszeitalters, sind gleichwohl aber noch in fundamentaler Weise dem niedergehenden Zyklus des Ölzeitalters, dem vierten Kondratieff, verhaftet. Die Öl exportierenden Peripherieländer leben überwiegend noch im oder vom vierten Kondratieff-Zyklus und versuchen, diesen so weit wie möglich in die Zukunft hinein zu verlängern. Während die Industrieländer verzweifelt nach einem Ausstieg aus der Öl basierten Wirtschaft suchen, hoffen die Exportländer auf die Verzögerung dieses Prozesses – den sie allerdings durch eine Politik der Verteuerung und Verknappung des Erdöls eher beschleunigen. Die semiperipheren Länder befinden sich zum Teil schon im fünften Kondratieff-Zyklus, – die Inder vor allem als Produzenten von Computersoftware, die Chinesen eher als Produzenten der *hardware*, – führen ihre Aufholjagd aber in hohem Maße noch unter den Bedingungen des vierten Massenproduktions-Kondratieffs durch.

In Abbildung 2.8 ist der Zusammenhang zwischen Energieverbrauch und wirtschaftlicher Entwicklung graphisch dargestellt.

Im ersten linken Abschnitt der Kurve (bis zum Punkt A) befinden sich einige unterentwickelte Länder mit niedrigen Wachstumsraten des Energieeinsatzes. Die meisten Entwicklungsländer bewegen sich im Abschnitt A – A1 mit hohen Wachstumsraten des Energieverbrauchs. Die meisten Industrieländer haben den Abschnitt B – B1 mit ebenfalls hohen Zuwachsraten des Energieeinsatzes hinter sich gelassen und bewegen sich im Abschnitt B1 – D mit abnehmenden Wachstumsraten des Energieverbrauchs aufgrund höherer Energieintensität.[29] Im letzten Abschnitt der Kurve ab Punkt D sind zwei alternative Entwicklungspfade für hoch entwickelte Industrie- beziehungsweise nachindustrielle Gesellschaften eingezeichnet, wobei der obere von weiterhin abnehmenden bis stagnierenden Wachstumsraten des Energieeinsatzes ausgeht, während der nach unten geneigte Pfad auf ein negatives Wachstum des

---

[29] Zur Entwicklung der Energieintensität im Zeitverlauf vgl. OECD 2005: 4.

Energieeinsatzes aufgrund stark zunehmender Energieintensität oder umweltbedingten Restriktionen des Energieverbrauchs hinweist.

Abbildung 2.8: Energieverbrauch und wirtschaftliche Entwicklung

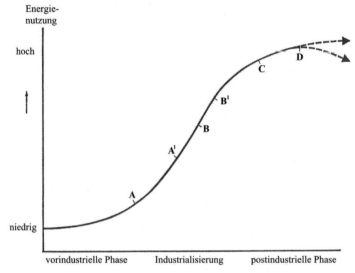

Quelle: nach Odell, Oil and World Power, 6. Aufl. Harmondsworth 1981, S. 170.

2.4 Erdöl als strategischer Rohstoff im Weltsystem

Erdöl war nicht nur ein Schlüsselfaktor der wirtschaftlichen Entwicklung im vierten Kondratieff-Zyklus und ist bis heute ein unentbehrlicher Treibstoff für die arbeitsteilige Welt(verkehrs-)wirtschaft, sondern ist immer auch ein strategischer Rohstoff gewesen, ein Machtfaktor, der den Ländern, die über ihn verfügen und sein Potential am effektivsten zu nutzen verstehen, Vorteile in den internationalen Beziehungen bieten. Wenn man den industriewirtschaftlichen Kondratieff-Zyklus als Grundmechanismus des polit-ökonomischen Hegemonialzyklus betrachtet, der den Aufstieg und Niedergang der führenden Mächte im Weltsystem beschreibt, stellt sich die Frage, wieweit die Verfügbarkeit über große Ölvorkommen und die Führung bei der wirtschaftlichen Nutzung dieser vielfältig einsetzbaren Ressource die Machtverhältnisse im Weltsystem beeinflusst hat. Insbesondere stellt sich die Frage, inwieweit die komparativen Vorteile der Vereinigten Staaten in beiden Bereichen ihre Karriere als Hegemonialmacht begünstigt haben.

Wenn man ökonomischen Reduktionismus vermeiden will, kann der Ölkomplex nur als *ein* Element innerhalb eines größeren Komplexes von Variablen angesehen werden, die den amerikanischen Hegemonialzyklus beeinflusst haben. So wie Öl nur *in Kombination* mit dem Automobil einen Kondratieff-Zyklus hervorbringen konnte, so ist wirtschaftliche Überlegenheit nur *eine Dimension* hegemonialer Macht – neben militärischer, politischer und ideologischer Macht. Eine zweite Einschränkung betrifft die unterschiedliche Dauer beider Arten von Zyklen. Da ein Hegemonialzyklus sehr viel länger währt als ein Kondratieff-Zyklus, kann dieser jenen nur in bestimmten Phasen beeinflusst haben. Um den kompletten Verlauf eines Hegemonialzyklus erklären zu können, muss mindestens *ein* weiterer Kondratieff-Zyklus mit einbezogen werden.

Bevor wir die strategische Bedeutung des Ölkomplexes im Rahmen des amerikanischen Hegemonialzyklus untersuchen, seien in einer umfassenderen Übersicht neben dem amerikanischen auch der ihm vorausgegangene britische Hegemonialzyklus mitsamt seinen korrespondierenden Kondratieff-Zyklen dargestellt. Damit können die Beziehungen zwischen den für die Dynamik des Weltsystems relevanten Beziehungen zwischen Kondratieff- und Hegemonialzyklen auf breiterer Grundlage untersucht werden. Zudem werden Probleme der hegemonialen Konkurrenz und der hegemonialen Übergänge zwischen Großbritannien und den Vereinigten Staaten aufgeworfen – sind unter britischer Dominanz doch einige der wichtigen Ölregionen in die Weltwirtschaft des Erdöls inkorporiert worden und wehrte sich das niedergehende Großbritannien doch in wichtigen Ölregionen Jahrzehnte lang gegen die aufstrebenden USA.

Tabelle 2.2: Kondratieff-Zyklen und Hegemonialzyklen

Kondratieff-Zyklen		Hegemonialzyklus des UK und der USA
„*early modernization Kondratiev*"		**Hegemonialzyklus Großbritanniens**
Aufschwung 1780s bis 1815	~	UK ascending hegemony (1798 bis 1815)
Abschwung 1815 bis 1848	#	UK hegemonic victory (1815 bis 1850)
„*steam power and railway Kondratiev*"		
Aufschwung 1848 bis 1873	~	UK hegemonic maturity (1850 bis 1873)
Abschwung 1873 bis 1895	~	UK declining hegemony (1873 bis 1897)
„*electrical and heavy engineering Kondratiev*"		**Hegemonialzyklus der Vereinigten Staaten**
Aufschwung 1875 bis 1918	~	US ascending hegemony (1897 bis 1913/1920)
Abschwung 1918 bis 1940	#	US hegemonic victory (1913/1920 bis 1945)
„*Fordist mass-production Kondratiev*"		
Aufschwung 1941 bis 1973	~	US hegemonic maturity (1945 bis 1967)
Abschwung 1973 bis 1980/90	~	US hegemonic decline 1967 bis (?)

Legende: „~" = Übereinstimmung; „#" = Diskrepanz
Quellen: Kondratieff-Zyklen nach Freeman/Perez, Structural Crises of Adjustment, Business Cycles and Investment Behavior, S. 38-66; Hegemonialzyklen nach Hopkins/Wallerstein, Cyclical Rhythms and Secular Trends of the Capitalist World-Economy: Some Premises, Hypotheses, and Questions, in: dies., World-Systems Analysis: Theory and Methodology, Beverly Hills 1983, S. 118.

In Tabelle 2.2 sind die ersten vier Kondratieff-Zyklen und die beiden Hegemonialzyklen Großbritanniens und der Vereinigten Staaten nebeneinander gestellt. Dabei wurden die kürzeren Kondratieff-Zyklen jeweils nur in zwei Phasen, in „Aufschwung" und „Abschwung" unterteilt, während die etwa doppelt so langen Hegemonialzyklen nach der Terminologie von Wallerstein in *ascending hegemony, hegemonic victory, hegemonic maturity* und *declining hegemony* gegliedert sind. Die Datierung für die beiden Arten von Zyklen stammt aus zwei unterschiedlichen, gleichermaßen kompetenten Quellen, die, soweit ich sehe, unabhängig voneinander konzipiert wurden und als unabhängige Messungen betrachtet werden können.[30]

---

[30] Die Periodisierungen der ersten drei Kondratieff-Zyklen stimmen mit den Datierungen von Landes (1973: 221f) und dem Großteil der historischen Industrialisierungsforschung überein. Bezüglich des vierten Kondratieff-Zyklus findet man in der Literatur unter-

Tabelle 2.2 zeigt einige bemerkenswerte Kovariationen zwischen beiden Typen von Zyklen.

1. Erstens umfasst jeder der beiden Hegemonialzyklen jeweils zwei komplette Kondratieff-Zyklen. Ein typischer Kondratieff-Zyklus erstreckt sich über einen Zeitraum von 50 bis 60 Jahren, ein Hegemonialzyklus dauert ca. 100 Jahre.
2. Zweitens verläuft der Aufstieg zur Hegemonialmacht jeweils parallel zum Aufschwung eines Kondratieff-Zyklus. Großbritannien steigt im ersten, von Baumwolle und Wasserkraft, Eisen und Kohle getragenen Kondratieff-Zyklus zur Hegemonialmacht auf. Der Aufstieg der Vereinigten Staaten beginnt mit dem dritten Kondratieff-Zyklus im Zeichen von Elektrifizierung, Schwerindustrie und Chemie, also lange bevor aus der Interaktion zwischen Mineralöl- und Automobilindustrie der vierte Kondratieff-Zyklus hervorgeht.
3. Drittens muss und kann jede Hegemonialmacht einen wirtschaftlichen Abschwung ihres jeweils ersten Kondratieff-Zyklus verkraften und trotz dieser vorübergehenden wirtschaftlichen Schwäche einen hegemonialen Krieg siegreich beenden. Möglicherweise ist der konjunkturelle Abschwung auch eine *Folge* der Kriegsproduktion, die der Wirtschaft

---

schiedliche Angaben. Während Freeman und Peres (1988) den vierten Kondratieff-Zyklus von 1930/40 bis 1980/90 terminieren, lässt Bühl (1990: 70) ihn schon 1920 beginnen und 1970 abschließen. Für Nefiodow (2001) beginnt der vierte Kondratieff-Zyklus erst 1945 und dauert (mit Fragezeichen) bis 1995. Diese Unterschiede lassen sich primär darauf zurückführen, ob man sich auf die Entwicklung der USA, wo sich der „Fordistische Massenproduktions-Kondratieff" zweifellos vor dem Zweiten Weltkrieg entfaltet hat, oder auf die Entwicklung Europas bezieht, wo dieser Zyklus erst nach dem Zweiten Weltkrieg zur Entfaltung kam. Auch bei der Periodisierung der Hegemonialzyklen Großbritanniens und der Vereinigten Staaten stößt man auf signifikante Abweichungen. So unterscheidet Modelski (1987) zwei Hegemonialzyklen Großbritanniens. Den ersten dauert er von 1688 bis 1792, den zweiten von 1792 bis 1914. Wallerstein (1987) erkennt nur einen britischen Hegemonialzyklus und datiert ihn ähnlich dem zweiten britischen Hegemonialzyklus Modelskis von 1798–1897. Für Arrighi (1994) dauert der 1780 beginnende Hegemonialzyklus Großbritanniens sogar bis 1940. Im Hinblick auf die Vereinigten Staaten liegen Wallerstein (1897/1920–1967) und Modelski (1914–1973 ff) wieder nahe beieinander, während Arrighi mit dem Zyklusbeginn von 1940 und einem offenen Abschluss deutlich davon abweicht.

Ressourcen entzieht und ökonomisch unproduktiven Verwendungen zuführt.
4. Viertens geht mit der Abschwungphase des jeweils zweiten Kondratieff-Zyklus auch der jeweilige Hegemonialzyklus zu Ende. Ob dies für den amerikanischen Hegemonialzyklus zutrifft, erscheint allerdings fraglich. Nach Modelskis Schema hat Großbritannien nacheinander zwei Hegemonialzyklen durchlaufen, einen ersten von 1688 bis 1792 und einen zweiten von 1792 bis 1914, und warum sollte dies nicht auch den Vereinigten Staaten möglich sein, die, wie erwähnt, im bereits angelaufenen fünften Kondratieff-Zyklus im Zeichen der Informations- und Kommunikationstechnologien wieder international führend geworden sind vielleicht auch noch den sechsten Kondratieff-Zyklus anführen werden, als dessen Basisinnovationen Nefiodow zufolge fünf Bereiche in Frage kommen: Information, Umwelt, Biotechnologie, optische Technologien einschließlich Solartechnik und Gesundheit (vgl. Nefiodow 2001: 98ff.).

Nun kann man von der zeitlichen Parallelität historischer Prozesse nicht umstandslos auf eine ursächliche Verbindung schließen. Per definitionem kann der industriewirtschaftliche Kondratieff-Zyklus nur eine partielle Erklärung des Hegemonialzyklus liefern, da sich dieser bekanntlich nicht nur aus wirtschaftlichen, sondern auch aus politischen, militärischen und ideologischen Machtquellen nährt, die nicht auf ökonomische Macht reduziert werden können. Wenn wir Wallerstein folgen, sind komparative Vorteile im Bereich der Wirtschaft allerdings eine *notwendige* Voraussetzung für hegemoniale Machtentfaltung und in *allen* Phasen eines Hegemonialzyklus von mehr oder weniger großer Bedeutung. In der Phase des hegemonialen Krieges ist militärische Macht zwar unmittelbar für den Sieg entscheidend, hängt aber in hohem Maße von der wirtschaftlichen und finanziellen Stärke ab: von der Fähigkeit, Waffen in erforderlicher Schnelligkeit, Menge und Qualität zu produzieren oder im Ausland zu kaufen und genug Mittel für die Finanzierung des Krieges (über Steuern und Schuldaufnahme, evtl. auch im Ausland) zu mobilisieren. Auch für die nach einem hegemonialen Krieg zu erneuernde globale Ordnung ist eine starke Wirtschaft erforderlich. Die Durchsetzung eines international verbindlichen Regelwerks ist zwar primär eine politische Aufgabe, doch wenn es darum geht, internationale öffentlicher Güter wie Freiheit der Meere, Sicherheit der Verkehrswege, stabiles Weltwährungssystem usw. bereitzustellen und das Ordnungssystem militärisch abzusichern, sind erhebliche Aufwendungen erforderlich, die in erster Linie die neue Hegemonialmacht zu tragen hat.

Der Aufstieg der USA zur Hegemonialmacht 1897–1913/20

Wallerstein zufolge sind komparative Vorteile im Bereich der Wirtschaft die entscheidende Grundlage für den Aufstieg eines Landes zur Hegemonialmacht. Nach den in Tabelle 2.2 zusammengestellten Zeitreihen steigen die Vereinigten Staaten im dritten Kondratieff-Zyklus, dessen Führungssektoren Elektrotechnik, Chemie und Schwerindustrie wie die des ersten und zweiten Kondratieffs auf der Nutzung von Kohle als primärem Energieträger basieren, zur Hegemonialmacht (1897–1913/1920) auf.[31] Im Unterschied zu den Führungssektoren des ersten und zweiten Kondratieffs basieren die Industrien des dritten Kondratieff-Zyklus auf der systematischen Anwendung wissenschaftlichen Wissens und der Institutionalisierung von Forschung und Entwicklung. Hughes bringt den von den USA angeführten Prozess der Professionalisierung und Institutionalisierung von Forschung und Entwicklung auf den Begriff vom „Vorrang des Systems". Selbständige Erfinder, die frei über die Wahl der Probleme und Lösungswege entscheiden, werden zunehmend von industriellen Forschungslaboratorien absorbiert, deren Innovationen nicht mehr nur aus der *hardware* von Produkten und Verfahren bestehen, sondern zunehmend aus komplexen Systemen und Netzwerken wie chemischen Prozessen beziehungsweise elektrischen Beleuchtungs- und Hochspannungssystemen, die erheblich mehr Wissen und Kapital erfordern. Zu den großen „Systembauern" der „zweiten amerikanischen Revolution" (Beard und Beard 1930) gehören Frederick W. Taylor, der die sog. „wissenschaftliche Betriebsführung" (Taylorismus) von der

---

[31] Die Vereinigten Staaten verfügen über die weitaus größten Kohlevorkommen aller Länder der Welt. „Das Zentrum des modernen Kohleabbaus befand sich zunächst in England, das zeitweise sogar Kohle nach Indien und Argentinien exportierte. ... Von den 90er Jahren des 19. Jahrhunderts bis in die 1950er Jahre des 20. Jahrhunderts führten die USA die Kohleproduktion an, dann übernahm die UdSSR die Führung und schließlich, um 1980, China" (McNeill 2003: 45). Im dritten Kondratieff-Zyklus hat Kohle eine Schlüsselfunktion bei der Gewinnung elektrischer Energie durch Kohlekraftwerke, bei der Erzeugung von Stahl (Bessemer-Verfahren) und bei der Herstellung chemischer Produkte (Kohlechemie).

Stahlindustrie ausgehend verbreitete, und Henry Ford, der die industrielle Massenfertigung in der Automobilindustrie (Fordismus) durchsetzte. Hughes bringt dies auf die Formel: Taylorismus + Fordismus = Amerikanismus (vgl. McNeill 2003: 190ff.). Das System der Massenproduktion, das sich in seinen Grundzügen bis in die 1970er Jahre kaum verändert hatte (vgl. Dicken 1998: 325ff.), verschaffte den Vereinigten Staaten bis zu dieser Zeit komparative Vorteile und zwang ihre Konkurrenten zur Nachahmung.[32]

Zum Amerikanismus beziehungsweise Fordismus gehört auch der „Petrolismus", und wie bei der Entwicklung des neuen Produktionsparadigmas sind die Amerikaner auch bei der Mobilisierung seines wichtigsten Rohstoffs, bei der Transformation von Rohöl in Kraftstoffe, führend. Wie bereits erwähnt, wurden die entsprechenden Prozessinnovationen – das thermische Kracken, das kontinuierliche thermische Kracken, das katalytische Kracken und das kontinuierliche katalytische Kracken – von amerikanischen Mineralölkonzernen durchgeführt. Nachdem das zunächst als Leuchtöl verwendete Erdöl im Zuge des Elektrifizierungsbooms in eine schwere Krise geraten war, erlebte es mit dem Durchbruch der Massenproduktion von Automobilen seine zweite, wirtschaftlich ungleich größere Karriere. 1911 überstieg der Absatz von Benzin erstmals den von Leuchtöl. Neben dem Benzin entwickelte sich Diesel zum Kraftstoff für Automobile, Lokomotiven und Schiffe.[33] Zu Beginn des 20. Jahrhunderts verdrängte das Öl die Kohle in der zivilen wie in der militärischen Schifffahrt.

Betrachtet man die amerikanische Wirtschaft insgesamt und im Vergleich zu anderen Industrieländern, dann zeigt sich, dass die USA von 1870 bis 1913 das stärkste Wirtschaftswachstum aller Industrieländer verzeichneten. Mit einer jährlichen Durchschnittsrate des Wachstums des Bruttosozialprodukts zu konstanten Preisen von 4,2 Prozent lagen die USA deutlich

---

[32] Piore und Sabel bezeichnen den Sieg der (amerikanischen) Massenproduktion über die (in Europa noch vorherrschende) handwerkliche Produktion als „erste industrielle Wegscheide", die einen neuen Entwicklungspfad begründet. Bei dieser neuen Weichenstellung sind nach Ansicht der beiden amerikanischen Autoren nicht die Vorzüge der Technologie entscheidend, sondern wirtschaftliche Interessen und Macht. Zu ihrer pfadabhängigen Erklärung vgl. Piore/Sabel 1985: 49ff.
[33] In all diesen Fällen waren die USA aber nicht die Pioniere. Bei Dieselkraftstoffen und Dieselmotoren war die Maschinenfabrik Augsburg-Nürnberg (MAN) führend; in der Handelsschifffahrt war die Hamburg-Amerika-Linie der Pionier, bei Kriegsschiffen die italienische Flotte (vgl. Barudio 2001: 169; Landes 1973: 265).

vor Deutschland mit 2,8 Prozent und Japan mit 2,5 Prozent – den Herausforderern in der nächsten Phase. Die absteigende Hegemonialmacht Großbritannien kam nur auf 1,9 Prozent (vgl. Maddison 1989: 228).

Im Hinblick auf die von Wallerstein postulierte Abfolge wirtschaftlicher Führungssektoren (zuerst Produktion, dann Handel, schließlich Finanzen) ergibt sich Folgendes: Gemessen am Anteil der Weltindustrieproduktion waren die USA schon vor 1900 zur größten Wirtschaftsmacht aufgestiegen. Dabei hatten sie sowohl in den alten Industrien des ersten und zweiten Kondratieff-Zyklus (Baumwollindustrie, Eisenerzeugung, Eisenbahnbau, [Dampf-]Maschinenbau) als auch in den neuen Industrien der Elektrotechnik, der Chemie und der Schwerindustrie die Führung übernommen. Bei Ausbruch der Ersten Weltkriegs war die amerikanische Industrieproduktion mit einem Anteil von 32 Prozent auf mehr als das Doppelte der beiden nächst größten Industrieländer Deutschland (14,8 Prozent und Großbritannien (13,6 Prozent) angestiegen und vergrößerte sich bis zu ihrem historischen Maximum im Jahre 1953 noch auf 44,7 Prozent (vgl. Bomschier 1988: 72). Beim Produktivitätswachstum lagen die USA schon in der Zeit von 1870 bis 1913 mit einer Produktivitätsrate (Wachstum des Ausstoßes pro Arbeitskraft) von 1,9 an der Spitze der Industrieländer (vor Kanada mit 1,7; Deutschland mit 1,6; Frankreich mit 1,4 und Großbritannien abgeschlagen mit 1,0) (vgl. Castells 2001: 87ff.).

Während die USA ihren Anteil an der Weltproduktion in dieser Phase mehr als verdoppelten, hielt sich ihr Anteil am Welthandel relativ konstant bei 10,1 bis 10,5 Prozent und lag damit deutlich unter dem Anteil Großbritanniens, der in dieser Phase von 17,5 auf 14,2 Prozent gesunken war und auch unter dem Anteil Deutschlands, der sich relativ konstant zwischen 11,9 und 12,3 Prozent bewegte (vgl. Pohl 1989: 190). Der große, durch Masseneinwanderung schnell wachsende Binnenmarkt, der die meisten wirtschaftlichen, technischen und organisatorischen Innovationen angeregt hatte, war für die Entwicklung der amerikanischen Wirtschaft ungleich wichtiger als der Außenhandel (vgl. Landes 1999: 306ff.). Während der Beitrag des Außenhandels zum Bruttosozialprodukt Großbritanniens um die 60 Prozent schwankte, bewegte er sich für die Vereinigten Staaten um die 15 Prozent (vgl. Held u.a. 1999: 159f.). Die geringe Außenhandelsabhängigkeit der Vereinigten Staaten erwies sich in den Weltkriegen als ein komparativer Vorteil.

Der relativ geringen Außenhandelstätigkeit und der noch geringeren Investitionstätigkeit amerikanischer Unternehmen im Ausland entsprechend, spielten die Vereinigten Staaten im Bereich der Weltfinanzen eine eher untergeordnete Rolle (vgl. Held u.a. 1999: 192ff.). Hier konnte Großbritannien seine auf den Finanzplatz London und das Pfund Sterling basierende Führungsposition am längsten behaupten. Als Handels- und Reservewährung war das Pfund Sterling bis Mitte der 1950er Jahre dominant (vgl. James 1997: 86). Signifikante komparative Vorteile konnten die Vereinigten Staaten bis zum Zweiten Weltkrieg also nur im Bereich der Produktion realisieren, und sie waren bis dahin nicht bereit, außerhalb der westlichen (amerikanischen) Hemisphäre als Hegemonialmacht aufzutreten (vgl. Kindleberger 1973: 310f.). Dies lag großenteils zum einen an der spezifisch amerikanischen Disposition zum Isolationismus und zum anderen an der vergleichsweise geringen Bedeutung des Außenhandels für die amerikanische Wirtschaft.

Hegemoniale Kriege 1913/20–1945

Modelski und Wallerstein betrachten den Zeitraum vom Beginn des Ersten bis zum Ende des Zweiten Weltkriegs übereinstimmend als *eine* Phase, die sie als *„global war"* beziehungsweise *„hegemonic victory"* bezeichnen. Die Siege der USA in den beiden Weltkriegen ereigneten sich jeweils in wirtschaftlichen Aufschwungphasen. Der Sieg im Ersten Weltkrieg fiel noch in die Aufschwungphase des dritten Kondratieff-Zyklus (1875–1918), der Sieg im Zweiten Weltkrieg in den aufschwingenden vierten Kondratieff (1941–1973). Wie in der Phase des Aufstiegs zur Hegemonialmacht wuchs die amerikanische Wirtschaft auch in der Phase der Hegemonialkriege dynamischer als die ihrer Konkurrenten und Gegner. Von 1913 bis 1950 belief sich die jährliche Durchschnittsrate des Wachstums des Bruttosozialprodukts zu konstanten Preisen für die USA auf 2,8 Prozent, Japan kam auf 2,2 Prozent und Deutschland auf 1,3 Prozent (vgl. Maddison 1989: 228).

Der Grund für die insgesamt niedrigeren Wachstumsraten dieser Phase liegt im Abschwung des dritten Kondratieff-Zyklus (1918–1940), der in der 1929 ausgebrochenen Weltwirtschaftskrise seinen katastrophalen Tiefpunkt erreichte. Die Weltwirtschaftskrise war in den Worten von Landes „sowohl die Mitte als auch die Wasserscheide der Zwischenkriegszeit. Sie war ein Trauma, das auf das Trauma des Ersten Weltkriegs folgte und das folgende Trauma des Zweiten Weltkriegs als fast unvermeidbar erscheinen ließ" (Landes 1973: 368). Die Weltwirtschaftskrise erfasste alle Wirtschaftssektoren, die Industrieproduktion, die Beschäftigung, das Pro-Kopf-Einkommen und den Außenhandel. Von 1929 bis 1932 halbierte sich mit der gesamten amerikanischen Industrieproduktion auch die Automobilproduktion; Beschäftigung und Pro-Kopf-Einkommen sanken in diesem Zeitraum um mehr als ein Viertel; Importe und Exporte verringerten sich gar um 70 Prozent. In den europäischen Volkswirtschaften fiel der Zusammenbruch weniger stark aus als in der amerikanischen Wirtschaft (vgl. Cameron 1992: 210; Kennedy 1989: 495f.). Allerdings waren die politischen Verwerfungen weitaus stärker als in den USA.

Die Ursachen der Depression reichen zurück bis zum Ersten Weltkrieg, und ihre Folgen sind mitverantwortlich für das Aufkommen extremistischer Bewegungen und damit letztlich auch für den Zweiten Weltkrieg. Cameron zufolge „sind sich die Experten noch immer nicht darüber einig, worin die Ursachen für die Depression lagen. Einige führen hauptsächlich Währungsgründe an, nämlich die drastische Minderung der Geldmenge in den wichtigsten Industrienationen. Hauptsächlich von den Vereinigten Staaten aus habe sich die Geldmengenknappheit auf den Rest der Welt übertragen. Andere suchen die Ursachen eher im ‚realen' Sektor: Aus sich selbst heraus sinkende Konsum- und Investitionsausgaben hätten sich auf die gesamte Volkswirtschaft ausgebreitet und über Multiplikator- und Akzeleratoreffekte sodann auf die Weltwirtschaft übergegriffen" (Cameron 1992: 212). Kindleberger vertritt die These, „dass die Krise von 1929 so allgemein, so schwer, so anhaltend war, weil das internationale Wirtschaftssystem destabilisiert wurde durch die Unfähigkeit Englands und die Abgeneigtheit der USA, die Verantwortung für seine Stabilisierung in drei besonderen Punkten zu übernehmen: Erhaltung eines relativ offenen Marktes für Krisenprodukte, antizyklische Bereitstellung langfristigen Kapitals und Diskontgewährung bei Krisen" (Kindleberger 1973: 304f.).

Die Überwindung der Weltwirtschaftskrise ist überwiegend auf die Belebung der Wirtschaft durch die stark ansteigende Kriegsproduktion zurückzuführen. Erst die Kriegsausgaben führten zur Auslastung des Produktionspotentials und zum Wachstum der Wirtschaft, was im *New Deal* Roosevelts nur ansatzweise gelang. Die Industrie der Vereinigten Staaten expandierte in den Jahren von 1940 bis 1944 mit über 15 Prozent schneller als je zuvor oder danach (vgl. Kennedy 1989: 533ff.).

In beiden Weltkriegen spielten der überlegene Produktionsapparat der Vereinigten Staaten und ein besserer Zugang zu kriegsrelevanten Ressourcen eine entscheidende Rolle. Beim Eintritt der USA in den Ersten Weltkrieg waren ihr Industriepotential und ihr Anteil an der Weltindustrieproduktion zweieinhalb mal so groß wie das der deutschen Wirtschaft (vgl. Kennedy 1989: 410). Zwischen 1929 und 1938 war der Anteil der Vereinigten Staaten an der Weltindustrieproduktion zwar von 43,3 Prozent auf 28,7 Prozent gefallen, aber immer noch mehr als doppelt so groß wie der im gleichen Zeitraum geringfügig von 11,1 Prozent auf 13,2 Prozent gestiegene Anteil Deutschlands. Der Anteil Japans war in dieser Zeit von 2,5 Prozent auf 3,8 Prozent angestiegen. Den schnellsten Anstieg der Weltindustrieproduktion verzeichnete in dieser Zeit die UdSSR; sie erhöhte ihren Anteil von 5,0 Prozent auf 17,6 Prozent (ebd.: 496). Von Bedeutung für den militärischen Machtzuwachs der Vereinigten Staaten ist auch, dass ihre Wirtschaft zu Beginn des Zweiten Weltkriegs unausgelastet war. Die Kombination von unterausgelasteten Produktionskapazitäten und technologischer Führerschaft im aufschwingenden vierten Kondratieff-Zyklus verschaffte dem Land einen entscheidenden Vorteil bei der Produktion kriegsrelevanter Güter und ermöglichte eine schnelle Schließung der Rüstungslücke gegenüber den Kriegsgegnern (vgl. ebd.: 527ff.; Milward 1977: 101ff.; Ferguson 2006: 645, 658f.).

In beiden Hegemonialkriegen kam Erdöl in Kombination mit einer Reihe militärischer Innovationen als strategisch relevanter Faktor ins Spiel, indem die Mobilität und Konzentration der Streitkräfte auf dem Land, zu Wasser und in der Luft erheblich gesteigert wurde. Im Ersten Weltkrieg setzte Großbritannien einige wichtige Innovationen durch: den Öl getriebenen Tank (Panzer), mit dem der Stellungskrieg aufgebrochen werden konnte, und die Umstellung der Kriegsflotte von Kohle- auf Ölbetrieb, wodurch Schnelligkeit und Beweglichkeit der Schiffe erheblich gesteigert wurden. Bei der Versorgung der motorisierten Waffen mit Kraftstoffen wurde die damalige Hegemonialmacht allerdings immer stärker von den Vereinigten Staaten abhängig, die nicht nur über große eigene Ölvorräte verfügten, sondern auch auf ausländische Vorkommen außerhalb der Kriegsgebiete zurückgreifen konnten. Der im britischen Kriegskabinett tätige Lord Curzon hatte in einem berühmten Bonmot nach dem Ersten Weltkrieg bemerkt: „Die alliierte Sache ist auf einer Woge von Öl zum Sieg geschwommen" (Barudio 2001: 304)

Im Zweiten Weltkrieg war die Versorgung der nun noch wesentlich stärker motorisierten Waffen mit Treibstoffen von ungleich größerer Bedeutung. Während die Vereinigten Staaten und ihre Alliierten wiederum auf große Ölvorkommen in der westlichen wie der östlichen Hemisphäre zurückgreifen konnten, waren die Achsenmächte auf ausländische Öllieferungen beziehungsweise auf die militärische Eroberung von Ölregionen angewiesen (vgl. Rifkin 2002: 84ff.). Barudio verweist auf den „selten genannten Umstand, dass Stalin die Blitzkriege Hitlers in Europa mit seinen Öllieferungen abstützte", was die Briten und Franzosen die Bombardierung der Ölfelder von Baku in Erwägung ziehen ließ (vgl. ebd.: 311). Während mit Öl und anderen Rohstoffen beladene russische Züge nach Westen rollten, griff Hitler Russland an, und wie der für die Rüstung zuständige Albert Speer im Nürnberger Kriegsverbrecherprozess 1945 zu Protokoll gab, war „der Mangel an Öl ... sicher ein Hauptgrund" für die Entscheidung zur Invasion Russlands. Ironischerweise ging den deutschen Truppen bei dem Versuch die kaukasischen Ölfelder zu besetzen, das Öl aus (vgl. Yergin 1991: 433; Rifkin 2002: 85f.). Nachdem Deutschland im weiteren Verlauf des Krieges immer stärker von ausländischen Öllieferungen abgeschnitten wurde, versuchte man es mit der Produktion von synthetischem Benzin aus heimischer Kohle, mit der man schon zu Beginn des Ersten Weltkriegs unter Anwendung verschiedenen Methoden innerhalb des IG Farben-Konzerns vor allem in Leuna experimentiert hatte (vgl. Barudio 2001: 175f.; Milward 1977: 175f., 326ff.). Nachdem in den letzten Wochen des Kriegs infolge der Massenbombardements der Alliierten die Treibstoffindustrie zusammengebrochen war, entwickelte man in Kreisen der SS „den Plan, aus Tannenwurzeln künstliches Benzin zu gewinnen, da Tannenwurzeln sehr harzhaltig seien" (Thamer 1986: 719).

Hegemoniale Reife 1945–1967

In der Phase der hegemonialen Reife geht es um die Durchsetzung einer Friedensordnung, um die Einbindung der ehemaligen Kriegsgegner in ein Regelwerk, das neuerliche Kriege verhindern, internationale Kooperation belohnen und für alle beteiligten Staaten von wirtschaftlichem Vorteil sein soll. Der Ansatz der Vereinigten Staaten bestand darin, ein umfassendes System funktional spezialisierter Institutionen zu schaffen, das ihren Ideen und Interessen entsprach und im Prinzip für alle Staaten offen sein sollte. Die *Vereinten Nationen* und insbesondere der Sicherheitsrat (mit seinen fünf ständigen Mitgliedern USA, Großbritannien, Frankreich, Sowjetunion/ Russland und China) sollte für die Aufrechterhaltung des Friedens verantwörtlich sein; die wirtschaftlichen Probleme sollen durch drei internationale Organisationen bewältigt werden: den *Internationalen Währungsfond* (IWF), der für die Stabilisierung der Wechselkurse zwischen den verschiedenen Landeswährungen zuständig sein und die Finanzierung vorübergehender Ungleichgewichte zwischen den Zahlungsbilanzen der einzelnen Länder regeln sollte; die *Internationale Bank für Wiederaufbau und Entwicklung* (Weltbank), die langfristige Darlehen zum Wiederaufbau der kriegsgeschädigten Volkswirtschaften und später auch zu Entwicklung ärmerer Staaten vergeben sollte; und das später außerhalb des UN-Systems gegründete *General Agreement on Tariffs and Trade* (GATT), das den Welthandel durch den Abbau von Zollschranken und sonstigen Handelshemmnissen sowie durch Abstimmung von Handelspolitiken erleichtern sollte (vgl. Eichengreen 2000: 132ff.). Während es sich bei IWF und Weltbank um internationale Organisationen mit bürokratischer Infrastruktur, Organen und eigenem Haushalt handelt, fungierte das GATT bis zu seiner Umwandlung in die *World Trade Organization* (WTO) im Jahre 1995 nur als ein internationales Verhandlungsforum mit einem Sekretariat in Genf, das eine Abfolge von „Handelsrunden" in verschiedenen Verhandlungsorten organisierte.[34]

Entscheidend für den Erfolg einer hegemonialen Ordnung ist ihre Akzeptanz bei möglichst vielen Staaten, vor allem bei solchen Staaten, die ein Potential zur Störung der Ordnung oder der Bildung einer Gegenordnung haben. Im Hinblick auf ihre internationale Akzeptanz war die *Pax Americana* sehr erfolgreich. In allen genannten Organisationen ist die Zahl der Mitglieder und damit auch die formale Akzeptanz ihrer Regelwerke in der Phase der hegemonialen Reife (und auch darüber hinaus) stark angestiegen. Die Zahl der UN-Mitglieder hat sich von 26 Gründungsstaaten über 144 Mitgliedstaaten im Jahr 1975 auf heute 191 Staaten erhöht. Der *Internationale Währungsfonds* zählte bei seiner Gründung 29 Mitgliedsstaaten, 1975 waren es 126, heute umfasst er 184 Staaten. Die *Weltbank* ist von ursprünglich 38 Staaten über 124 Mitglieder auf heute 180 Staaten angewachsen. Das *GATT*

---

[34] Diese drei Institutionen der Pax Americana unterscheiden sich von der vorausgehenden Pax Britannica dadurch, dass sie erstens in internationalen Konferenzen – vor allem in der Konferenz von Bretton Woods im Jahr 1944 – unter Beteiligung zahlreicher Länder ausgehandelt wurden, zweitens nicht auf bilateralen, sondern auf multilateralen Verträgen gründen und drittens jeweils einen dauerhaften administrativen Unterbau in Form einer internationalen Organisation mit Organen, Satzungen, Entscheidungsverfahren, Finanzierungsregeln usw. haben.

zählte bei seiner Gründung 1947 23 Länder, deren Zahl seitdem mit jeder „Handelsrunde" – Genf (1947), Annecy (1949), Torquay (1950/51), Genf (1955/56), Genf (1961/62, so genannte Dillon-Runde), Kennedy-Runde (1963–1967), Tokio-Runde (1973–1980) – anstieg. Auf dieser letzten Handelsrunde der vorliegenden Epoche nahmen 83 Staaten teil und weitere 25 Staaten entsandten Beobachter (vgl. Wee 1984: 393ff.). Ihre Nachfolgeorganisation, die WTO, umfasst heute 149 Staaten.

Aufgrund ihres Status als Sieger im Zweiten Weltkrieg und ihrer Überlegenheit in allen vier Dimensionen hegemonialer Macht dominierten die Vereinigten Staaten in allen drei weltwirtschaftlich relevanten Organisationen.[35] Nach Beendigung des Zweiten Weltkriegs verfügten sie als einziges Industrieland über einen unzerstörten Produktionsapparat, der noch weiter wuchs und im Jahre 1953 mit einem Anteil von 44,7 Prozent sein historisches Maximum erreichte (vgl. Bornschier 1988: 72). Um diese Zeit löste auch der US-Dollar das britische Pfund Sterling als führende Handels- und Reservewährung ab (vgl. James 1997: 86, 119f., 120; Kennedy 1989: 282, 327f., 328). Die mit der Industrie eng verzahnte militärische Macht bündelte sich im „militärisch-industriellen Komplex", vor dessen Einfluss auf Politik und Gesellschaft der Oberbefehlshaber der alliierten Streitkräfte und spätere amerikanische Präsident Eisenhower in seiner Abschiedsadresse eindringlich gewarnt hatte[36]. Die militärische Macht war bis 1949 aufgrund des Monopols der Atombombe überwältigend und danach abschreckend für alle potentiellen Gegner. Und nicht zuletzt besaßen die Vereinigten Staaten in vielen Teilen der Welt durch den Sieg von Freiheit und Demokratie über autoritäre und aggressive Regime in zwei Erdteilen eine hohe Legitimation.

---

[35] Die Dominanz in den Vereinten Nationen gründete sich zum einen auf die Zusammensetzung des Sicherheitsrats, in dem die von den USA geführte „freie Welt" eine Mehrheit gegenüber dem sich schon bald herausbildenden kommunistischen Block besaß, und zum anderen auf ihre Position als größter Beitragszahler der UN. Bis 1999 kamen sie für 25 Prozent des regulären Zweijahreshaushalts der UNO auf. (Seitdem für 22 Prozent oder 2,54 Milliarden Dollar. Der Jahreshaushalt der UNO entspricht etwa 0,07 Prozent des amerikanischen Bundeshaushalts oder 0,4 Prozent des amerikanischen Verteidigungshaushaltes oder 17,6 Prozent des Haushalts für Entwicklungshilfe und internationale humanitäre Aufgaben (vgl. Ferguson 2004: 167f). Diese Relationen zeigen, dass die UN zumindest in finanzieller, aber auch operationeller Hinsicht stärker auf die USA angewiesen sind, als diese auf jene.

[36] Zum militärisch-industriellen Komplex vgl. Ferguson 2006: 660.

Die führende Rolle der USA im Internationalen Währungsfond und in der Weltbank basiert auf dem Prinzip der Umsetzung von Wirtschaftskraft in Stimmrechte. In beiden Organisationen werden Entscheidungen nicht nach dem Prinzip „ein Land, eine Stimme" getroffen, sondern nach gewichteten Stimmrechten („wer zahlt, der zählt"). Im Internationalen Währungsfond muss jedes Land entsprechend seinem Bruttosozialprodukt und seinem Anteil am Welthandel eine Quote einzahlen, aus der sich wiederum sein Stimmrecht bei der Vergabe von Krediten zur Überbrückung von Zahlungsbilanzdefiziten ergibt[37]. „Da die Beitragsquote maßgeblich für das Stimmrecht der Mitgliedsstaaten war, bildete sie die Grundlage für ein asymmetrisches Machtsystem, in dem die Vereinigten Staaten und Großbritannien ein faktisches Vetorecht ausübten" (Wee 1984: 484). Dies gilt auch für die Weltbank, der nur IWF-Mitglieder angehören können. Hier ergeben sich die Stimmrechte aus den Kapitalanteilen der Länder. In der vorliegenden Epoche stellten die USA (wie auch die EG-Staaten) einen Anteil von mehr als 25 Prozent des Grundkapitals von seinerzeit 27 Milliarden Dollar und verfügten damit über eine Sperrminorität.

Ein wesentliches Element amerikanischer Dominanz in Währungsfond und Weltbank ist auch der so genannte *„Washington Consensus"*. Dieser Begriff steht für die inoffizielle Kooperation zwischen den Gremien und Bürokratien der beiden in Washington angesiedelten internationalen Organisationen einerseits und dem amerikanischen Finanzministerium, der amerikanischen Zentralbank und Spitzenmanagern der Wall Street andererseits. Nach der Auffassung von Mann kontrolliert das US-Finanzministerium IWF und Weltbank: „Stimmt man dort Krediten nicht zu, so verweigern sie auch alle anderen internationalen Kreditorganisationen. Damit wird das US-Finanzministerium zu einer Art Weltkreditbank und setzt neoliberale Schuldenregime durch, die >>Strukturanpassungsprogramme<< genannt werden. Ihr Hauptzweck ist nicht wirtschaftliche Entwicklung, sondern Schuldenzurückzahlung" (Mann 2003: 87).

In dem später gegründeten, nicht zur UN gehörenden und nicht in Washington residierenden GATT verfügten zwar alle beteiligten Staaten unabhängig von ihrer Wirtschaftskraft über jeweils eine Stimme. Doch haben sich die „starken" Mitgliedsländer, allen voran die USA, immer wieder gegen

---

[37] Zu Einzelheiten vgl. Wee 1984: 484 ff; Gilpin 2002: 176f.

die schwächeren Länder durchgesetzt. Dabei spielen informelle Konsultationsmechanismen, so genannte *green-room-meetings*, in denen Vorabsprachen getroffen, Agenden definiert und Beschlüsse formuliert werden, eine entscheidende Rolle. Wenn die Vereinigten Staaten als Führer einer Gruppe befreundeter Länder im Plenum einen abstimmungsreifen Beschluss vorlegten, war die Wahrscheinlichkeit hoch, damit durchzukommen, da viele kleinere Staaten dazu neigten, sich eher der Stimme zu enthalten als zu widersprechen und mit einer eventuellen Zurückweisung einen Gesichtsverlust zu riskieren. Für die Verhandlungsmacht und Überzeugungskraft der Befürworter des Freihandels spricht, dass der Anteil des Welthandels, der nach GATT- beziehungsweise WTO-Regularien abgewickelt wird, von anfangs 20 Prozent auf heute über 90 Prozent gestiegen ist (vgl. Müller 2002: 88).

Für das Erdöl, das wichtigste Welthandelsgut dieser Epoche, hat sich schon in der Phase des Aufstiegs der USA zur Hegemonialmacht ein informelles Erdölregime herausgebildet. Es basierte nicht wie die drei formalen Wirtschaftsregimes auf völkerrechtlich verankerten internationalen Verträgen, sondern auf international-privatrechtlichen Verträgen zwischen privaten Mineralölkonzernen und Regierungen von Förderländern. Die Konzerne erwarben Eigentums- und Verfügungsrechte am Öl der Förderstaaten und zahlten ihnen dafür Gebühren und Steuern. Von den so genannten „Sieben Schwestern", die in der Phase der hegemonialen Reife das internationale Erdölgeschäft dominierten, stammten fünf aus den USA: Standard Oil of New Jersey (Exxon), Texaco, Gulf, Mobil und Socal (Chevron); die beiden restlichen (British Petroleum und Royal Dutch/Shell) waren britischer beziehungsweise holländisch-britischer Herkunft. Die Konzerne versorgten die USA und den gesamten Westen in dieser Phase verlässlich mit billigem Öl, und dieser stetige Ölfluss trug wesentlich zur Nachkriegsprosperität der westlichen Industrieländer bei (vgl. Wee 1984: 141ff.). Die US-Regierungen griffen in die wirtschaftlich-rechtlichen Regelwerke des Erdölregimes kaum ein und beschränkten sich auf seine politisch-militärische Absicherung; dazu gehörten auch Sicherheitsgarantien für eine Reihe von Förderländern, insbesondere für Saudi-Arabien, dessen Ölvorkommen US-Konzerne exklusiv ausbeuteten.

Der noch viele andere internationale Organisationen und Regime umfassende institutionelle Rahmen war für die Vereinigten Staaten nicht nur von Vorteil. Er ermöglichte ihnen zwar eine weitgehende Durchsetzung ihrer Ideen und Interessen, stärkte aber auch konkurrierende Länder wie Deutschland und Japan, die aufgrund ihrer größeren Abhängigkeit vom Außenhandel von dem „amerikanischen System" womöglich noch stärker profitieren als sein Urheber. Der Chefredakteur des *Economist* formuliert es so: „Die >>imperiale<< Rolle Amerikas, für die Wahrung des Weltfriedens und den Ausbau der Globalisierung durch freien Handel und Kapitaleinsatz einzustehen, kann ihrem Wesen nach nur darauf hinauslaufen, den wirtschaftlichen Vorsprung der USA allmählich schrumpfen zu lassen. Je stärker sich Frieden und freier Handel durchsetzen, desto wahrscheinlicher dürften andere Länder beim Wohlstand und der Produktivität mit den Vereinigten Staaten gleichziehen" (Emmott 2004: 55, 322). Die Wachstumsraten von 1950 bis 1973 scheinen dies zu bestätigen: In dieser Phase der hegemonialen Reife verzeichneten Japan und die Bundesrepublik mit 9,4 beziehungsweise 5,9 Prozent der jährlichen Durchschnittsrate des Wachstums des Bruttosozialprodukts zu konstanten Preisen bessere Werte als die Vereinigten Staaten, deren Wachstumsrate sich auf 3,7 Prozent belief. Großbritannien kam in dieser Phase auf lediglich 3,0 Prozent (vgl. Maddison 1989: 228).

Hegemonialer Niedergang 1967– (?)

Sowohl Wallerstein, der eine mehr ökonomische Erklärung der Hegemonialzyklen präferiert, als auch Modelski, der sie als originär politische Phänomene versteht, lassen den Niedergang der amerikanischen Hegemonialmacht in den späten 1960er bzw. frühen 1970er Jahren beginnen. Auch für Kindleberger beginnen um 1970 Zeichen des Niedergangs der Vereinigten Staaten als führender Wirtschaftmacht der Welt sichtbar zu werden (vgl. Kindleberger 1996: 174ff.). In dieser Zeit häuften sich Krisen in allen Bereichen hegemonialer Macht. Im Bereich der Wirtschaft geriet, wie bereits erwähnt, das amerikanische Modell der Massenproduktion in die Krise und erwies sich gegenüber dem japanischen Modell der schlanken Produktion und dem europäischen Modell der flexiblen Spezialisierung als weniger wettbewerbsfähig (vgl. Piore/Sabel 1985: 245ff.; Womack 1992: 79ff.). Die sich seit längerem anbahnende Krise des amerikanischen Produktionsparadigmas, die nach der Logik des Kondratieff-Zyklus vorhersehbar und unvermeidlich war, wurde durch den unvorhersehbaren, wenn auch vermeidbaren – politisch bedingten – Ölpreisschock von 1973, der die Wirtschaft der USA und der anderen Industrieländer in Rezession und Stagflation stürzte, faktisch verstärkt und mental dramatisiert. (Diese Probleme werden im vierten Kapital näher erläutert.)

Für eine allmähliche Erosion der amerikanischen Industrieproduktion spricht einerseits ihr anteilsmäßiger Rückgang an der weltweiten Industrieproduktion seit dem historischen Hoch von 1953, anderseits der Anstieg des Warenimports und des Außenhandelsdefizits.[38] Seit den 1970er Jahren sind negative Handelsbilanzen in vielen wichtigen Industriezweigen, darunter auch in der Automobilindustrie, und mit nahezu allen bedeutenden Volkswirtschaften zu verzeichnen (vgl. Kennedy 1993: 382). Das Außenhandelsdefizit der USA ist von 1971 bis 2005 auf über 500 Milliarden Dollar pro Jahr angestiegen (vgl. Todd 2003: 102). Im Handel mit China betrug das Defizit 2005 rund 200 Milliarden Dollar, mit Europa über 120 Milliarden Dollar und mit Japan gut 80 Milliarden Dollar. Damit sind die USA *vom größten Exporteur zum größten Importeur* der Welt geworden.

Dem Defizit in der Handelsbilanz steht ein ebenso großer Netto-Kapitalimport gegenüber. „Die private Sparquote der Amerikaner liegt im Durchschnitt bei Null Prozent des Einkommens.[39] Die Kapitalbildung findet allein in den Banken und Unternehmen statt – ein deutliches Zeichen für die Schwäche der Gesamtgesellschaft", wie Helmut Schmidt meint (vgl. Schmidt 2006: 98). Über die Wall Street, in der zwei Drittel des weltweiten Börsenhandels abgewickelt werden, investiert die Welt in die amerikanische Volkswirtschaft und finanziert somit in erheblichem Umfang den Konsum der US-Bürger und die Staatsausgaben der Regierung. Man kann also eine Verlagerung *von der Produktion zum Konsum* erkennen (vgl. Schmidt 2006: 88ff.). Durch die Inanspruchnahme des Kapitals vieler Länder schwächen die Amerikaner deren Entwicklungschancen und damit letztlich auch die der Weltwirtschaft.

Infolge der zunehmenden Defizite in der Handels- und Dienstleistungsbilanz – letztere sind vor allem durch Nettozahlungen von Zinsen und Dividenden an das Ausland ebenfalls enorm gestiegen und erreichen zur Zeit ca. 5 Prozent des BIP – wurden die Vereinigten Staaten *vom größten Gläubiger zum größten Schuldner* der Welt. Unter Verweis auf die Auslandsverschuldung der USA im Umfang von rund 3.000 Milliarden Dollar und Brut-

---

[38] Zu langfristigen Wandlungstendenzen der Weltindustrieproduktion vgl. Bornschier 1988: 72.
[39] Zur Entwicklung der amerikanischen Sparquote vgl. Soros 1998: 173.

toforderungen gegenüber den USA von rund 8.000 Milliarden Dollar spricht Ferguson vom „verschuldeten Imperium" (vgl. Ferguson 2004: 342ff.). Der massive Kapitalimport beziehungsweise die immense Auslandsverschuldung ist zwar einerseits ein Zeichen für das Vertrauen in den Dollar, birgt andererseits aber auch erhebliche Risiken im Falle eines Vertrauensverlustes; wenn ausländische Gläubiger US-Bonds in großem Umfang verkaufen, können sie dadurch eine Dollar-Krise und in ihrem Gefolge eine weltweite Finanzkrise auslösen. Zudem begrenzt die Kapitalabhängigkeit vom Ausland den Bewegungsspielraum der amerikanischen Politik. Zusammenfassend kann man sagen, dass die drei Tendenzen: vom größten Exporteur zum größten Importeur, von der Produktion zum Konsum, vom größten Gläubiger zum größten Schuldner eher Schwächen und Risiken offenbaren als von Stärke und Sicherheit künden.

Auch das von den Vereinigten Staaten maßgeblich aufgebaute System der internationalen Wirtschaftsorganisationen und Regime zeigt seit den 1970er Jahren erhebliche Abnutzungserscheinungen. Die Problemlösungsfähigkeiten von Internationalem Währungsfond, Weltbank und GATT/WTO scheinen den Herausforderungen einer zunehmend turbulenteren Weltwirtschaft immer weniger gewachsen zu sein. Vor allem Probleme in und mit der Peripherie haben gravierende Schwächen des „amerikanischen System" aufgedeckt und zu seiner Delegitimation beigetragen. So kann der Zusammenbruch des Systems von Bretton Woods im Jahre 1971 als Folge des Vietnam-Krieges verstanden werden. Die Vereinigten Staaten hatten diesen Krieg gegen ein peripheres Land, dessen Kosten die Staatsverschuldung zwischen 1964 und 1972 um etwa 100 Milliarden Dollar anstiegen ließen, großenteils mit der inflationären Ausgabe von Dollars finanziert (vgl. Ferguson 2004: 129). Im Jahr 1971 war der Punkt erreicht, an dem die Vermehrung der Geldmenge eine Einlösung in Gold nicht mehr zuließ. Am 15. August 1971, anderthalb Jahre bevor die letzten US-Soldaten Vietnam verließen, wurde die Goldkonvertibilität des Dollars von Präsident Nixon abrupt beendet. Damit brach das in Bretton Woods konstituierte System fester Wechselkurse, in dem alle Währungen an den Dollar und dieser an das Gold gebunden war, und das entscheidend zur Nachkriegsprosperität beigetragen hatte, zusammen. Mit der Freigabe der Wechselkurse wurde der Währungsspekulation Tür und Tor geöffnet, verlor der Dollar (gemessen an der DM) ständig an Wert und mutierte der Internationale

Währungsfond zum globalen Krisenmanager – mit häufig zweifelhaftem Erfolg (vgl. Stiglitz 2002).

Auch die großen Finanz- und Währungskrisen der 1980er und 90er Jahre haben ihren Ursprung in der Peripherie, genauer: in der Semiperipherie. Der Umgang des IWF mit den Krisen in Lateinamerika (1982), Südostasien (1997) und Russland (1998) hat erhebliche Zweifel an seiner Effizienz geweckt und seine Akzeptanz nachhaltig erschüttert.[40] Die Kritik richtet sich vor allem auf die Standardisierung der Problemlösungsstrategien, die die Besonderheiten der einzelnen Länder zu wenig berücksichtigt, und auf die Konditionalität der Strukturanpassungsprogramme, die die von Krisen geschüttelten Länder unter erheblichen Druck setzt. Stiglitz zufolge basieren viele Ideen der vom *Washington Consensus* getragenen Strukturanpassungsprogramme auf den Erfahrungen in Lateinamerika, „wo die Regierungen enorme Haushaltsdefizite angehäuft hatten, während eine Politik des billigen Geldes die Inflation drastisch anheizte. Ein Wachstumsschub in einigen Ländern dieser Region in den Jahrzehnten unmittelbar nach dem Zweiten Weltkrieg blieb Episode, angeblich wegen übermäßiger staatlicher Eingriffe in die Wirtschaft. Die Konzepte, die erarbeitet wurden, um Probleme zu bewältigen, die wohl spezifisch für Lateinamerika gewesen sein dürften, wurden anschließend auch auf Länder in anderen Regionen der Welt übertragen" (Stiglitz 2002: 31). Die Standardlösungen bestanden im Kern aus einer Kürzung des Budgets (die die Zinsen hochtrieb, Investitionen verteuerte und die Schaffung von Arbeitsplätzen erschwerte), einer Liberalisierung des Handels (in deren Folge oftmals einheimische Unternehmen verdrängt und Arbeitsplätze vernichtet wurden) und der Privatisierung staatlicher Unternehmen (die nicht selten zur Entstehung neokapitalistischer Oligarchien führte).

Es wurde konzediert, dass diese Strukturanpassungen vorübergehend zwar zu einer Verschärfung der Krise und einer Zunahme der Ungleichheit führen, langfristig aber würden sie die Wettbewerbsfähigkeit der Wirtschaft steigern und den Wohlstand der Gesellschaft vermehren. Da sich die erhofften positiven Effekte aber nicht (schnell genug) einstellten, kam es in manchen Ländern zu Aufständen und Staatsstreichen. Lange Zeit wurden diese Entwicklungen in den Zentrumsländern wenig beachtet. Begünstigt durch

---

[40] Zu der in Mexiko ausbrechenden Krise Lateinamerikas vgl. James 1997: 187ff; zur Ostasienkrise vgl. Stiglitz 2002: 33, 109ff; Soros 1998: 178ff; zur Russlandkrise vgl. Sachs 2005: 165ff; Stiglitz 2002: 158ff; Soros 1998: 196ff.

die zunehmenden kommunikativen Vernetzungen zwischen Zentrum und Peripherie, schwappten Protestbewegungen in die Zentrumsländer über und mobilisierten dort „Globalisierungsgegner". Deren Kritik richtete sich vor allem gegen den wirtschaftspolitischen Paradigmenwechsel, der bei der Problembewältigung mehr auf Marktkräfte als auf internationale Regierungskooperation setzte, sowie auf die damit verbundene Zunahme der Ungleichheit sowohl zwischen Zentrum und Peripherie als auch innerhalb der Peripherie zwischen kleinen Eliten, die von der Austeritätspolitik profitierten, und der großen Bevölkerungsmehrheit, die darunter litt und immer mehr verarmte. Das Bündnis zwischen Aktivisten in Peripherie und Zentrum hat die Aufmerksam der Weltöffentlichkeit auf die Rolle der internationalen Wirtschaftsregime gelenkt und viel zu ihrer Diskreditierung und Delegitimation beigetragen.

Besser als das Weltwährungs- und Weltentwicklungsregime hat sich das Welthandelsregime des GATT und der WTO bewährt. Aufgrund des schnell wachsenden Welthandels, vom dem alle beteiligten Länder (wenn auch in unterschiedlichem Maße) profitierten, seiner offeneren und demokratischeren Arbeitsweise, bei der die Entwicklungsländer ihre Interessen besser zur Geltung bringen (wenn auch nur sehr begrenzt durchsetzen) konnten, und seinen wechselnden Verhandlungsorten (in die zunehmend auch Entwicklungsländer einbezogen wurden), bot es weniger Angriffsflächen als die Washingtoner Organisationen. Während das Welthandelsregime insgesamt gesehen relativ gut funktioniert und weithin Anerkennung genießt, ist in einem Segment des Welthandels, im Mineralölhandel, das von den Vereinigten Staaten begründete und beherrschte internationale Erdölregime schlagartig zusammengebrochen. Der Kollaps des alten Erdölregimes im Jahre 1973 hat seinen Ursprung ebenfalls in der Peripherie und seinen Anlass ebenfalls in einem Krieg. Die im Kontext des *Jom Kippur*-Kriegs zwischen Israel und seinen arabischen Nachbarn einseitig durchgesetzten Preiserhöhungen und Liefersperren, die dadurch hervorgerufene weltweite Wirtschaftskrise und erzwungene Veränderung der Austauschverhältnisse zwischen industriellen Verbrauchsländern und peripheren Förderländern haben die Verwundbarkeit der amerikanischen Wirtschaft und die Ohnmacht ihrer Politik aufgedeckt.

Zusammenfassung

Bevor wir in den beiden nächsten Kapitel Entstehung und Krise des internationalen Erdölregimes, das in gewisser Weise mit dem Aufstieg und Niedergang hegemonialer Machtbildungen korrespondiert, genauer untersuchen, sei die Erklärungskraft der Theorie langer Wellen in ihren drei miteinander verzahnten Anwendungsbereichen: der langen Welle der Weltölproduktion, des vierten Kondratieff-Zyklus und des amerikanischen Hegemonialzyklus kritisch resümiert. Zunächst ist festzuhalten, dass die Theorie sich in den hier verwendeten Varianten immer auf einen stilisierten Ablauf langzeitlichen Wandels, dem eine starke Glättung der vielfach erratischen Realverläufe in Wirtschaft und Politik zugrunde liegt, bezieht. Relativ größte Erklärungskraft hat die Theorie hinsichtlich der Entwicklung der Weltölproduktion. Die Ausbeutung des nicht vermehrbaren Rohstoffs Rohöl folgt den Gesetzen des Wachstums in begrenzten Systemen, aus denen sich ein annähernd glockenförmiger Verlauf ergibt. Er wird durch die bisherige Entwicklung der Weltölproduktion bestätigt und liegt allen Prognosen über ihre künftige Entwicklung zugrunde. Die lange Welle der Weltölproduktion liefert den physischen Rahmen sowohl für den vierten Kondratieff-Zyklus, der von Erdöl als Schlüsselfaktor der wirtschaftlichen Entwicklung getragen wird, als auch für den US-Hegemonialzyklus, der durch die Verfügungsmacht über große Erdölvorkommen und die technologische Führung bei der wirtschaftlichen und militärischen Nutzung dieser strategischen Ressource phasenweise in erheblichem Maße beeinflusst wird.

Die Karriere des Erdöls als Schlüsselfaktor der wirtschaftlichen Entwicklung kann mit der Logik des Kondratieff-Zyklus im Anschluss an Schumpeter im Großen und Ganzen zufrieden stellend erklärt werden. Irritierend ist allerdings die Tatsache, dass Erdöl auch über den vierten Kondratieff-Zyklus hinaus bis heute und auch noch in überschaubarer Zukunft von großer Bedeutung für die international arbeitsteilige und verkehrsintensive Weltwirtschaft sein wird. Gemessen an Perez' drei Kriterien – Verfügbarkeit in nahezu unbegrenzter Menge und zu relativ niedrigen Kosten und Potential für profitable Nutzungen in vielen Produkten und Prozessen quer durch die gesamte Wirtschaft – ist Erdöl gewiss kein Schlüsselfaktor mehr. Doch hat das schwer substituierbare Erdöl, gerade *weil* es sich zunehmend verteuert und verknappt, über Verbesserungsinnovationen in ölabhängigen Verwendungen hinaus, ein Potential zur Anregung von Basisinnovationen in *nicht* Öl bezogenen Wirtschaftsbereichen, von Innovationen, die aus der fossilen Energiewirtschaft hinausführen und einen neuen Energiepfad einleiten. So gesehen könnte man Erdöl über den vierten Kondratieff-Zyklus hinaus als einen *indirekten* Schlüsselfaktor mit einem noch nicht ausgeschöpften *exogenen* Innovationspotential betrachten.

Die kursorische Analyse des Zusammenhangs zwischen Kondratieff- und Hegemonialzyklen am Beispiel der Vereinigten Staaten hat gezeigt, dass ein Hegemonialzyklus von mehreren Kondraticff-Zyklen – im konkreten Falle vom dritten und vierten und allem Anschein nach auch noch vom bereits angelaufenen fünften Kondratieff-Zyklus – beeinflusst, aber nicht determiniert wird. Wir haben deutliche Hinweise dafür gefunden, dass Erdöl zwar nicht für die Aufstiegsphase des US-Hegemonialzyklus, die bereits mit dem dritten, auf Elektrifizierung, Schwerindustrie und Chemie basierenden Kondratieff-Zyklus einher ging, relevant war, wohl aber für die hegemoniale Kriegs- und Reifephase. Die Verfügung über bedeutende Ölvorkommen und die Überlegenheit bei der Massenproduktion motorisierter Waffensysteme haben den Vereinigten Staaten und ihren Alliierten vor allem im Zweiten Weltkrieg zum Sieg verholfen und die weltweite Durchsetzung ihres polit-ökonomischen Regimes auf der Basis von Massenproduktion, freiem Handel und makroökonomischer Stabilisierung in der Nachkriegszeit begünstigt. Die Ölkrise von 1973 markiert mit ihren wirtschaftlichen, politischen und kulturellen Begleitumständen von heute aus gesehen zwar eine Zäsur in der weltwirtschaftlichen Entwicklung, doch ob sie einen Niedergang der amerikanischen Hegemonie eingeleitet hat, erscheint doch sehr fraglich. Indikatoren der wirtschaftlichen, politischen, militärischen und ideologischen Macht ergeben kein eindeutiges und kohärentes Bild.[41] Der immense Energieverbrauch und die zunehmende Abhängigkeit vom Ölimport kontrastieren mit der technologischen Führung im neuen, fünften Kondratieff-Zyklus, dessen Basis erstmals nicht Energie, sondern Information ist; einerseits verfügen die USA über die weitaus größte Volkswirtschaft

---

[41] Symptomatisch ist die gegensätzliche Einschätzung von zwei französischen Autoren: während der Wissenschaftler Todd in seinem Buch „Weltmacht USA" bereits einen „Nachruf" (so der Untertitel seines 2003 erschienenen Buches) auf die Weltmacht USA verfasst hat, gab der ehemalige Außenminister Védrine im Jahre 2006 widerwillig zu: „Die Vereinigten Staaten von Amerika dominieren auf allen Gebieten: wirtschaftlich, technologisch, militärisch, finanziell, sprachlich und kulturell. Dergleichen hat es noch nie gegeben" (zitiert nach Joffe 2006: 22).

der Welt (sie übertrifft japanische als zweitgrößte Volkswirtschaft um das Zweieinhalbfache), andererseits sind sie von einem ständigen Zufluss riesiger Kapitalbeträge aus dem Ausland abhängig (die überwiegend aus China, Japan und den Öl exportierenden Ländern stammen); den Siegen in „heißen" und „kalten" Kriegen gegen andere Großmächte (Deutschland, Japan und Sowjetunion) stehen Niederlagen in der Peripherie (Vietnam und Irak – im letzten Falle bei der Durchsetzung einer stabilen Friedensordnung) gegenüber; der weltweite Triumph des amerikanischen Kapitalismus kontrastiert mit einem weltweiten Antiamerikanismus. Das amerikanische Ordnungsmodell erscheint oftmals überfordert, doch eine alternative Ordnungsmacht ist weit und breit nicht in Sicht. Im folgenden Kapitel wird das Thema der Hegemonie im Hinblick auf die Beziehungen der Vereinigten Staaten und ihres hegemonialen Vorläufers und zeitweiligen Konkurrenten Großbritannien zu den ölreichen Ländern der Peripherie fortgesetzt.

3 Die Inkorporation externer Regionen

Thema dieses Kapitels ist die Eroberung und Erschließung der weltweiten Erdölvorkommen unter Führung der Hegemonialmächte Großbritannien und der Vereinigten Staaten von Amerika. Mit dem Leitbegriff der Inkorporation untersuchen wir die wirtschaftlichen und politischen Prozesse, in deren Verlauf externe, noch außerhalb der Weltwirtschaft liegende Regionen zu Peripherien, d. h. zu integralen Bestandteilen des erweiterten Systems werden und darin unentbehrliche Funktionen erfüllen, im vorliegenden Fall die Versorgung der industriellen Verbrauchsländer mit Rohöl. Indem die Einnahmen aus dem Rohölexport über den Import von Industrieerzeugnissen und Dienstleistungen aus den Zentrumsländern in diese zurückfließen, schließt sich der Kreis und begründet sich eine wechselseitige Abhängigkeit von Zentrum und Peripherie.

Aus der Weltsystemperspektive wird die Inkorporation externer Regionen mit der Dynamik des Kapitalismus der Zentrumsländer und strukturellen Zwängen des Weltsystems erklärt. Während der dynamische Kapitalismus in Abhängigkeit von technischer Entwicklung, Wirtschaftswachstum und Konjunkturverlauf variable Bedarfe an Ressourcen signalisiert und eine weltweite Suche nach ergiebigen und sicheren Rohstoffvorkommen stimuliert, bildet das Weltsystem mit seiner sich nur langsam wandelnden Herrschafts- und Ordnungsstruktur den mehr oder weniger festen Rahmen, in dem Inkorporationsprozesse ablaufen.

Der Logik des Kapitalismus entsprechend, geht die Initiative bei der Inkorporation externer Regionen von Unternehmen der Zentrumsländer aus, die Bedarfslagen erkennen und weltweit nach rentablen Beschaffungsmöglichkeiten für die benötigten Rohstoffe suchen. Die Erschließung von Rohstoffen in prekären Regionen veranlasst Unternehmen unter Umständen dazu, politische oder auch militärische Unterstützung ihrer jeweiligen Regierung zu suchen. Die Regierungen der Zentrumsländer haben zwar ein vitales Interesse an einer sicheren Versorgung ihrer jeweiligen Volkswirtschaft mit unentbehrlichen Ressourcen, schrecken andererseits aber vor schwer kalkulierbaren außenpolitischen Verwicklungen oftmals zurück.

Wallersteins Unterstellung einer prinzipiellen Interessenkonvergenz zwischen den Unternehmen und Staaten des Zentrums bei der Inkorporation externer Regionen gilt nicht unter allen Umständen. Aus systemtheoretischer Sicht würde man umgekehrt eher von einer prinzipiellen Interessendivergenz zwischen Unternehmen und Staaten ausgehen. Die beiden Typen von korporativen Akteuren gehören unterschiedlichen Subsystemen an, die nach unterschiedlichen Rationalitäten funktionieren. Kapitalistische Unternehmen orientieren sich an der Rentabilität des eingesetzten Kapitals. Auf der Suche nach Rohstoffvorkommen und bei der Wahl der Transaktionsformen wägen sie nach Grundsätzen betriebswirtschaftlicher Kalkulation Nutzen und Kosten, Chancen und Risiken der verfügbaren Optionen gegeneinander ab. Staaten werden in ihren außenpolitischen Entscheidungen in erster Linie von Sicherheitsinteressen geleitet und orientieren sich an der Vermehrung des gesellschaftlichen Wohlstands und an der Verbesserung der nationalen Position im internationalen Staatensystem. Eine vermittelnde Position einnehmend, kann man davon ausgehen, dass sich die Beziehungen zwischen Unternehmen und Regierungen der Zentrumsländer überwiegend in einem mittleren Bereich zwischen den Extremen vollständiger Interessenkonvergenz und scharfer Interessendivergenz bewegen und situationsabhängig variieren. Dabei ist immer mit Versuchen der einen Seite zu rechnen, die jeweils andere Seite für ihre jeweiligen Ziele zu instrumentalisieren. So wie kapitalistische Unternehmen immer wieder von der staatlichen Gewalt als Instrument ihrer Machtpolitik benutzt und gefördert werden, so haben private Unternehmen immer wieder staatliche Ressourcen in Form politischer, militärischer, und finanzieller Unterstützung (Subventionen, Bürgschaften, Abschreibungsmöglichkeiten usw.) für die Verfolgung ihrer Interessen mobilisieren können. Für Hintze ist die wechselseitige Instrumentalisierung von Staat und Unternehmen keine gelegentliche Konstellation, sondern „gehört zu dem eigentlichen inneren Wesen des modernen Kapitalismus" (Hintze 1970: 123f.)

Aus der Weltsystemperspektive werden die Rahmenbedingungen der Inkorporation von der jeweiligen Hegemonialmacht und der von ihr durchgesetzten Herrschaftsordnung vorgegeben. Die Eingliederung ölreicher Regionen begann bekanntlich schon Anfang des 20. Jahrhunderts und wurde von den miteinander rivalisierenden und einander ablösenden Hegemonialmächten Großbritannien und Vereinigte Staaten bestimmt. Als wirtschaftlich, politisch und militärisch führende Nationen hatten sie erhebliche komparative Vorteile beim Zugriff auf die am meisten Erfolg versprechenden Ölfelder. Viele nachmals wichtige Exportländer lagen in ihren sich teilweise überschneidenden Einfluss- und Herrschaftsbereichen. Die Vereinigten Staaten reklamierten mit der Monroe-Doktrin von 1832 – noch im Prozess der mit militärischen und kommerziellen Mitteln betriebenen Erweiterung ihres Staatsgebietes und lange vor ihrem Aufstieg zur Hegemonialmacht – die westliche Hemisphäre mit den später so wichtigen Ölexportstaaten Mexiko und Venezuela als ihren Einflussbereich und ließen damit eine Neigung zum Imperialismus erkennen.[1] Sie waren aber noch nicht stark genug, die Briten an der Ausweitung ihrer Wirtschaftinteressen in diesem Raum zu hindern. In Fergusons Worten war die Monroe-Doktrin, die als Grundsatz festlegte, „dass die amerikanischen Festländer kraft des freien und unabhängigen Zustandes, den sie sich verschafft haben und beibehalten, künftig nicht mehr als Gebiet betrachtet werden dürfen, in dem irgendwelche europäischen Mächte kolonisieren könnten, nicht mehr als ein Yankee-Bluff" (Ferguson 2004: 57). Nicht nur die Briten, auch die Franzosen ignorierten die Doktrin, besetzten in Lateinamerika weiterhin Territorien, gründeten Kolonien und intervenierten militärisch, zumeist um Schulden einzutreiben. Erst Anfang des 20. Jahrhunderts, als die Amerikaner starke Seestreitkräfte aufgebaut hatten, erlangte die Monroe-Doktrin verspätete Glaubwürdigkeit. Nun mussten die Briten erkennen, „dass die USA ein rivalisierendes Imperium bildeten, dem man aufgrund seines zunehmenden Gewichtes Konzessionen machen und mit dem man zu einem friedlichen Interessenausgleich kommen musste" (ebd.: 58).

Die östliche Hemisphäre mit den großen Ölvorkommen des Nahen Ostens war traditionelles Einflussgebiet der Briten und Franzosen. „Die Periode der anglofranzösischen Kolonialherrschaft in der arabischen Welt begann 1830 mit der Eroberung Algeriens durch die Franzosen und der

---

[1] Ferguson vertritt die These, „dass es keine selbstbewussteren Imperialisten gegeben hat als die Gründungsväter der Vereinigten Staaten. Gewiss unterschied sich das Imperium, das sie sich vorstellten, erheblich von demjenigen, von dem sie sich abgespalten hatten. Es sollte keine Ähnlichkeit mit den maritimen Imperien Westeuropas besitzen, wohl aber mit den Festlandsimperien der Vergangenheit" – insbesondere mit dem Römischen Reich, mit dem es vieles gemeinsam hat (vgl. Bender 2003). Im Unterschied zum Römischen Reich mussten die Vereinigten Staaten ihr Territorium aber nicht ausschließlich mit militärischen Mitteln erobern, sondern konnten es großenteils von europäischen Kolonialmächten gegen Staatsanleihen erwerben (vgl. Ferguson 2004: 47ff).

Besetzung Adens durch die Briten 1839. Sie setzte sich fort mit der britischen Besetzung Ägyptens (1882), der Ausweitung der französischen Kontrolle auf Tunesien (1881) und Marokko (1911) und dem Ausbau des britischen Einflusses am Persischen Golf. Ihren Höhepunkt erreichte sie mit der Aufteilung der osmanischen Provinzen im Fruchtbaren Halbmond zwischen den beiden großen westeuropäischen Kolonialmächten. Bei dieser Gebietsaufteilung wurden die neu erworbenen Territorien jedoch nicht, wie es bis dahin gebräuchlich war, als Kolonien oder Protektorate annektiert. Stattdessen wurden Großbritannien und Frankreich unter der Schirmherrschaft des Völkerbundes zu Mandatarmächten mit dem ausdrücklichen Auftrag ernannt, die Länder auf die Entlassung in die Unabhängigkeit vorzubereiten. Diese sehr kurze Periode begann nach dem Ersten Weltkrieg und endete nach dem Zweiten Weltkrieg mit dem Auslaufen der Mandate und der Entlassung der Mandatsgebiete in die Unabhängigkeit" (Lewis 2003: 76f.).

Die Briten konnten ihre Vorherrschaft im Nahen Osten gegen das „rivalisierende Imperium der USA", dessen Ölkonzerne sich schon seit den 1920er Jahren um Zugang zu den Ölquellen der Region und Beteiligung an internationalen Konsortien bemühten, mindestens bis zum Zweiten Weltkrieg aufrechterhalten. Mit dem noch während des Zweiten Weltkriegs geschlossenen Pakt zwischen den Vereinigten Staaten und Saudi-Arabien auf der Basis des Tausches von Erdölkonzessionen und Militärstützpunkten für die Amerikaner gegen Geld und Waffen für die saudische Königsfamilie bahnte sich die Dominanz der USA in dieser Region an. Und spätestens seit der Suez-Krise von 1956, als die Briten und Franzosen ihre Interventionstruppen auf Druck der Vereinigten Staaten zurückziehen mussten, war klar, dass die europäischen Mächte die Vorherrschaft in diesen Raum verloren hatten (vgl. Hourani 1992: 443ff.).

Die Ölländer der westlichen wie der östlichen Hemisphäre waren von wenigen Ausnahmen abgesehen nie formale Kolonien Großbritanniens oder der Vereinigten Staaten. Sie wurden von den beiden angelsächsischen Hegemonialmächten überwiegend mit Methoden des *informellen Imperialismus* in die Weltwirtschaft des Erdöls inkorporiert. Das heißt, man verzichtete auf territoriale Annexion und direkte Administration der Länder, ließ den Unternehmen freie Hand bei der Exploration und Produktion von Rohöl und intervenierte nur, wenn deren Eigentumsrechte oder Betriebsanlagen bedroht wurden, und auch dann zunächst mit diplomatischen Mitteln und nur, wenn diese versagten, griff man zur *ultima ratio*, zu militärischer Gewalt.

Das bevorzugte Mittel der Inkorporation ölreicher Regionen waren *Konzessionsverträge*, die zwischen Unternehmen aus den Zentrumsländern mit Regierungen der peripheren Ölländer abgeschlossen wurden. Diese Verträge enthielten üblicherweise Regelungen über Gebiete, in denen Erdöl exploriert und gefördert werden durfte, über die Laufzeit der Verträge einschließlich Kündigungs- und Verlängerungsklauseln, über Förder- und Exportmengen, über Steuern und Abgaben und unter Umständen auch über die Preisgestaltung. In derartigen Verträgen erwarb der Konzessionsinhaber – anfangs manchmal eine einzelne Person, später regelmäßig große Ölgesellschaften – das alleinige Recht, in einem bestimmten Gebiet nach Ölvorkommen zu suchen und diese uneingeschränkt auszubeuten. Der jeweilige Staat übertrug für die Dauer des Vertrags das Eigentum an den Ölvorkommen auf das ausländische Unternehmen und beschränkte sich auf die Rolle des Steuereinnehmers. Über das Produktionsniveau und letztlich auch über die Höhe der Steuereinnahmen entschieden, von Fixbeträgen abgesehen, die Unternehmensleitungen. Beim Abschluss von Konzessionsverträgen lagen alle Vorteile auf Seiten der Unternehmen. Nur sie verfügten über die technologischen, finanziellen und organisatorischen Mittel, die erforderlich sind, Ölvorkommen aufzuspüren, zu fördern, zu veredeln und über große Distanzen in die Verbrauchsregionen zu transportieren. Nur sie verfügten über die Voraussetzungen, Rohöl in eine weltweit handelbare Ware zu verwandeln, seinen Wert über den Markt herauszufinden und seinen Preis zu bestimmen. Aufgrund dieser Überlegenheit konnten sie auch durchsetzen, dass die Konzessionsverträge auf den Rechtsvorstellungen und -konstruktionen der Zentrumsländer basierten.

Die privatrechtlichen Konzessionsverträge zwischen Unternehmen und Regierungen waren in den meisten Fällen in vorausgehende, begleitende oder nachträgliche *Schutzverträge* eingebettet, die auf international-diplomatischer Ebene zwischen den Regierungen der involvierten Länder abgeschlossen wurden. Osterhammel beschreibt diese „ungleichen Verträge" wie folgt: Ihr „Inhalt ist zumeist der Schutz ausländischer Staatsangehöriger vor der Geltung einheimischer Gesetze durch Konsularjurisdiktion und Extraterritorialität, die Festlegung eines Freihandelsregimes (niedrige Importzölle bei fehlender Zollhoheit), das Recht zur Stationierung fremder Truppen auf den Hoheitsgewässern und an vereinbarten Landpunkten. ‚Big Brother' ist durch Konsuln, Diplomaten oder ‚Residenten' vertreten, die ‚beratend' in die einheimische Politik, besonders auch in Nachfolgekämpfe eingreifen und ihrem ‚Rat' notfalls durch Androhung militärischer Intervention Nachdruck verleihen. Im Extremfall sind die einheimischen Amtsträger willenlose Marionetten; normalerweise besitzen sie aber einen gewissen, oft sogar einen erheblichen Handlungsspielraum. Die ideale ‚Kollaborationselite', auf der Informal Empire unweigerlich beruht, muss im Innern genügend Legitimität und Durchsetzungskraft besitzen, um im Interesse von ‚Big Brother' wirksam werden zu können. ... Anders als bei Formal Empire, wo Kolonialherrschaft über ein und dasselbe Territorium unteilbar und exklusiv ist, kann es bei Informal Empire mehrere ‚Big Brothers' geben, die sich untereinander auf das Prinzip der ‚Offenen Tür', also gleicher Chancen für alle, oder auf Abgrenzung nationaler ‚Einflusssphären' verständigen" (Osterhammel 1995: 25f.; vgl. auch Mejcher 1980: 62ff.)

Informelle Herrschaft liefert also den historischen Rahmen und die operativen Mittel für die Inkorporation externer Regionen. Es stellt sich die Frage, inwieweit die aufeinander folgenden und miteinander konkurrierenden Hegemonialmächte Großbritannien und die Vereinigten Staaten zu ähnlichen oder divergierenden Inkorporationsmethoden tendiert haben. Die beiden Hegemonialmächte gehören zwar zum gleichen Kulturraum, unterscheiden sich aber in ihren wirtschaftlichen und politischen Traditionen und Dispositionen. Die Vereinigten Staaten sind zwar aus einem Unabhängigkeitskrieg gegen die ehemalige Kolonialmacht Großbritannien hervorgegangen und von ihrem Selbstverständnis her antiimperialistisch gestimmt, das hat sie aber nicht davon bewahrt, von Anfang an eine eigene Variante von Imperialismus zu entwickeln, die Wehler als „hybride Verbindung von Antikolonialismus und Wirtschaftsimperialismus" bezeichnet hat (vgl. Wehler 1971: 187). Der amerikanische Wirtschaftsimperialismus unterschied sich vom britischen Imperialismus in der hier zur Debatte stehenden Epoche unter anderem dadurch, dass die Amerikaner gegen die britische Idee militärisch-politisch geschützter *preferential trade areas* die Idee der „*Open Door*", eines freien Zugangs aller Länder zu den Ressourcen und Märkten dieser Welt stellten (vgl. Venn 1986: 12). Während die Briten ihr Empire als einen relativ geschlossenen Handelsraum durch eine enge Allianz von Staat, Flotte und (Kolonial-)Unternehmen aufrecht zu erhalten und zu verteidigen suchten, strebten die USA mit antiimperialistischer Rhetorik eine offene Weltwirtschaft an, in der, ihrer staatsskeptischen Grundeinstellung entsprechend, nicht starke Staatsapparate, sondern private Unternehmen den internationalen Austausch organisieren sollten.[2]

Aus diesen Überlegungen lässt sich folgende Hypothese aufstellen: Die Besonderheiten der jeweiligen Hegemonialmacht, ihre politische und ökonomische Kultur, ihre globalen Ordnungsvorstellungen und Herrschaftsinteressen werden sich – neben den exogenen Bedingungen des historischen Kontextes – in den Inkorporationsformen niederschlagen.[3] Mit dem Übergang der Hegemonialmacht von Großbritannien auf die Vereinigten Staaten ändern sich auch die Beziehungen zur Peripherie. Die von der Peripherie ins Zentrum, von der Kolonie zur Hegemonialmacht aufsteigenden USA bringen andere Voraussetzungen und Erfahrungen mit als Großbritannien, das sich von seiner langen und erfolgreichen imperialen Tradition nur schwer lösen kann. Je stärker sich die USA gegenüber Großbritannien als Zentrum der Weltwirtschaft und als Hegemonialmacht durchsetzen, um so stärker kommt eine Handlungskonstellation zum Zuge, bei der private Unternehmen Distanz zum Staat halten und relativ autonom, nach betriebswirtschaftlichen Kalkülen, auf eigene Faust und Rechnung, zusätzliche Regionen inkorporieren. Diese Phase der autonomen und dominanten Konzerne kommt mit der OPEC-Revolution von 1973, in der die Gegenmacht der peripheren Petro-Staaten zu einer Umstellung des internationalen Erdölregimes geführt hat, zu einem zumindest vorläufigen Ende. Diese Hypothese können wir nun am Beispiel der Inkorporation der wichtigsten Öl exportierenden Länder in vier Großregionen in Lateinamerika (mit Venezuela und Mexiko), im Nahen Osten (mit Iran, Irak und Saudi-Arabien), in Afrika (mit

---

[2] Tatsächlich folgte der Öffnung von Türen zu externen Regionen nicht selten ein informeller Imperialismus, bei dem sich die Amerikaner als gelehrige Nachfolger der Briten zeigten (vgl. Ferguson 2004: 24ff.).

[3] Wallersteins polit-ökonomisches Konzept der Inkorporation, demzufolge die Inkorporation von externen Regionen oder Sektoren vor allem in Form von Allianzen zwischen den „starken Staatsapparaten" der Zentrumsländer und dort beheimateter multinational orientierter Unternehmen betrieben wird, kann kultursoziologisch also erweitert werden, indem man neben wirtschaftlichen und politischen Interessen auch kulturelle Ideen als mitbestimmende oder zumindest modifizierende Faktoren bei der Inkorporation externer Regionen berücksichtigt. Man kann hier auf Webers Thesen rekurrieren, der zufolge soziales und auch wirtschaftliches Handeln zwar primär von den materiellen Interessen der Akteure bestimmt wird, dass aber kulturelle Ideen und Weltbilder die Bahnen abstecken, innerhalb derer sich die Interessen- und Machtdynamik über längere Zeit entfaltet. Vgl. Weber 1988: 252.

Algerien, Libyen und Nigeria) und in Zentralasien (mit Aserbaidschan, Kasachstan und Turkmenistan) empirisch überprüfen.

3.1 Die Inkorporation Lateinamerikas

Die Einbindung Lateinamerikas in die kapitalistische Weltwirtschaft erfolgt im Kontext von drei Imperialismen: der formalen Kolonialherrschaft der Spanier, gefolgt von den informellen Imperialismen der Briten und Amerikaner. Unter der Herrschaft des absolutistischen Habsburgisch-Spanischen Reiches waren große Teile Lateinamerika schon im „langen 16. Jahrhundert" in die Weltwirtschaft integriert worden (vgl. Braudel 1986: 431ff.; Wallerstein 1986). Die eroberten und besiedelten Gebiete wurden von Spanien aus zentralistisch regiert und merkantilistisch auf die Bedürfnisse des „Mutterlandes" ausgerichtet. Der Export der Kolonien konzentrierte sich auf eine wenige agrarische und mineralische Rohstoffe (wie Rohrzucker und Edelmetalle), die auf Plantagen und in Bergwerken überwiegend in unfreier Arbeit produziert wurden. Die dort beschäftigten Arbeitssklaven wurden gewaltsam aus Afrika, Ausrüstungen und Fertigwaren exklusiv aus Spanien importiert. Der Warenaustausch mit anderen europäischen Ländern war den Kolonisten ebenso untersagt wie der Handel untereinander.

Nach der politischen Unabhängigkeit der neuen lateinamerikanischen Staaten – Mexiko errang seine Unabhängigkeit im Jahre 1821, Venezuela im Jahr 1829 – wurden die von den spanischen Kolonialherren aufgezwungenen Institutionen und Strukturen nur teilweise aufgebrochen. Allerdings wurden die Handelsbeschränkungen aufgehoben und die kolonialen Monopole ebenso wie die kolonialen Steuern abgeschafft. Die unabhängig gewordenen Staaten mussten nach neuen Einnahmequellen suchen und sahen sich aufgrund erheblicher Haushaltsdefizite bald veranlasst, im Ausland Kredite aufzunehmen. Als Kreditgeber traten zunächst vor allem britische Banken und Investoren auf, die die Länder bald unter ihre finanzielle Kontrolle brachten und ihren Außenhandel bestimmten. Die meisten Investitionen, deren Umfang von knapp 25 Millionen Pfund (500 Millionen Goldmark) im Jahre 1825 auf 1,2 Milliarden Dollar (24 Milliarden Goldmark) im Jahre 1913 angestiegen war, flossen in den Ausbau der Infrastruktur, insbesondere in Eisenbahnen und Hafenanlagen, die den Ländern zur Teilnahme an der internationalen Wirtschaft verhalfen (vgl. Cameron 1992: 109f.). Nur ein relativ kleiner Teil entfiel auf die Rohstoffgewinnung. Wenn die lateinamerikanischen Länder nicht dazu übergingen, die eigenen Rohstoffe selbst weiterzuverarbeiten, um eine höhere Wertschöpfung zu erzielen, dann lag dies Cameron zufolge weniger an den ausländischen Investoren und ihren Regierungen als an den „veralteten gesellschaftlichen Strukturen und verkrusteten politischen Systemen in Lateinamerika selbst" (Cameron 1992: 110).

„In der Phase unmittelbar nach der Unabhängigkeit hatte England den lateinamerikanischen Außenhandel bestimmt, in der zweiten Hälfte des 19. Jahrhunderts wurden die Vereinigten Staaten zum wichtigsten Handelspartner. Allerdings benutzten sie die gleichen Instrumente wirtschaftlicher Macht, arbeiteten mit Sondervereinbarungen für ihre Einkäufer, mit Anleihen und Krediten, Investitionen und direkter Einflussnahme auf [die] Exportwirtschaft, steuerten praktisch die Produktion von Erzen, landwirtschaftlichen Produkten und Rohstoffen gemäß den Anforderungen der angloamerikanischen Expansion. Eine hoch privilegierte einheimische Minderheit diente als Vermittler für diese Exporte ebenso wie für die Einfuhr europäischer und nordamerikanischer Industriewaren, nach denen bei der städtischen Bevölkerung große Nachfrage bestand" (Fuentes 1992: 303).

Im Hinblick auf das Investitionsverhalten zeigte sich ein signifikanter Unterschied zwischen Briten und Amerikanern. Während die Briten eine eindeutige Präferenz für Portfolio-Investitionen hatten, bevorzugten die Amerikaner direkte Investitionen, d. h. sie betätigten sich nicht als bloße Kapitalanleger, sondern als Unternehmer (vgl. Pohl 1989: 272). Während Großbritannien und andere europäische Mächte (darunter Frankreich, Spanien und Deutschland) im Großen und Ganzen nur bei ausbleibenden Kreditrückzahlungen und Schuldenmoratorien politisch-militärisch intervenierten, präsentieren sich die USA als Imperium und hegemoniale Ordnungsmacht. So musste z. B. Mexiko nach dem verlorenen Krieg gegen die USA 1848 die Hälfte seines Territoriums an den überlegenen Nachbarn im Norden abtreten. Im Zusatz zur Monroe-Doktrin durch Präsident Wilson beanspruchten die Vereinigten Staaten in ganz Amerika „die Funktion einer Weltpolizei" und darüber hinaus das Recht zur Gewaltanwendung gegenüber unannehmbaren Regierungsformen wie Militärdiktaturen und revolutionären Regimes (vgl. Ferguson 2004: 70ff.). „Damit war jenes Paradox geboren, das die amerikanische Außenpolitik der nächsten 100 Jahre prägen sollte: das Paradox, Demokratie zu diktieren, Freiheit zu erzwingen und Emanzipation aufzunötigen. Es muss sofort hinzugefügt werden, dass die alten imperialen Impulse neben diesem >>neuen Prinzip<< weiterwirkten: wirtschaftliche und strategische Erwägungen, sowie die üblichen Annahmen der rassischen Überlegenheit – all dies spielte in den Beziehungen zwischen den USA und Lateinamerika eine Rolle" (Ferguson 2004: 72).

Mexiko

Die industrielle Erschließung der mexikanischen Erdölgebiete begann im Zuge des sich vom amerikanischen Pennsylvania aus nach Süden ausbreitenden Ölfiebers – man kann hier auch von einem „*spillover*-Effekt sprechen – zwar schon im Jahre 1863, der Durchbruch erfolgte aber erst um die Jahrhundertwende als der Diktator Porfirio Díaz (1876–1911) sich um ausländische Investoren zur Realisierung einer Reihe großer Entwicklungsprojekte bemühte. Dabei kamen vor allem britische Investoren, die schon lange in Lateinamerika engagiert waren, sowie Unternehmer aus den benachbarten, aufstrebenden USA in Frage. Um einseitige Abhängigkeiten zu vermeiden, wurde von Anfang an auf eine gewisse Balance zwischen britischen und amerikanischen Interessen geachtet.

Eine wichtige Voraussetzung für ausländische Investitionen im Bereich der Bodenschätze war die Abkehr von der tradierten spanisch-habsburgischen Bergwerksordnung, der zufolge „alle Mineralien, Erze und sonstigen verwertbaren Bodenschätze ein absolutes >>Eigentum der Krone<< sind und auf ewige Zeiten bleiben" (Barudio 2001: 97), und die Übernahme angelsächsischen Eigentumsrechts, bei dem die Verfügung über Bodenschätze wie Erdöl, Bitumen oder Asphalt beim Eigentümer der Grundstücke liegen, unabhängig davon, ob sie sich auf der Oberfläche oder im Untergrund befinden.

Um 1900 begann ein Ölunternehmer aus Kalifornien, Edward L. Doheny, auf Einladung des Vizepräsidenten der staatlichen mexikanischen Eisenbahn entlang der Eisenbahnstrecke von San Luis Potosí und Trampico am Golf von Mexiko nach Erdöl als Treibstoff für Lokomotiven zu suchen. Seine 1901 nach kalifornischem Recht gegründete Mexican Petroleum Company erschloss mit ihrem mexikanischem Ableger Huasteca Petroleum Company of Mexico eine Reihe von kleineren Ölfeldern, bis er im Jahr 1904 in der Region um Tampico auf ein ergiebiges Ölfeld, das La Pez No. 1, stieß (vgl. ebd.: 332). 1905 schloss er einen über 15 Jahre laufenden Vertrag zur Versorgung der mexikanischen Eisenbahn mit Öl ab. Doheny's Mexican

Petroleum wurde bald zur Produktionsstätte der US-amerikanischen Standard Oil Corporation in Mexiko. Die Gegend um Tampico wurde unter dem Namen „Faja de Oro" oder „Golden Lane" bekannt.

Von größerer Bedeutung für die Entwicklung der mexikanischen Ölindustrie war der britische Unternehmer Weetman Pearson, der spätere Lord Cowdray, der 1901 auf Einladung von Präsident Díaz nach Mexiko kam, um dort eine Reihe großer Entwicklungsprojekte zu initiieren: den „Großen Kanal", der Mexiko City trocken legte, den Ausbau des Hafens von Vera Cruz am Golf von Mexiko und die Tehuantepec-Eisenbahn, die die Atlantik- mit der Pazifikküste verbindet. Britisches Engagement sollte ein Gegengewicht zu nordamerikanischen Investoren bilden und einer allzu großen und einseitigen Abhängigkeit Mexikos von dem überlegenen Nachbarn im Norden vorbeugen. Die 1908 gegründete Companía Mexicana de Petróleo „El Águila", besser bekannt unter dem Namen „Mexican Eagle", erschloss mit dem Potrero del Llano 4 eine der größten Ölquellen der Zeit und machte die Mexican Eagle zu einer der führenden Ölgesellschaften der Welt (vgl. Yergin 1991: 298). Im Jahre 1918 wurde sie großenteils von der niederländisch-britischen Royal Dutch/Shell übernommen.

Begünstigt durch die weltkriegsbedingte Nachfragesteigerung und den Ausfall der russischen Produktion infolge der Revolution stieg Mexiko schnell zum zweitgrößten Ölproduzenten der Welt auf. 1920 trug das Land mit einer Produktion von 157 Mio. Barrel 24 Prozent zur Weltrohölproduktion bei und deckte 20 Prozent der amerikanischen Inlandsnachfrage (vgl. Mommer 2002: 67). 1921 wurde der Fördergipfel mit 193 Mio. Barrel erreicht, um danach infolge erschwerter Förderbedingungen und eines weltweiten Überangebots stetig abzunehmen (vgl. Anderson 1984: 47). Zum Niedergang der mexikanischen Erdölindustrie hatte auch die 1910 ausbrechende Mexikanische Revolution beigetragen. Die zu 90 Prozent von Ausländern kontrollierte und kaum Steuern zahlende Ölindustrie war unter erheblichen politischen Druck geraten. Die meisten Revolutionäre forderten eine Verstaatlichung der Ölindustrie und damit eine Restitution der Rechtsgrundsätze von vor 1884, denen zufolge alle Bodenschätze unterhalb der Erdoberfläche staatliches Gemeingut sind. In der Verfassung von 1917 wurde das nationale Eigentum an Bodenschätzen festgeschrieben.

Massive Proteste der Konzerne hinderten die US-Administration nicht daran, die revolutionäre Republik Mexiko diplomatisch anzuerkennen. Versuche der Erdöllobby, die Vereinigten Staaten zu einer militärischen Intervention zur Sicherung der Eigentumsrechte der Ölgesellschaften zu bewegen, wurden durch führende Banken der USA konterkariert, die sich gegen Interventionen und Sanktionen aussprachen, weil sie um die Rückzahlung ihrer Kredite fürchteten (vgl. Yergin 1991: 300).

Innerhalb Mexikos kam es zu zahllosen, nicht enden wollenden Auseinandersetzungen zwischen dem mexikanischen Staat, dem zwar die Ölvorkommen gehörten, der sie aber ohne ausländische Unternehmen weder fördern und vermarkten konnte, und den ausländischen Unternehmen, die ohne gesicherte Verträge und ohne Aussicht auf Gewinne ihre Tätigkeit nicht fortsetzen wollten. Zusätzliche Schwierigkeiten ergaben sich aus Streiks der Ölarbeiter, die nicht nur massive Lohnerhöhungen durchsetzten, sondern auch die Enteignung der Konzerne forderten. Unter dem Regime des Generals Lázaro Cárdenas (1934–1940), des radikalsten aller mexikanischen Präsidenten, wurde die überwiegend in ausländischem Besitz befindliche Ölindustrie im Zuge einer Bodenreform im Jahre 1938 verstaatlicht und in der 1919 gegründeten Petróleos Mexicanos (PEMEX) gebündelt.

Daraufhin versuchten die betroffenen Unternehmen ein weltweites Embargo gegen mexikanisches Öl zu organisieren. Allen voran die von der Royal Dutch/Shell kontrollierte und mehrheitlich in britischem Besitz befindliche Mexican Eagle, die als größter Konzern des Landes am stärksten von der Enteignung betroffen war. Die niederländisch-britische Royal Dutch/Shell kontrollierte Mitte der 1930er Jahre 65 Prozent der mexikanischen Produktion, auf amerikanische Gesellschaften mit Standard Oil of New Jersey (später Exxon) an der Spitze sowie Sinclair, Cities Service und Gulf entfielen ca. 30 Prozent. Die von der Enteignung stärker betroffenen Briten fanden bei ihrer Regierung mehr Unterstützung als die Nordamerikaner bei ihrer Administration. Während die britische Regierung auf der Rückerstattung des Unternehmenseigentums bestand, neigte die US-Administration dazu, die prekären Beziehungen zu ihrem Nachbarland nicht weiter zu belasten und forderte nur eine „faire Entschädigung". Nach langen Verhandlungen wurde von einer gemischten Regierungskommission ein Entschädigungsbetrag von 130 Mio. Dollar vorgeschlagen, der wesentlich näher an dem ursprünglichen mexikanischen Angebot von 7 Mio. Dollar als an der Forderung der Ölgesellschaften in Höhe von 408 Mio. Dollar lag. Mit großer Verbitterung nahmen die Gesellschaften den Kommissionsvorschlag 1943 an.

Das staatliche PEMEX-Monopol geriet schon sehr bald in große Schwierigkeiten. Während im Jahre 1938 noch Gewinne verbucht wurden, kam es 1939 schon zu Verlusten. „Ein Jahr später stellte die PEMEX sogar die Steuerzahlungen an die Staatskasse ein und zwang die Präsidialregierung zu einer schier unglaublichen Rettungsaktion: Sie ließ 1940 den Staatsmonopolisten 60 Millionen Pesos aus dem allgemeinen Steueraufkommen zuteilen, damit der Koloss auf tönernen Füßen seiner steuerrechtlichen Verpflichtung nachkommen konnte" (Barudio 2001: 352). Der Konzern litt nicht nur unter Kapitalmangel, Mangel an Fachkräften und veralteten Technologien, sondern auch unter einer „organisierten Selbstbedienung" der politischen Klasse, unter Pfründenwirtschaft und Korruption.

In den 1960er Jahren kam es zu einer vorsichtigen Öffnung gegenüber den USA und zu einer Modernisierung der Exploration und Produktion. Die PEMEX entwickelte sich zu einer der bedeutendsten staatseigenen Ölgesellschaften der Welt.

Venezuela

Auch die Inkorporation Venezuelas wurde von einem Diktator initiiert, der aus Gründen der Selbstbereicherung und der Landesentwicklung ausländisches Kapital anzuziehen versuchte. Obwohl der venezolanische Nationalkongress nach der Befreiung des Landes von spanischer Kolonialherrschaft der Nationalisierung aller Bodenschätze zugestimmt hatte, verfügte der von 1908 bis 1935 herrschende General Juan Vicente Gómez wie ein persönlicher Eigentümer über die Erdölvorkommen des Landes und achtete bei der Vergabe von Konzessionen stets auf Vorteile für sich und seinen Clan (vgl. Karl 1997: 74ff.). Dabei versuchte er wie sein mexikanischer Kollege Díaz, britische und amerikanische Interessen gegeneinander auszuspielen.

Wie in Mexiko waren britische und nordamerikanische Konzerne von Anfang an führend in Exploration, Förderung und Export. Im Unterschied zu Mexiko, dessen Ölvorkommen von unabhängigen Unternehmen wie Doheny's Huasteca Petroleum Company und Pearsons El Águila erschlossen wurden, dominierten in Venezuela die großen Konzerne (*majors*) die niederländisch-britische Royal Dutch/Shell (seit 1913) und die amerikanische Standard Oil Corporation (seit 1919). Die Ölsuche konzentrierte sich von Anfang an auf das Maracaibo-Becken. Der Durchbruch erfolgte 1922, zwölf Jahre nach dem Durchbruch in Mexiko, als es auf dem La Rosa-Feld von Royal Dutch/ Shell zu einem unkontrollierten Ausbruch kam, der in einem geschätzten Umfang von 100.000 Barrel pro Tag fast so groß war wie die Produktion auf dem ersten großen mexikanischen Ölfeld Potrero del Llano 4. Das spektakuläre Ereignis löste ein großes Ölfieber aus und veranlasste die „Gomecistas" zur Gründung einer nationalen Ölgesellschaft, der Compania Venezolana del Petroleo (CVP), eine Briefkastenfirma, über die man ausländische Bewerber gegeneinander auszuspielen und sich selbst zu bereichern suchte.

Wirklich beherrscht wurde die venezolanische Ölproduktion in den zwanziger Jahren von drei großen Gesellschaften: der Royal Dutch/Shell, die in Venezuela ihre größte Förderstätte hatte, und den nordamerikanischen Gesellschaften Gulf und Pan American; letztere wurde 1925 von der Standard Oil of Indiana übernommen. Ein anderer Ableger der Standard Oil Corporation, die Standard Oil of New Jersey (Exxon), war nach vielen Fehlschlägen 1928 mit einer neuer Technik für Unterwasserbohrungen unter dem Maracaibo-See fündig geworden und bezog nun über ihre Tochtergesellschaft „Creole" 50 Prozent ihrer gesamten Weltproduktion (vgl. Venn 1986: 65).

Die Gesamtproduktion Venezuelas stieg von 1,4 Mio. Barrel in 1921 auf 137 Mio. Barrel in 1929 an und überholte damit Mexiko als größtes Exportland der Welt und wurde nach den USA zum zweitgrößten Förderland (vgl. Mommer 2002: 112). Über die Hälfte des Erdölexports ging in die Vereinigten Staaten, die ihrerseits die Hälfte ihrer Rohölimporte aus Venezuela bezogen. Venezuela überholte die USA auch als größten Lieferanten Europas (vgl. Yergin 1991: 335f.).

Royal Dutch/Shell und Standard Oil errichteten ihre Export-Raffinerien aus Sicherheitsgründen nicht auf venezuelanischem Staatsgebiet, sondern auf den in niederländischem Besitz befindlichen Inseln Curaçao und Aruba, denn es war nicht abzusehen, ob die relativ günstigen Rahmenbedingungen in Venezuela das Regime des alternden Präsidenten überleben würden. Nach dessen Tod im Jahre 1936 wurde die Lage der Ölkonzerne ähnlich unsicher wie im Mexiko. Sie wurden wegen ihrer exorbitanten Profite und der miserablen Lebensbedingungen der Arbeiter in den Ölslums unaufhörlich angegriffen. Im gleichen Jahr, in dem die mexikanische Regierung die Verstaatlichung der Ölindustrie durchsetzte (1938), übte auch die Militärregierung Venezuelas verstärkten Druck auf die Konzerne aus. Sie wurden vor die

Wahl gestellt, entweder höhere Gebühren und Steuern zu zahlen oder verstaatlicht zu werden. Während Mexiko dem internationalen Druck standhielt und die Verstaatlichung durchsetzte, kam es in Venezuela zu einem Kompromiss zwischen Regierung und Konzernen, an dem die US-Administration entscheidend beteiligt war (vgl. Sampson 1976: 115). Im Jahr 1939 wurde ein Handelsabkommen mit den USA abgeschlossen, in dem die Importabgaben Venezuelas um die Hälfte reduziert und dem Land ein Anteil von 90 Prozent an der gesamten Importquote der USA für Öl zugestanden wurde (vgl. Barudio 2001: 106). Mit dem Kriegseintritt der USA wurden die Beziehung zwischen den USA und Venezuela noch enger, und im Verlauf des Zweiten Weltkriegs avancierte das Land zum wichtigsten Öllieferanten der Alliierten. 1946 war Venezuela, dessen Produktion bis zur Verstaatlichung von 1976 von britischen und nordamerikanischen Unternehmen kontrolliert wurde, der weltweit bedeutendste Ölexporteur (vgl. Yergin 1991: 298, 305).

Nach dem Zweiten Weltkrieg strebte die Regierung Venezuelas eine paritätische Aufteilung der Öleinnahmen zwischen Staat und Konzernen an und setzte dieses Prinzip im Jahre 1948 durch – „ein Markstein in der Geschichte der Ölindustrie" (vgl. Anderson 1984: 53; Yergin 1991: 546, 705). Von Venezuela aus setzte sich die 50:50-Regel schnell auch in anderen Ländern durch, vor allem im Nahen Osten, der auf dem Weg zur weltweit führenden Ölregion war. Die paritätische Gewinnteilung war nur die eine Pioniertat, die von Venezuela ausging, die andere war die Mitbegründung der OPEC im Jahre 1960.

Trotz ähnlicher Formen der Inkorporation – tatkräftige Diktatoren als Inkorporations- und Verhandlungspartner britischer und amerikanischer Konzerne, die die Ölproduktion mehr konkurrierend als kooperierend dominierten – schlugen die beiden lateinamerikanischen Länder unterschiedliche Entwicklungswege ein. Während Mexiko seine Industrie- und Exportstruktur im Laufe der Zeit erfolgreich diversifizierte und sich an den Industrieländern orientierte, behielt Venezuela eine vom Ölexport abhängige Monostruktur bei – wie die Ölländer des Nahen Ostens, mit denen es sich anders als Mexiko in der OPEC zusammenschloss.

Abbildung 3.1: Jährliche Erdölproduktion von Mexiko und Venezuela 1910–1948

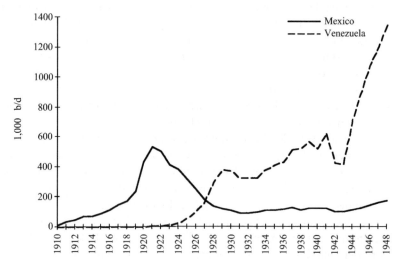

Quelle: Brown, Jonathan C./Peter S. Linder, Oil, in: Topik, Stephen C./Allen Wells (eds.), The Second Conquest of Latin America: Coffe, Henequen, and Oil, Austin 1998, S. 170.

3.2 Die Inkorporation des Nahen Ostens

Auch die Eingliederung des Nahen Ostens in die Weltwirtschaft des Erdöls verläuft im Kontext der Imperialismen Großbritanniens und der Vereinigten Staaten.[4] Allerdings haben es die beiden angelsächsischen Hegemonialmächte in der östlichen Hemisphäre mit zwei weiteren Großmächten zu tun: mit

---

[4] Der gleiche Raum, – er umfasst „die Türkei, den Iran und vielleicht Afghanistan; den Irak und die Arabische Halbinsel; die vier levantinischen Staaten Syrien, Libanon, Israel und Jordanien; und Ägypten mit unterschiedlich definierten Ausdehnungen nach Süden und Westen ins arabischsprachige Afrika hinein" – wird im Deutschen als „Naher Osten", im englischen als *„Middle East"* bezeichnet. Der in dieser Begriffsbildung zum Ausdruck kommende Eurozentrismus verweist auf das Periphere der bezeichneten Region, und es ist sicher kein Zufall, dass der Begriff des *Middle East* im Zenit des europäischen Imperialismus (im Zeichen Großbritanniens und Frankreichs) im Jahre 1902 geprägt wurde (vgl. Lewis 1994: 15ff, 40).

dem niedergehenden Osmanischen Reich der Türken, das von 1500 bis 1918 große Teile Arabiens unter seine Herrschaft gebracht hatte, und dem expansionistischen Russischen Reich, das sich immer weiter nach Asien und in Richtung des Indischen Ozeans ausdehnte und die britischen Besitzungen in Indien bedrohte. Im Unterschied zu Lateinamerika war, vom französischen Algerien abgesehen, keine der Ölregionen des Nahen Ostens jemals formale Kolonie eines europäischen Landes gewesen oder von Europäern besiedelt worden. Aber wie die lateinamerikanischen Länder wurden sie von Europäern und Amerikanern – unter anderen Voraussetzungen, aber mit ähnlichen Methoden – in abhängige Peripherien verwandelt.

Im Unterschied zur westlichen Hemisphäre waren die britischen Interessen in der östlichen Hemisphäre zunächst weniger wirtschaftlich als strategisch begründet. Es galt die Verbindungen zwischen Großbritannien und Indien, seiner wertvollsten Kolonie, durch ein System maritimer Stützpunkte abzusichern und Persien, Afghanistan und auch das osmanische Reich als Pufferzonen zu stabilisieren, um die Russen so weit wie möglich vom Persischen Golf und vom Indischen Ozean fernzuhalten. 1839 besetzten die Briten von Indien aus Aden am Ausgang des Roten Meeres und schlossen mit den am Indischen Ozean und am Golf von Persien gelegenen arabischen Scheichtümern Bahrain (1881), Masqat (Trucial Oman 1882), Oman (1891), Kuwait (1899), Katar (1916) Protektoratsverträge ab. Damit brachten sie fast die gesamte Küstenregion der arabischen Halbinsel am Indischen Ozean und am Golf von Persien Schritt für Schritt unter ihre Kontrolle. Besondere Bedeutung erlangte das auf der anderen Seite des Golfs gelegene, formal unabhängige, aber von Russland bedrängte Persien (Iran), als dort (viel früher als auf der arabischen Halbinsel) Erdöl entdeckt wurde. Kurz vor dem Ersten Weltkrieg wurde die britische Flotte von Kohle- auf Ölbetrieb umgestellt, und da innerhalb des britischen Empire noch kein Öl gefunden worden war, gewann Persien als Treibstofflieferant und Stützpunkt der weltweit operierenden Royal Navy erhebliche strategische Bedeutung.

Die Vereinigten Staaten wurden erst nach dem Ersten Weltkrieg im Nahen Osten aktiv, als Großbritannien und Frankreich darangingen, die arabischen Provinzen des untergegangenen osmanischen Reiches unter sich aufzuteilen. Die im Sykes-Picot-Abkommen von 1916 verabredete und im Vertrag von Versailles festgelegte Aufteilung der arabischen Gebiete als „Mandate" Großbritanniens und Frankreichs wurde von den Vereinigten Staaten heftig kritisiert (vgl. Lewis 1994: 385ff.). Sie wandten sich gegen den exklusiven Imperialismus Großbritanniens und Frankreichs und forderten die Öffnung der Region für amerikanische Unternehmen. Die Durchsetzung einer „offenen Tür" erschien um so wichtiger, als die Automobilisierung der Vereinigten Staaten zu dieser Zeit rapide zunahm und Prognosen über ein baldiges Versiegen der amerikanischen Ölquellen bekannt wurden (die sich im Nachhinein wie die meisten Ölprognosen als falsch herausstellten). Nach dem Zweiten Weltkrieg zog die USA nach dem Urteil Fergusons zunächst weniger das Erdöl in den Nahen Osten als vielmehr „die Furcht vor der Sowjetunion, genauer gesagt, die Furcht, diese könnte aus der Krise der europäischen Imperien in der arabischen Welt Kapital schlagen, so wie sie es in Asien bereits getan hatte. Allerdings zeigte sich, dass sich die Sowjetunion bemerkenswert ungeschickt anstellte" (Ferguson 2004: 139f.). In keinem der im Folgenden etwas genauer untersuchten Länder konnte das kommunistische Gegenzentrum die Kreise der westlichen Konzerne ernsthaft behindern.

Persien/Iran

Die Inkorporation der Ölregionen des Nahen Ostens entfaltete sich als Ergebnis einer Interessenverflechtung zwischen britischen Geschäftsleuten, der Regierung Großbritanniens und dem Schah von Persien. Sie begann, als ein britischer Spekulanten namens William Knox D'Arcy, der im Jahre 1901 vom Schah eine Konzession zur Exploration und Förderung von Rohöl auf 60 Jahre für drei Viertel des Landes erworben hatte, nicht in der Lage war, seine Konzession wirtschaftlich zu nutzen. Die britische Regierung kam ihm zu Hilfe und vermittelte eine Kooperation mit der im schottischen Glasgow residierenden Burmah Oil, deren fernöstliche Ölproduktion für die Versorgung ihrer Märkte nicht ausreichte und die daher auf der Suche nach zusätzlichen Quellen war. Als man schließlich im Jahre 1908 im südwestlichen Persien bei Masjid-i-Suleiman, unweit eines altpersischen Feuertempels, auf eine ergiebige Ölquelle stieß, wurde zu ihrer Ausbeutung im Jahre 1909 eine Aktiengesellschaft mit dem Namen „Anglo-Persian Oil Company" (APOC) gegründet. Größte Anteilseigner waren der britische Staat und die Burmah Oil Company. Später in Anglo-Iranian Oil Company (AIOC) umgetauft, wurde diese stark unter Regierungseinfluss stehende Gesellschaft zum monopolistischen Eigentümer des iranischen Öls, zum privilegierten Versorger der Royal Navy, zum größten industriellen Arbeitgeber im Iran und zum drittgrößten Mineralölkonzern der Welt. Aus ihr ging später die British Petroleum (BP) hervor. Das in Maschijd-i-Suleiman geförderte Öl wurde über eine 200 km lange Pipeline – eine der ersten des Nahen Ostens – zu einer Raffinerie nach Abadan im Schatt-el-Arab gepumpt, die sich zu einer der größten der Region entwickeln sollte.

Nach dem Zweiten Weltkrieg hatten sich starke Spannungen zwischen dem geschwächten Großbritannien und dem aufbegehrenden Persien aufgebaut, die großenteils aus den ungleich verteilten Gewinnen aus dem Ölgeschäft resultierten. „Von 1945 bis 1950 verbuchte die Gesellschaft [gemeint ist die Anglo-Persian Oil Company] einen Gewinn von 250 Millionen Pfund, verglichen mit einem iranischen Gewinnanteil von 90 Millionen Pfund. Die von der britischen Regierung erzielten Steuereinnahmen aus dem Ölgeschäft waren höher als die Gewinnanteile Persiens. Darüber hinaus wurde ein wesentlicher Teil der Dividenden der Ölgesellschaft dem größten Anteilseiger, der britischen Regierung gutgeschrieben" (Yergin 1991: 560). Die von Persien angestrebte Verstaatlichung des Monopolunternehmens konnte trotz des Angebots einer 50-Prozent-Beteiligung an den Einkünften aus dem Ölgeschäft nicht mehr abgewendet werden. So wurde die erste große Ölkonzession im Nahen Osten (nach 40 Jahren) auch als erste einseitig gekündigt.

Auf die Verstaatlichung von 1951 reagierten die Briten mit einem umfassenden Boykott, der die iranische Regierung um zwei Drittel ihrer Devisen- und die Hälfte ihrer Staatseinnahmen brachte und das Land in eine schwere Krise stürzte. Die Vereinigten Staaten schalteten sich als Vermittler ein und wirkten auf eine Reorganisation der iranischen Ölindustrie hin. Die führte dazu, dass die National Iranian Oil Company (NIOC) nominell Eigentümerin der Ölfelder und Raffinerien blieb und ihr Öl an ein im Jahre 1954 gegründetes internationales „*Consortium*" von sieben Ölgesellschaften verkaufte. Dieses internationale Konsortium und nicht der iranische Staatskonzern leitete weiterhin die iranische Ölindustrie. Seine Zusammensetzung spiegelt den Machtwechsel im Nahen Osten wider: die Anglo-Iranian Company, nun in „British Petroleum" (BP) umbenannt, verlor ihr Monopol und musste die Kontrolle des iranischen Öls mit anderen europäischen und amerikanischen Unternehmen teilen. Die BP behielt 40 Prozent der Anteile, Royal Dutch/Shell erhielt 14 Prozent, die fünf amerikanischen Unternehmen – Standard Oil of New Jersey (Exxon), Standard Oil of New York (Mobil), Gulf, Texaco und Standard Oil of California (Chevron) – je 7 Prozent und die französische Compagnie Française des Pétroles (CFP) 6 Prozent. Außerdem wurde das Konsortium für unabhängige kleinere amerikanische Ölgesellschaften (so genannte *independents*) mit einem Anteil von insgesamt 5 Prozent geöffnet (vgl. Sampson 1976: 135, 140; Anderson 1984: 52). Um die Dominanz dieses Konsortiums zu reduzieren, nahm die NIOC(Geschäftsbeziehungen mit zahlreichen anderen Unternehmen, vorzugsweise *non-majors* oder *independents*, auf. Um 1975, zwei Jahre nach Beginn der OPEC-Revolution und der ersten Ölpreiskrise, hatte der Iran 20 separate Abkommen mit 34 ausländischen Unternehmen aus 9 Ländern getroffen, darunter nur 2 *majors* (vgl. Anderson 1984: 56).

Mesopotamien/Irak

Als zweite Region des Nahen Ostens wurde Mesopotamien, der spätere *Irak*, in die Weltwirtschaft des Erdöls inkorporiert. Das Zweistromland war eine Provinz des zerfallenden Osmanischen Reiches der Türken, dessen Sultan, wie der Schah von Persien eine Dekade zuvor, verzweifelt nach Geldeinnahmen suchte und dabei auf die Vermarktung der vermuteten Erdölvorkommen setzte. Diesmal hatte Großbritannien es nicht, wie in Persien, mit nur mit einem Konkurrenten (Russland) zu tun, sondern von Anfang an mit mehreren westlichen Ländern, die erbittert um Förderkonzessionen kämpften. Hierzu gehörte auch eine deutsche Gruppe unter Führung der Deutschen Bank.[5] Die unterschiedlichen Interessen wurden in einem im Jahre 1912 gegründeten Konsortium mit dem Namen „Turkish Petroleum Company" (TPC) gebündelt und ausgeglichen. Die in Persien als Monopolistin dominierende Anglo-Persian Oil Company musste sich im Irak mit etwa der Hälfte der Anteile an dem internationalen Konsortium begnügen; je 25 Prozent entfielen auf die Royal Dutch/Shell und die Deutsche Bank. Fünf Prozent erhielt der Finanzberater der türkischen Regierung, der arme-

---

[5] Deutschland war um diese Zeit völlig von der zur Standard Oil Corporation gehörenden Deutschen Petroleum-Verkaufsgesellschaft abhängig. Diese Gesellschaft, an der die Deutsche Bank einen Anteil von 9 Prozent hielt, tätigte 91 Prozent aller Ölverkäufe in Deutschland. Um die Abhängigkeit vom amerikanischen Öl zu reduzieren und eine mögliche britischen Seeblockade zu umgehen, plante die Deutsche Bank, mesopotamisches Öl mit der von ihr finanzierten „Bagdadbahn" auf dem Landweg nach Deutschland zu transportieren (vgl. Engdahl 2000: 41ff).

nische Geschäftsmann Calouste Gulbenkian, für seine Vermittlungsdienste, der damit einer der reichsten Männer seiner Zeit wurde.

Nach dem Ersten Weltkrieg wurden die zwischen Mittelmeer und Persischem Golf gelegenen Gebiete des untergegangenen Osmanischen Reiches, wie bereits erwähnt, Gegenstand rivalisierender britischer, französischer und amerikanischer Interessen. Die von Großbritannien und Frankreich vorgenommene Aufteilung der Region in zwei Mandatsgebiete, wobei der Irak zusammen mit Palästina und Transjordanien an Großbritannien fiel, während Frankreich die Kontrolle Syriens und des Libanons zugesprochen wurde, rief erstmals im Nahen Osten die USA auf den Plan. Sie übten heftige Kritik an diesem Rückfall in den Imperialismus und verlangten aus Furcht vor der Erschöpfung ihrer heimischen Ölquellen infolge des gewaltigen Automobilisierungsbooms die Öffnung der Region für amerikanische Unternehmen.[6] Mit Unterstützung der von der US-Administration betriebenen „Open-Door"-Politik gelang es einer amerikanischen Gruppe unter Führung der Standard Oil of New Jersey (Exxon), sich mit 23,75 Prozent an dem in „Iraq Petroleum Company" (IPC) umbenannten und nun umgruppierten Konsortium zu beteiligen, dem gleichen Anteil wie die Anglo-Persian, die Royal Dutch/Shell und die Compagnie Française des Pétroles (CFP), die die deutschen Anteile übernommen hatte.[7] Gulbenkian behielt seinen 5-Prozent-Anteil. Die Zusammensetzung des IPC-Konsortiums weist erstmals – lange vor der 1954 begründeten iranischen Produktionsgemeinschaft – auf die sich bereits nach dem Ersten Weltkrieg abzeichnende Veränderung der internationalen Machtkonstellation hin: den Niedergang Großbritanniens und den Aufstieg der Vereinigten Staaten zur Weltmacht. Das irakische Konsortium bildete das Vorbild für weitere gemeinsame Unternehmungen der großen Konzerne im Nahen Osten, darunter auch für die Produktionsgemeinschaft im Iran.

Unter Federführung des als „Talleyrant der Erdöldiplomatie" bezeichneten Gulbenkian wurde 1928 im sog. *Red-Line-Agreement* festgelegt, das gesamte Gebiet des untergegangenen osmanischen Reiches (Türkei, Syrien, Irak,

---

6   Der heimische Ölverbrauch hatte zwischen 1911 und 1918 um 90 Prozent zugenommen; die Zahl der zugelassenen motorisierten Fahrzeuge war zwischen 1914 und 1920 von 1,8 auf 9,2 Millionen angestiegen (vgl. Yergin 1991: 252).

7   Diesem amerikanischen Konsortium mit dem Namen „*Near East Development Company*" gehörten folgende Unternehmen an: Standard Oil of New Jersey, Gulf Oil, Standard Oil of New York, Atlantic Refining Company, Mexican Oil Company.

Palästina, Transjordanien, Saudi-Arabien, mit Ausnahmen Kuwaits und des Sinai) ausschließlich im Rahmen der Iraq Petroleum Company auszubeuten. Wie Mejcher ausführt, war die Zielsetzung eine doppelte: „Zum einen sollte der Regierung in Bagdad, aber auch anderen arabischen Regierungen die Möglichkeit genommen werden, die führenden Erdölgesellschaften und die hinter ihnen stehenden nationalen Interessen gegeneinander auszuspielen; zum anderen sollte den finanziellen und sonstigen geschäftspolitischen Bestimmungen der IPC Konzessionen nach Möglichkeit im gesamten Nahen Osten Geltung verschafft werden" (Meycher 1980: 38). Dem Irak war schon 1925 ein Konzessionsvertrag aufgezwungen worden, der die Regierung von jeglicher Gewinnbeteiligung an der IPC ausschloss und ihr lediglich eine Förderpauschale von 4 Shilling (Goldstandard) pro Tonne Rohöl zugestand (vgl. Meycher 1980: 34). Sie machte nur einen Bruchteil des Marktpreises aus, und man konnte seinerzeit davon ausgehen, dass die Preise weiter steigen würden. Steuern wurden nicht erhoben. „Dass die Gesellschaft den Irak auf Tantiemen beschränkte und eine Beteiligung nicht erlaubte, war im Laufe der nächsten vierzig Jahre eine stete Quelle der Erbitterung für die Iraker" (Sampson 1976: 77).[8]

Die irakische Produktion begann 1927 im nördlichen Teil des Landes, in der Region von Kirkuk, dessen Ölfeld fast 50 Jahre lang eines der größten des Nahen Ostens war und in diesem Zeitraum zumeist 50 bis 70 Prozent der irakischen Produktion ausmachte (vgl. Simmons 2006: 24). Unter dem Eindruck der Verstaatlichung im Iran kam es 1952 zu neuen Verhandlungen zwischen der irakischen Regierung und den Konzernen, die zur Durchsetzung der paritätischen Gewinnbeteiligung und zur Beschränkungen der Explorations- und Produktionstätigkeit der IPC führte. Nach dem Sturz des Königs und der Ausrufung der Republik im Jahre 1958 kündigte die Militärregierung fast alle Konzessionen der IPC. Der daraufhin verhängte Investitionsstopp verlangsamte die irakische Produktion und begünstigte Produktionssteigerungen im Iran und in Saudi-Arabien. Die angestrebte Verstaatli-

---

[8] Sie wurde noch gesteigert durch die „Kopplung des IPC Diktats mit der Frage der territorialen Einheit und der Verfassungsentwicklung ... Zurück blieb unter irakischen Nationalisten viel Bitterkeit, die sich bei vielen von ihnen bis zum unversöhnlichen Hass gegen die Briten anstaute; hinzu gesellte sich der entschlossene Wille, künftig jede Gelegenheit zur Revision, wenn nicht Beseitigung der IPC Konzession zu nutzen" (Mejcher 1980: 27).

chung der IPC und ihre Überführung in eine nationale Erdölgesellschaft konnten aber erst 1972, zwanzig Jahre nach der Verstaatlichung des iranischen Konsortiums, mit Unterstützung der sozialistischen Länder durchgesetzt werden. Dabei wurde die schon 1964 gegründete Iraq National Oil Company (INOC) in „Iraq Company for Oil Operations" (ICOO) umbenannt (vgl. Al-Sheikh 1976).

Arabische Halbinsel

Die Inkorporation der arabischen Halbinsel hätte dem Rotstiftabkommen entsprechend von der Iraq Petroleum Company erfolgen sollen, doch tatsächlich wurde die Ausbeutung der dortigen Lagerstätten nicht von diesem internationalen Konsortium in Angriff genommen, sondern von einzelnen amerikanischen Unternehmen. Die der IPC angehörende Gulf Oil Company, die nach dem Versiegen der texanischen Ölfelder nach neuen Quellen suchte, konnte dem *Red-Line-Agreement* entsprechend nur außerhalb der roten Linie, also nicht z. B. in Saudi-Arabien, wohl aber in Kuwait aktiv werden. Mit dem Emir von *Kuwait* schloss sie im Jahr 1927 einen Konzessionsvertrag über 75 Jahre ab, mußte sich aber auf Druck der Briten zu einem 50:50-*joint venture* mit der Anglo-Persian bereit erklären (vgl. Blank 1994: 35ff.). Das Gemeinschaftsunternehmen erhielt den Namen „Kuwait Oil Company".

Auf britischen Widerstand stieß auch eine andere amerikanische Gesellschaft, die Standard Oil of California (SOCAL, später Chevron), die der IPC nicht angehörte und daher bei der Suche nach Ölquellen im arabischen Raum formal völlig frei war. Sie konnte sich gegen britische Einwände durchsetzen und mit dem Emir von *Bahrain* einen Konzessionsvertrag abschließen. Im Jahre 1932 wurde die SOCAL mit ihrer Tochtergesellschaft, der Bahrain Petroleum Company, fündig. Als die SOCAL ihre Aktivitäten auf *Saudi-Arabien* ausdehnen wollte, stieß sie ebenfalls auf britischen Widerstand. Die IPC beziehungsweise ihr einflussreichstes Mitglied, die Anglo-Persian, war angesichts enormer eigener Ölvorräte weniger an einer zusätzlichen Konzession interessiert, als vielmehr daran, Konkurrenz vom arabischen Raum, den sie als ihre Einflusssphäre betrachtete, fernzuhalten. Die SOCAL setzte sich wiederum durch und schloss im Jahre 1933 mit dem König von Saudi-Arabien einen Konzessionsvertrag über eine Laufzeit von 60 Jahren und über ein Gebiet von 500.000 Quadratkilometern ab, das sechs Jahre später auf 1,5

Mio. Quadratkilometer erhöht wurde. Die SOCAL gründete mit der Texas Company (Texaco), mit der sie schon früher unter dem Firmennamen „Caltex" eine Partnerschaft eingegangen war, ein Gemeinschaftsunternehmen mit dem Namen „California-Arabian Standard Oil Company" (CASOC), das im Jahre 1944 in „Arabian-American Oil Company" (ARAMCO) umbenannt wurde. Im Jahre 1948 wurde das *Red-Line-Agreement* aufgehoben und ermöglichte den Beitritt zweier weiterer US-Firmen in die ARAMCO, nämlich der Standard Oil of New Jersey (Exon) und der Standard Oil of New York/Vacuum (Mobil). Nachdem 1938 mit Dammam das erste große Ölfeld gefunden wurde, folgte zwei Jahre später die Entdeckung des unweit gelegenen Abqaiq, „das vielleicht beste jemals in der Welt bekannt gewordene Ölfeld was Größe, Produktivität und Qualität betrifft". (vgl. Simmons 2006: 31). Südlich davon wurde 1948 Ghawar, das mit etwa 100 Gb weltweit größte Ölfeld gefunden. 1951 wurde *offshore* im Persischen Golf mit Safaniya das zweitgrößte saudi-arabische Ölfeld und weltweit größte *offshore*-Ölfeld entdeckt. Ghawar und Safaniya produzieren zusammen ungefähr 75 Prozent des saudi-arabischen Öls (vgl. Simmons 2006: 41). Der Höhenflug des arabischen Öls begann zu der Zeit, als die USA den historischen Höhepunkt ihrer Förderung erreicht hatten.

Es ist keine allzu große Vereinfachung zu behaupten, Saudi-Arabien sei als Staat erst im Prozess der Inkorporation entstanden, Inkorporation und Staatsbildung seien als gleichzeitige und interaktive Prozesse verlaufen und weitgehend von den Vereinigten Staaten bestimmt worden. Im gleichen Jahr, in dem Scheich Abd al-Azis Ibn Saud (ca. 1880–1953) das Königreich Arabien ausrief und seinen ältesten Sohn als Thronfolger ernannte, schloss er mit einem der führenden amerikanischen Konzerne (SOCAL) einen Vertrag, der den Pfad zum Petro-Staat einleitete.[9] Indem er den ökonomischen Tausch von Erdölkonzessionen gegen Dollarzahlungen um eine politisch-militärische Komponente – amerikanische Stützpunkte und Waffenlieferungen – erweiterte, stellte er das Land unter den Schutz der Vereinigten Staaten. Nach dem Ersten Weltkrieg im Irak mit der Berufung auf das universalistische Prinzip der Offenen Tür aufgetreten, hatten sich die Amerikaner in Saudi-Arabien einen exklusiven Zugang zu den größten Ölvorkommen der

---

[9] Neben dem Ölreichtum ist die Wahhabitische Lehre, eine radikale Variante des Islam, die die Saudis im 18. Jahrhundert übernommen und verbreitet hatten, die zweite – ideologische – Säule ihrer Macht (vgl. Lewis 2003: 135ff).

Welt verschafft. Doch auch die amerikanischen *majors* konnten dem Schicksal der anderen westlichen Konzerne im Nahen Osten nicht entgehen und wurden in den 1970er Jahren verstaatlicht. Im Jahre 1974 übernahm Saudi-Arabien 60 Prozent der ARAMCO-Anteile, im Jahr 1980 befanden sich alle Anteile der vier Konzerne im Staatsbesitz. Gegenwärtig erwägt die saudische Regierung eine Teilprivatisierung des staatlichen Ölproduzenten ARAMCO, der ca. 12 Prozent zur globalen Ölproduktion beisteuert.

Als Zwischenfazit lässt sich festhalten: Mit der (keinesfalls konfliktlosen) Ablösung Großbritanniens durch die USA als Zentrum der Weltwirtschaft geht eine Veränderung der Inkorporationsformen einher. Das anfängliche britische Muster einer monopolistischen und staatlich kontrollierten Inkorporation externer Regionen wurde durch internationale Konsortien abgelöst, bei denen britische Firmen die Macht mit anderen, ausländischen Firmen teilen mussten. Teils durch politischen Druck, teils durch gemeinsame unternehmerische Interessen zustande gekommene Konsortien bildeten das Einfallstor für amerikanische Unternehmen, als deren heimische Ölbasis zu schwinden begann beziehungsweise auf Intervention der Regierung geschont werden musste. Amerikanische Regierungen haben zwar gelegentlich die Auslandsaktivitäten der heimischen Konzerne politisch unterstützt, nie jedoch staatliche Beteiligungen angestrebt oder die Absicht verfolgt, einen nationalen Ölkonzern zu etablieren, wie Großbritannien es wiederholt versuchte. Die Vereinigten Staaten setzten bei ihrer Ölversorgung sehr viel entschiedener auf private Unternehmen und funktionsfähigen Wettbewerb – was Wettbewerbsbeschränkungen und verbotene Absprachen auf Seiten der Konzerne aber nie ausgeschlossen hat. Mit der Zeit drängten immer mehr *newcomer* und *independents* – oftmals zu höheren Markteintrittskosten und nicht selten ermutigt durch Regierungen der Exportländer, die die Macht der *majors* brechen wollten, – in den Nahen Osten.[10] Die unterschiedlichen Formen der Inkorporation nahöstlicher Ölländer durch Großbritannien und die Vereinigten Staaten sind in Tabelle 3.1 die synoptisch dargestellt.

---

[10] Nationale Besonderheiten bei der Inkorporation von Förderregionen sind trotz der Konvergenz zu internationalen Konsortien nie ganz verschwunden. So hat Großbritannien bei der Erschließung des Nordseeöls in den 1970er Jahren ähnlich wie seinerzeit im Nahen Osten ein nationales Unternehmen gegründet, die „British National Oil Corporation" (BNOC). Vgl. Yergin 1991: 825, 916f; Yergin/Stanislaw 1999: 30.

Tabelle 3.1: Nationale Typen der Inkorporation externer Regionen des Nahen Ostens

Inkorporierendes Land	UK	USA
Ausgangslage	keine eigenen Ölvorkommen	eigene Ölvorkommen
Motivation der Inkorporation	primär politisch-militärisch: Versorgung der Royal Navy mit Schiffsöl durch ein Netz weltweiter Bunkerstationen	primär ökonomisch: Furcht vor Erschöpfung der eigenen Ölvorkommen infolge des Automobilisierungsbooms
Form der Inkorporation	imperial ausgerichteter Staat präpariert das Terrain für ausländische Aktivitäten britischer Unternehmen („*trade follows the flag*")	Initiative von privaten Unternehmen bei Zurückhaltung der Regierung aufgrund der antiimperialistischen Ideologie der USA
	zuerst externe Inkorporation ausländischer Ölfelder, später interne Inkorporation inländischer Ölfelder (Nordsee-Öl seit 1969)	zuerst interne Inkorporation inländischer Ölfelder, später externe Inkorporation ausländischer Ölfelder
inkorporierte Länder	**Iran** ab 1912*	**Saudi-Arabien** ab 1932*
führende Unternehmen	British Petroleum (BP)	Aramco (amerikanisches Konsortium) (Standard Oil of California, New Jersey, New York und Texaco)
inkorporierte Länder	**Irak** ab 1934*	**Kuwait** ab 1946*
führende Unternehmen	Iraq Petroleum Company (IPC) (Anglo-Persian, Royal Dutch/Shell, Standard Oil of New Jersey, Compagnie Française des Pétroles, Calouste Gulbenkian)	Kuwait Oil Company (KOC) (Gulf und British Petroleum)
Entwicklungstendenzen	zunehmend nicht-kolonialistisch im Konzext der Dekolonisation	zunehmend quasi-imperialistisch im Kontext des Aufstiegs zur Weltmacht

* Jahr des ersten Ölexports

3.3 Die Inkorporation Afrikas

Die Eingliederung Afrikas in die kapitalistische Weltwirtschaft ist eng mit der Inkorporation Lateinamerikas im „langen 16. Jahrhundert" verbunden. In der ersten Phase wurden einzelne Regionen Westafrikas als Lieferanten von Arbeitssklaven für die Plantagen und Bergwerke Lateinamerikas in die atlantische Wirtschaft hineingezogen. In einem Zeitraum von nahezu 300 Jahren brachten zunächst Portugiesen und Holländer, später vor allem Briten, insgesamt mehr als 9,5 Millionen Afrikaner in die Neue Welt und bewirkten damit tief greifende Veränderungen der afrikanischen wie der amerikanischen Gesellschaften (vgl. Reinhard 1996: 88ff.).

Während vom 17. bis weit ins 20. Jahrhundert hinein nur einzelne Regionen Westafrikas in die Weltwirtschaft inkorporiert wurden, kam es in der Phase des Hochimperialismus ab den 1870er Jahren zu einem beispiellosen, höchst irrational anmutenden Wettlauf der europäischen Mächte um die Kontrolle des (sehr viel größeren) Rests des Kontinents. Innerhalb kürzester Zeit entstanden 30 neue Kolonien und Protektorate, die fast 26 Millionen Quadratkilometer und 110 Millionen Menschen umfassten (vgl. Pakenham 1993: 13).[11]

Die dritte Phase der Inkorporation beginnt nach dem Zweiten Weltkrieg und steht im Zeichen von Dekolonisation und Staatenbildung. Dabei handelt es sich um einen zwiespältigen Prozess, denn das Erreichen der for-

---

[11] Die Motivation für die koloniale Inbesitznahme Afrikas bringt Pakenham auf „drei C": *Commerce, Christianity, Civilization* und fügt aus der Sicht der Afrikaner ein viertes „C" hinzu: *Conquest*. Eine rein ökonomische Erklärung des „neuen Imperialismus" greift aus Hobsbawm Sicht (und der vieler anderer Imperialismusforscher) zu kurz. Wirtschaftliche Motive verquicken sich vor allem bei Großbritannien fast immer mit strategischen Interessen, insbesondere der Sicherung der Schifffahrtswege und des Zusammenhalts des Empire. Zudem lenkt imperialistische Politik von den inneren wirtschaftlichen und sozialen Problemen der Industrieländer ab und fokussiert die Aufmerksamkeit des Publikums auf die Herausforderungen und Chancen globaler Aktivitäten. Schließlich war der neue Imperialismus auch ein kulturelles, von missionarischem Eifer und zivilisatorischer Mission getragenes Phänomen. Es äußert sich in der Verbreitung europäischer Sprachen und Religionen, Ideen und Institutionen. Neben der Verbesserung von Bildung und Gesundheit ging es auch um die Internalisierung von zwei Grundformen zivilisierten Verhaltens, nämlich Steuern zu zahlen und zu arbeiten – sollten die Kolonien sich doch grundsätzlich selbst finanzieren und für ihre Herren Gewinn abwerfen (vgl. Hobsbawm 1989: 83ff; Reinhard 1990: 98).

malen politischen Unabhängigkeit führte nur selten zu einer Vergrößerung der wirtschaftlichen Handlungsfreiheit oder zu einer Verbesserung der wirtschaftlichen Lage. Die unabhängigen Staaten behielten in der Regel ihre periphere Position als Rohstofflieferanten der ehemaligen Kolonialherren und anderer Industrieländer und blieben in ihrer wirtschaftlichen Entwicklung von den Zentrumsländern, insbesondere von den zur Hegemonialmacht aufgestiegenen USA (teilweise auch von der zum Gegenzentrum aufgestiegenen Sowjetunion) abhängig.

Nordafrika

Die beiden nordafrikanischen Ölländer Algerien und Libyen wurden nach dem Zweiten Weltkrieg auf sehr unterschiedliche Weise in die Weltwirtschaft der Erdöls eingegliedert. *Algerien* wurde 1930 von Frankreich besetzt und als „partie intégrante du territoire national", als integrativer Teil des nationalen Territoriums Frankreichs, betrachtet (vgl. Albertini 1985: 207ff.). Die Inkorporation dieser französischen Kolonie – zunächst mehr in die französische Volkswirtschaft als in die Weltwirtschaft – begann erst nach dem Zweiten Weltkrieg, als die Pariser Regierung das Bureau de Recherche des Pétroles (BRP) gründete und mit der Suche nach Ölvorkommen im französischen Einflussbereich beauftragte. Dieses 1945 gegründete Staatsunternehmen schien für die Verfolgung nationaler Interessen in diesem zunehmend wichtiger werdenden Industriezweig besser geeignet als die international agierende CFP (Compagnie Française des Pétroles), die sich von den angelsächsischen Multis kaum unterschied und ihnen in einigen internationalen Konsortien, vor allem im Irak, verbunden war (vgl. Schneider 1983: 77). Dies schloss aber gemeinsame Aktivitäten der beiden französischen Unternehmen nicht aus. Sie entdeckten 1955 „Edjeleh", das erste Ölfeld der Sahara, und ein Jahr später das Hassi-Messaoud-Feld, mit 9,1 Gb das größte Ölfeld des afrikanischen Kontinents (vgl. Campbell u.a. 2002: 63). 1959 begann der Ölexport, und sehr schnell wurde Algerien für die französische Ölversorgung wichtiger als der Irak, wo die CFP schon nach dem Ersten Weltkrieg Fuß gefasst hatte.

Überschattet wurde die Inkorporation Algeriens durch den 1954 ausgebrochenen, extrem gewalttätigen Unabhängigkeitskrieg, der 1962 mit der Unabhängigkeit Algeriens endete. 1965 geriet die französische Erdölindustrie mit einem Staatsanteil von 51 Prozent unter algerische Kontrolle. Die französische Regierung versuchte in einer Reihe bilateraler Abkommen ihren Einfluss und den ihrer Konzerne auf die Erdölvorkommen der ehemaligen Kolonie aufrechtzuerhalten. Sie konnte die Verstaatlichung der französischen Konzerne aber nicht verhindern und reagierte – ähnlich wie Großbritannien bei der Verstaatlichung der BP im Iran 1951 – äußerst hart, verschlimmerte dadurch aber nur die Lage und schwächte ihre eigene Position. Nur allzu gerne nutzten 1971 amerikanische Konzerne die Chance, in Algerien Fuß zu fassen – so wie sie es auch im Iran angesichts der britischen Ungeschicktheiten getan hatten (vgl. Turner 1987: 138). Der algerische Staatskonzern Sonatrach gehört heute zu den führenden Staatskonzernen der Welt.

Libyen wurde im Zuge des Wettlaufs europäischer Länder um die Beherrschung Afrikas 1912 italienische Kolonie, geriet gegen Ende des Zweiten Weltkrieges unter britische und französische Kontrolle und wurde 1951 mit Hilfe der UN in die Unabhängigkeit entlassen. Ende der 1950er und Anfang der 1960er Jahre wurden 10 große Ölvorkommen entdeckt, darunter von BP das riesige Sarir-Feld und von Standard Oil of New Jersey (Exxon) das Zelton-Feld (Nasser).[12] Um nicht unter die Herrschaft der Sieben Schwestern zu geraten, wurde 1955 ein Petroleumgesetz verabschiedet, nach dem das Land in eine große Zahl kleinerer Konzessionsgebiete aufgeteilt wurde. In der ersten Verhandlungsrunde 1957 konkurrierten 17 Gesellschaften um 48 Konzessionen, darunter neben den *majors* BP und Standard Oil of New Jersey (Exxon) viele *independents*, die im Nahen Osten noch keine Konzessionen oder Produktionsstätten besaßen und in den nahen europäischen Markt einzudringen versuchten – unter ihnen die amerikanische Occidental Petroleum (spätere Conoco), die aus kleinsten Anfängen dank großer Ölfunde in den 1960er Jahren zum sechstgrößten Ölproduzenten aufgestiegen war. Ihr Inhaber, Armand Hammer, sollte nach der Machtübernahme durch den Revolutionsführer Gaddafi in den Auseinandersetzungen um Förderzinsen und Steuern eine führende Rolle spielen (vgl. Yergin 1991: 697ff.).

Da die Militärregierung mit ihren Forderungen gegen die großen Konzerne, die auf Ölquellen in vielen Ländern zurückgreifen konnten, nicht weiterkam, setzte sie die kleineren, verletzbareren Unternehmen unter Druck, darunter vor allem die eben erwähnte, in Libyen groß gewordene Occidental.

---

[12] Zur Entwicklung der Libyschen Produktion vgl. Karlsson 1986: 202 sowie 20ff. und 40 mit vergleichenden Zeitreihen über die Weltölproduktion.

Angesichts drohender Verstaatlichung willigte Hammer nach langen, erbitterten Verhandlungen 1970 schließlich in eine Erhöhung von Förderzinsen und Steuern um 20 Prozent ein, der sich dann auch die anderen Gesellschaften widerwillig anschlossen. Der Erfolg der Libyer löste eine Lawine konkurrierender Forderungen auf Seiten der Exportländer aus, die die Konzerne zusammenrücken ließ und zu Verhandlungsangeboten an die OPEC mit dem Ziel einer „allumfassenden" Einigung bewegte. Dies führte 1971 zur Konferenz von Teheran, auf der ein Regierungsanteil von 55 Prozent vereinbart wurde. Damit wurde das 1948 in Venezuela vereinbarte 50:50-Prinzip überwunden – und damit auch die Dominanz der Konzerne. „Nach der Teheran-Vereinbarung bekam die OPEC Muskeln", die sie wenige Jahre später spielen ließ, als sie in einem revolutionären Akt das gesamte System umstürzte (wie im nächsten Kapitel genauer ausgeführt wird) (vgl. Yergin 1991: 705). Die Inkorporation Libyens steht somit im schärfsten Kontrast zur Inkorporation des Iran und Algeriens; während deren Ölregionen jeweils von einer Monopolgesellschaft aus einem Zentrumsland, der British Petroleum beziehungsweise dem französischen Bureau de Recherche des Pétroles (BRP), erschlossen wurden, vermochte das periphere Libyen noch unter dem alten Regime des Königs Idris eine Strategie des *divide et impera*, der Diversifikation der Konzessionen beziehungsweise der Konzerne zu verfolgen. Sie leitet den Übergang der Initiative und der Dominanz von den Ölgesellschaften zu den Exportstaaten ein und damit einen Umbruch des gesamten Systems.

Westafrika

Nigeria, der bevölkerungsreichste Staat Afrikas und bedeutendste Erdölexporteur südlich der Sahara, ging aus dem Wettlauf zwischen Franzosen und Briten um die Beherrschung Westafrikas hervor. Dabei setzte sich Großbritannien durch und bildete in einer Serie von Erweiterungen und Eingliederungen das heutige Territorium Nigerias. Wie fast alle afrikanischen Länder ist Nigeria eine „*conglomerate society*", ein von den Kolonialherren aus einer Vielzahl unterschiedlicher Ethnien und Konfessionen ohne Berücksichtigung ihrer wirtschaftlichen, gesellschaftlichen und kulturellen Eigenarten willkürlich und künstlich zusammengefügtes Gebilde, das mit Methoden indirekter Herrschaft zusammengehalten wurde (vgl. Graf 1988: 7).

So war die Inkorporation des Landes in die Weltwirtschaft des Erdöls in der ersten Phase eine rein britische Angelegenheit.[13] Seit der ersten Erdölgesetzgebung, der *Colonial Mineral Ordinance* von 1914, wurden Explorations- und Förderlizenzen von der britischen Kolonialverwaltung nur an britische Personen oder Unternehmen vergeben. Die ersten Lizenzen zur Ölerkundung wurden 1921 an die Shell D'Arcy Exploration Company und die Whitehall Petroleum Company vergeben. 1938 erwarb das Gemeinschaftsunternehmen Shell-BP eine Explorationslizenz, die ganz Nigeria umfasste. Ab 1951 reduzierte das britische Gemeinschaftsunternehmen in mehreren Schritten seine Explorationslizenz, die von anderen Konzernen, wie den amerikanischen Gesellschaften Mobil, Gulf und Texaco sowie der französischen Safrap und der italienischen Agip übernommen wurden. Das erste kommerzielle Ölfeld (Oloibri) im Niger-Delta wurde 1956 von Shell entdeckt; zwei Jahre später wurde die Förderung aufgenommen und mit dem Export begonnen (vgl. Khan 1994: 16ff.).

Wie in so vielen anderen Kolonialländern führte die politische Unabhängigkeit des Landes im Jahre 1960 zu keiner gravierenden Änderung der Wirtschaftspolitik. Die Regierungsgewalt ging zwar auf indigene Gruppen über, aber aus dem von der britischen Kolonialregierung zusammengefügten Konglomerat unterschiedlicher Ethnien und Konfessionen konnte kein Nationalstaat gebildet werden. Ethnische, religiöse und regionale Differenzen behinderten die Staatsbildung und eine effektive Regierung. Die neuen Machthaber behielten aber die aus der Kolonialzeit stammenden Verwaltungsstrukturen bei und bedienten sich ihrer beim Aufbau und bei der Aufrechterhaltung ihrer Herrschaft. Man kann hier von einer Reproduktion des Kolonialstaates in einem neopatrimonialen Regime sprechen. Dabei benutzen politische Machthaber den öffentlichen Sektor dazu, Ressourcen zugunsten von Partikularinteressen umzuverteilen, das heißt auf die eigene Familie, die eigene Sippe, den eigenen Stamm, die eigene Ethnie, auf deren Loyalität sie ihre Herrschaft gründen. Es fehlt eine institutionelle Absicherung gegen Inkompetenz und Korruption. In manchen Fällen führt ein neopatrimoniales Regime – so teilweise auch in Nigeria – zu einem „Raubtierverhalten" oder einem „Räuberstaat", in dem ein großer Teil der Ressourcen

---

13 Die Suche nach Erdöl begann schon im Jahre 1908, als die deutsche „Nigerian Bitumen Corporation" am Nigerdelta Probebohrungen durchführte, die aber bereits am Ende des Ersten Weltkriegs wieder eingestellt werden mussten.

eines Landes von einem einzelnen Individuum gestohlen wird (vgl. Fukuyama 2006: 31ff.). In solchen Herrschafts- und Ausbeutungsformen lösen sich instabile, überwiegend militärische Regierungen zumeist durch gewalttätige Staatsstreiche ab, ohne die Probleme des Landes auch nur ansatzweise gelöst zu haben.[14]

In dem von 1967 bis 1970 dauernden Bürgerkrieg, in dem die Mehrheit der Nigerianer den Versuch des ölreichen Ostens, sich unter Führung des wirtschaftlich besonders dynamischen Volks der Ibo aus dem nigerianischen Staatsverband herauszulösen, vereitelte, brach die wenige Jahre zuvor angelaufene Ölproduktion nahezu vollständig zusammen. Nach Beendigung des Bürgerkriegs stieg die Produktion von 1970 bis 1974 steil an und bewegt sich seitdem auf international hohem Niveau. Seit 1970 rangiert das afrikanische Land, das 1971 der OPEC beigetreten war, unter den zehn größten Ölproduzenten und den fünf größten Erdölexporteuren der Welt (vgl. Khan 1994: 9; Traub 1986: 229ff., Motzkuhn 2005: 235).

Dem schwachen, von zahllosen Spannungslinien durchzogenen nigerianischen Staat standen von Anfang an starke multinationale Mineralölkonzerne gegenüber, die sich schon zur Kolonialzeit in dem Land festgesetzt hatten und die häufigen politischen Regimewechsel relativ gut überstanden, allen voran die Royal Dutch/Shell, die seit Beginn der kommerziellen Ölproduktion im Jahr 1956 die dominierende Firma ist und heute über ihre Tochtergesellschaft „Shell Petroleum Development Company" (SPDC) mit über 100 Ölfeldern und einer Kapazität von knapp 1 Mio. Barrel pro Tag etwa die Hälfte der nigerianischen Ölproduktion kontrolliert (vgl. Neumann 2003: 6). Weitaus wichtigster Abnehmer nigerianischen Öls sind die USA, die in Afrika strategische Interessen verfolgen. Sie versuchen, das Land aus der OPEC herauszulösen und sich sowohl gegenüber dem tradierten Einfluss der Europäer als auch den neuen Begehrlichkeiten der zunehmend aggressiver auftretenden Chinesen und anderer Asiaten stärker zu behaupten (vgl. Neumann 2003: 18ff.).

In Abbildung 3.2 ist die Entwicklung der Jährlichen Erdölproduktion Afrikas im Vergleich zum Nahen und Mittleren Osten und zu Lateinamerika bis zur ersten Ölkrise dargestellt.

---

[14] Eine Abfolge der Regierungen Nigerias findet man in Khan 1994: 13.

Abbildung 3.2: Jährliche Erdölproduktion Lateinamerikas, des Nahen und Mittleren Ostens und Afrikas 1920–1974

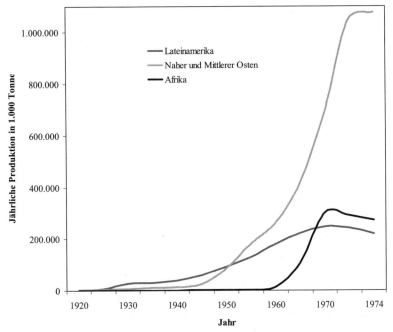

Quelle: Graphik nach Daten von Jenkins, Oil Economist's Handbook, 4. Aufl. London 1986, S. 102

3.4 Die Inkorporation Zentralasiens nach dem Zusammenbruch der Sowjetunion

Bei der Inkorporation der Erdölförderländer Zentralasiens sind in langzeitlicher Perspektive zwei historische Phasen zu unterscheiden, die zeitlich weit auseinander liegen, unterschiedliche Akteure involvieren und unter höchst verschiedenen Bedingungen stattgefunden haben. Die erste Inkorporation bezieht sich auf die Eingliederung russischer Erdölgebiete in der Region um Baku am Kaspischen Meer zur Zeit der Zarenherrschaft durch europäische Unternehmen. Die zweite Inkorporation bezieht sich auf die Eingliederung der drei postsowjetischen Staaten Aserbaidschan (mit Baku), Kasachstan,

Turkmenistan nach dem Zerfall der Sowjetunion um 1991 unter dem Schirm der amerikanischen Hegemonie.

In einer ersten (bereits beschriebenen) Inkorporationsrunde, die von 1873 bis zum Ersten Weltkrieg zu datieren ist, hatten europäische Unternehmern, allen voran die schwedischen Brüder Nobel und die französische Rothschild-Gruppe, die Region um Baku am Kaspischen Meer (Aserbaidschan) in die entstehende Weltwirtschaft des Erdöls inkorporiert und zu einem Zentrum der Erdölförderung ausgebaut. Über eine neue, 1883 fertig gestellte Eisenbahnlinie wurde das russische Öl von Baku nach Bantum am Schwarzen Meer transportiert und von dort ab 1892 mit neu entwickelten Öltankschiffen durch den Suezkanal nach Asien. Dort konkurrierten die europäisch-russischen Gesellschaften mit der amerikanischen Standard Oil in den sogenannten „Ölkriegen" um die Beherrschung der Märkte für Lampenöl. Nachdem Baku zu Beginn des 20. Jahrhunderts fast die Hälfte des weltweit geförderten Öls geliefert hatte, fielen die Förderstätten am Kaspischen Meer in die Wirren der russischen Revolutionen ab 1903 als Exportregion aus und wurden zur Zeit der Sowjetherrschaft gegenüber der Erschließung Sibiriens vernachlässigt.

Mit der Auflösung der Sowjetunion im Jahre 1991 und der Unabhängigkeit der zentralasiatischen Länder Aserbaidschan, Kasachstan und Turkmenistan bahnt sich unter völlig anderen Voraussetzungen, in einer völlig andersartigen Konstellation, die zweite Inkorporation der Region am Kaspischen Meer in die Weltwirtschaft des Erdöls an. In Anspielung auf das „*great game*" zwischen dem British Empire und dem russischen Zarenreich um die Kontrolle Zentralasiens in der zweiten Hälfte des 19. Jahrhunderts spricht man von einem „*new great game*", in dem die Vereinigten Staaten das Erbe des britischen Empire angetreten haben, um erneut den Einfluss Russlands in dieser Region zurückzudrängen.[15] In diesem zweiten großen Spiel geht es aber nicht mehr nur um die Eindämmung einer expansionistischen Macht, sondern vor allem um die Kontrolle von Bodenschätzen. Die Ölvorkommen dieser Region gewinnen noch dadurch an strategischer Bedeutung, dass

---

[15] Der Begriff ist populär geworden durch Rudyard Kiplings Buch „Kim", in dem die imperiale Welt Britisch-Indiens und seine Bedrohung durch das ebenfalls imperialistische Zarenreich ausgemalt wird. Das große Spiel um Zentralasien ist ausführlich dargestellt in: Hopkirk 1994.

sie außerhalb der OPEC liegen und die Abhängigkeit vom allzu dominanten Nahen Osten reduzieren könnten. Die anfängliche Euphorie über das Energiepotential der Region wurde durch genauere Studien und ausgedehnte Ölbohrungen sehr gedämpft. Inzwischen ist klar, dass die Ölreserven Zentralasiens um ein Vielfaches geringer sind als die des Nahen Ostens. Zurzeit schwanken die Schätzungen über die nachweislich zu heutigen Preisen und mit heutiger Technik wirtschaftlich gewinnbaren Mengen (*proved reserves*) der postkommunistischen Länder zwischen 17 und 50 Milliarden Barrel (vgl. EIA 2006). Demgegenüber belaufen sich die nachgewiesenen Reserven des Nahen Ostens nach Angaben der gleichen Institution auf 743 Mrd. Barrels, also das 15- bis 44-fache (vgl. ebd.: 38). Auch im Vergleich zu den beiden anderen Anrainerstaaten des Kaspischen Meeres, Iran und Russland, fallen die Reserven der drei postkommunistischen Staaten deutlich geringer aus. Die Reserven Russlands übertreffen mit 60 Mrd. Barrel die höchsten Schätzungen für die drei ehemaligen Sowjetrepubliken, und die Reserven des Irans liegen mit 132,5 Mrd. Barrel nochmals mehr als doppelt so hoch wie die Reserven Russlands (vgl. EIA ebd.: 38). Tabelle 3.2 gibt Daten über Reserven, Produktion und Export der drei postkommunistischen Länder nach Angaben der EIA für das Jahr 2005 wieder.

Tabelle 3.2: Erdölreserven, Produktion und Export postsowjetischer Staaten am Kaspischen Meer

Land	Erdölreserven			Produktion	Export
	proven	*possible*	*total*	Barrel/Tag	Barrel/Tag
Aserbaidschan	7–13	32	39–45	440	310
Kasachstan	9–40	92	101–132	1.293	1.000
Turkmenistan	0,55–1,7	38	38,55–39,7	196	?

Alle Angaben in Milliarden Barrels; „*proven*" = 90-prozentige Wahrscheinlichkeit; „*possible*" = 50-prozentige Wahrscheinlichkeit; die Daten für Produktion und Export beziehen sich auf das Jahr 2005 in 1000 Barrels. Quelle: EIA, Caspian Sea Region: Survey of Key Oil and Gas Statistics and Forecasts, July 2006. (www.eia.doe.gov/emeu/cabs/caspian.html)

Die zweite Inkorporation dieser Länder ereignet sich in einem äußerst komplexen und problematischen Kontext, der sich wie folgt beschreiben lässt (vgl. Amineh 1999: 86ff.):

1. Gegenspieler Russlands ist nun nicht mehr Großbritannien, sondern die USA. Während es sich bei den unabhängig gewordenen Staaten Aserbaidschan, Kasachstan, Turkmenistan aus der Sicht der Vereinigten Staaten um externe Regionen handelt, die bisher nicht in die Weltwirtschaft eingebunden waren, betrachtet Russland dieses Gebiete als verlorene Peripherie. Man musste die Länder zwar aus dem unmittelbaren Herrschaftsbereich entlassen, will sie aber nicht als Einflusssphäre verlieren und reklamiert sie als „nahes Ausland". Dies um so mehr, als man die Ölindustrie dieser Länder und die eurasischen Verteilungsnetze aufgebaut und kontrolliert hatte und das profitträchtige Transportmonopol für Erdöl und Erdgas in Eurasien aufrecht erhalten will. Nach der Auflösung der Sowjetunion konnten sich nur die Vereinigten Staaten als einzig verbliebene Supermacht auf das ehemalige Territorium ihrer Rivalin vorwagen und mit den Regierungen der formal unabhängig gewordenen Staaten am Kaspischen Meer Verhandlungen über eine kooperative Ausbeutung der dortigen Erdölvorkommen aufnehmen. Der Vorstoß der USA in diesen machtverdünnten Raum wurde von den dortigen Regierungen erleichtert, die die Amerikaner einluden, sich am wirtschaftlichen Aufbau ihrer krisengeschüttelten Länder zu beteiligen und politische Rückendeckung für die Staatenbildungsprozesse zu geben.

2. Außer mit Russland müssen sich die Vereinigten Staaten in der Region, wie Großbritannien zuvor, mit einer Reihe anderer Staaten auseinandersetzen:

- mit dem Iran, der als alter Gegner der Russen und neuer Gegner der Amerikaner in der Region wirtschaftliche, politische und kulturelle Interessen verfolgt; als Anrainer des Kaspischen Meeres ist der Iran an einem möglichst hohen Anteil an den dortigen Ölvorräten und an Pipeline-Routen, die über sein Staatsgebiet zu den Terminals am Persischen Golf führen, interessiert; als islamisch-schiitische Vormacht versucht der Iran, die amerikanische Hegemonialmacht von diesem überwiegend islamisch geprägten Raum fernzuhalten;
- mit der verbündeten Türkei, die sich als Vormacht der ethnisch verwandten Völker in der Region sieht und als sicheres Transitland für den Transport des Öls zu den Märkten des Westens ins Spiel bringt;
- mit China und Indien, die als bevölkerungsreiche und schnell wachsende Semiperipherien große Zuwachsraten im Energieverbrauch ver-

zeichnen und um Zugang zu den nicht allzu weit entfernten Ölvorkommen Zentralasiens kämpfen.

3. Von Brzezinski als „eurasischer Balkan" bezeichnet, stellt sich die Region am Kaspischen Meer als ein überaus komplexes, instabiles und konfliktreiches Konglomerat von mehr als 50 unterschiedlichen ethnischen und sprachlichen Gruppierungen dar, die durch eine Vielzahl immer wieder aufflammender internationaler und interregionaler Konfliktlinien und Sezessionsbestrebungen gespalten sind, wie z. B. durch den Konflikt zwischen Aserbaidschan und Armenien über die Enklave Berg-Karabach oder durch die Konflikte zwischen Georgien und Russland über die abtrünnigen Provinzen Abchasien und Südossetien.

4. Ein besonderes Problem stellen die Eigentums- und Verfügungsrechte an den überwiegend *offshore* im Kaspischen Meer liegenden Reserven dar. Jenachdem, ob man das Kaspische Meer als „Meer" oder als „See" definiert, ergibt sich ein anderer Grenzverlauf und somit eine unterschiedliche Aufteilung der Ölvorkommen unter die Anrainerstaaten (vgl. Amineh 1999: 144ff.). Aserbaidschan und Kasachstan, vor deren Küsten die größten Erdölvorkommen vermutet werden, wollen dem Kaspischen Meer den Status eines Meeres zuerkennen, was eine Aufteilung in nationale Sektoren impliziert. Dagegen wollten Iran und Russland mit der Anerkennung des Kapischen Meeres als Binnensee eine gemeinsame Nutzung der Ressourcen durchsetzen. In jüngster Zeit hat Russland aufgrund eigener Funde vor seinem Küstenabschnitt seine Position verändert und plädiert jetzt für eine Aufteilung des Meeresbodens in nationale Sektoren und für eine freie Nutzung des Wassers – letzteres auch im Interesse seiner dort operierenden Handels- und Kriegsflotten. Aserbaidschan und Kasachstan scheinen diese Lösung akzeptieren zu wollen, während der Iran heftig dagegen protestierte, inzwischen aber einer Aufteilung „zu gleichen Teilen" zustimmen würde. Die Position Turkmenistans ist unklar. Es beansprucht einen Anteil an dem in der Mitte des Kaspischen Meeres gelegenen Karpaz-Ölfeld, das derzeit von Aserbaidschan kontrolliert wird.

5. Ein weiteres Problem stellt die ungünstige geographische Lage der Region dar. Sie erschwert und verteuert den Zugang zu den Ölquellen und den Abtransport des geförderten Öls. In diesen schwer zugänglichen Binnenlän-

dern weitab von den maritimen Transportrouten sind die Produktionskosten sehr hoch. Sie sind zwar etwas niedriger als in der Nordsee, aber um ein Mehrfaches höher als im Nahen Osten oder im Golf von Mexiko (vgl. Dekmeijan/Simonian 2001: 34ff.). Das geförderte Öl muss durch lange Pipelines gepumpt werden und dabei mindestens *ein* anderes Land durchqueren, entweder Russland im Norden; Iran, Afghanistan und Pakistan im Süden, Armenien, Georgien und die Türkei im Westen. Angesichts der zahlreichen politischen, wirtschaftlichen und ethnischen Spannungslinien ist dies ein schweres Handikap gegenüber anderen Exportgebieten.

Die Konstellation der Akteure, die die Eingliederung der drei postkommunistischen Staaten in die Weltwirtschaft des Erdöls managen, unterscheidet sich von früheren Inkorporationsprozessen vor allem dadurch, dass hier die Regierungen der Zentrumsländer, vor allem die der Vereinigten Staaten, von Anfang an aktiv sind, – geht es doch darum, in diesem prekären Raum Flagge zu zeigen und das Terrain sicherheits- und machtpolitisch abzustecken. Hier kommt die alte britische Formel zu Geltung: „*Trade follows the flag.*"

Den Regierungen und Konzernen westlicher Industrieländer, die sich den postkommunistischen Staaten als Schutzmächte und Wirtschaftspartner anbieten, stehen postkommunistische Diktatoren gegenüber, die im untergegangenen Sowjetimperium groß geworden sind und ihre Macht mit zweifelhaften Methoden usupiert haben und verteidigen wollen. Die Machthaber der abtrünnigen Staaten müssen zwischen dem alten Imperium, von dem sie politisch zwar unabhängig geworden, mit dem sie wirtschaftlich aber noch immer eng verflochten sind, und der neuen Hegemonialmacht, die Kooperation und Sicherheit nur gegen institutionelle und strukturelle Veränderungen gewährt und eine grundsätzliche Umorientierung erwartet, lavieren. Sie müssen die Revanche des gedemütigten Imperiums fürchten und können den Sicherheitsversprechungen der einzig verbliebenen Supermacht nicht recht trauen. Um nicht von der direkten Herrschaft Russlands in eine indirekten Kontrolle durch die USA zu geraten, läge es in ihrem Interesse, auch noch mit anderen z. B. europäischen Industrieländern zu kooperieren.

Divergierende Interessen gibt es aber auch auf Seiten der inkorporierenden Akteure aus den Zentrumsländern. Die Situationsdefinitionen und Handlungsdispositionen der Amerikaner unterscheiden sich von denen der Europäer, und die politischen Interessen nationaler Regierungen sind mit den ökonomischen Interessen multinationaler Konzerne nicht immer kompatibel, wie wir an den Auseinandersetzungen über die Streckenführung der Pipelinerouten gleich sehen werden. Aus der Weltsystemperspektive ergibt sich die Hypothese, dass die Vereinigten Staaten nach dem Untergang des kommunistischen Gegenzentrums versuchen werden, ihre Hegemonie auch auf die neuen Staaten dieser strategisch wichtigen Region auszudehnen. Dabei werden sie versuchen, amerikanischen Konzernen Vorteile zu verschaffen, ohne Unternehmen anderer Länder auszuschließen. Es ist also mit amerikanisch geführten, international zusammengesetzten *joint ventures* zu rechnen, die nicht nur für eine Beteiligung europäischer Unternehmen offen sind, sondern unter Umständen auch für russische, chinesische oder indische Unternehmen, sofern sie die Rolle von Juniorpartnern und Minderheitsaktionären akzeptieren.

Aserbaidschan

Nach der Unabhängigkeit Aserbaidschans, dessen Bevölkerung von ca. 8,3 Millionen Azeris ethnisch mit den Türken verwandt, im Unterschied zu diesen aber überwiegend schiitisch orientiert ist, hat sich der in der Sowjetunion bis ins Politbüro der KPdSU aufgestiegene und zum Präsidenten gewählte Heidar Alijew schnell um Investitionen des Westens, vornehmlich im Erdölsektor, dem alten Kern der aserbaidschnischen Industrie, bemüht. Nach mehrjährigen Verhandlungen kam es 1994 zu dem sogenannten „Jahrhundertvertrag" zwischen der Regierung des Landes und einem internationalen Konsortium unter Führung der British Petroleum. Der über einen Zeitraum von 30 Jahren mit einem Investitionsvolumen von 8 Mrd. US-Dollar abgeschlossene Vertrag kann als Geburtstag der zweiten Inkorporation Aserbaidschans betrachtet werden. Die Azerbaijan International Operating Company (AIOC) wird von britischen und amerikanischen Firmen dominiert. BP Amoco hält 34,1 Prozent der Anteile, die amerikanischen Konzerne Unocal, Exxon Mobil und Pennzoil verfügen über 10,8 und 4,8 Prozent. Weitere Partner sind die State Oil Company of Azerbaijan (SOCAR) und die russische Lukoil mit je 10 Prozent, die norwegische Statoil mit 8,6 Prozent, die türkische TPAO mit 6,8 Prozent, die japanische Itochu mit 4,0 Prozent, die britische Ramco mit 2,1 Prozent und die saudi-arabische Delta-Nimir mit 1,6 Prozent der Anteile.

Die Azerbaijan International Operating Company (AIOC) betreibt die sogenannte ACG-Megastruktur, die aus den drei Ölfeldern Azeri, Chirag,

Guneshli besteht. Letzteres ist das größte Ölfeld der Region und wurde Ende der 1970er Jahre noch zur Zeit der Sowjetherrschaft entdeckt und seinerzeit „28. April" benannt. Das in Guneshli umbenannte Feld erstreckt sich östlich von Baku weit in den Tiefwasserbereich des Kaspischen Meeres hinein. Nach der Unabhängigkeit des Landes wurden weitere Ölvorkommen entdeckt, die alle zum gleichen Azeri-Chirag-Guneshli-Komplex gehören (vgl. Campbell u.a. 2002: 55). Die Reserven der ACG-Megastruktur belaufen sich nach Angaben der EIA auf 5,4 Mrd. Barrel. Die Produktion erreichte im Jahr 2006 450.000 Barrel täglich und soll bis 2009/10 auf 1 Million Barrel pro Tag gesteigert werden (vgl. EIA 2006: 4f.).

Ein zweites Großprojekt betrifft das Shah-Deniz-Feld, das ebenfalls von einem BP-geführten Konsortium entwickelt werden soll. BP hält 25,5 Prozent, Statoil 25,5 Prozent, Lukoil 10 Prozent, Elf Aquitaine 10 Prozent, SOCAR 10 Prozent, NIOC((Iran) 10 Prozent und TPAO 9 Prozent. Wegen der iranischen Beteiligung sind US-Firmen diesem Konsortium ferngeblieben. Die nachgewiesenen Reserven sollen 2,5 Mrd. Barrel umfassen, die Produktion wird in den nächsten Jahren anlaufen (vgl. EIA 2007: 15).

Kernproblem der aserbaidschanischen Ölindustrie ist der Transport des geförderten Erdöls zu den weit entfernten Verbrauchern. Anfänglich bestand Russland darauf, das aserbaidschanische Erdöl über die traditionelle russische Pipeline von Baku nach Novorossijsk am Schwarzen Meer zu transportieren. Eine zweite, südlicher gelegene und insgesamt kürzere Pipeline („*Early Oil*"-Pipeline) führt unter Umgehung russischen Territoriums von Baku über georgisches Territorium nach Supsa am Schwarzem Meer, von wo aus das Öl ebenfalls mit Tankern durch den Bosporus und die Dardanellen verschifft werden kann. Beide Routen stießen auf den Widerstand der Türkei, die sich nicht dem Risiko von Havarien in den engen und ohnehin schon stark befahrenen Schifffahrtswegen zwischen Schwarzem Meer und Mittelmeer aussetzen wollen. Vor allem aber widersetzten sich die Amerikaner einer weitgehenden Kontrolle der Transportrouten durch die Russen und favorisierten den Bau einer neuen Pipeline von Baku über das georgische Tiflis zum türkischen Mittelmeerhafen Ceyhan (BTC-Pipeline; vgl. Abbildung 3.3).

Träger der 2005 eröffneten, fast 3 Mrd. Dollar teuren und 1.767 km langen BTC-Pipeline ist ein ebenfalls von der BP geführtes Konsortium mit folgenden Anteilen: BP 30,1 Prozent, SOCAR 25,0 Prozent, ChevronTexaco 8,9 Prozent, Statoil 8,7 Prozent, TPOA 6,5 Prozent, Total 5,0 Prozent,

Eni/Agip 5,0 Prozent, Itochu 3,4 Prozent, ConocoPhillips 2,5 Prozent, Inpex 2,5 Prozent und Amerada Hess/Delta 2,4 Prozent (vgl. EIA 2007: 5). In Aserbaidschan dominiert mit der BP Amoco also sowohl in dem Produktionskonsortium (AIOC), das über 70 Prozent der Erdölexporte des Landes repräsentiert, als auch in dem Pipeline-Konsortium (BCT), durch dessen Rohre der Großteil des Öls nach Westen fließen soll, ein europäisches Unternehmen. Die amerikanischen Konzerne erreichen auch zusammengenommen in beiden Konsortien keine absolute Mehrheit der Anteile, wären aber wohl stark genug, Entscheidungen, die ihren Interessen zuwiderlaufen, zu blockieren. Am stärksten haben sich amerikanische Interessen bei der Streckenführung der „politischen" BTC-Pipeline durchgesetzt, die mehr an geopolitischen Sicherheits- und Machtinteressen als an ökonomischen Kalkulationen orientiert ist. Zudem haben die Amerikaner eine Pipelineroute durch den Iran zum Indischen Ozean verhindert; sie wäre zwar am billigsten gewesen, doch hätte sie dem Iran zuviel Macht über die Distribution des Kaspischen Öls eingeräumt und außerdem die europäischen Verbraucher gegenüber den asiatischen Abnehmern benachteiligt.

Kasachstan

Auf Kasachstan, den neben Russland flächenmäßig größten Anrainer des Kaspischen Meeres, haben sich die größten Erwartungen der internationalen Mineralölindustrie gerichtet. Man hoffte, in dem riesigen, nur zu 53 Prozent von Kasachen (die wie die Azeris mit den Türken verwandt sind) und zu 30 Prozent von Russen bewohnten und mit 16 Millionen Einwohnern sehr dünn besiedelten Land, das im Norden an Russland und im Osten an China grenzt, ein künftiges Gegengewicht zur OPEC, insbesondere zu Saudi-Arabien, aufbauen zu können. Inzwischen ist Ernüchterung eingekehrt. Die bestätigten Ölvorkommen Kasachstans lassen sich nicht mit denen Saudi-Arabiens, sondern eher mit den Vorkommen Algeriens oder Libyens vergleichen (vgl. EIA 2006: 2).

Für Kasachstan begann die Inkorporation in die Weltwirtschaft des Erdöls noch in kommunistischer Zeit, als die Ausbeutung des 1979 entdeckten, in 4.000 Meter Tiefe gelegenen und unter gewaltigem Druck stehenden Ölfelds von Tengiz die Russen vor unlösbare Probleme stellte und veranlasste, mit der amerikanischen Chevron zu kooperieren. Unter dem Namen Tengizchevroil (TCO) wurde ein *joint venture* gegründet, das den Zusammenbruch der Sowjetunion überstand und in dem 1991 unabhängig gewordenen Kasachstan mit großem Erfolg weitergeführt wurde. Unter der Herrschaft von Nursultan Nasarbajew, der von 1977 bis zur Auflösung der Sowjetunion Generalsekretär des Zentralkomitees der kommunistischen Partei Kasachstans war und 1991 zum Präsidenten Kasachstans gewählt wurde, wurde die Kooperation mit den Amerikanern zunächst in einer gleichberechtigten Partnerschaft zwischen Chevron und dem Staatsunternehmen Kasakhoil fortgesetzt. Im Jahre 1997 kam es zu einer Erweiterung und zu einer weiteren Amerikanisierung des Konsortiums: Die amerikanische Exxon Mobil kaufte sich mit 25 Prozent in das Konsortium ein; Chevron blieb mit 45 Prozent größter Anteilseigner und konnte im Jahr 2000 von dem inzwischen in KazMunaiGaz umbenannten Staatskonzern weitere 5 Prozent erwerben. Dadurch stieg der Anteil der mit Texaco fusionierten Chevron wieder auf gemeinsame 50 Prozent, während sich der Anteil des kasachischen Staatskonzerns auf 20 Prozent reduzierte. Russen wurden nur im Rahmen eines *joint venture* mit Amerikanern unter dem Namen „LukArco" aufgenommen, dessen Anteil 5 Prozent ausmacht.[16] Damit fiel die Beteiligung der Russen in Kasachstan noch geringer aus als in Aserbaidschan, wo Lukoil alleine einen 10-prozentigen Anteil erwerben konnte. Die amerikanischen Konzerne verfügen hingegen zusammen über eine Beteiligung von 77,5 Prozent, europäische Unternehmen sind hier überhaupt nicht vertreten. Die Reserven des Tengiz-Feldes werden zur Zeit auf 6 bis 9 Mrd. Barrel geschätzt. Die Produktion belief sich 2006 auf 270.000 Barrel pro Tag, dies entsprach 21 Prozent der Kasachischen Produktion. Um 2010 soll ein Produktionsvolumen von 650.000 Barrel pro Tag erreicht werden (vgl. EIA 2007: 15).

Karachaganak, ein zweites großes Ölfeld, *onshore* im Norden Kasachstans, in der Nähe der russischen Grenze gelegen, wurde seit 1992 zunächst von der British Gaz und der französischen Agip entwickelt. Heute wird die Karachaganak Petroleum (KPO) von BP und ENI (Italien) mit je 32,5 Prozent angeführt; die amerikanische Chevron hält 20 Prozent und die russische Lukoil 15 Prozent. Die Reserven sollen sich auf 2,4 Mrd. Barrel mit einem Potential von weiteren 8 bis 9 Milliarden Barrel an Öl- und Gaskondensaten belaufen. Die Produktion erreichte 2006 200.000 Barrel pro Tag und soll bis 2010 auf 500.000 Barrel täglich gesteigert werden (vgl. ebd.: 15).

---

[16] Über die zweifelhaften Praktiken der ExxonMobil berichtet Klevemann 2002: 121ff.

Kaschagan, das dritte, *offshore* im nördlichen Teil des Kaspischen Meeres gelegene Megafeld, wurde 2000 ebenfalls von einem europäischen Unternehmen entdeckt, und zwar von der italienischen Agip, einer Tochter der ENI. Kashagan gilt als größtes Ölfeld außerhalb des Nahen Ostens und als fünftgrößtes der Welt. Seine Reserven werden mit 7 bis 9 Mrd. Barrel mit einem weiteren Potential von 9 bis 13 Mrd. Barrel angegeben. Zu seiner Ausbeutung wurde ebenfalls ein internationales Konsortium namens KasakstanCaspishelf (KCS) gebildet, dem neben der Agip noch Shell, BP Amoco, TotalFinaElf und ExxonMobil angehörten. Nach Streitigkeiten unter den Partnern einigten sich die beiden größten Rivalen, die amerikanische ExxonMobil und die französische TotalFinaElf, schließlich auf die italienische Agip als Konsortialführer des in Agip Kazakhstan North Caspian Operating Company (Agip KCO) umbenannten Konsortiums. Die bisher noch nicht angelaufene Produktion soll bis 2010 auf 75.000 Barrel pro Tag gebracht werden (vgl. EIA 2007: 15).

Die Transportprobleme Kachastans sind nicht so sehr aus geographischen, sondern vor allem aus politisch-strategischen Gründen noch größer als die Aserbaidschans, geht es in Kasachstan doch um sehr viel größere Ölvorkommen. Russland übt auf die kasachische Regierung Druck aus, weiterhin das alte russische Pipeline-System zu nutzen und das kasachische Öl über die Atyrau-Samara-Pipeline in das russische Pipeline-Netz einzuspeisen. Die Vereinigten Staaten bevorzugen hingegen die Anbindung der Region an die Russland umgehende und über das georgische Tiflis zum türkischen Mittelmeerhafen führende BTC-Pipeline. Der Iran bringt sich als Transitland zum Persischen Golf und als *Swap*-Partner für Öltauschgeschäfte ins Spiel. China ist bestrebt, einen Teil der kaspischen Ölvorkommen über eine östliche, in seine Provinz Xinjiang führende Pipeline abzuzweigen (vgl. Abbildung 3.3).

Bis 2001 wurde fast das gesamte kasachische Öl durch die vergleichsweise kleine Atyrau-Samara-Pipeline gepumpt, die vom Nordufer des Kaspischen Meeres in nördlicher Richtung ins russische Samara führt und dort in das innerrussische Pipeline-Netz mündet. Um die Abhängigkeit von Russland zu verringern, wurden alternative Routen und multinationale Trägerschaften geprüft. Die wichtigste ist die 2001 eröffnete CPC-Pipeline. Sie ist im wesentlichen eine Erweiterung und Modernisierung eines Teils des russischen Pipeline-Systems am Kaspischen Meer. Sie nimmt Öl vom Tengiz-Feld und über eine Abzweigung auch vom Karachaganak-Feld auf und führt in westlicher Richtung über russisches Territorium zur Hafenstadt Novorossisk am Schwarzen Meer. Der Einfluss Russlands wird durch die Internationalisierung des Pipeline-Betreiberkonsortiums begrenzt. An dem Caspian Pipeline Consortium (CPC) sind außer der Regierung Russlands auch die Regierungen Kasachstans und des Oman sowie eine Reihe amerikanischer Konzerne beteiligt. Die Anteile verteilen sich wie folgt: Russland hält 24 Prozent, Kasachstan 19 Prozent, Chevron 15 Prozent, LukArco 12,5 Prozent, Mobil 7,5 Prozent, Rosneft-Shell 7,5 Prozent und der Oman 7 Prozent. Der Rest entfällt auf mehrere kleine Beteiligungen mit maximal 2 Prozent. Von Anfang an war dieses Konsortium anfällig für Konflikte zwischen den privaten, überwiegend amerikanischen, und den staatlichen, überwiegend russischen, Anteilseignern.

Neben der CPC wird auch die BCT-Pipeline, die vom aserbaidschanischen Baku ebenfalls nach Novorossisk führt, für den Transport kasachischen Öls, insbesondere das des Kashagan-Feld, genutzt. Dazu muss das Öl mit Tankschiffen von Häfen am nördlichen Ufer des Kaspischen Meeres (wo das Kashagan-Feld liegt) nach Baku, dem Ausgangspunkt der BCT, transportiert werden. Es gibt aber Pläne, eine Pipeline durch das Kaspische Meer nach Baku zu legen und dort an die BCT-Pipeline anzuschließen.

Eine weitere, 3.000 km lange und 3.5 Milliarden Dollar teure, in östlicher Richtung nach China verlaufende Pipeline wird von einem *joint venture* zwischen Staatskonzernen beider Länder, der kasachischen KazMunaiGaz und der chinesischen CNPC, betrieben und ist seit Juli 2006 in Betrieb. Sie wird nicht von den drei Mega-Feldern Tengiz, Karatschaganak und Kaschagan beliefert, sondern von anderen Ölfeldern, die weitgehend von chinesischen Unternehmen entwickelt werden.

Entgegen den amerikanischen Wünschen wird kasachisches Öl auch über den Iran exportiert. Dazu bedient man sich *Swap*-Geschäften, bei denen kasachisches Öl gegen iranisches Öl verrechnet wird. Der Iran verfügt zwar selbst über riesige Ölvorkommen, die aber liegen überwiegend im dünn besiedelten Süden des Landes. Um den nördlichen, wesentlich dichter bevölkerten Landesteil mit der Hauptstadt Teheran zu versorgen, wird Erdöl aus Kasachstan vom nördlichen in den südlichen Teil des Schwarzen Meeres zum iranischen Hafen Nekea tranportiert und von dort über die Iranische *Swap*-Pipeline nach Teheran gepumpt. Im Gegenzug bezieht Kasachtan eine gleichwertige Menge iranischen Erdöls von den Terminals am Persischen Golf, um es von dort aus weltweit zu vermarkten.

Der Vollständigkeit halber sei noch *Turkmenistan*, der ärmste, am wenigsten entwickelte und am stärksten autoritär regierte postsowjetische Staat der Region, erwähnt. Mit 0,55 bis 1,7 Mrd. Barrel nachgewiesenen und 38 Mrd. Barrel möglichen Reserven sind die Ölvorkommen relativ gering. Die wichtigsten Projekte sind das Cheleken-Feld, entwickelt von Dragon Oil, mit nachgewiesenen Reserven von 600 Millionen Barrel und einer Produktion von 25.000 Barrel pro Tag in 2006 und das Ilebit Dag-Feld, entwickelt von Burren Energy, mit nachgewiesenen Reserven von 100 Millionen Barrel und einer Produktion von 19.000 Barrel täglich im Jahr 2005 (vgl. EIA 2006; 2007: 15). (Dafür sind die Gasreserven des Landes mit geschätzten 2 Billionen Kubikmetern die viertgrößten der Welt.)

Die Situation am Kaspischen Meer zusammenfassend können wir festhalten, dass die Dominanz der USA nicht so eindeutig ist, wie es aus der Weltsystemperspektive zu erwarten wäre. Europäische Konzerne sind in den führenden Produktions- und Pipelinekonsortien der Region stark vertreten. Auch die Anrainerstaaten Russland und Iran sind direkt oder indirekt, als Junior-Partner oder über *Swap*-Geschäfte, an der Ausbeutung der Ölvorkommen beteiligt. China wird vermutlich einen zunehmenden Anteil des kaspischen Öls für seinen stark steigenden Verbrauch abzweigen können. Allerdings zeigte sich die Macht der USA bei der Festlegung der wohl wichtigsten Pipeline der Region, der BCT-Pipeline, die zur Zeit mit einer Kapazität von 50 Mt/a (Mt/a = Millionen Tonnen pro Jahr) vor der CPC mit 28 Mt/a und der Kasachstan-China-Pipeline mit 20 Mt/a rangiert. Die US-Administration setzte ihre geopolitischen Machtinteressen gegen Unternehmensinteressen durch, und die europäischen Konzerne zeigten sich als Konsortialführer bereit, diese „politische" Pipeline zu realisieren. Nicht zu vergessen die amerikanischen Militärstützpunkte in den südlich von Kasachstan und östlich von Turkmenistan gelegenen Staaten Kirgisien und Usbekistan, die möglicherweise ebenso dem Schutz der amerikanischen Ölinteressen dienen, wie der Bekämpfung des islamistischen Terrorismus in Afghanistan.

Abbildung 3.3: Ölpipelines in der kaspischen Region

Quelle: EIA

Zusammenfassung

In diesem Kapitel wurde versucht herauszuarbeiten, auf welche Weise die Eingliederung ölreicher Regionen in die Weltwirtschaft des Erdöls von den Eigenschaften und Bedingungen des umfassenden Weltsystems geprägt wurde. Die Grundkonstellation der Inkorporation besteht (a) aus zwei Hegemonialmächten, die große Teile der Welt als ihre jeweiligen Einflusszonen betrachten und nach ihren Ideen und Interessen zu ordnen versuchen; (b) sieben multinationalen Konzernen (*majors*), die in Abhängigkeit vom Ölbedarf der Verbrauchsländer und nach Grundsätzen betriebswirtschaftlicher Kapitalrechnung als Konkurrenten und Partner in ölreichen Regionen Explorations- und Förderrechte erwerben, Produktionsanlagen und Verteilungsnetze aufbauen und das geförderte Öl weltweit vermarkten; (c) einem Dutzend höchst verschiedenartiger Förder- und Exportländer, die fast alle schon vor Beginn des Erdölzeitalters unter direkter oder indirekter Herrschaft der Hegemonialmächte oder anderer Zentrumsländer wie Frankreich und Italien standen und bei der Kommerzialisierung ihrer Bodenschätze auf die Konzerne der Zentrumsländer angewiesen waren.

Diese strukturelle Asymmetrie und Heterogenität liefert den bestimmenden Rahmen für die Prozesse der Inkorporation, die in den verschiedenen Ländern in Abhängigkeit von außen- und innenpolitischen Ereignissen und Entwicklungen – Konjunkturen und Krisen, Kriegen und Regimewechseln – unterschiedlich verliefen. Unsere Fallstudien haben gezeigt, dass die Inkorporation externer Ölregionen keine einfache Reaktion auf wirtschaftliche Bedürfnisse oder politische Interessen der Zentrumsländer ist; es gab auch proaktives Handeln von Seiten der Peripherie: die Suche nach ausländischen Geldgebern oder Investoren aus Gründen der wirtschaftlichen Entwicklung des Landes, der Erhöhung der Staatseinnahmen und der persönlichen Bereicherung, wobei sich die Motive häufig verquicken und unterschiedlich gewichten. Am besten versteht man Inkorporation als Interaktionsprozess, in dem der erste Schritt, von welcher Seite auch immer begangen, oft eher spekulativ oder tentativ gemacht wird; entscheidend ist, dass auf den ersten Schritt weitere folgen, dass ein Prozess in Gang gesetzt wird, der von beiden Seiten – von ausländischen Unternehmen und inländischen Machthabern – aus teils gleichgerichteten, teils unterschiedlichen Motiven und mit unterschiedlichen Mitteln angetrieben wird.

Dabei bedarf die Asymmetrieannahme der Weltsystemperspektive einer gewissen Relativierung: Die internationale wirtschaftliche und politische Asymmetrie zwischen Zentrum und Peripherie setzt sich nicht direkt und dauerhaft in asymmetrische Beziehungen zwischen Unternehmen aus den Zentrumsländern und Regierungen der Peripherieländer um. Große Konzerne haben gegenüber nationalen Regierungen zwar den Vorteil der internationalen Mobilität, sie können abwandern oder mit Abwanderung drohen, doch sind sie bei der Erdölförderung an bestimmte, weltweit nicht allzu zahlreiche Regionen gebunden, und diese fundamentale Ortsabhängigkeit hat sie verwundbar gemacht für Druck von Seiten der Regierungen. Diese waren keinesfalls immer schwach, sondern vielfach stark genug, Gesetze zu verabschieden, die die Gebühren und Steuern schneller ansteigen ließen als die Unternehmensgewinne. Letztlich haben alle untersuchten Exportstaaten ausländische Unternehmen früher oder später, ganz oder teilweise verstaatlicht. Ob diese Demonstration der Stärke und Souveränität immer von wirtschaftlichem Nutzen war, steht auf einem anderen Blatt.

In langzeitlicher Perspektive lassen sich vier tief greifende Wandlungsprozesse erkennen, die sich wechselseitig beeinflussen und zusammengenommen die Grundstrukturen des Weltölsystems dauerhaft verändert haben. Erstens ist ein *Übergang der Hegemonialmacht von Großbritannien zu den Vereinigten Staaten* zu beobachten, der sich in den verschiedenen Ölregionen zu unterschiedlichen Zeiten und in unterschiedlichen Formen ereignet hat. Beide Hegemonialmächte haben auf dem Höhepunkt ihrer jeweiligen Macht Unternehmen ihres Landes mit Methoden informeller Herrschaft besondere Vorteile verschafft. Die Briten haben in Persien vor dem Ersten Weltkrieg ein nationales Ölmonopol begründet, die Amerikaner haben ihren Unternehmen in der Zwischenkriegszeit zur exklusiven Kontrolle der saudi-arabischen Ölvorkommen verholfen. Im Unterschied zu britischen Regierungen haben sich US-Administrationen nie an einem Mineralölkonzern finanziell beteiligt oder gar einen nationalen Ölkonzern gegründet. Die Vereinigten Staaten setzten bei ihrer Ölversorgung – abgesehen von Krisenzeiten, in denen sie auch drastische Marktregulierungen und protektionistische Maßnahmen ergriffen – durchgängig auf private Unternehmen und marktwirtschaftlichen Wettbewerb.

Zweitens ist auf Seiten der inkorporierenden Unternehmen eine Tendenz *vom Monopol zum internationalen Konsortium* zu erkennen. Die Ausdifferenzierung der Exploration, Produktion und Vermarktung von Ölvorkommen kann zum einen mit dem Schumpeterschen Prozess der Imitation von Pionieren erklärt werden, bei dem ein wirtschaftlich erfolgreicher Monopolist andere, weniger innovative und risikobereite Unternehmen anzieht, die zuerst mit dem Pionier um Konzessionen konkurrieren und sich in dem Maße zu *joint ventures* oder Konsortien zusammenschließen, in dem die Kosten und Risiken der Ölproduktion steigen. Zum anderen haben die Regierungen der Förder- und Exportländer die Auflösung des Oligopols der Sieben Schwestern und die Ausdifferenzierung einer international diversifizierten Industriestruktur nach Kräften unterstützt, um ihre Interessen gegenüber den einzelnen Unternehmen wirkungsvoller durchsetzen zu können.

Drittens hat sich der *Schwerpunkt der Erdölförderung von der westlichen in die östliche Hemisphäre*, vom Golf von Mexiko und der Karibik (Mexiko, Venezuela) zum Persischen Golf und zur Arabischen Halbinsel verlagert. Während die Exportländer der westlichen Hemisphäre bis in die 1950er Jahre noch ein höheres Produktionsvolumen als die der östlichen Hemisphäre aufweisen, ist die Produktion des Nahen Osten um 1970 mehr als doppelt so groß wie die

Lateinamerikas. Mit der OPEC bildet sich ein neues Kraftfeld mit dem Schwerpunkt im Nahen Osten. Er bildet zusammen mit den Produktionsgebieten Zentralasiens und der westlichen Hälfte Russlands die bereits erwähnte strategische Ellipse, die über 70 Prozent der konventionellen Weltölreserven enthält. Die strategische Ellipse ist als ein Konglomerat höchst unterschiedlicher Volkswirtschaften, Regierungsformen und Kulturen von einem einheitlichen strategischen Handeln zwar weit entfernt, als Energielieferant für alle Öl verbrauchenden Länder aber von überragender Bedeutung.

Viertens zeichnet sich eine *Verlagerung des Ölverbrauchs vom Zentrum in die Semiperipherie* ab. Während der Ölverbrauch der meisten industriellen Zentrumsländer aufgrund abnehmender Energieintensität nur noch langsam ansteigt – dies gilt für Europa und Japan in höherem Maße als für die USA und Kanada – nimmt er in den großen Schwellenländern China und Indien weiterhin stark zu.[17] Deshalb geht von diesen Ländern ein starker Inkorporationsdruck aus, der sich nicht nur auf bereits etablierte, sondern auch auf noch zu findende und zu erschließende Ölländer richtet. Inwieweit sie dabei mit den Konzernen der Zentrumsländer kooperieren oder gegen sie konkurrieren, wir die Zukunft zeigen. Schon jetzt ist aber zu erkennen, dass die Ölströme immer stärker von Westen nach Osten fließen.

In Tabelle 3.3 sind die Inkorporationszeiten der wichtigsten Öl exportierenden Länder (indiziert durch das Jahr des ersten Ölexports), der jeweilige welthistorische Kontext (differenziert nach Perioden der Entwicklung des modernen Imperialismus) und die den Inkorporationsprozess jeweils dominierenden ausländischen Konzerne (mit Angabe ihres Stammlandes) zusammengestellt.

---

[17] Während die OECD-Länder ihren Energieverbrauch von 1970 bis 2003 pro Jahr um durchschnittlich 1,3 Prozent steigerten, waren es in den Entwicklungsländern Asiens, Afrikas und Südamerikas durchschnittlich 4,6 Prozent. Dadurch verringerte sich der Anteil der OECD am Weltverbrauch von fast 70 Prozent auf 55 Prozent (vgl. Berenberg Bank/ HWWI 2005: 16, 18).

Tabelle 3.3: Weltsystem, Inkorporation und dominante Konzerne

Weltsystem (Perioden des modernen Imperialismus)	Inkorporation (Jahr des ersten Ölexports)		dominante Konzerne im Prozess der Inkorporation	
Freihandel und informal empire (1776–1882)				
Klassischer Imperialismus (1882–1918)	Mexiko	1909	Mexican Petroleum (Standard Oil)	USA
			Mexican Eagle (Royal Dutch/Shell)	UK
	Iran	1912	Anglo-Persian (BP)	UK
	Venezuela	1917	Royal Dutch/Shell	UK
			Standard Oil	USA
Verschleierter Imperialismus (1919–1945)	Irak	1934	IPC (multinationales Konsortium)	**UK**, F, USA
	Saudi-Arabien	1938	CASOC (Socal & Texaco)	USA
Nachimperialismus & Dekolonisation (1945– (?))	Kuwait	1946	KOC (Gulf & BP)	USA/UK
	Libyen	1957	diverse *majors* & *independents*	USA, UK, I, F
	Nigeria	1958	Royal Dutch/Shell	UK
	Algerien	1959	BRP & CFP	F
Nach Beendigung des Kalten Krieges (1991 ff)	Kasachstan	1992	multinationales Konsortium unter Leitung von Chevron/Texaco und AGIP	**USA**, UK, I, F,
	Aserbaidschan	1994	multinationale Konsortien unter Leitung der BP	**UK**, USA, R, N, T, J
	Turkmenistan	?		

Quellen: Mommsen, Wolfgang J., Der moderne Imperialismus als innergesellschaftliches Phänomen: Versuch einer universalgeschichtlichen Einordnung, in: ders. (Hg.), Der moderne Imperialismus, Stuttgart 1971, S. 14ff; Deutsche BP (Hg.), Das Buch vom Erdöl: Eine Einführung in die Erdölindustrie, Hamburg 1961, S. 412; Mommer, Global Oil and the Nation State, Oxford 2002, S. 109. EIA.

4 Gegenmacht aus der Peripherie

Im vorigen Kapitel haben wir mit dem Begriff der Inkorporation den im Prinzip interaktiven Prozess der Eingliederung externer Regionen in die Weltwirtschaft aus der Perspektive der Zentrumsländer betrachtet. Ausgangspunkte waren die asymmetrische Grundstruktur des Weltsystems und die polit-ökonomischen Interessen der Zentrumsländer, die die Auswahl der Regionen und die Methoden ihrer Einbindung in die arbeitsteilige Weltwirtschaft weitgehend bestimmt haben. Dabei zeigte sich, dass die strukturelle Asymmetrie zwischen Zentrum und Peripherie keine konstante Größe ist, sondern im Verlauf der Inkorporationsprozesse in den verschiedenen Ländern stark variierte. Konstellationen, in denen die Konzerne und Regierungen der Zentrumsländer beinahe allmächtig erschienen und die Eliten der peripheren Gastländer offenbar beliebig manipulieren konnten, wechselten mit Situationen, in denen inländische Machthaber ausländische Konzerne unter erheblichen Druck setzten und zu signifikanten Verhaltensänderungen bewegen konnten. Inkorporation ist eben nicht nur ein Verhandlungsprozess, sondern auch ein Machtkampf, der in unterschiedlichen Formen und Intensitäten ausgetragen wird und in dem sich die Machtbalancen diskontinuierlich verändern.

In diesem Kapitel wechseln wir die Perspektive und fragen nach der Wahrnehmung und Wertung der Inkorporationsprozesse durch Akteure der Peripherie und nach den ihnen zur Verfügung stehenden Mitteln und Methoden, um sich der Übermacht der ausländischen Wirtschaftsinteressen zu widersetzen und Gegenmacht zu mobilisieren. Leitbegriff der folgenden Analysen ist das Konzept der *countervailing power*, mit dem Macht als eine interaktive und dialektische Beziehung begriffen wird. Galbraith zufolge kommt es nicht nur darauf an, „zu erläutern, wie Macht ausgeübt und erweitert wird. Es kommt auch darauf an, zu verstehen, wie man sich ihr widersetzt. Der Widerstand ist nämlich ein ebenso integraler Bestandteil des Phänomens Macht wie die Machtausübung an sich. Wäre es anders, so könnte die Macht ad infinitum ausgeweitet werden, und alles wäre dem Willen jener unterworfen, die sich ihrer am besten zu bedienen vermögen … Wir können es als gegeben hinnehmen, dass nahezu jede Manifestation der Macht eine gegenläufige, wenngleich nicht unbedingt gleich starke Macht hervorruft ... Zwischen der Methodik der Machterweiterung und der des Widerstands lässt sich ... eine weitreichende Symmetrie erkennen. Sie betrifft sowohl die Quellen der Macht als auch die Instrumente ihre Durchsetzung. Macht, die auf Persönlichkeit beruht, trifft gemeinhin auf den Widerstand einer anderen Persönlichkeit. Entspringt die Macht einer Organisation, so tritt ihr die Opposition zumeist in Form einer anderen Organisation entgegen" (Galbraith 1987: 86, 88f.).

Die Vorstellung, dass Machtausübung nicht nur auf Widerstand stößt, sondern darüber hinaus auch Gegenmacht erzeugt, ist mit der Weltsystemperspektive grundsätzlich vereinbar. Akteure aus den Zentrumsländern müssen immer mit Widerspruch und Gegenwehr von Akteuren aus der Peripherie gegen angemaßte Herrschaftsansprüche und ungerechte Austauschbeziehungen rechnen – von vereinzeltem Widerstand bis zu revolutionären Massenerhebungen. Allerdings wird unterstellt, dass sich die Zentrumsländer aufgrund ihrer überlegenen wirtschaftlichen, politischen und militärischen Macht letztlich immer durchsetzen und die ursprünglichen Verhältnisse wiederherstellen. Sollte es unter bestimmten Bedingungen einmal zur Einebnung oder gar Umkehrung der asymmetrischen Austausch- und Machtbeziehungen zugunsten der Peripherieländer kommen, dann kann es sich dabei nur um ein vorübergehend-konjunkturelles, keinesfalls aber um ein dauerhaft-strukturelles Phänomen handeln.

Nun zeigt die Weltgeschichte des Erdöls, dass periphere Länder unter bestimmten Bedingungen durchaus in der Lage sind, über kurzfristige Ausschläge hinaus auch Grundstrukturen der Weltwirtschaft – zumindest in Teilbereichen – dauerhaft zu verändern. Da ein von der Peripherie induzierter Strukturbruch aus der Weltsystemperspektive unwahrscheinlich ist – und außerhalb der Erdölwirtschaft ist er bisher ja auch kaum sonst wo aufgetreten – verfügt sie über keine Begriffe und Argumentationsfiguren, um derartige Wandlungsprozesse erklären zu können. Mit dem Konzept der *countervailing power* glauben wir einen Bezugsrahmen gefunden zu haben, der es ermöglicht, die Dynamik der Machtbeziehungen und den Wandel der Austauschverhältnisse zwischen Zentren und Peripherien zu erfassen und zumindest ansatzweise zu erklären. Hierzu müssen die Begriffselemente, Annahmen und Hypothesen genauer herausgearbeitet und im Hinblick auf unsere Erklärungsaufgabe in mehreren Punkten präzisiert und modifiziert werden.

1. Nicht die Macht an sich, sondern nur ihre *Manifestation* hat das Potential Gegenmachtbildungen auszulösen. Latente, das heißt im Verborgenen ausgeübte und von außen nicht erkennbare Macht, liefert keinen Ansatz zur Bildung von Gegenmacht. Macht muss manifest sein oder manifest gemacht werden, um Anreize und Motive für Widerstand und Gegenwehr liefern zu können. Bei der ursprünglichen Manifestation von Macht kann man wieder zwischen wirtschaftlicher, politischer, militärischer und ideologischer Macht unterscheiden. Wirtschaftliche Macht wird vor allem von den ausländischen Konzernen ausgeübt, die ihre überlegenen technologischen, organisatorischen und finanziellen Kapazitäten in Verhandlungsmacht umsetzen und vorteilhafte Konzessionsverträge aushandeln. Politische Macht manifestiert sich in der einseitigen Definition anderer Länder als Interessensphären oder Schutzgebiete und in der Durchsetzung von Ordnungen, mit der eine Einschränkung der Souveränität dieser Länder verbunden sein kann. Militärische Macht basiert auf überlegenen Streitkräften, die als Drohkulisse für die Durchsetzung wirtschaftlicher und politischer Interessen und als Garanten von Sicherheit und Ordnung fungieren. Teilweise im Land stationiert, können sie im Bedarfsfall schnell intervenieren. Ideologische Macht äußert sich in der Fähigkeit, die eigenen Ideen und Ideologien, Institutionen und Verhaltensstandards samt ihren Begründungen und Rechtfertigungen durchzusetzen. Diese „sanfte" Macht basiert auf der Attraktivität von Werten und Normen, auf der Vorbildlichkeit von Gesellschafts- und Wirtschaftsmodellen, auf Bewunderung und Nachahmung.[1]

2. Galbraiths Behauptung, dass *„nahezu jede Manifestation"* von Macht eine gegenläufige Macht hervorruft, kann auf verschiedene Weise interpretiert werden. Sie kann erstens als allgemeine Regel in dem Sinne verstanden werden, dass die Manifestation von Macht *regelmäßig* Widerstand und Gegenmacht hervorruft. Sie kann zweitens auf nahezu *jede Art* manifester Macht bezogen werden, auf wirtschaftliche, politische, militärische oder ideologische Macht. Dabei stellt sich die Frage, welche Art von Macht oder welche

---

[1] Unter „sanfter Macht" versteht Nye (2003: 30) die Fähigkeit, „andere dazu zu bringen, daß sie das wollen, was man selbst will". Nye zufolge kann ein Land „weltpolitisch seine Ziele erreichen, weil andere Länder ihm folgen möchten, weil sie seine Werte bewundern, seinem Beispiel nacheifern, sein Niveau von Wohlstand und Offenheit anstreben" (ebd.: 29).

Kombination manifester Macht besonders starke Anreize für Gegenmachtbildungen vermittelt. Drittens könnte gemeint sein, dass manifeste Macht in nahezu *jeder Stärke* Widerstreben auslöst. Vieles spricht allerdings für die Annahme, dass in den meisten Gesellschaften erhebliche Machtasymmetrien hingenommen werden, bevor es zu massivem Widerstreben oder gar organisierter Gegenmachtbildung kommt. Wie wir aus empirischen Untersuchungen wissen, gibt es erhebliche interkulturelle Unterschiede bei der Akzeptanz von Machtdistanzen (vgl. Hofstede 2001: 25ff.). Dabei dürfte es einen Unterschied machen, ob in einer Gesellschaft die größere Macht von einheimischen Eliten oder von ausländischen Akteuren ausgeht; ob diese dem gleichen oder einem anderen Kulturkreis entstammen; ob sie in einem Land erstmals sichtbar aktiv werden oder ob man an ihre Präsenz schon länger gewöhnt ist. Wenn eine gewisse, kulturell determinierte Toleranzgrenze überschritten wird, kommt es nicht automatisch zu massenhaftem Widerstreben und gezielter Gegenmachtbildung, vielmehr bedarf es dazu in der Regel einer besonderen Situation und eines charismatischen Führers.

3. Die *Symmetrie* zwischen den Mitteln und Methoden der Machterweiterung und denen des Widerstands ist nach Galbraiths Überzeugung zwar die Regel, aber er lässt auch Ausnahmen zu. In unserem Falle scheint die Ausnahme eher die Regel zu sein, denn wie wir bei der Inkorporation ölreicher Regionen gesehen haben, haben wir es dort immer mit strukturell asymmetrischen Konstellationen zu tun, in denen multinationale Unternehmen auf nationale Regierungen treffen. Die ursprüngliche Macht geht von Konzernen der Zentrumsländer aus, die sich primär (privat)wirtschaftlicher Methoden bedienen, um ihre Ziele zu erreichen. Da die peripheren Ölländer ihnen keine eigenen Unternehmen als adäquate Kooperationspartner oder Konkurrenten entgegenstellen können, treten deren Regierungen als Verhandlungspartner der ausländischen Konzerne auf und versuchen, ihre Interessen mit primär (wirtschafts-)politischen Mitteln durchzusetzen. Nach der Symmetriehypothese bestünde das logische Ziel einer staatlichen Politik der Gegenmacht darin, die Verfügungsmacht über die Erdölvorkommen bei der Regierung anzusiedeln oder in einem nationalen Konzern zu bündeln. Damit könnte ein Gegengewicht zu den ausländischen Konzernen geschaffen und Vertragsverhandlungen könnten auf gleicher Augenhöhe geführt werden. Würden ausländische Konzerne, um ihre Verhandlungsposition gegenüber der Regierung oder dem Staatskonzern eines Öllandes zu verbessern, sich zu einem Kartell zu-

sammenschließen, wäre die adäquate Reaktion die Bildung eines internationalen Gegenkartells derÖlländer. Wir werden sehen, dass beide Strategien der Gegenmacht in den peripheren Ölländern zum Zuge gekommen sind. Alle Exportstaaten haben früher oder später nationale Mineralölkonzerne aufgebaut, und einige der bedeutendsten Länder haben sich in der OPEC zu einem internationalen Produktionskartell zusammengeschlossen.

4. Galbraiths Konzept des *countervailing power* scheint eine Gleichgewichtshypothese zu enthalten, der zufolge es nach mehr oder weniger langen Auseinandersetzungen schließlich zu einer Angleichung der Machtverhältnisse kommt. Die Vorstellung eines annähernden Machtgleichgewichts steht im Gegensatz zu Wallersteins These einer beständigen Reproduktion der hierarchisch strukturierten Weltwirtschaft durch die wirtschaftlich und politisch überlegenen Länder des Zentrums. Aus der Weltsystemperspektive kann es zwar vorübergehend, in wirtschaftlichen oder politischen Krisen, zu einer Veränderung der Machtbalancen zwischen Zentrum und Peripherie kommen, nach Überwindung der Krise würde das System auf Betreiben der Zentrumsländer aber wieder zu seiner asymmetrischen Grundstruktur zurückkehren. Sowohl der Vorstellung von der Tendenz zum (Galbraithschen) Machtgleichgewicht als auch der Vorstellung von der (Wallersteinschen) Wiederherstellung asymmetrischer Machtverhältnisse nach temporären Störungen steht die Vorstellung einer rekursiven Logik von Macht und Gegenmacht entgegen. Demzufolge kommt das System nie dauerhaft zur Ruhe, denn wenn in einer ursprünglichen Machtbeziehung die anfänglich unterlegene Seite mit welchen Mitteln auch immer ein annäherndes (Galbraithsches) Gleichgewicht erreicht hat, wird die ursprünglich überlegene und nun nivellierte Seite alles daransetzen, die alten asymmetrischen (Wallersteinschen) Verhältnisse wiederherzustellen, was dann wiederum Gegenmachtbestrebungen auf der anderen Seite hervorruft. Damit haben wir eine endlose Abfolge von Machtspielen, die das System letztlich nie zur Ruhe oder zu einem Gleichgewicht kommen lassen. Nachdem die Exportländer mit der OPEC-Revolution die Austausch- und Machtverhältnisse zu ihren Gunsten verändert hatten, versuchten die ölabhängigen Industrieländer, die Übermacht der OPEC mit verschiedenen Mitteln zu brechen. Wie weit ihnen das gelungen ist, werden unsere weiteren Ausführungen zeigen.

5. Galbraith geht davon aus, dass Bestrebungen zum Aufbau und zur Anwendung von Gegenmacht aus zunehmender Macht*entfaltung* der anderen Seite resultieren. Vorstellbar ist aber auch, dass deutlich erkennbare Macht*verluste* der früher überlegenen Seite die Mobilisierung von Gegenmacht ermutigen, weil sie nun aussichtsreicher erscheint. Aus historischer Sicht kann man die Hypothese vertreten, dass die europäischen Zentrumsländer sich in den Weltkriegen des 20. Jahrhunderts großenteils selbst geschwächt und dabei die Peripherien indirekt und unbeabsichtigt gestärkt haben. Die Unabhängigkeitsbewegungen und Staatenbildungsprozesse im Nahen Osten stehen in unmittelbarem Zusammenhang mit der Schwächung Großbritanniens und Frankreichs durch den Zweiten Weltkrieg und ihrem mehr oder weniger freiwilligen Rückzug aus der Region. Das Aufkommen revolutionärer Regime mit antiimperialistischen und nationalistischen Ideologien ist ohne die Spaltung der Weltwirtschaft in einen kapitalistischen Bereich mit dem Zentrum USA und einen kommunistischen Sektor mit dem Gegenzentrum Russland nicht zu verstehen. Der Kalte Krieg erweiterte die Handlungsspielräume vieler Peripheriestaaten, die den kapitalistischen Westen nun gegen den kommunistischen Osten ausspielen und unter Druck setzen konnten. Schließlich wurde die zunehmende Abhängigkeit der westlichen Industrieländer von Ölimporten aus der östlichen Hemisphäre im Zuge des Nachkriegsbooms immer offensichtlicher. Politische und militärische Schwächung, ideologische Polarisierung und wirtschaftliche Abhängigkeit der Industrieländer haben Selbstbewusstsein, Widerstandsgeist und Konfliktbereitschaft der Exportländer gestärkt und ihre Verhandlungsposition verbessert. Man kann argumentieren, dass die wirtschaftliche Übermacht der Konzerne der erste und der politische Machtverlust der ehemaligen Großmächte der zweite Stimulus zum Aufbau von Gegenmacht war. Somit hat beides: übermäßige Machtentfaltung der Konzerne und signifikante Machtverluste der Zentrumsstaaten, die Länder der Peripherie zum Aufbau von Gegenmacht angeregt.

Damit haben wir vier brauchbare Arbeitshypothesen. Erstens die Hypothese, dass alle vier Sorten manifester Macht als Ausgangsbedingung und Auslöser von Gegenmacht in Frage kommen; zweitens, dass die Hauptachse der Auseinandersetzungen zwischen multinationalen Konzernen und Regierungen peripherer Staaten verläuft; drittens, dass sowohl Übermacht als auch Machtverfall auf Seiten des Zentrums zu Gegenmachtbildungen in der Peripherie führen können; viertens, dass die Auseinandersetzungen zwischen Peripherie und Zentrum nicht unbedingt auf einen Machtausgleich und ein

Gleichgewicht der Verhandlungsmacht hinauslaufen, sondern dass das Zentrum versuchen wird, die ursprüngliche Asymmetrie der Beziehungen (in veränderter Form) wiederherzustellen. Mit diesem spezifizierten Konzept der Gegenmacht können nun die wechselvollen Beziehungen zwischen Zentrum und Peripherie in der Weltwirtschaft des Erdöls genauer analysiert werden.

4.1 Manifestation ursprünglicher Macht

Die Manifestation ursprünglicher Macht ist großenteils schon im letzten Kapitel sichtbar geworden, in dem die Macht der kapitalistischen Konzerne und der hegemonialen Staaten bei der Inkorporation externer Regionen untersucht wurde. Sie zeigt sich am eindrucksvollsten in den frühen Phasen dieses Prozesses, wenn die Regierungen peripherer Staaten ausländische Direktinvestitionen anzuziehen versuchen oder dem Druck ausländischer Konzerne nachgeben, die ihre überlegenen Machtmittel einsetzen, um sich Zugang zu den Bodenschätzen des Landes zu verschaffen. Ob Sog oder Druck die Inkorporationsprozesse einleiten, in den ersten Zügen des Spiels um Rohstoffe und Geldzahlungen ist die Asymmetrie der Verhältnisse und Beziehungen am stärksten ausgeprägt, und alle Vorteile scheinen auf Seiten der Konzerne zu liegen. Daher muss man von den frühen Phasen und Kontexten der Inkorporation ausgehen, wenn man ursprüngliche Macht als Ausgangspunkt von Gegenmachtbildungen erfassen will. Und um die Machtkämpfe zwischen Akteuren aus Zentrum und Peripherie in ihrer Komplexität erfassen zu können, ist es sinnvoll, zwischen den wirtschaftlichen, politischen, militärischen und ideologischen Manifestationen von Macht zu unterscheiden.

Die Macht der Konzerne

Wirtschaftliche Macht bezieht sich in unserem Zusammenhang auf die Kontrolle der Erdölvorkommen und manifestiert sich in den Konzessionsverträgen, die zwischen dem Management von Konzernen aus den Zentrumsländern (mit gelegentlicher Unterstützung ihrer Regierungen) und Regierungsvertretern der Förderländer im Prozess der Inkorporation ausgehandelt und schriftlich fixiert werden. Definitionsgemäß übt diejenige Seite die größere

Macht aus, die ihre Interessen in den Vertragsverhandlungen, mit welchen Mitteln auch immer, besser durchsetzen kann als die Gegenseite.

Die Interessen der Unternehmen beziehen sich vor allem auf die Rentabilität des eingesetzten Kapitals. Da sie bei der Erschließung von Erdölvorkommen große Investitionen tätigen und hohe Risiken eingehen müssen, streben sie in den Vertragsverhandlungen großräumige Explorations- und Fördergebiete, lange Vertragslaufzeiten, maximale Autonomie bei der Festlegung der Fördermengen und Verkaufspreise und minimale Belastungen durch Steuern und Abgaben an. Je weiträumiger die Explorations- und Fördergebiete, um so größer die Chance, Öl zu finden; je länger die Vertragsdauer, um so sicherer das *return on investment*; je größer die unternehmerische Freiheit bei der Festlegung der Fördermengen und Verkaufspreise, um so höher die Flexibilität bei der Anpassung der Produktion an veränderte Marktbedingungen; und je geringer die Steuer- und Abgabenlast, um so höher fallen – *ceteris paribus* – die Unternehmensgewinne aus.

Die Regierungen der Förderländer sind vor allem an hohen und sicheren Staatseinnahmen interessiert. Der Gewinnmaximierung der Konzerne entspricht die Maximierung der Ölrenten auf Seiten der Exportstaaten. Dabei ist die Herkunft der Gelder – ob aus Abgaben je geförderter Tonne Rohöl, aus Steuern auf Unternehmensgewinne oder sonstigen Abgaben und Gebühren – sekundär gegenüber dem Ziel einer Steigerung und Verstetigung der Staatseinnahmen. Über regelmäßige und zunehmende Geldzahlungen hinaus, erstrecken sich die Interessen der Regierungen auch auf die Kontrolle der Rahmenbedingungen der Produktion und Vermarktung von Rohöl und Ölprodukten, auf die institutionalisierte Einflussnahme auf unternehmerische Entscheidungen bis hin zur vollständigen Beherrschung der Konzerne und ihrer Überführung in Staatseigentum (vgl. Mommer 2002: 107ff.; Schneider 1983: 167ff.). Im Hinblick auf die generalisierten Zielfunktionen der beiden antagonistischen Vertragsparteien lässt sich die Hypothese aufstellen: Je großräumiger die Explorations- und Fördergebiete, je länger die Vertragslaufzeiten, je größer die unternehmerische Freiheit bei der Festlegung der Fördermengen und Verkaufspreise und je geringer die Steuer- und Abgabenquoten, um so wahrscheinlicher ist es, dass die Konzerne ihre Interessen durchgesetzt haben. Gegenteilige Vereinbarungen und Veränderungen würden für eine relativ größere Verhandlungsmacht der Regierungen sprechen.

Die Hypothese lässt sich im Hinblick auf die vier Kriterien weiter spezifizieren.

1. Größe des Konzessionsgebietes: Hat ein einziger Konzern eine Konzession über das gesamte Staatsgebiet erworben (wie es annähernd in Persien vor dem Ersten Weltkrieg der Fall war, als BP eine Konzession über 77 Prozent des Staatsgebietes erwerben konnte), ist das ein deutliches Indiz für seine Übermacht gegenüber der Regierung. Hat eine Regierung hingegen das Staatsgebiet in eine Vielzahl von Konzessionsgebieten aufgeteilt, um die jeweils mehrere Unternehmen hart konkurrierten (wie in Libyen seit Mitte der 1950er Jahre), spricht dies für eine starke Machtposition der Regierung.

2. Laufzeit der Verträge: Ist die Dauer einer Konzession so bemessen, das sie die vollständige Ausbeutung eines Ölfelds ermöglicht, lässt dies auf die Überlegenheit des entsprechenden Unternehmens oder Konsortiums schließen (*vice versa*). Kürzere Laufzeiten mit Verlängerungs- und Anpassungsklauseln sind eine zwiespältige Angelegenheit; sie können sich je nach der Entwicklung der Förderquoten und Knappheitsverhältnisse zum Vorteil der einen wie der andere Seite auswirken und deuten aufgrund ihrer Ambivalenz eher auf ein annäherndes Machtgleichgewicht hin.

3. Steuern und Abgaben: Hier lassen sich Machtverhältnisse in etwa an den Tatbeständen und Bemessungsgrundlagen der Steuer- und Abgabenpflicht ablesen. Werden nur Abgaben auf geförderte Mengen (*royalties*) erhoben, deutet dies auf einen schwachen Staat und auf starke Konzerne hin. Relativ stärkere Staaten ergänzen oder ersetzen mengenmäßige Förderabgaben durch die Besteuerung der Unternehmensgewinne, wobei deren Höhe genauere Aufschlüsse über die Machtverhältnisse liefert. Man kann die Machtverhältnisse auch an der Verteilung der Gewinne zwischen Unternehmen und Staat ablesen. Eine Gleichverteilung kann als Ausdruck ausgeglichener Machtverhältnisse verstanden werden, signifikante Abweichungen als Übergewicht der einen oder anderen Seite.

4. Unternehmerische Freiheit: Über die Erhebung von Steuern und Abgaben hinaus streben die Regierungen der Förderländer vielfach auch eine staatliche Beteiligung an den Mineralölkonzernen an. Wenn es Regierungen gelingt, durch Staatsbeteiligung zu *insider* in Unternehmen zu werden, sich damit über deren Absatz- und Gewinnentwicklungen unmittelbar informieren und deren Pläne und Entscheidungen beeinflussen zu können, spricht dies für eine überlegende Durchsetzungsmacht der Regierungen. Umgekehrt lässt die Ver-

hinderung von Staatsbeteiligungen, die Aufrechterhaltung unternehmerischer Autonomie auf eine überlegene Position der Konzerne schließen.

Betrachten wir unter diesen Aspekten manifester Unternehmensmacht die ersten Erdölkonzessionen in den verschiedenen Ländern etwas genauer. In *Lateinamerika* hat das Problem der Eigentumsrechte an den Bodenschätzen in den Auseinandersetzungen um die Erdölkonzessionen (im Unterschied zur arabischen Welt) immer eine zentrale Rolle gespielt. In *Mexiko* wurde die kolonial-spanische Tradition des staatlichen Eigentums an Bodenschätzen auch nach der Unabhängigkeit des Landes beibehalten.[2] Offenbar unter US-amerikanischem Einfluss wurde aber auch Privateigentum an Grund und Boden zugelassen, das zunächst auch Kohle und Öl einschloss. Vertragspartner der ausländischen Konzerne konnten somit sowohl die Regierung als auch private Grundbesitzer sein. Da die mexikanischen Bauern und Viehzüchter anfangs wenig über den wirtschaftlichen Wert ihres Grund und Bodens wussten, konnten Mineralölkonzerne aus den Zentrumsländern umfangreiche Ländereien billig erwerben oder pachten. Die Pachtzeiten erstreckten sich auf 20 bis 30 Jahre, die Pachtgebühren beliefen sich auf 5 bis 25, maximal 40 Pesos pro Hektar; Lizenzgebühren (*royalties*) wurden in Höhe von 5 bis 25 Prozent gezahlt. Auf staatseigenem Land konnte nach dem ersten spezifischen Erdölgesetz von 1901 eine exklusive Explorationserlaubnis für ein Jahr erworben werden, die im Falle des Erfolgs in eine Fördergenehmigung über 10 Jahre münden konnte. Dafür musste eine Grundsteuer von 5 Cent pro Hektar und eine Ertragssteuer in Höhe von 10 Prozent auf die ausgeschütteten Gewinne gezahlt werden. Von anderen Steuern wurden die Konzessionäre weitgehend befreit.

Als vier Jahre später der potentielle Ölreichtum des Landes immer deutlicher erkennbar wurde, kam es zu verschärften Auseinandersetzungen zwischen Befürwortern und Gegnern eines nationalen Eigentums an den Bodenschätzen des Landes. Sie spalteten nicht nur die Mexikaner, sondern auch die ausländischen Investoren. Der britische Unternehmer Pearson (nachmalig Lord Cowdray), Gründer der Mexican Eagle Oil Company (El Águila), unterstützte die Verteidiger eines öffentlichem Landbesitzes, weil er an Konzessionen interessiert war; sein amerikanischer Rivale Doheny,

---

[2] Die folgenden Ausführungen stützen sich auf Mommer 2002: 65 ff.; Yergin 1991: 295ff., 353f.; Barudio 2001: 325ff.; Venn 1986: 19ff.

Gründer der Huesteca Petroleum Company, schlug sich als Eigentümer umfangreicher und potentiell ölreicher Ländereien hingegen auf die Seite der Befürworter privaten Grundbesitzes. Die zerstrittenen Parteien konnten sich auf keinen verbindlichen Rahmen für die Ausbeutung der Bodenschätze einigen. Unter Missachtung des Erdölgesetzes von 1901 wurden großzügige Konzessionen über 50 Jahre mit erheblichen Steuer- und Abgabenbefreiungen vergeben. Sie wurden von späteren Regierungen widerrufen, von Unternehmen hingegen als rechtmäßig erworben erklärt.

Nach der Revolution von 1910 wurde in der Verfassung von 1917 die Wiedereinführung des nationalen Eigentums an den Bodenschätzen festgeschrieben. Privater Grundbesitz wurde zwar zugelassen, aber die im „Untergrund" liegenden Bodenschätze wurden zum nationalen Eigentum erklärt. Die Konzerne sahen darin eine Verletzung der Eigentumsrechte, die sie vor der Revolution erworben hatten, und die nun, nachdem sie so große Summen in Exploration und Produktion investiert hatten, nicht rückwirkend annulliert und konfisziert werden könnten. Dagegen bestand die Regierung darauf, dass die Bodenschätze immer schon Eigentum des Staates gewesen seien und die Unternehmen daher kein Grundeigentum, sondern lediglich Förderkonzessionen erworben hätten.

Um den Druck auf die Regierung zu erhöhen, wandten sich die Konzerne an die Regierungen ihrer Stammländer und forderten sie auf, die Auslandsinvestitionen mit diplomatischen und notfalls auch militärischen Mitteln zu schützen (ebd.: 18ff.). Nach jahrelangen Streitigkeiten entschied der höchste Gerichtshof Mexikos 1925, dass die ausländischen Konzerne weiterhin Öl suchen und fördern könnten, allerdings nicht als Eigentümer, sondern nur als Konzessionäre. Auf Druck ihrer Regierungen stimmten die Konzerne schließlich widerwillig zu. Die Verhandlungen wurden fortgesetzt und zwischendurch konnten die Konzerne immer wieder Reduzierungen der *rents* und *royalties* durchsetzen – bis sie im Jahre 1938 enteignet wurden.

In *Venezuela* wurden die aus kolonialen Zeiten stammenden Bergbaugesetze unter dem Einfluss von Ideen der Französischen Revolution in der zweiten Hälfte des 19. Jahrhundert liberalisiert (vgl. Mommer 2002: 107ff.; Venn 1986: 64ff.). Im Bergbaugesetz von 1909 wurden Konzessionen als Verträge zwischen Grundeigentümern und (zumeist ausländischen) industriellen Investoren konzipiert, wobei die Konzessionäre zwar relativ geringe Steuern an den Staat, aber immerhin ein Drittel ihrer Gewinne an die Grundeigentümer zahlen mussten. Nach 1910 konnten venezuelanische

Bürger oder Gesellschaften Konzessionen erwerben und als Intermediäre zwischen Grundeigentümern und Mineralölkonzernen auftreten. Davon profitierten vor allem politische *insider* und der *clan* des Präsidenten (vgl. Brown/Lindner 1998: 147).

Die ursprünglichen Konzessionsgebiete umfassten 50.000 bis 27.000.000 Hektar. Nach der Explorationsperiode, die 2 bis 8 Jahre dauerte, konnten die Konzessionäre für Landstücke von 200 ha Förderkonzessionen über 30 bis 50 Jahre erwerben. Hierfür mussten Grundsteuern in Höhe von 1 Bolívar (ein Bolívar entsprach zu dieser Zeit 5,20 Golddollar) und eine Fördersteuer über 2 Bolívar pro Tonne oder 1.000 Bolívar pro Konzession (was mehr war) gezahlt werden. Somit hatten die Konzessionäre im Minimum 600 Bolívar je Tonne pro Jahr an Steuern zu zahlen. Darüber hinaus wurden keine anderen Steuern fällig.

Als im Jahre 1917 die Exporte einsetzten, wurden vorübergehend keine Konzessionen mehr erteilt und unter Berücksichtigung der mexikanischen und US-amerikanischen Erfahrungen neue Regelungen diskutiert. Anfang der 1920er Jahre wurde ein neues Gesetz über Hydrokarbone verabschiedet, das mit kleineren Änderungen bis 1943 galt. Konzessionen wurden auf 10.000 ha begrenzt; die Explorationsphase wurde wie zuvor auf 3 Jahre festgesetzt; für Einheiten von 200 ha wurden Förderkonzessionen für 40 Jahre vergeben. Außer Bonuszahlungen wurde eine mit der Dauer der Förderung steigende Grundsteuer sowie *royalties* in Höhe von 7,5 bis 10 Prozent erhoben (vgl. Mommer 2002: 107ff.).

Wenn man in der für Lateinamerika typischen (aber auch konjunkturell bedingten) Wechselhaftigkeit des Konzessionsgeschehens eine Tendenz erkennen kann, dann vielleicht die einer allmählichen aber diskontinuierlichen Verbesserung der Verhandlungsposition der Regierungen gegenüber den ausländischen Konzernen – womit aber noch nichts über die Entwicklung der Unternehmensgewinne und der Staatseinnahmen und ihr Verhältnis zueinander gesagt ist (darauf gehen wir weiter unten ein).

Im Unterschied zu den lateinamerikanischen Ländern in der westlichen Hemisphäre gab es in den *arabischen* Ländern der östlichen Hemisphäre keine Tradition des Bergbaus und somit auch keine Unterscheidung zwischen Oberfläche und Untergrund, die dort so viel Verwirrung und Streit verursacht hatte. In den traditionell nomadisch geprägten, familien- und stammesbasierten und von autokratischen Herrschern regierten Gesellschaften des Nahen Ostens gab es, abgesehen von größeren Städten, kaum eine Tradition individuellen, privaten Landbesitzes, ganz zu schweigen von der Übernahme europäischer oder amerikanischer Eigentumsvorstellungen und Rechtstraditionen. Die politischen Herrscher, die auch hier als Vertragspartner der Konzerne auftraten, wussten anfangs ebenso wenig oder noch weniger über Bodenschätze und deren Bedeutung für die Industrieländer wie die Regierungen Lateinamerikas.

In *Persien* (einem nicht-arabischen Land) wurden 1901 die ersten Konzessionsverträge zwischen dem Schah Musaffar al-Din und dem britischen Geschäftsmann D'Arcy abgeschlossen. Die persische Regierung sollte 20.000 Pfund in bar, weitere 20.000 Pfund in Aktien sowie 16 Prozent des jährlichen Nettogewinns, dessen Erwirtschaftung noch weitgehend ungewiss war, erhalten. Zusätzlich erhielten der Schah und andere Notabeln Unternehmensanteile im Wert von 50.000 Pfund, die um 1914 auf 65.540 Pfund angestiegen waren. Im Gegenzug erhielt D'Arcy eine Konzession auf 60 Jahre über ein Gebiet von 480.000 Quadratmeilen, die etwa drei Viertel des Staatsgebietes ausmachten. Auf die fünf nördlichen Provinzen, die Russland am nächsten lagen, wurde bewusst verzichtet, um den Russen keinen Vorwand für Interventionen zu liefern. Da die Autorität des Schahs in den südwestlichen Fördergebieten schwach war und von Bakhtiari-Stämmen kontrolliert wurde, forderten und erhielten diese Schutzgelder in Höhe von 3.000 Pfund jährlich, sowie einen Anteil von 3 Prozent an den Unternehmensgewinnen (vgl. Greene 1985: 239). Aus dieser Konzession ging 1909 bekanntlich die Anglo-Persian Oil Company (APOC), der Vorläufer der British Petroleum (BP), hervor, die die Ölvorkommen des Landes monopolistisch ausbeutete.

Im Unterschied zum Iran handelt es sich beim *Irak* um kein historisch gewachsenes Staatsgebilde, sondern um ein von der britischen Mandatsverwaltung künstlich geschaffenes Gebilde, dessen Regierung eher Spielball als Partner oder Kontrahent ausländischer Konzerne war. Im Jahr 1925 wurde ein Konzessionsvertrag zwischen der (britisch kontrollierten) Regierung in Bagdad und der (überwiegend in britischem Besitz befindlichen) Iraq Petroleum Company (IPC) abgeschlossen. Anstatt einer zunächst vorgesehenen Gewinnbeteiligung von 20 Prozent erhielt die Regierung nur eine mengenmäßige Förderpauschale von 4 Shilling (Goldstandard) pro Tonne Rohöl. Dieser ungleiche Vertrag ist dem Irak „buchstäblich aufgezwungen worden. Seit jenem Tag war die Beseitigung oder wenigstens die Revision dieser Konzession so etwas wie die nationale Pflicht eines jeden irakischen Patrioten" (Mejcher 1980: 37). Nach Mejchers Angaben war in dem Konzessionsvertrag ferner niedergelegt worden, „dass die IPC innerhalb der beiden nächsten Jahre im Zuge ihrer geophysikalischen Untersuchung im Norden Iraks 24 Felder von je 8 qkm Fläche für die sofortige Erschließung und Förderung auswählen durfte. Das übrige Territorium sollte der Regierung in Bagdad zwecks Ausschreibung neuer Konzessionen zur Verfügung stehen. Hierfür war die Formel ‚*sub-leasing*' geprägt worden, die angeblich einen Kompromiss mit dem von der amerikanischen Regierung so hart vertretenen Prinzip der Offenen Tür darstellte. Es handelte sich insofern um einen faulen Kompromiss, als die IPC von Anfang an davon ausging, unter dieser Formel ein Vorzugsrecht bei Ausschreibungen zu besitzen" (Mejcher 1980: 37). Tatsächlich setzte die IPC im Laufe der Zeit eine Erweiterung ihres Konzessionsgebietes durch. Beim Ausbruch des Zweiten Weltkriegs war das gesamte Staatsgebiet des 1932 unabhängig gewordenen Irak Konzessionsgebiet der britisch kontrollierten IPC und der APOC (vgl. Mejcher 1980: 42).

Während im Iran und im Irak britische Unternehmen die ersten Konzessionsverträge abschlossen, waren es in *Saudi-Arabien* amerikanische Konzerne. 1933 wurde zwischen der Standard Oil of California (SOCAL) und dem Königreich Saudi Arabien ein Konzessionsvertrag über eine Laufzeit von 60 Jahren und eine Fläche von ungefähr 500.000 Quadratkilometer abgeschlossen. Die Zahlungen an den Staat beziehungsweise an die Königsfamilie enthielten außer jährlichen Konzessionsgebühren und Tantiemen auf jede geförderte Tonne Rohöl auch Einmalzahlungen und Darlehen der Konzerne (die aus Öleinnahmen des Staates zu tilgen waren). Über die Höhe der Zahlungen findet man in der Literatur unterschiedliche Angaben. Yergin zufolge sah der Vertrag „eine Abschlagzahlung von 35.000 Pfund in Gold vor, 30.000 Pfund als Darlehen und 5.000 Pfund als Förderzins-Vorauszahlung für das erste Jahr. Nach 18 Monaten wurde ein zweites Darlehen in Höhe von 20.000 Pfund fällig. Der gesamte Kredit war ausschließlich aus zukünftigen Öleinnahmen zu tilgen. Zusätzlich sollte die Gesellschaft ein zweites Darlehen von 100.000 Pfund in Gold bei der Entdeckung von Öl gewähren" (Yergin 1991: 380). Simmons erwähnt neben einer Einmalzahlung von 50.000 Pfund, sobald Öl gefunden wurde, und der Gewährung eines Kredits in Höhe von 50.000 Pfund Sterling in Gold noch *rentals* in Höhe von 1 Pfund pro Tonne gefördertem Öl sowie 25.000 Pfund pro Jahr (vgl. Simmons 2006: 27). Nach Mejcher musste der Konzern darüber hinaus keine Einkommensteuer und Zölle zahlen. Zudem sollten bei der

Einstellung von Arbeitskräften saudi-arabische Bürger bevorzugt werden (vgl. Mejcher 1980: 89f.).

Auf unsere Hypothese zurückkommend, kann man in den Ländern der westlichen wie der östlichen Hemisphäre eindeutige Vorteile der ausländischen Konzerne in den ersten Konzessionsverträgen erkennen. Die Konzerne konnten überall relativ lange Laufzeiten, große Konzessionsgebiete, moderate Steuern und Abgaben durchsetzen und große Gewinne erzielen. Die Iraq Petroleum Company (IPC) erzielte in den Jahren 1952 bis 1964 Gewinne nach Steuern in Höhe von 56,6 Prozent; das iranische Konsortium kam in den Jahren 1955 bis 1964 auf 69,3 Prozent; die ARAMCO erreichte zwischen 1952 und 1961 57,6 Prozent, die kuwaitische KOC zwischen 1954 bis 1960 über 150 Prozent; am unteren Ende mussten sich die Konzerne in Venezuela von 1947 bis 1957 mit vergleichsweise bescheidenen 22 Prozent begnügen (vgl. Mommer 2002: 131; Bromley 1991: 118).

Tugendhat und Hamilton weisen darauf hin, dass man die Gewinne der Konzerne vor dem Hintergrund ihrer enormen und oftmals riskanten Investitionen sehen muss. Nach ihren Angaben entwickelten sich die *returns on investment* der Sieben Schwestern in der Zeit von 1955 bis 1970 – in diesem Zeitraum investierten die Konzerne schätzungsweise 100 Milliarden US-Dollar in die Suche nach Öl- und Gasvorkommen und weitere 115 Milliarden für deren Vermarktung (vgl. Tugendhat/Hamilton 1975: 301) – eher rückläufig. Betrugen die *returns on investment* in den 1950er Jahren 14 bis 15 Prozent, fielen sie seit Ende der 1950er Jahre nahezu stetig auf ungefähr 11 Prozent und sanken 1972 (dem Jahr vor dem ersten Ölpreisschock) auf unter 10 Prozent. Während die Gewinne pro Barrel (*earnings per barrel*) von 1961 bis 1972 um nahezu 5 Prozent pro Jahr fielen, stiegen die Gesamtgewinne (*net earnings*) bei einer Zunahme der Ölproduktion um mehr als 12 Prozent pro Jahr um fast 7 Prozent jährlich in den 1960er und frühen 1970er Jahre (vgl. ebd.: 304). Die vergleichsweise niedrigen Profite in der östlichen Hemisphäre wurden durch enorme Profite in den Vereinigten Staaten mehr als wettgemacht.

Auf der anderen Seite stiegen auch bei moderaten Abgaben und Steuern die Einnahmen der Förderstaaten zumindest in Zeiten des Ölbooms stark an, und dies mag zu einer gewissen Dämpfung ihrer Forderungen an die Konzerne beigetragen haben. In Mexiko stiegen die Staatseinnahmen von 494.275 Pesos im Jahre 1912 über 7.074.968 Pesos in 1917 auf 58.177.029 Pesos in 1922 an (vgl. Barudio 21001: 337). In Venezuela betrugen die Staatseinnahmen von 1917 bis 1935 im Durchschnitt 25 Millionen Bolívares, von 1936 bis 1940 94 Millionen Bolívares, von 1946 bis 1958 779 Millionen Bolívares und von 1949 bis 1952 1.241 Millionen Bolívares (vgl. Karl 1997: 117). Im Iran gingen von den zwischen 1909 und 1950 erzielten Profiten (vor Steuern und Abgaben) 22 Prozent als Steuern an die iranische und 35 Prozent an die britische Regierung, 20 Prozent wurden als Dividenden an die Anteilseigner, zu denen auch die britische Regierung gehörte, ausgeschüttet, und 22 Prozent der Gewinne wurden von der Anglo-Iranian Oil Company einbehalten (vgl. Greene 1985: 252). In Saudi-Arabien stiegen die Regierungseinnahmen von 13,5 Millionen US-Dollar in 1946 auf 113 Millionen in 1950 und 212 Millionen in 1952 (vgl. Al-Rasheed 2002: 94).

Zuhayr Mikdashi, einer der besten Kenner der nahöstlichen Verhältnisse, hat versucht, die Gewinne von sieben großen Mineralölkonzernen mit ihren Abgaben an die Regierungen der Gastländer zu vergleichen, um dadurch Aufschlüsse über die Veränderung der Machtbalancen zu erhalten (vgl. Mikdashi 1972: 137ff.). Aus den in Tabelle 4.1 zusammengestellten Daten sind für unsere Fragestellung vor allem die Entwicklung der Unternehmensgewinne pro Barrel (in Dollar-Cent; drittletzte Zeile) und die Zahlungen an die Regierungen der Gastländer (in Dollar-Cent; letzte Zeile) von Interesse. Man sieht, dass die Unternehmensgewinne 1957, wo sie sich auf 78,0 Cent pro Barrel beliefen bis 1970, kurz vor der OPEC-Revolution, kontinuierlich auf 32,7 Cent gesunken sind. Die Tendenz abnehmender Unternehmensgewinne hat bereits vor der Gründung der OPEC im Jahre 1960 eingesetzt und scheint hiervon kaum berührt worden zu sein.

Anders die Entwicklung der Zahlungen an die Regierungen der Förderländer: sie sind bis 1961 von 78,1 Cent pro Barrel auf 70,0 Cent gesunken – weniger stark als die Unternehmensgewinne, die im gleichen Zeitraum von 78,0 Cent auf 54,3 Cent gesunken sind –, um danach kontinuierlich auf 86,0 Cent pro Barrel anzusteigen. Inwieweit dieser Anstieg der Abgaben auf die Formierung der OPEC zurückzuführen ist, lässt sich aus den Daten nicht herauslesen; er muss nicht durch höhere Besteuerung verursacht sein, sondern kann Mikdashi zufolge ebenso eine Folge sinkender Operationskosten pro Outputeinheit sein. Wie auch immer: Anscheinend begann sich die Politik der OPEC für die Förderstaaten ab 1963 auszuzahlen, als die Regierungseinnahmen pro Barrel zu steigen begannen, während die Gewinne der Konzerne pro Barrel ihren Abwärtstrend fortsetzten.

Die von Mikdashi zusammengestellten Daten erfassen nur einen begrenzten Zeitraum, lassen mit Venezuela ein wichtiges OPEC-Mitgliedsland unberücksichtigt, beziehen anderseits auch Fördergebiete der Konzerne außerhalb der OPEC mit ein und schließen die französische CFP ebenso aus, wie die *independents*, die in der östlichen Hemisphäre in den 1960er Jahren ca. 20 Prozent der Produktion auf sich vereinigten und im *downstream*-Bereich sogar noch stärker waren. Vollständige und verlässliche Gegenüberstellungen von Unternehmensprofiten und Staatseinnahmen lassen sich nach dem gegenwärtigen Forschungsstand kaum erstellen. Zudem ist fraglich, welche Schlüsse daraus zu ziehen wären, denn die Gewinne der Konzerne lassen sich mit den Einnahmen der Regierungen nicht ohne weiteres vergleichen. Unternehmensgewinne waren nur aufgrund hoher Investitionen und großer Risikobereitschaft zu erzielen, während es sich bei den Regierungseinnahmen überwiegend um Renten handelte, die weitgehend ohne staatliche Leistungen zuflossen. In den unterentwickelten Ländern mussten die Ölkonzerne erhebliche Vorleistungen erbringen, bevor das erste Barrel Öl gefördert werden konnte. In Saudi-Arabien haben die amerikanischen Konzerne angesichts fehlender Infrastruktur und Verwaltung in den Ölregionen auch öffentliche Aufgaben übernommen: vom Bau von Straßen, Eisenbahnlinien, Pipelines, Häfen und Flughäfen bis hin zum Bau und zur Unterhaltung von Schulen und Krankenhäusern (vgl. Mikdashi 1972: 95ff.).

Tabelle 4.1: Gewinne und Abgaben von sieben internationalen Ölgesellschaften in der östlichen Hemisphäre, 1957-1970.

PRODUCTION, EARNINGS AND GOVERNMENT PAYMENTS OF SEVEN INTERNATIONAL OIL COMPANIES*
EASTERN HEMISPHERE, 1957–70

	1957	1958	1959	1960	1961	1962	1963	1964	1965	1966	1967	1968	1969	1970
Gross production (million barrels)	1,370	1,598	1,710	1,950	2,077	2,310	2,540	2,882	3,235	3,627	3,928	4,422	5,034	5,832
Net earnings ($ millions)	1,069	963	999	1,101	1,128	1,227	1,429	1,245	1,353	1,491	1,446	1,748	1,785	1,907
Net worth on Jan. 1 ($ millions)	5,653	6,344	7,138	7,828	8,538	9,353	10,115	11,232	12,027	12,929	13,542	14,959	15,763	16,818
Return on net worth (%)	18·9	15·2	14·0	14·1	13·2	13·1	14·1	11·1	11·2	11·5	10·7	11·7	11·3	11·3
Earnings per barrel (cents)	78·0	60·3	58·4	56·5	54·3	53·1	56·3	43·2	41·8	41·1	36·8	39·5	35·4	32·7
Payments to producing governments ($ millions)	1,070	1,210	1,309	1,381	1,454	1,637	1,908	2,167	2,471	2,798	3,138	3,675	4,223	5,013
Payments per barrel (cents)	78·1	75·7	76·5	70·8	70·0	70·9	75·1	75·2	76·4	77·1	79·9	83·1	83·9	86·0

*Jersey, Shell, Texaco, Mobil, BP, Socal and Gulf.
Source: First National City Bank, New York.

Quelle: Mikdashi, The Community of Oil Exporting Countries: A Study in Governmental Co-operation, London 1972, S. 139.

Während ein Vergleich zwischen Unternehmensgewinnen und Staatseinnahmen schwerlich für die Begründung von „ungleichen Verträgen" oder „ungleichem Tausch" herhalten kann, spricht die Tatsache, dass die Mineralölkonzerne in den Förderländern vielfach geringere Abgaben und Steuern zu zahlen hatten als in den Verbrauchsländern schon eher für ungerechte Verhältnisse. Vertretern der These vom ungleichen Tausch und Bürgern der Förderländer stellt sich die Frage nach der Berechtigung solch disproportionaler Staatseinnahmen zwischen Förder- und Verbrauchsländern: was und wie viel trugen denn die Regierungen der Verbrauchsländer zur In-Wert-Setzung des Rohöls produktiv bei?

Wie auch immer man diese Sachverhalte bewerten mag, entscheidend für die Entfaltung von Gegenmacht in der Peripherie sind weniger objektive Daten und reale Machtverhältnisse als vielmehr ihre gesellschaftliche Wahrnehmung und Bewertung in der Peripherie. Man kann sich hier auf das Thomas-Theorem beziehen, demzufolge die subjektive Deutungen objektiver Sachverhalte für das tatsächliche Verhalten entscheidend sind: „Wenn Menschen Situationen als wirklich definieren, dann sind sie in ihren Folgen wirklich." Wenn die Menschen in den Förder- und Exportländer *meinen* oder von Meinungsführern zu der Überzeugung gebracht werden, die zwischen ihren Regierungen und ausländischen Konzerne abgeschlossenen Verträge seien ungerecht, die natürlichen Reichtümer würden unter Wert verschleudert oder von übermächtigen Konzernen auf illegitime Weise angeeignet, dann werden sie empfänglich für Bestrebungen zur Veränderung der Verhältnisse, und sie werden diejenigen unterstützen oder sich denjenigen anschließen, die für „Gerechtigkeit" kämpfen.

Die Neigung vieler Menschen in der nahöstlichen Peripherie, ihre Meinungen und Verhaltenstendenzen auf Mutmaßungen, Gerüchte und Verschwörungstheorien zu gründen, hat nicht nur mit kulturell bedingten Dispositionen und unzureichenden Informations- und Kommunikationsmedien zu tun, sondern auch mit bewusster Verschleierung der Wirklichkeit durch die Mächtigen beider Seiten. Die Herrscher der peripheren Förderländer erfahren die Macht der ausländischen Konzerne zwar ganz unmittelbar und sind auch daran interessiert, die Machtverhältnisse zum eigenen Vorteil zu verändern. Aber deshalb haben sie noch kein Interesse an einer öffentlichen Diskussion von Konzessionsverträgen, an denen sich nicht nur die Machtverhältnisse, sondern auch die Höhe der Staatseinnahmen abschätzen lassen. In Saudi-Arabien wurde der zwischen der SOCAL und dem Königshaus ausgehandelte Konzessionsvertrag zwar in der Regierungszeitung Umm al-Quara veröffentlicht, auf Wunsch Ibn Sauds wurden die besonderen Zahlungsvereinbarungen aber nicht bekannt gegeben (vgl. Mejcher 1980: 89f.). Kritische Stimmen hätten nach der Verwendung der Einnahmen fragen, eine gerechte Verteilung oder effiziente Nutzung der Mittel einfordern können. Sie hätten Begehrlichkeiten in der Bevölkerung wecken und die Herrscher unter Verteilungsdruck bringen können.

Auch die Unternehmen der Zentrumsländer haben kein Interesse an der Offenlegung von Verträgen mit fragwürdigen Regierungen und an einer Aufdeckung der wirtschaftlichen Verhältnisse in der Peripherie. Wie der arabische Monarch verweigerte auch sein amerikanischer Verhandlungspartner, die ARAMCO, die Veröffentlichung aller Konzessionsabmachungen, was in dem demokratischen Land mit seinen strengen Publikationspflichten zu einem gerichtlichen Nachspiel führte.[3] Die Berichtspflicht von Publikumsgesellschaften ist eine zwiespältige Angelegenheit. Einerseits müssen Bilanzen offen gelegt und Gewinne ausgewiesen werden, um an den Börsen Beteiligungskapital akquirieren zu können, andererseits liefern hohe Gewinne in weniger entwickelten Ländern einen Ansatzpunkt für kritische Berichterstattung und Forderungen nach mehr Transparenz und größerer gesellschaftlicher Verantwortung.

Während also die unmittelbaren Vertragsparteien vielfach kein Interesse an einer umfassenden Veröffentlichung und Diskussion von Konzessionsvereinbarungen haben, sind *dritte Parteien* in den Verbrauchs- wie in den Förderländern genau daran höchst interessiert. In den peripheren Förderländern sind es vor allem Intellektuelle und Publizisten, Reformer und oppositionelle Gruppen, die autokratische und korrupte Regierungen beseitigen und die Öleinnahmen zur wirtschaftlichen und gesellschaftlichen Entwicklung des Landes nutzen wollen. In den industriellen Verbrauchsländern sind Regierungen und Behörden an den Aktivitäten der multinationalen Konzerne aus Gründen der Besteuerung, der Verhinderung übermäßiger Marktmacht und der Vermeidung außenpolitischer Verwicklungen interessiert. Internationale Regierungs- und Nichtregierungsorganisationen beobachten die Entwicklungen in der Weltwirtschaft und publizieren Fakten, Meinungen und Kritiken auch über Vorgänge in der Peripherie. Investigati-

---

[3] Vgl. Mejcher 1980: 90, Fußnote 37. Darin wird Bezug genommen auf Ausführungen von Shwadran 1959: 293ff.

ve Journalisten spüren den Machenschaften undurchsichtiger Machtkomplexe nach und können im Falle einer Aufdeckung von unangemessenem Verhaltensweisen wie Schmiergeldzahlungen und ausbeuterischen Praktiken mit großer Publizität rechnen.

Viele Informationen über asymmetrische Beziehungen zwischen Zentrum und Peripherie fließen auf dem Umweg über Zentrumsländer in die Peripherien und werden dort von interessierten Personen und Gruppen verbreitet und politisch genutzt. Bei der Manifestation ursprünglicher Macht handelt es sich also um ein komplexes Spiel mit Informationen und Argumenten, Meinungen und Interessen, das Peripherie und Zentrum miteinander verbindet. Man kann die Hypothese vertreten, dass die Zentrumsländer mit ihrer informationellen Offenheit und publizistischen Aktivität großenteils unbeabsichtigt zum Aufbau von Gegenmacht in der Peripherie beigetragen haben. Bevor wir diese Hypothese überprüfen, seien die anderen Dimensionen ursprünglicher Macht als Ausgangspunkt für Gegenmacht erläutert.

Die Macht der Staaten

Politische Macht manifestiert sich in der Durchsetzung von Ordnungen auf nationaler und internationaler Ebene, in den Beziehungen zwischen Zentrum und Peripherie und in den Ländern der Peripherie selbst. Zentrumsländer beziehungsweise Hegemonialmächte haben periphere Länder als „Einflussgebiete" und sich selbst als „Schutzmächte" definiert und Ordnungen durchgesetzt, die ihren Interessen förderlich sind und die Autonomie der Peripherie begrenzen.

Peripheren Ländern gegenüber wird politische Macht vielfach in Verbindung mit militärischer Macht ausgeübt. Die überlegen Streitkräfte der Zentrumsländer können als Drohkulisse bei der Durchsetzung wirtschaftlicher und politischer Interessen fungieren, bei der Gefährdung von Auslandsbesitz und Auslandsinvestitionen intervenieren, zur Aufrechterhaltung von „Sicherheit und Ordnung" teilweise im Land stationiert sein, wobei ihnen einheimische Streitkräfte als Juniorpartner oder Hilfstruppen dienen können. Je weniger militärische Macht als Garant der äußeren Sicherheit und je mehr sie als Instrument zur Aufrechterhaltung einer illegitimen und ineffizienten Ordnung im Inneren wahrgenommen wird, um so stärker sind die von ihr ausgehenden Anreize zur Bildung von Gegenmacht.

Politisch-militärische Macht kann direkt oder indirekt ausgeübt werden: in Form des Kolonialismus durch die (zumeist militärische) Eroberung anderer Länder und ihre direkte Beherrschung mittels kolonialer Verwaltungen oder indem einheimische Eliten als Zwischenglieder zwischen Bevölkerung und Kolonialherren in ihren Machtpositionen belassen werden, mit politischen und wirtschaftlichen Druckmitteln aber zur Kooperation oder Kollaboration mit den Kolonialherren gezwungen werden. Während die westliche Hemisphäre mit Mexiko und Venezuela beim Eintritt in das Ölzeitalter die Kolonialherrschaft der Europäer (insbesondere die der Spanier) abgeschüttelt hatte, wurden wichtige Ölländer der östlichen Hemisphäre unter Bedingungen andauernder, teilweise sogar noch zunehmender Kolonialherrschaft der Europäer (insbesondere der Briten und Franzosen) inkorporiert.

Die politisch-militärische Macht Frankreichs manifestierte sich im Nahen Osten zuerst in Algerien, das von Frankreich ab 1830 militärisch besetzt, in eine Siedlungskolonie verwandelt und direkt von Paris aus regiert wurde. Großbritannien trat als Kolonialmacht zuerst am Persischen Golf und in Südarabien auf, als es 1839 in Aden am Ausgang des Roten Meeres eine Stützpunktkolonie errichtete, die in den 1880er und 1890er Jahren durch Protektoratsverträge mit einer Reihe benachbarter Scheichtümer, den so genannten *Trucial States* zu einem militärischen Stützpunktsystem ausgebaut wurde. 1882 geriet Ägypten, das als erstes Land der arabischen Welt durch den Einmarsch Napoleons 1798 mit dem europäischen Imperialismus konfrontiert wurde, mit der Besetzung der Kanalzone und dem Aufbau eines großen Militärstützpunktes unter britische Kontrolle.[4] Im formell unabhängigen Persien stieß der britische auf den russischen Imperialismus, der zu Beginn der 19. Jahrhunderts zur Annexion des nördlichen Teils der persischen Provinz Aserbaidschan geführt hatte. In einem Abkommen einigten sich die rivalisierenden Mächte – „die sich gegenseitig in Schach und damit die Herrschaft des Schah am Leben erhielten" (Reinhard 1986: 218) – 1907 zu einer vertraglichen Aufteilung des Landes in Interessensphären: eine russische im Norden und eine britische im Süden.

Höhepunkt des europäischen Kolonialismus im Nahen Osten war die Aufteilung der arabischen Provinzen des im Ersten Weltkrieg untergegan-

---

[4] In Osterhammels Klassifikation fällt das britisch besetzte Ägypten unter den Typus der „Beherrschungskolonie", Französisch-Algerien unter den Typus der „Siedlungskolonie" (vgl. ders. 1995: 17f.).

genen Osmanischen Reiches unter Briten und Franzosen und die Neuordnung der Region durch die Gründung einer Reihe neuer Staaten im Auftrag des Völkerbundes.⁵ Lewis zufolge war „das vorrangige Motiv, das sowohl die Briten als auch die Franzosen in der Zeit zwischen den Kriegen und noch etwas darüber hinaus in den Nahen Osten brachte und dort hielt, … strategischer Natur: die Erkenntnis der strategischen und militärischen Möglichkeiten und Gefahren der Region. Dieser Grund scheint schwerer gewogen zu haben als die meisten anderen. … Die Briten sorgten sich mehr um ihre Position in Indien, die Franzosen um ihre Herrschaft in Nordafrika. Beide sahen die Notwendigkeit, diese Besitzungen vor destabilisierenden Kräften zu schützen, die ihrer Befürchtung nach aus dem muslimischen Nahen Osten kommen würden, wenn die Länder und Völker dieser Region nicht sicher unter imperialer Kontrolle gehalten würden oder wenigstens unter imperialem Einfluss" (Lewis 1994: 206f.).

Die Vereinigten Staaten hatten sich in der westlichen Hemisphäre mit der Monroe-Doktrin als Schutzmacht ganz Amerikas und in der östlichen Hemisphäre mit der *Open-Door*-Politik als Anwalt einer offenen Weltwirtschaft, aber auch als informelles Imperium profiliert.⁶ Beides schloss weder politischen Druck, noch militärische Intervention aus. In der westlichen Hemisphäre wurden die *caudillos* Mexikos und Venezuelas im Namen universeller Werte und in Verfolgung partikularer politisch-ökonomischer Inte-

---

5 „Bei der Aufteilung des Osmanischen Reiches nach dem Ersten Weltkrieg fielen die arabischen Provinzen an die Briten und Franzosen und wurden unter Mandatsverwaltung gestellt – ein System angeblich zu dem Zweck, diese Länder unter Leitung der Mandatsmächte auf die Unabhängigkeit vorzubereiten. Der östliche Teil des Fruchtbaren Halbmonds, der aus den osmanischen Wilajets Mossul, Bagdad und Basra bestand, wurde zum Königreich erklärt und erhielt den Namen Irak, eine mittelalterliche Bezeichnung für den Mittel- und Südteil des Landes. Seine Ostgrenze zum Iran deckte sich mit der früheren Ostgrenze des Osmanischen Reiches, auf die sich Türken und Iraner kurz vor dem Ausbruch des Krieges schließlich geeinigt hatten. Seine übrigen Grenzen wurden von den Briten festgesetzt und, wo nötig, ausgehandelt. Der westliche Teil des Fruchtbaren Halbmonds wurde in zwei Mandate aufgeteilt: Das im Norden namens Syrien ging an Frankreich, das im Süden namens Palästina an Großbritannien. Beide Namen waren griechisch-römischen Ursprungs, Teil der abendländischen klassischen Tradition. Sie wurden von den neuen Herrschern aus Europa, wo sie allgemein gängig waren, in den Nahen Osten importiert, wo sie niemand gebrauchte" (Lewis 1994: 202f.).
6 Zu nennen wäre in diesem Zusammenhang auch die so genannte Truman-Doktrin von 1946, die Lewis zufolge „den Anfang der massiven US-amerikanischen Einmischung in die Angelegenheiten des Nahen Ostens" bezeichnete (ebd.: 192).

ressen unter Druck gesetzt und gelegentlich militärisch bekämpft (vgl. Ferguson 2004: 60ff., 70ff.).

In der zu einem anderen Kulturkreis gehörenden östlichen Hemisphäre wurde weniger Wert auf die Durchsetzung westlicher Prinzipien gelegt. Hier manifestierte sich der amerikanische Wirtschaftsimperialismus in Form einer Arbeitsteilung zwischen Administration und Unternehmen. Während sich die Konzerne um die Kontrolle von Erdölvorkommen bemühten, sicherte die Regierung den betroffenen Ländern den Schutz der Vereinigten Staaten zu und versuchte damit auch ausländische Mächte – in der Zwischenkriegszeit die (befreundeten) Briten, nach dem Zweiten Weltkrieg die (verfeindeten) Sowjets – aus dem Raum fernzuhalten. Im Falle Saudi-Arabiens kam es zu einer Art Überkreuz-Pakt, bei dem Erdöl und Militärstützpunkte gegen Dollars und Waffen getauscht wurden. Dabei erwies sich die amerikanische Präsenz in Form von Militärstützpunkten und Wirtschaftssiedlungen im Kernland des Islam mit den Heiligen Städten Mekka und Medina als ständiges Ärgernis für breite Bevölkerungsschichten und trug zur „Wut der arabischen Welt" (Lewis) bei (vgl. Al-Rasheed 2002: 91f., 97).

Entscheidend im Hinblick auf die Entwicklung von Gegenmacht ist auch hier die Wahrnehmung und Bewertung der ausländischen Mächte durch die Bevölkerung. Dabei macht es einen Unterschied, ob sie als Ordnungsmächte wahrgenommen werden, die vor Willkür und Ausbeutung im Inneren und von außen schützen, oder als Interventionsmächte, die nur an der Ausbeutung der Bodenschätze und der Aufrechterhaltung ihrer Dominanz interessiert sind.

Die ideologische Macht der Zentrumsländer manifestiert sich vor allem in Weltanschauungen und Wertungen, die unter Berufung auf einen unaufhaltsamen Fortschritt tradierte Werte für überholt und neue, „moderne" Werte zum verbindlichen Maßstab des Denken und Handelns erklären und Druck zu entsprechenden Übernahmen und Anpassungen ausüben. Dies kann die (aus ihrer Sicht) fortschrittlichen Kräfte in der Peripherie stärken, aber dort auch die Konfrontation zwischen Modernisierern und Traditionalisten forcieren und zu einer Entfremdung zwischen modernisierenden Eliten und der breiten, traditionsverhafteten Bevölkerung beitragen.[7] Für die Zentrumsländer kann sich die Verbreitung ihrer universalistischen Werte wie

---

[7] Diese Probleme werden in dem in Saudi-Arabien spielenden Roman „Salzstädte" von Abdalrachman Munif eindrucksvoll dargestellt.

Freiheit, Selbstbestimmung und Demokratie kontraproduktiv auswirken, indem sie Begründungen zum Widerstand gegen ihre formalen und informellen Imperialismen mitsamt der peripheren Kollaborationseliten liefern. Aus dem reichen Arsenal westlicher Ideologien lassen sich jeweils Gegenideologien zur Bekämpfung ihrer Herrschaftsansprüche verwenden, so kann dem Imperialismus der Zentren der Nationalismus der Peripherie entgegengesetzt werden, und Kapitalismus kann mit Sozialismus gekontert werden.

4.2 Politik der Gegenmacht

Im Kontext des Weltsystems verstehen wir unter Gegenmacht den Widerstand der Peripherie gegen die Machterweitung des Zentrums. Nach der Gleichgewichtshypothese strebt die Peripherie eine Verringerung der Machtunterschiede, ein ausgewogenes Machtverhältnis an, und nach der Symmetriehypothese verwendet sie dabei die gleichen Mittel und Methoden wie das Zentrum. Der überlegenen Wirtschaftsmacht der multinationalen Konzerne würde sie mit den Aufbau nationaler Monopole begegnen; der politischen Machtausübung durch imperiale Regierungen würde sie eine Art von „Antipolitik" – ein Begriff der von György Konrád im Zusammenhang mit dem Widerstand bürgerlich-intellektueller Gruppen der (peripheren) ostmitteleuropäischen Länder gegen die (zentralistische) Sowjetmacht geprägt wurde – entgegenstellen; militärische Unterdrückung würde mit Guerilla-Methoden bekämpft; ideologische Macht würde mit Gegenideologien konfrontiert: Imperialismus mit Nationalismus, Kapitalismus mit Sozialismus, westliche Zivilisation mit islamischer Religion.

Aus der Weltsystemperspektive, die die unterschiedliche Stärke der Staatsapparate als wesentliche Ursache für ungleichen Tausch unterstellt, müsste das vorrangige Ziel einer Politik der Gegenmacht in der Stärkung des eigenen Staatsapparates nach innen und nach außen bestehen. Um der Übermacht ausländischer Konzerne und Regierungen wirkungsvoller widerstehen zu können, müssten innere Widerstände und gesellschaftliche Spaltungen überwunden, kollektiv verbindliche Ziele formuliert und gemeinsame Strategien entwickelt werden. Staatliche Einrichtungen ziviler oder militärischer Art hätten dabei eine zentrale Funktion als Koordinationsinstanzen und Agenturen von Gegenmacht.

Neben der politischen Verfügung über staatliche Apparate sind soziale Bewegungen eine zweite Quelle von Gegenmacht. Dabei handelt es sich um fluide Gruppierungen, die auf der Grundlage gesellschaftlich-politischer Gemeinsamkeiten Veränderungen für sich selbst oder für die Gesellschaft im Ganzen durchsetzen oder verhindern wollen. Solche Formen kollektiven Handelns bilden sich vor allem dann, wenn gesellschaftliche Interessen nicht angemessen vertreten und berücksichtigt werden und staatliche Strukturen schwach und korrupt sind, wenn diese eher als Instrumente der Unterdrückung und Ausbeutung, denn als Schutzmechanismen im Inneren und Äußeren wahrgenommen werden. Die Stärke sozialer Bewegungen liegt zumeist in der Überzeugungskraft ihrer Ideologien, mit der sie die öffentliche Meinung beeinflussen und Massen unzufriedener Menschen zum Widerstand gegen innere und äußere Mächte mobilisieren können.

Eine dritte Quelle von Gegenmacht sind Personen, die über staatliche Machtapparate verfügen oder soziale Bewegungen anführen, Personen, die aufgrund ihrer gesellschaftlichen Position oder ihrer individuellen Qualitäten weithin Anerkennung und Autorität genießen. Nach ihrer Verfügungsmacht über wirtschaftliche, politische, militärische und ideologische Ressourcen kann man in peripheren Gesellschaften drei Typen von *Gegenmachtpolitikern* unterscheiden: traditionelle Herrscher, deren Befehlsgewalt auf dem Glauben an die Heiligkeit überlieferter Ordnungen und Herrengewalten basiert; revolutionäre Führer, die gestützt auf Machtapparate oder an der Spitze sozialer Bewegungen Veränderungen im Inneren oder nach außen erzwingen; bürgerliche Reformer, die entweder als gewählte Politiker legale Herrschaft ausüben oder als ernannte Berater konservativer oder revolutionärer Herrscher fachlich begründeten Einfluss auf deren wirtschaftliche und politische Entscheidungen nehmen.

1. *Traditionelle Herrscher* spielen eher in den frühen Phasen der Inkorporation als in den zumeist später einsetzenden Prozessen der Gegenmacht eine führende Rolle. Sie stützen sich mehr auf Verwandtschaftsbeziehungen und Klientelverhältnisse als auf bürokratische Apparate, und sie tendieren zur Unterdrückung von Bewegungen, die sich außerhalb der etablierten Sozialstrukturen bilden. Sie sind vor allem an der Erhaltung von Macht und Privilegien interessiert und stehen allen gesellschaftlichen Veränderungen, die sie nicht kontrollieren können, ablehnend gegenüber. Da sie ständig nach Möglichkeiten zur Vermehrung ihrer Geldeinnahmen suchen, um ihren persönlichen Aufwand steigern und Loyalität erkaufen zu können, sind sie anfällig für Kollaboration und Korruption.

Prototypen des traditionellen Herrschers sind die Monarchen Saudi-Arabiens. Sie haben ihr Reich mit Gewalt und Berufung auf die Lehren des islamischen Reformers Wahhab erobert, gegenüber Briten und vor allem Amerikanern gegenüber aber eine gemäßigte Politik betrieben. Bei der Förderung und Vermarktung der reichen Ölvorkommen haben sie sich auf einheimische Experten bürgerlicher Herkunft mit Auslandserfahrungen als Berater und Vertreter gestützt. Unter den Typus des traditionellen Herrschers kann man auch die Schahs von Persien subsumieren. Als Gegenmachtpolitiker mit traditionellem Hintergrund trat vor allem der letzte Schah aus der kurzlebigen Dynastie der Pahlawiden, Resa Pahlawi, hervor, der mit Unterstützung der US-Administration nach innen eine durchgreifende Modernisierungspolitik betrieb und nach außen (zum Missfallen der Amerikaner) als aggressiver Verhandlungspartner der Mineralölkonzerne auftrat, um mit hohen Öleinnahmen seine Modernisierungs- und Aufrüstungspolitik finanzieren zu können.

2. Gegenmachtpolitiker *par excellence* sind *Revolutionäre*, die eine Veränderung der Machtverhältnisse im Inneren und nach außen anstreben. Im Hinblick auf die Innenpolitik kann man unterscheiden zwischen konservativen Revolutionären, die sich wie der Ajatollah Khomeini auf die Restitution „heiliger" Ordnungen berufen, und reformorientierten, zumeist säkularen Revolutionären, die ihr Land durch eine Modernisierung von Wirtschaft und Gesellschaft stärken wollen. Viele Gegenmachtpolitiker stammen aus den oftmals stärksten Machtapparaten peripherer Staaten: dem Militär. Dies gilt für die *Caudillos* Lateinamerikas wie für die Revolutionsführer des Nahen Ostens.

Der *Caudilismo* ist zwar eine tradierte, im spanischen Kolonialismus verwurzelte Form der Machtausübung in Lateinamerika, doch beruft sich der einzelne *Caudillo* im Unterschied zum traditionellen Herrscher auf keinerlei Tradition, sondern gründet seine Herrschaft ausschließlich auf Gewalt.[8] Die personalistische Herrschaft – man spricht auch von Präsidentialismus oder Ultrapräsidentialismus – ist nicht nur Ausdruck individuellen Machtstrebens, sondern auch Folge fragiler Regierungsapparate und fehlender Institutionen. Der Caudilismo kann revolutionäre, reformerische oder reaktionäre Züge

---

8   Zum Typus des Caudillo vgl. Karl 1997: 74ff.; Tannenbaum 1969: 110ff.

annehmen und mit der zumeist gewaltsamen Ablösung eines Caudillos durch einen anderen zu abrupten Richtungswechseln führen.

Die Revolutionsführer des Nahen Ostens kommen in der Regel nicht aus den Spitzen des Militärs, die den politischen Herrschern zumeist eng verbunden sind, sondern aus mittleren Rängen. Weniger traditionalistisch als modernistisch orientiert, bedienen sie sich bei der Beseitigung des bisherigen Herrschers und der Übernahme der Regierungsgewalt des Militärapparates als Träger und Garanten ihrer Politik. Um die Massen zu mobilisieren, werden mit großem Aufwand Ideologien propagiert und Bedrohungen inszeniert. Dabei wurden die Ideologien des Imperialismus und Kapitalismus der Zentrumsländer mit den Gegenideologien des Nationalismus und Sozialismus bekämpft, bis der religiöse Traditionalist Ajatollah Khomeini mit seiner Machtübernahme im Iran 1979 die aus dem Westen importierten Ideologien durch den autochthonen schiitischen Islam ersetzte.

Klassischer Vertreter des säkular-revolutionären Gegenmachtpolitikers war Gamal Abdel Nasser, ein Offizier, der nach einem Staatsstreich gegen den von den Briten abhängigen König Faruk 1954 in Ägypten an die Macht kam, 1956 den für die Ölwirtschaft überaus bedeutenden Suezkanal verstaatlichte und aus der daraus entstehenden internationalen Krise mit der gescheiterten Militärintervention der Briten und Franzosen als Sieger hervorging. Als Nationalist und Panarabist hatte er weit über Ägypten hinaus die arabischen Massen mobilisiert und schien die Zukunft der arabischen Welt zu verkörpern, bis er im Sechstagekrieg von 1967 von Israel besiegt wurde und seinen Nimbus verlor.

Ein anderer bedeutender Gegenmachtpolitiker dieses Typs ist Oberst Muhammar al Ghaddafi, der von Nasser beeinflusst, 1969 den libyschen König Idris stürzte und eine Militärdiktatur errichtete. Nach seiner Machtergreifung schloss er die Militärstützpunkte der Briten und Amerikaner, wies die mit der Kolonialisierung ins Land gekommenen und nach der Unabhängigkeit dort verbliebenen Italiener aus und übte wenige Jahre später massiven Druck auf die ausländischen Ölgesellschaften aus. Seine Politik der Gegenmacht kulminierte in der Auslösung eines Wettbewerbs der Öl exportierenden Länder um höhere Unternehmenssteuern und -abgaben, die die Konzerne in die Enge trieb und zu ungeschickten Reaktionen veranlasste, die schließlich zur OPEC-Revolution führten.

Der gewalttätigste, wenn auch keineswegs erfolgreichste Gegenmachtpolitiker war der Iraker Saddam Hussein al-Takriti. Er war schon an der

Machtergreifung der Baath-Partei im Jahre 1968 unter Führung Generals Ahmad Hassan al-Bakr beteiligt, unter dessen Herrschaft die Mineralölindustrie verstaatlicht worden war. Mit übermäßiger Gewaltanwendung nach innen und außen hat er zur Stärkung seines Landes nichts bewirkt. Im Gegenteil: In dem äußerst verlustreichen Krieg gegen den ebenfalls peripheren Iran des Ayatollah Chomeini (1980–1988) ruinierte er die Wirtschaft seines Landes, und der als Kompensation gedachte Überfall auf das unter amerikanischem Schutz stehende ölreiche Kuwait führte zur Agonie seines Landes.

3. Unter den *Reformern* bürgerlicher Herkunft, die als gewählte Politiker gesellschaftliche Gegenmacht organisiert haben, war der iranische Ministerpräsident Mohammad Mossadegh der weitaus eindrucksvollste. Er hat den verhassten Kolonialmächten schon früh die Stirn geboten und 1953 die Verstaatlichung der Anglo-Iranian Oil Company durchgesetzt, die bis dahin das iranische Öl als britisch kontrollierter Monopolist ausgebeutet hatte. Damit gewann der Iran als eines der ersten Länder der Dritten Welt, noch vor dem Ägypten Gamal Abdel Nassers die Kontrolle über seine nationalen Reichtümer zurück. Obwohl zu einem der bekanntesten Führer der Dritten Welt aufgestiegen, konnte Mossadegh sich nicht lange halten. Noch im gleichen Jahr wurde er von den Briten und Amerikanern und mit Hilfe des Schahs, der nach Massenprotesten aus dem Land geflohen war, aus dem Amt geputscht und vor Gericht gestellt. Danach konnte der Schah zurückkehren, wurde seinen Ruf als zunächst britische, später amerikanische Marionette aber nie wieder los. Der bis zu seinem Tod 1967 unter Arrest lebende Mossadegh hingegen lebt in der Erinnerung vieler Perser als Anwalt des Volkes und bedeutender Führer der Dritten Welt fort.

Zum Typus des Technokraten, der nicht von der Spitze der formalen Machthierarchie aus, sondern aufgrund seiner funktionalen Autorität, seines Sachverstandes und seiner fachlichen Überzeugungskraft als Berater konservativer oder revolutionärer Herrscher Einfluss ausübten, gehörten der bereits erwähnte Venezuelaner Juan Pablo Pérez Alfonso und der Araber Abdullah Al-Tariki. Der aus einer reichen Familie stammende Pérez Alfonso studierte Medizin an der Johns-Hopkins-Universität in Baltimore und Rechtswissenschaft an der Universität von Caracas. Schon vor dem Ende des Gómez-Regimes (1935) entwickelte er sich zum führenden Erdölexperten der Opposition. In der von 1945 bis 1948 regierenden Acción Democrática wurde er unter dem Präsidenten Rómulo Betancourt, mit dem er schon früher zusammengearbeitet hatte, Entwicklungsminister. In dieser Funktion arbeitete er an der Durchsetzung einer paritätischen Gewinnbeteiligung zwischen Staat und Konzernen. Nach dem Sturz der demokratischen Regierung durch Oberst Marcos Pérez Jiménes ging er ins Exil in die Vereinigten Staaten, wo er sich intensiv mit der amerikanischen Erdölindustrie auseinandersetzte. Nach dem Sturz der Militärjunta wurde Perez 1958 von seinem Freund Betancourt zum Bergbau- und Ölminister berufen. Uber die Erhöhung des Anteils der Regierung an der Erdölrendite hinaus wollte er ihr auch „die Entscheidungsgewalt über die Produktion und die Vermarktung von Erdöl erkämpfen. ... Im Grund wollte Pérez Alfonso das weltweit durchsetzen, was die Texas Railway Commission, deren Arbeit er in Washington so genau studiert hatte, damals unternommen hatte: den Preis durch Förderbeschränkungen in die Höhe zu treiben" (Yergin 1991: 632f.). Als er in Washington mit dem Vorschlag, in der westlichen Hemisphäre ein Ölsystem zu schaffen, das nicht von den Konzernen, sondern von den Regierungen kontrolliert werden sollte, scheiterte, sah er sich in der östlichen Hemisphäre nach Partnern um und wurde zusammen mit dem Vertreter der saudischen Regierung, Al-Tariki, 1960 zum Mitbegründer der OPEC.

Abdullah al-Tariki ist „der erste der in Amerika ausgebildeten saudischen Technokraten". (ebd.: 634). Nach seinem Studium der Chemie und Geologie an der University of Texas und einem Volontariat bei der Texaco wurde der mit einer Amerikanerin verheiratete Tariki 1955 zum Leiter des „Direktoriums für Erdöl- und Bergbauangelegenheiten" ernannt, wo er die Konzessionen und Praktiken der ausländischen Erdölkonzerne einer kritischen Prüfung unterwarf. Obwohl er der Saudi-Dynastie kritisch gegenüberstand, wurde er deren Berater. Sein Ansatz zur Verbesserung der saudischen Position zielte weniger auf eine Verstaatlichung der Ölindustrie, als vielmehr auf eine stärkere Kontrolle der Preise und Fördervolumina, wie sie später auch von der OPEC praktiziert wurde (vgl. Al-Rasheed 2002: 110ff.).

Im Jahre 1962 wurde der auch als „roter Scheich" titulierte Al-Tariki durch den geschmeidigeren und vorsichtigeren Ahmad Zaki Yamani ersetzt. Auch Yamani hatte in den Vereinigten Staaten studiert, zuerst in New York, dann in Harvard internationales Recht. Anschließend ließ er sich in Saudi-Arabien nieder, wo er das erste Anwaltsbüro des Landes eröffnete. Er arbeitete als Berater verschiedener Ministerien und wurde 1962 zum Erdölminister des Königreichs ernannt, als der er die Politik der OPEC gegenüber den westlichen Konzernen maßgeblich mitbestimmte (vgl. Yergin 1991: 783ff.). Yamani gab der „Partizipation", der staatlichen Beteiligung an den großen Konzernen des Westens, den Vorzug vor deren Verstaatlichung, mit der sich die weniger entwickelten Förderländer mehr schaden als nutzen würden (vgl. Yamani 1970: 211-233).

Die verschiedenen Typen von Gegenmachtpolitikern haben sich bei der Ausarbeitung ihrer Strategien in hohem Maße von Entwicklungen in den Zentrumsländern inspirieren lassen. Die Länder des Zentrums fungierten – vielfach unbewusst und gewiss unbeabsichtigt – als Lieferanten von Ideologien, Informationen, Praktiken, die von den Politikern der Peripherie als Ressourcen zum Aufbau von Gegenmacht verwendet wurden. Hobsbawm beschreibt die ideologische und methodische Abhängigkeit der Peripherie vom Zentrum so: „Die Ideologien und Programme, ja sogar die Methoden und Formen der politischen Organisation, die den Emanzipationsversuchen der abhängigen Länder von der Abhängigkeit und der rückständigen von der Rückständigkeit zugrunde lagen, waren alle vom Westen übernommen: liberal, sozialistisch, kommunistisch und/oder nationalistisch, nichtreligiös und misstrauisch gegen jede Art von Klerikalismus; und sie haben sich all jene Instrumentarien zueigen gemacht, die für das öffentliche Leben in bürgerlichen Gesellschaften entwickelt worden waren (Presse, öffentliche Veranstaltungen, Parteien, Großkundgebungen), auch wenn das Übernommene im religiösen Vokabular der Massen dargestellt wurde und werden musste. Das bedeutet also, dass die Geschichte der Gruppierungen, die in diesem Jahrhundert die Transformationen in der Dritten Welt durchgesetzt haben, die Geschichte von kleinen und manchmal winzigen Eliten ist" (Hobsbawm 1995: 256).

„Doch all dies bedeutet nicht, dass diese verwestlichten Eliten notwendigerweise auch die Werte jener Staaten und Kulturen akzeptieren, die sie sich zum Vorbild genommen hatten. Ihre persönlichen Ansichten konnten von der hundertprozentigen Assimilation bis hin zum tiefen Misstrauen gegen den Westen rangieren und dennoch mit der Überzeugung einhergehen, dass die Bewahrung oder Wiedererweckung der besonderen Werte ihrer Zivilisation nur dann gewährleistet wäre, wenn westliche Innovationen adoptiert werden würden ... Und was Aktivisten der Dritten Welt aus den Ideologien und Programmen herauslasen, die sie sich zu eigen gemacht hatten, war eben nicht nur die Textoberfläche, sondern vor allem die Subcodierungen" (ebd.: 257f.). So wurde der Sozialismus, den die Sowjetunion als Gegenzentrum der Vereinigten Staaten verkörperte, zwar nicht kopiert, aber als

Gegenideologie zum Kapitalismus der westlichen Konzerne verwendet, und der Nationalismus in arabischer Fassung als Gegenmodell zum Imperialismus der westlichen Staaten propagiert. Für Lewis steht fest: „Von allen großen Bewegungen, die den Nahen Osten während der letzten anderthalb Jahrhunderte erschüttert haben, entstammen einzig die islamischen Bewegungen wirklich nahöstlichem Geist. Liberalismus und Faschismus, Patriotismus und Nationalismus, Kommunismus und Sozialismus waren alle europäischen Ursprungs, wie sehr sie auch von nahöstlichen Parteigängern angepasst und umgeformt wurden. Einzig die religiösen Ideologien entsprangen der heimischen Erde und drückten die leidenschaftlichen Gefühle der verarmten Bevölkerungsmassen aus" (Lewis 1994: 183).

Informationen über die Geschäftspraktiken und Profite der multinationalen Mineralölkonzerne lieferte ein von der Federal Trade Commission des US-Senats im Jahre 1952 veröffentlichter Bericht mit dem bezeichnenden Titel „*The International Petroleum Cartel.*" Die Kommission prüfte die Verträge, die die Ölgesellschaften im Ausland abgeschlossen hatten, und die Beziehungen, die sie untereinander eingegangen waren, um den Wettbewerb zu beschränken und die Profite zu steigern. Regierungsamtlich wurde dokumentiert, dass die großen Konzerne nicht nur einzeln über enorme Vermögen verfügten und exorbitante Profite realisierten, sondern dem Wettbewerb auswichen und sich – wie schon im Titel der Publikation zum Ausdruck kommt – wie ein Kartell verhielten. Sampson zufolge war dieser umfangreiche und detaillierte Bericht „das Lehrbuch wie das Ölkartell funktioniert." (vgl. Sampson 1976: 313). „Zum ersten Mal werden hier vollständig alle Kartellabsprachen der Sieben Schwestern aufgeführt ... Der Bericht lieferte Einzelheiten des Rotstiftabkommens und schilderte detailliert die Aufteilung der Märkte ... Zusammen gefasst geht daraus hervor, dass die sieben Gesellschaften sämtliche bedeutenden Ölvorkommen außerhalb der USA kontrollierten, dazu alle Raffinerien im Ausland, alle Patente und die ganze Technik der Veredelung, dass sie die Weltmärkte zwischen sich aufgeteilt hatten und sich weltweit in Rohrleitungen und Tanker teilten, dass sie die Ölpreise künstlich hochhielten (ebd.: 128)."[9]

Ein Modell für eine effektive staatliche Regulierung und Kontrolle der Ölproduktion stellt die bereits erwähnte *Texas Railroad Commission* dar. Diese

---

[9] Daten über Produktionsgemeinschaften, Kapitalverflechtungen und Förderanteilen finden sich ebd.: 140, 170, 202.

Behörde mit dem irreführenden, historisch bedingten Namen war die größte und mächtigste der einzelstaatlichen Regulierungsinstanzen, die seit der Weltwirtschaftskrise von 1929 den unter Überproduktion und Preisverfall leidenden Ölmarkt der Vereinigten Staaten durch Förderbeschränkungen, Verwaltung der Überschüsse und Marktregulierungen mit anschließenden Preiserhöhungen wieder belebt und stabilisiert hatte (vgl. Sampson 1976: 85).

Auch für die Verstaatlichung von Unternehmen im Interesse nationaler Machtpolitik lieferten die Zentrumsländer, insbesondere Großbritannien, eindrucksvolle Vorbilder. Während die Vereinigten Staaten eine starke Neigung zu staatlichen Regulierungen bei Marktversagen zeigten, ohne aber jemals einen staatlichen Konzern oder gar ein staatliches Monopol aufzubauen oder zuzulassen, förderten britische Regierungen – man kann darin eine Fortsetzung der Tradition der großen Kolonialgesellschaften oder auch ein Beispiel für die Instrumentalisierung kapitalistischer Unternehmen für politische Machtzwecke sehen – den Aufbau staatlicher Konzerne. Dies zeigte sich am deutlichsten in Persien, wo die britische Regierung bekanntlich die British Petroleum (unter ihrem alten Namen Anglo-Persian Oil Company) mitbegründet hatte.

Das allgemeine Ziel der Gegenmacht besteht der Gleichgewichtshypothese zufolge in der Herstellung eines annähernden Gleichgewichts zwischen Zentrum und Peripherie. In konkreten Fällen variieren die Zielsetzungen der Gegenmachtpolitiker in den verschiedenen Ländern mit ihren ideologischen Orientierungen, den gesellschaftlichen Bedingungen und den internationalen Konstellationen. Gemäßigte Politiker bevorzugten eine Veränderung der Konzessionsverträge auf dem Verhandlungsweg: eine schrittweise Erhöhung der Abgaben und Steuern, eine Veränderung der Gewinnverteilung zwischen Konzernen und Regierungen und eine Mitbestimmung der Regierungen an Entscheidungen über Produktion und Vermarktung auf dem Weg der Staatsbeteiligung an den ausländischen Unternehmen. Für radikale Politiker kam nur eine vollständige Kontrolle über die wirtschaftliche Nutzung ihrer als nationales Eigentum reklamierten Ölvorkommen in Betracht, was auf eine Verstaatlichung der Ölvorkommen und der Produktionseinrichtungen und damit auf eine Enteignung der ausländischen Konzerne hinauslief. Über diese nationalen Maßnahmen hinaus wurde auch eine internationale Zusammenarbeit zwischen den Regierungen der Öl exportierenden Länder angestrebt. Betrachtet man die tatsächliche Entwicklung von Gegenmacht unter diesen Aspekten, lassen sich folgende Tendenzen erkennen:

1. Veränderungen der Gewinnverteilung zwischen Konzernen und Regierungen

Im Rahmen der Gewinnverteilung ist ein Prozess der Umstellung und Umgewichtung von den traditionellen *royalties* zu einem modernen System der Besteuerung von Unternehmensgewinnen zu beobachten. Die ursprünglich auf einen bestimmten Betrag pro geförderter Tonne festgesetzten, vom Marktwert oder Verkaufserlös unabhängigen *royalties* wurden mehr und mehr durch ein Steuersystem abgelöst, in dem die Regierungen der Förderländer einen Anteil an den ausgewiesenen Unternehmensgewinnen beanspruchten. Auf Druck der Regierungen veröffentlichten die Konzerne ab 1951 (im Zusammenhang mit der Umstellung des irakischen Konzessionsvertrags) sogenannte „*posted prices*", Listenpreise, in denen festgesetzt war, zu welchem Preis die Konzerne auf dem Weltmarkt Öl anboten und auf deren Grundlage die Steuern berechnet wurden. Mit der Umstellung von *royalties* auf Steuern bekamen die Regierungen der Förderländer erstmals ein unmittelbares Interesse an der Preispolitik der Konzerne und an den Prinzipien der Ölpreisbildung (vgl. Hartshorn 1962: 137ff.).

Das System des *posted price* wirft eine Reihe schwerwiegender Probleme auf. Einerseits verstetigte er als fester Steuerverrechnungspreis die Einnahmen der Exportstaaten, andererseits hemmte er die Möglichkeiten der Konzerne, die fiktiven Listenpreise der tatsächlichen Marktlage anzupassen, da sie unmittelbare Auswirkungen auf die Einnahmen der Exportstaaten hatten. Bei einer Reduzierung des Listenpreises war mit erheblichem Protest der Regierungen zu rechnen, da er die Steuereinnahmen der Exportstaaten reduzierte; bei einem Absinken des Marktpreises unter der Listenpreis hatten die Konzerne die Differenz zu tragen. Als die Konzerne im Jahre 1960 angesichts einer Ölschwemme eine signifikante Senkung des *posted price* für Öl aus dem Nahen Osten verkündeten, lösten sie damit eine schwere Krise aus, die die Anstrengungen der Exportländer zur Bildung von Gegenmacht in Form der OPEC forcierten.

Der entscheidende Durchbruch zur Erhöhung des Staatsanteils an der Erdölrendite hatte sich bereits 1948 in Venezuela mit einer 50:50-Teilung zwischen Staat und Konzernen ereignet. Venezuela hatte die Alliierten im Zweiten Weltkrieg in erheblichem Umfang mit Öl versorgt und war nach dem Krieg als zweitgrößtes Förderland hinter den USA stark genug, eine fünfzigprozentige Staatsbeteiligung gegenüber den Konzernen (Exxon, Shell und Gulf) durchzusetzen. Bald darauf setzt sich diese Norm auch im Nahen Osten durch, zuerst 1950 in Saudi-Arabien. Sie wurde erstmals im Jahre 1957 im Iran durchbrochen, wo die italienische ENI, die nicht zu den Sieben Schwestern zählte, sich mit einem Anteil von 25 Prozent zufrieden geben musste, um in den dort von den *majors* beherrschten Ölmarkt eindringen zu können (vgl. Yergin 1991: 624ff.). Gegenüber den Sieben Schwestern wurde die 50:50 Gewinnverteilung erst 1970 durchbrochen, als der Schah von Persein mit dem libyschen Revolutionsführer Ghaddafi um die Führungsrolle bei der Erhöhung des Staatsanteils konkurrierte (vgl. ebd.: 703ff.).

2. Zunehmende Unternehmenskontrolle durch Staatsbeteiligung

Für die radikaleren Gruppierungen in den Exportländern wurde das System der bloßen Gewinnbeteiligung oder Besteuerung immer unannehmbarer. Sie forderten Mitbesitz der Ölvorräte und Mitbestimmung an den Entscheidungen der Konzerne. Unter dem Begriff der *Partizipation* wurde eine stufenweise Verstaatlichung angestrebt. Dabei erschien Vorsicht und Augenmaß geboten, da allzu drastische Maßnahmen wie die Verstaatlichungen in Mexiko im Jahre 1938 und im Iran im Jahre 1951 Boykottes von Seiten der Konzerne und Zentrums-Regierungen und in ihrem Gefolge schwere Wirtschaftskrisen ausgelöst hatten. Dennoch lieferte Mexiko das Modell. "National oil companies on the model of Mexico's PEMEX have become the rule in OPEC and non-OPEC countries alike. ... OPEC pronouncements in 1970 and 1971 clearly stated the intent of OPEC-Nations to follow Mexico's lead and seek participation with the companies operating in their states – in other words, nationalization, partial or total. The process began in Algeria in 1971 and ended with Iran in 1979" (Anderson 1984: 59, 261). In Abbildung 4.1 ist die Abfolge der Verstaatlichungen in der Erdölindustrie unter Berücksichtigung der seinerzeitigen Länderanteile an der Weltproduktion dargestellt.

Abbildung 4.1: Verstaatlichung der Ölgesellschaften

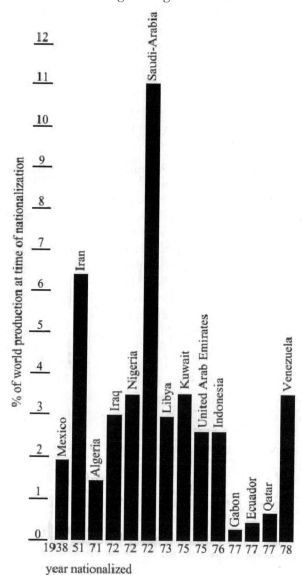

Quelle: Anderson, Fundamentals of the Petroleum Industry, 1984: 261.

Penrose beurteilt die Verstaatlichung des mexikanischen Öls unter politischen, technischen und wirtschaftlichen Aspekten sehr positiv. In politischer Hinsicht habe das mexikanische Beispiel gezeigt, dass auch ein armes, unterentwickeltes Land imstande sei, durch entschlossenes Handeln die Macht internationaler Konzerne einzudämmen – sofern diese nicht ihre Regierungen zur Anwendung militärischer Gewalt überreden könnten. In technischer Hinsicht habe sich erwiesen, dass ein Staatsunternehmen, das für alle Produktionsstufen von der Exploration bis zur Vermarktung verantwortlich sei, die Ölindustrie langfristig betreiben könne. Und in wirtschaftlicher Hinsicht sei deutlich geworden, wie ein Unternehmen in Staatsbesitz durch die Regierung so organisiert und kontrolliert werden könne, dass nationale Ziele wie die Versorgung der Konsumenten mit einem zunehmenden Energieangebot zu niedrigen Preisen erreichbar seien (vgl. Penrose 1968: 289).

Gegen diese sehr positive Einschätzung aus den 1960er Jahren kann von heute aus gesehen eingewendet werden, dass Staatskonzerne vielfach zur Pfründe der Staatsklasse geworden sind, eher im Dienste der Elite als in dem des Volkes stehen, ihr Führungspersonal mehr nach politischen Kriterien als nach fachlicher Qualifikation auswählen, und sich zu Staaten in Staaten entwickelt haben. Der Leistungsabfall sklerotischer Staatskonzerne führte in vielen Fällen dazu, wieder private Beteiligungen zuzulassen, die frisches Kapital und neue Technologien mitbringen.[10]

3. Entwicklung internationaler Organisationsmacht

Wie bereits erwähnt, hatten Gegenmachtpolitiker wie Pérez Alfonso und al-Tariki schon in den 1950er Jahren an Konzepten für ein wirkungsvolleres Regierungshandeln der Förderstaaten gearbeitet. Ihre Bemühungen wurden durch das Verhalten der Konzerne erleichtert, die angesichts fallender Preise und verschärfter Konkurrenz den Listen- beziehungsweise Steuerverrechnungspreis ohne Konsultation der Regierungen zweimal einseitig senkten:

---

10 So hatte z. B. die iranische Regierung nach den Wirren der islamischen Revolution von 1979 und nach Beendigung des Krieges gegen den Irak (1980-1988) mit einer vorsichtigen Politik der Öffnung des Landes für ausländische Ölkonzerne begonnen und mit der italienischen ENI und der französischen Elf Aquitaine Zehnjahresverträge zur Ausbeutung von Ölfeldern am Persischen Golf abgeschlossen, und selbst amerikanischen Unternehmen eine Bereitschaft zur Kooperation signalisiert.

im Februar 1959 um 10 Prozent und im August 1960 nochmals um 7,5 Prozent. Als Folge der ersten Preissenkung wurde im April 1959 in Kairo der Erste Arabische Ölkongress abgehalten, zu dem auch der venezuelanische Minister Pérez Alfonso als Beobachter eingeladen wurde. Die von ihm vorgeschlagene Einrichtung einer Beratungskommission der Exportstaaten scheiterte am Widerstand des Iran, der sich gegen die Aufnahme radikaler arabischer Regime sperrte. Ein Jahr später unternahm Pérez Alfonso zusammen mit al-Tariki aus Saudi-Arabien einen erneuten Versuch, eine gemeinsame Organisation Öl exportierender Länder zu gründen. Im zweiten Anlauf hatten sie Erfolg. Unter dem Eindruck der zweiten einseitigen Preissenkung durch die Konzerne erklärte sich der Schah von Persien bereit, mit den Arabern zu kooperieren und die „*Organisation of Petrol Exporting Countries*" (OPEC) zu bilden. Gründungsmitglieder waren außer Venezuela und Saudi-Arabien der Iran, der Irak und Kuwait. Diese Staaten repräsentierten zwar nur 28 Prozent der Weltproduktion, aber 90 Prozent des international gehandelten Öls und 67 Prozent der weltweiten Ölreserven (vgl. Schneider 1983: 84). Die Zusammensetzung der OPEC spiegelt die Dominanz der östlichen Hemisphäre, die durch den Beitritt weiterer Länder noch verstärkt wurde. Zu den Gründerstaaten gesellten sich 1961 Katar, 1962 Indonesien und Libyen, 1967 die Vereinigten Arabischen Emirate, 1969 Algerien und 1971 das westafrikanische Nigeria hinzu.

Mit der OPEC verfügten die Exportstaaten über einen Ort für den Austausch von Informationen und ein Forum für die Diskussion gemeinsamer Probleme und Strategien. Ihre erste Forderung bestand in der Wiederherstellung des *posted price* auf dem Niveau vor den zwei einseitig vorgenommenen Preissenkungen der Konzerne. Die Konzerne lehnten dies ab, sicherten aber zu, keine weiteren Preissenkungen mehr vorzunehmen – ein erhebliches Entgegenkommen angesichts fallender Marktpreise. Die heterogen zusammengesetzte OPEC tat sich schwer, eine gemeinsame Strategie gegenüber den immer noch übermächtigen Konzernen zu finden. Auf Seiten der Konzerne zeigten sich zwar gewisse Erosionserscheinungen infolge des vermehrten Auftretens unabhängiger Unternehmen, die bereit waren, für Explorations- und Förderrechte höhere Abgaben und Steuern zu zahlen und damit in Konflikt zu den Sieben Schwestern gerieten, aber auch auf Seiten der OPEC-Mitglieder verhinderten unterschiedliche wirtschaftliche Interessen und politische Divergenzen die Einigung auf eine gemeinsame Strategie. Alle Varianten der Gegenmacht wurden diskutiert: eine stärkere

Kontrolle der Fördermengen durch Quotenregelungen, Partizipation an den Entscheidungen der Konzerne über Produktion, Raffinierung und Vermarktung sowie die volle Verstaatlichung der Ölvorkommen und Produktionsbetriebe. Die großen Konzerne waren erfolgreicher darin, die Exportstaaten gegeneinander auszuspielen und mit jedem Land einzeln zu verhandeln, als die Exportstaaten in dem Bemühen, die Front der großen Konzerne durch koordiniertes Handeln aufzubrechen. Erst 12 Jahre nach der Gründung der OPEC kam es zu einer Machtprobe mit den Industrieländern, die zu Recht als „OPEC-Revolution" bezeichnet wurde. Sie war nach der Auffassung von Schneider „the greatest nonviolent transfer of wealth in human history" (Schneider 1983: 193). Bevor wir die dramatischen Ereignisse dieser Umwälzung schildern, sei der historische Kontext skizziert, der den Erfolg dieser Revolution ermöglichte und begünstigte.

Nach unserer Hypothese kann nicht nur übermäßige Machtentfaltung, sondern auch manifester *Machtverfall* Widerstand und Gegenmacht mobilisieren. So wie Revolutionen gewöhnlich nicht in Zeiten stärkster Unterdrückung ausbrechen, sondern in Phasen, in denen das unterdrückende Regime aus Schwäche oder Einsicht nachgibt, so kann die Gegenmacht der Peripherie dann seine größte Wirkung entfalten, wenn Macht und Zusammenhalt der Akteure aus den Zentrumsländern bröckeln und ihnen ein Entgegenkommen unausweichlich erscheint.

Die ersten sichtbaren Machtverluste des Zentrums sind mit der Selbstschwächung der europäischen Groß- und Kolonialmächte in den beiden Weltkriegen verbunden (vgl. Hobsbawm 1995: 274). Während die europäischen Mächte nach dem Ersten Weltkrieg ihre Machtposition in großen Teilen des Nahen Ostens für eine gewisse Zeit noch steigern konnten, hatten sie nach dem Zweiten Weltkrieg, aus dem sie viel geschwächter hervorgingen, zunehmende Probleme, ihre Position im Weltsystem und in der Peripherie zu behaupten. Zu den wichtigsten Folgeerscheinungen des Zweiten Weltkriegs gehörte die Beschleunigung der Entkolonialisierung, die in jedem Land auf besondere Weise stattfand und in ihrem Ablauf von drei Kräften bestimmt wurde: der Nachgiebigkeit der jeweiligen Kolonialmacht, der Stärke der einheimischen Unabhängigkeitsbewegung und dem Einfluss dritter Mächte.

Besonders sichtbare Zeichen des Machtverfalls waren die Niederlage Frankreichs im Algerien-Krieg (1954–1962), in dem die Araber von Algerien ihre Unabhängigkeit von Frankreich schließlich durchsetzten, und der vergebliche Versuch Frankreichs und Großbritanniens, die Enteignung des

Suez-Kanals 1956 durch eine Militärintervention rückgängig zu machen. Dass sich die europäischen Mächte auf Druck der Vereinigten Staaten zurückziehen mussten, machte aller Welt deutlich, dass die USA nun auch in diesem Raum ihre Hegemonie durchgesetzt hatten (vgl. Hobsbawm 1995: 280; Lewis 1994: 225; Hourani 1992: 439, 444f.). Während die Europäer durch den zunehmenden Einfluss der Amerikaner geschwächt wurden, wurde deren Macht durch die Sowjetunion begrenzt, die sich seit dem 1947 ausbgebrochenen Kalten Krieg als Gegenspieler der USA profilierte. Die Herausbildung eines kommunistischen Gegenzentrums verbesserte die Chancen der peripheren Länder, sich der Macht der westlichen Zentrumsländer zu entziehen. Kapitalistisches Zentrum und kommunistisches Gegenzentrum konnten nun gegeneinander ausgespielt werden.

Als eine Art von Machtverlust kann auch die zunehmende Abhängigkeit der Zentrumsländer von Erdölexporten aus der Peripherie verstanden werden – eine zunehmende wirtschaftliche Abhängigkeit von Ländern, die sich ihrem politischen und ideologischen Einfluss immer mehr entzogen. Zwischen 1955 und 1973 stieg der Anteil der Ölimporte am gesamten Energieverbrauch in den USA von 7 auf 18,1 Prozent, in Westeuropa von 24,4 auf 64,4 Prozent und in Japan von 22,9 auf 80,4 Prozent. Dabei kam das Öl in immer größeren Anteilen aus dem Nahen Osten. Von 1963 bis 1973 stieg der Ölimport Europas aus dieser Region von 32 auf 54 Prozent, für Japan von 44 auf 65 Prozent, für die USA hingegen nur auf 7 Prozent (vgl. Schneider 1983: 105). Im Unterschied zu Europa und Japan bezogen die Vereinigten Staaten ihr Rohöl vorzugsweise aus der westlichen Hemisphäre, vor allem aus Venezuela, das aber gleichfalls der OPEC angehörte. Der Ölverbrauch der freien Welt war von fast 19 Millionen Barrel pro Tag im Jahr 1960 auf mehr als 44 Millionen Barrel im Jahr 1972 angestiegen, und zwei Drittel dieser gewaltigen Zunahme stammte aus den Quellen des Nahen Ostens (vgl. Yergin 1991: 688f.).

4.3 Die Machtprobe und ihre Folgen

Zwischen 1970 und 1973 hatte sich der Marktpreis für Rohöl verdoppelt und damit die Einnahmen der OPEC-Staaten ansteigen lassen. Noch mehr aber hatten sich die Profite der Ölkonzerne erhöht, und diese in scharfem Widerspruch zu den Zielen und der Ideologie der OPEC stehende disparitäre

Entwicklung hatte die Mitgliedsstaaten zu neuen Forderungen veranlasst. Am Sitz der OPEC in Wien sollte ein neues Abkommen ausgehandelt werden. Die gerade erst anlaufenden Verhandlungen wurden durch den Ausbruch des *Jom-Kippur*-Kriegs am 6. Oktober 1973, bei dem Ägypten und Syrien Israel am heiligsten jüdischen Feiertag angegriffen hatten, überschattet. Unter dem Eindruck einer einseitigen Parteinahme des Westens zugunsten Israels waren die Exportstaaten zur Fortsetzung der Verhandlungen nun nicht mehr bereit. Sie überraschten und schockierten die Konzerne und Regierungen der Industrieländer am 16. Oktober mit der sofortigen Erhöhung des Ölpreises um 70 Prozent auf 5,12 Dollar pro Barrel, einer Einschränkung der Ölförderung und einer Einstellung aller Öllieferungen in die USA und die Niederlande, den beiden am engsten mit Israel verbundenen Ländern.

Mit diesem unerwarteten Kraftakt hatten die Öl exportierenden Länder „die vollständige und alleinige Verantwortung für die Festsetzung des Ölpreises übernommen. Der historische Prozess von den Tagen, da die Ölgesellschaften den Preis einseitig festgesetzt hatten, zu der Zeit, da die Förderländer wenigstens ein Vetorecht wahrnehmen konnten, von dort zu den gemeinsam ausgehandelten Preisen bis hin zu dieser Aneignung der alleinigen Oberhoheit durch die Förderländer, war nun abgeschlossen" (Yergin 1991: 734f.). Nachdem die Konzerne auf dem Gipfel ihrer Macht unter Führung der amerikanischen Standard Oil of New Jersey (Exxon) am 6. August 1960 ohne vorhergehende Verhandlungen eine Herabsetzung des *posted price* für Rohöl aus dem Nahen Osten um etwa 7 Prozent zu verkündet hatten, konfrontierten die OPEC-Staaten 12 Jahre später die Konzerne ebenso einseitig und ohne Konsultation mit einer Erhöhung des Ölpreises um 70 Prozent, das Zehnfache der zuvor von den Konzernen einseitig verfügten Preisänderung. Am Ende des Jahres war der Ölpreis um weitere 128 Prozent auf 11,65 Dollar gestiegen und bis 1980 auf fast 40 Dollar geklettert – das ungefähr zwanzigfache des Preises der frühen 1970er Jahre. Der *posted price* der Konzerne wurde durch einen *Government Selling Price* der Regierungen ersetzt (der wiederum später durch den *Official Selling Price*, den die staatlichen Ölgesellschaften festlegten, abgelöst wurde).

Sowohl nach der Funktionslogik des kapitalistischen Weltsystems wie nach der Logik des Mechanismus der *countervailing power* wäre nach dieser übermäßigen und plötzlichen Manifestation von Gegenmacht auf Seiten der OPEC mit einer Mobilisierung gegenläufiger Macht auf Seiten der Zentrumsländer zu rechnen gewesen. Und nachdem die Konzerne, denen die Industrieländer die Verantwortung für die Ölversorgung ihrer Volkswirtschaften anvertraut hatten, sich gegenüber der OPEC als undiplomatisch und machtlos erwiesen, waren nun die Regierungen der industriellen Zentrumsländer, allen voran die Vereinigten Staaten als Hegemonialmacht des Westens, gefordert, sich mit der OPEC auseinandersetzen. Dabei standen im Wesentlichen drei Optionen zur Disposition:

- der Einsatz militärischer Macht zur Besetzung der lebenswichtigen Ölfelder als schnellste, stärkste und riskanteste Option;
- die Ausübung wirtschaftlichen und politischen Drucks durch eine Manifestation der Einheit mit dem Ziel, eine Rücknahme der Preiserhöhungen und eine Aufhebung der Liefersperren zu erreichen;
- die Erschließung von Ölvorkommen außerhalb der OPEC und die Auflegung von Programmen zur Energieeinsparung und zur Entwicklung alternativer Energieträger als eher mittel- und langfristig wirksame und rein defensiv angelegte Maßnahmen (vgl. Rosecrance 1987: 21ff.).

Die Möglichkeit einer militärischen Intervention wurde vom damaligen US-Außenminister Kissinger ins Spiel gebracht für den Fall, dass „eine effektive Strangulierung des Westens" drohe, aufgrund der unübersehbaren Risiken aber schließlich verworfen. Gemeinsame politische Aktionen der westlichen Regierungen scheiterten am Widerstand Frankreichs, Deutschlands und Japans, die es vorzogen, separat mit den einzelnen arabischen Staaten zu verhandeln – und dabei völlig erfolglos blieben; die Preiserhöhungen wurden nicht zurückgenommen. Die Weigerung der westlichen Industrieländer, den Vereinigten Staaten die Verhandlungsführung gegenüber den Öl exportierenden Ländern anzuvertrauen, war ein deutliches Indiz für die Schwäche der amerikanischen Hegemonialmacht, aber auch für die Unfähigkeit des Westens, einer gemeinsamen Bedrohung mit einer abgestimmten Strategie zu begegnen.

Immerhin verständigten sich die OECD-Länder auf die Gründung einer „Internationalen Energieagentur" (IEA). Sie sollte ähnlich der OPEC als Informationssammelstelle und Gesprächsforum der industriellen Verbrauchsländer dienen und ihre Kooperation erleichtern, erhielt aber im Unterschied zur OPEC keinerlei Verhandlungsmandat und war damit völlig machtlos. Die Aufgabenbereiche der in Paris residierenden Behörde umfassen die Sicherstellung der Versorgung in Krisen einschließlich einer Verpflichtung der

Mitgliedsländer zur Anlage von Notstandsreserven in Höhe von mindestens 90 Nettoölimporttagen; die Abstimmung der Energiepolitiken der Mitgliedsländer; die Verminderung der Ölabhängigkeit durch Energieeinsparung und Entwicklung alternativer Energiequellen (Kohle, Erdgas, Kernenergie und erneuerbarer Energien); die Unterhaltung eines umfassenden Informationssystems zur Verbesserung der Transparenz auf dem Ölmarkt; die Förderung der Zusammenarbeit zwischen Erdöl fördernden und verbrauchenden Ländern (vgl. Keohane 1984: 224ff.).

In allen Industrieländern wurden Maßnahmen zur sofortigen Reduzierung des Ölverbrauchs (in Deutschland z. B. autofreie Sonntage) und zur Erschließung neuer Ölquellen außerhalb der OPEC ergriffen, letztere vor allem in Alaska, Mexiko und der Nordsee, die zusammen die Reduzierung der nahöstlichen Produktion in etwa ausgleichen konnten. Bei steigenden Ölpreisen rentierte sich die Entwicklung der Ende der 1960er Jahre entdeckten Prudhoe Bay, das schnell zum größten Ölfeld Nordamerikas avancierte und bald schon ein Viertel der gesamten amerikanischen Erdölförderung ausmachte (vgl. Campbell u.a 2002: 36f.; Yergin 1991: 819). Mexiko, das nach der Verstaatlichung der Ölindustrie Ende der 1930er Jahre als Ölexporteur weitgehend ausgefallen war, konnte seine Produktion aufgrund verbesserter Fördertechnologien und umfangreicher Neufunde von 500.000 Barrel im Jahr 1972 auf 830.000 Barrel in 1976 und 1,9 Millionen Barrel pro Tag im Jahre 1980 fast vervierfachen (vgl. Yergin 1991: 821). Auch in der Nordsee stieg die *offshore*-Produktion in den 1970er Jahren stark an und versorgte Europa und auch die Vereinigten Staaten zunehmend mit Öl. 1973 stammten 96,4 Prozent der deutschen Rohölimporte aus OPEC-Ländern; das Nordseeöl hatte einen Anteil von 0,3 Prozent. Zehn Jahre später war der Anteil des Nordseeöls auf ca. 30 Prozent gestiegen, und Großbritannien und Norwegen waren zu bedeutenden Ölexporteuren avanciert.

Der Erfolg des kollektiven Handelns der Öl exportierenden Länder unter dem Dach der OPEC konnte nicht verhindern, dass einige Jahre später ein langer und verlustreicher Krieg zwischen zwei ihrer Mitgliedsländer ausbrach. Als der irakische Diktator Saddam Hussein mit Unterstützung der USA 1980 den Iran, in dem der Ayatollah Khomeini ein Jahr zuvor das Regime des Schahs gestürzt und eine Theokratie begründet hatte, angriff, schnellte der Ölpreis, wie bereits erwähnt, nochmals auf fast 40 Dollar im Jahre 1980 hoch – auf das etwa zwanzigfache des Preises der frühen 1970er Jahre. Im Unterschied zum ersten Ölpreisschock von 1973/74 wurde dieser zweite Preissprung nicht von der OPEC verursacht, sondern resultierte aus Überreaktionen und Spekulationsbewegungen auf Seiten der Verbrauchsländer (vgl. Blank 1994: 27ff.). Obwohl der Einbruch der iranischen Ölproduktion durch Saudi-Arabien und andere Förderländer weitgehend ausgeglichen wurde, machte sich unter den Importeuren eine panikartige Stimmung breit, die sie veranlasste, Öl wo immer verfügbar, zu jedem Preis zu kaufen.

Die Öl-Einnahmen der OPEC stiegen im gleichen Jahr auf 439 Milliarden Dollar (real in Preisen von 1990). Die Austauschverhältnisse, die sich zugunsten der Ölländer von 1973 auf 1974 um 140,7 Prozent verbessert hatten, hielten sich auf diesem Niveau bis zum Ende der 1970er Jahre. Allerdings sank der Anteil der OPEC an der Weltölförderung in dieser Zeit auf ca. 45 Prozent – ein Indiz dafür, dass die Maßnahmen der Industrieländer keinesfalls wirkungslos geblieben waren.

Während die OPEC bestrebt war, den Ölpreis auf hohem Niveau zu halten, versuchten dem Kartell nicht angehörende Förderländer wie Mexiko, Großbritannien und Norwegen durch Unterbieten der OPEC-Preise Marktanteile zu gewinnen. Tatsächlich sank der Weltmarktanteil der OPEC von 43 Prozent im Jahr 1980 auf unter 30 Prozent im Jahr 1985. Er ging fast ausschließlich zu Lasten Saudi-Arabiens, das als größtes OPEC-Mitglied die Hochpreispolitik des Kartells durch Reduzierung der eigenen Rohölproduktion getragen hatte. Um 1980 gab Saudi-Arabien seine undankbare Rolle als *swing producer* auf und versuchte, seinen Marktanteil durch eine kräftige Produktionserhöhung zu verteidigen. Darauf sank der Rohölpreis bis 1986 auf einen Jahresdurchschnitt von ca. 15 Dollar. Die Öl-Einnahmen der OPEC verringerten sich auf ca. 100 Milliarden Dollar und ihr Weltmarktanteil sank auf ca. 30 Prozent. Das Kartell war in eine schwere Krise geraten. In Abbildung 4.2 ist die Entwicklung der Nettoexporteinnahmen der OPEC wiedergegeben.

Die Krise der OPEC war ein Symptom ihres Machtverfalls, der vor allem innere Gründe hatte: die schwer überbrückbare Heterogenität der Mitgliedsländer und die inhärente Instabilität von Kartellen. Die Öl exportierenden Länder unterscheiden sich erheblich im Hinblick auf dispositive Faktoren wie wirtschaftliche Interessen, politische Präferenzen, Umgang mit den Ölreserven und strukturelle Faktoren wie Volkseinkommen, Bevölkerungsgröße und ihre Fähigkeit, zusätzliche Einnahmen zu absorbieren (d. h. im Inland für Konsum und Investitionen auszugeben) (vgl. Schneider 1983: 302ff.). Länder mit geringeren Erdölreserven streben im Allgemeinen einen möglichst hohen Rohölpreis an, um kurzfristig hohe Einnahmen für die wirtschaftliche und soziale Entwicklung ihrer Länder zu erzielen. Dabei spielt es für sie keine Rolle, dass ein hoher Ölpreis andere Energieträger mittel- und langfristig wettbewerbsfähiger machen und das Erdöl vom Energiemarkt verdrängen könnte. Länder mit großen Erdölreserven sind demgegenüber eher an einem gemäßigten Ölpreis interessiert, der dem Erdöl eine langfristige Führungsrolle auf dem Energiemarkt sichert. Wohlhabende Länder mit großen Reserven und kleinen Populationen und entsprechend hohen Pro-Kopf-Einkommen wie Saudi-Arabien, Kuwait, die Vereinigten Emirate, Katar und Libyen, stehen ärmeren Ländern wie Indonesien und Nigeria mit großen Populationen und geringen Pro-Kopf-Einkommen gegenüber, die im Unterschied zu jenen auf zusätzliche Einkommen dringend angewiesen sind und sich Produktionsbegrenzungen eher widersetzen. Dazwischen liegen Länder wie Iran, Irak (bis zur Intervention der Alliierten im Jahre 1991) und Venezuela – Länder mit mittlerem Wohlstand, mäßiger Bevölkerungsgröße und substanziellen Öleinnahmen sowie vergleichsweise guten Industrialisierungschancen.

Abbildung 4.2: Entwicklung der Nettoexporteinnahmen der OPEC 1972-2007

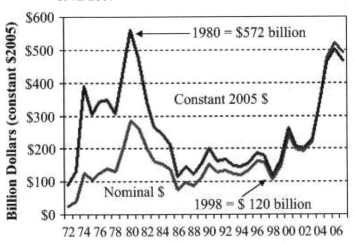

Quelle: Motzkuhn, Der Kampf um das Öl, Tübingen 2005: 156 (nach EIA).
OPEC Revenues Fact Sheet, http://www.eia.doe.gov/emeu/cabs/OPEC_Revenues/OPEC.html

Diese strukturelle Heterogenität wird durch politische und ideologische Differenzen weiter verstärkt: durch die Rivalität zwischen dem schiitischen Iran und dem sunnitischen Saudi-Arabien; durch den Konflikt zwischen der laizistischen Militärdiktatur des früheren Irak und dem nach Vorherrschaft strebenden theokratischen Iran, der zum ersten Golfkrieg führte; durch die Spannungen zwischen Irak und Kuwait, die nach dem Einmarsch des Irak den zweiten Golfkrieg auslösten. Diese Kriege und Konflikte erschwerten eine gemeinsame Politik gegenüber den Verbrauchslandern und bedrohten die Stabilität der OPEC.

Zur Heterogenität und Konflikträchtigkeit der Gesellschaften kommt die inhärente Instabilität von Kartellen. Grundsätzlich funktioniert ein Produktionskartell nur dann, wenn sich die Mitglieder an ihre Vereinbarungen halten und Anreizen zur individuellen Abweichung von den vereinbarten Produktionsmengen oder Verkaufspreisen widerstehen. Wenn die OPEC zur Anhebung des Marktpreises eine Reduzierung der Fördermengen beschließt, steigt der Preis auf ein Niveau oberhalb des Preises, der sich bei einem freien Wettbewerb ergeben würde. Dieser hohe Preis stellt für einzelne Kartellmitglieder einen starken Anreiz zur Erweiterung ihrer individuellen Produktion über die vereinbarte Menge hinaus dar, da sie dadurch zusätzliche Gewinne realisieren können. Je abhängiger ein Land von den Erdöleinnahmen, umso stärker der Anreiz zu abweichendem Verhalten. Die Funktionsfähigkeit eines Kartells kann in der Regel nur aufrechterhalten werden, wenn eines der Mitgliedsländer die Rolle eines *swing supplier* übernimmt, d. h. Abweichungen von der vereinbarten Fördermenge durch entsprechende Veränderungen der eigenen Förderung ausgleicht. Überschreitet ein Kartellmitglied seine Förderquote, muss der *swing supplier* seine eigene Förderung reduzieren; kommt es in einem Förderland zur Verringerung der Produktion, muss er seine eigene Produktion entsprechend ausweiten. In der OPEC hat Saudi-Arabien, das größte und wohl auch verantwortungsbewussteste aller Mitgliedsländer, häufig die Funktion eines *swing suppliers* übernommen, ist aber gelegentlich auch aus dieser undankbaren Rolle ausgebrochen – mit gravierenden Konsequenzen, so z. B. im Jahre 1985, als sich der Ölpreis infolge einer Produktionsausweitung des Landes innerhalb weniger Wochen halbierte.

Eine weitere Relativierung der OPEC-Macht resultiert aus der Erkenntnis, die eigenen Interessen auf Dauer nicht gegen die großen Konzerne durchsetzen zu können. Die Erdöl exportierenden Länder haben einsehen müssen, dass die Verstaatlichung von Ölvorkommen und die Festlegung von Fördermengen nicht ausreichen, um ein von ihren Interessen gesteuertes Gegensystem aufzubauen. Ohne die Vermittlung der integrierten Konzerne findet ihr Öl keinen Weg zu den Märkten der industrialisierten Welt. Irgendwann hat sich auf Seiten der OPEC die Einsicht durchgesetzt, dass ihre Möglichkeiten nicht ausreichen, ein Gegensystem aufzubauen und dass es Erfolg versprechender ist, Teil des Systems zu bleiben und sich darauf zu beschränken, die Spielregeln zu verändern: die Konzerne sollten untereinander um langfristige Verträge und Vorzugsbedingungen konkurrieren, alle zusammen aber vom OPEC-Öl abhängig sein.

Auf der anderen Seite haben die Konzerne sich damit abfinden müssen, nie wieder über eigenes Öl verfügen zu können und in Zukunft von Öllieferungen der OPEC-Staaten abhängig zu sein. Daher war und ist ihr Bestreben darauf gerichtet, sich einen möglichst vorteilhaften und sicheren Zugang zu den Ölvorräten der OPEC-Länder zu sichern, um ihre Weltmarktanteile zu halten und evtl. zu vergrößern. Schon 1975 stellte der *Multinationals Committee Report* des US-Senats fest: „Die Hauptsorge der etablierten großen Ölkonzerne besteht darin, ihre Anteile am Weltmarkt zu halten und dafür zu sorgen, dass sie von den OPEC-Ländern weiterhin mit billigerem Öl beliefert werden als andere Unternehmen. Um diese Vorzugsstellung zu behaupten, helfen die internationalen Konzerne dabei, die Ware mit Hilfe von Produktionsbeschränkungen in den OPEC-Staaten zu rationieren ... Die Gesellschaften sichern ihren Zugang zum Rohöl, aber um den Preis, den die OPEC festgesetzt hat und ohne Rücksicht auf einen theoretisch möglichen Rohöl-Überschuss" – der, so könnte man fortfahren, den Verbrauchern in Form von niedrigeren Preisen für Ölprodukte zugute käme. Beide Seiten haben ein Interesse daran, den Ölpreis nicht allzu stark sinken zu lassen und die Förderung entsprechend zu begrenzen.

Der Vorwurf, die OPEC und die Ölkonzerne unterstützten sich gegenseitig und arbeiteten gegen die Verbraucher, erscheint nicht ganz unberechtigt. Die Konvergenz der Interessen zwischen OPEC und Ölkonzernen ist Schneider zufolge inzwischen so groß, dass man von einer „*grand alliance*" im Interesse der Aufrechterhaltung einer Öl basierten Weltwirtschaft sprechen kann (vgl. Schneider 1983: 167ff.). Bevor wir im nächsten Kapitel den Fragen nach Interessenausgleich und Interessenverbindungen zwischen Exportstaaten und Mineralölkonzernen unter dem Aspekt der Systemintegration nachgehen, sei noch kurz auf die ökonomischen Effekte der OPEC-Revolution in den Förder- und Verbrauchsländern eingegangen.

4.4 Inverse Effekte in Verbrauchs- und Förderländern

Der Auftritt der OPEC als Gegenmacht der Konzerne hat in den Mitgliedsstaaten des Kartells und in den industriellen Verbrauchsländern auf der konjunkturellen wie der strukturellen Ebene zu *inversen Effekten* geführt. Sie sind in Tabelle 4.2 zusammengestellt.

Tabelle 4.2: Konjunkturelle und strukturelle Effekte der OPEC-Revolution in Zentrums- und Peripherieländern

	Industrielle Verbrauchsländer	**Periphere Förderländer**
Konjunkturelle Effekte	K r i s e	P r o s p e r i t ä t
	Inflation	Anstieg der Staatseinnahmen
	Stagnation Arbeitslosigkeit	konjunkturabhängige Einnahmeschwankungen
Strukturelle Effekte	D i v e r s i f i k a t i o n	M o n o s t r u k t u r
	der Beschaffungsregionen und Energiearten	und strukturkonservierender Rentier-Staat
	Reduzierung der Ölabhängigkeit durch technische Innovationen und Investitionen	Aufrechterhaltung des Petrolismus und unproduktive Verwendung der Öleinnahmen; *paradox of plenty*

In den industriellen Zentrumsländern führten die Ölpreisschocks zu einem starken Anstieg der Inflationsrate, da es sich bei Erdöl um ein Produkt handelt, das für private Haushalte (Ölheizung, Automobil) wie für die Industrie (Energiequelle, Grundstoff) und den gesamten Verkehr (Straße, Wasser, Luft) von erheblicher Bedeutung war. In der Bundesrepublik Deutschland stieg die Inflationsrate von 5 Prozent auf 8 Prozent, in den USA von 4 Prozent auf 12 Prozent. Zugleich ging das Wirtschaftswachstum sowohl in den USA als auch in Deutschland zwei Jahre lang zurück oder stagnierte (was zum Begriff der Stagflation führte) (vgl. Berenberg Bank 2004/05: 150ff.). In der Bundesrepublik stieg die Zahl der Arbeitslosen in der ersten Ölpreiskrise von 1973 bis 1976 von 0,3 Millionen auf 1,1 Millionen, und im zweiten Ölpreisschock von 1979 bis 1983 von 0,9 Millionen auf 2,3 Millionen. Dagegen konnten sich die Öl exportierenden Staaten einer nie gekannten Prosperität erfreuen. Zwischen 1973 und 1978 stiegen die Einnahmen „in Saudi-Arabien von 4,35 Milliarden Dollar auf 36 Milliarden; in Kuwait von 1,7 Milliarden auf 9,2 Milliarden Dollar; im Irak von 1,8 Milliarden auf 23,6 Milliarden Dollar; in Libyen von 2,2 Milliarden auf 8,8 Milliarden Dollar" (Hourani 1992: 504f.). 1980 erzielten die OPEC-Staaten Nettoexporteinnahmen von 567 Milliarden Dollar, die in den folgenden Jahren aber regelrecht abstürzten und 1998 einen Tiefpunkt von nur noch 123 Milliarden Dollar erreichten (vgl. Abbildung 4.2). In den 1980er Jahren wurde klar, dass es sich bei der Entwicklung der Öl-Einnahmen um ein konjunkturelles Phänomen handelt und ihre Stabilisierung mindestens soviel Aufmerksamkeit verdient wie ihre Maximierung.[11]

Inverse Effeke zwischen Förder- und Verbrauchsländer zeigen sich in den längerfristigen strukturellen Wirkungen der OPEC-Revolution. Vom Ausmaß der Krise geschockt, ergriffen die Regierungen der Industrieländer Maßnahmen, die auf eine *Diversifikation* sowohl ihrer Bezugsquellen für Rohöl wie ihrer Energiequellen insgesamt hinausliefen. Wie bereits erwähnt, wurden Exploration und Produktion von Erdöl sowohl innerhalb der Industrieländer (Alaska, Nordsee) als auch in der Peripherie (Mexiko, Nigeria und andere afrikanische Länder, Zentralasien) forciert. Neben dem Erdöl wurde wieder verstärkt auf Kohle gesetzt, deren Reserven sehr viel länger reichen als die des Öls und sich überwiegend in weniger prekären Regionen befinden. Außerdem wurde die Ausbeutung der Gasvorkommen vorangetrieben, die ebenfalls weiter reichen als die Ölvorkommen, wenn auch nicht

---

[11] Die Öl exportierenden Staaten hatten auch mit der so genannten „Holländischen Krankheit" (*dutch disease*) zu kämpfen. Sie tritt auf, wenn als Folge des starken Exports von Rohstoffen der reale Wechselkurs der Volkswirtschaft steigt und sich somit andere, nicht Rohstoff basierte Produkte verteuern und an Wettbewerbsfähigkeit verlieren. Dies führt dazu, dass das betreffende Land sich auf die Rohstoffgewinnung konzentriert und andere Industriezweige immer mehr an Bedeutung verlieren. Infolge dessen müssen immer mehr Güter importiert werden, darunter neben Lebensmitteln paradoxerweise auch Benzin, wenn das Rohöl nahezu ausschließlich im Ausland raffiniert wird (vgl. Karl 1997: 40ff., 242).

so lange wie die Kohlereserven.[12] Im Bereich der nichtfossilen Energieträger wurde auf Kernenergie und vor allem auf regenerative Energieträger gesetzt, deren Beiträge zur Veränderung des Energiemix allerdings minimal blieben.[13] Die Energieintensität (Einheit Primärenergie, die zur Herstellung einer Einheit gesamtwirtschaftlicher Produktion erforderlich ist) konnte in den Industrieländern (im Unterschied zu den Entwicklungsländern) von 1970 bis 2000 nahezu halbiert werden (vgl. OECD 2005: 4). Dadurch wurde der Einfluss von Ölpreissteigerungen auf die Entwicklung der gesamtwirtschaftlichen Produktion erheblich gedämpft.

Während die industriellen Verbrauchsländer auf Diversifikation setzten, verharrten die peripheren Exportstaaten noch weitgehend in ihren monistischen und monokratischen Strukturen. Die mit der OPEC-Revolution bewirkte Steigerung der Staatseinnahmen hatte eine Entwicklung verstärkt, die sich schon im Prozess der Inkorporation angebahnt hatte: die Entwicklung zum *Rentier-Staat*, der seine Einnahmen überwiegend nicht aus der Besteuerung der Bevölkerung, sondern aus dem internationalen Ölverkauf bezieht. Die mit vergleichsweise geringem Einsatz inländischer Arbeit und inländischen Kapitals erzielten Ölrenten werden von den „Staatsklassen" über Exportsteuern, Unternehmenssteuern und staatseigene Konzerne abgeschöpft und primär für die Aufrechterhaltung ihrer politischen Herrschaft und erst in zweiter Linie für die Entwicklung der Wirtschaft verwendet. Über Patronagesysteme fließen hohe Summen an System erhaltende Gruppen des Militärs, der Polizei, der Bürokratie und der Staatskonzerne. Durch den Aufbau von Gesundheitsdiensten und Bildungseinrichtungen, durch Sozialtransfers und Subventionen, mit Zahlungen an religiöse Stiftungen und Moscheen wird die Herrschaft zu legitimieren und die Bevölkerung ruhig zu stellen versucht. Große Teile der Bevölkerung versuchen Einkommen eher durch *rent-seeking* als mit produktiver Arbeit zu erzielen, zumal die kapitalintensive Mineralölindustrie vergleichsweise wenige Arbeitsplätze anbietet (vgl. Weede 1990: 173ff.). In Gesellschaft und Wirtschaft, bei der Suche nach Arbeitsplätzen und Sozialleistungen entwickelt sich ebenso wie bei der Suche

---

[12] Mit der verstärkten Nachfrage nach Erdgas kam Russland wieder verstärkt ins Spiel, das schon als „neue OPEC" bezeichnet wurde (vgl. Rahr 2006).
[13] Zur Veränderung des Energiemix vgl. Berenberg Bank/HWWI 2005: 13ff.

nach Regierungsaufträgen und Unternehmenskrediten eine Rentier-Mentalität, die das System ausnutzt und es zugleich stabilisiert.[14]

Der siebenjährige Ölboom hat in den Petro-Staaten nicht zu einem Aufbruch der tradierten Strukturen, nicht zu einem nachhaltigen Modernisierungsschub geführt, sondern ein Wachstum ohne Entwicklung erzeugt; die Exportstaaten wurden reich, blieben aber peripher. Die Ursachen für dieses *paradox of plenty*, für Entwicklungshemmung trotz Geldreichtums, sind in den Strukturen der politischen Herrschaft und der Qualität der Institutionen zu suchen. Die überraschten und überforderten Rentier-Staaten wurden Opfer ihres „unverdienten" Reichtums. Anstatt die gewaltig angestiegenen Finanzmittel für Zukunftsinvestitionen und Strukturreformen zu nutzen, versickerten sie unproduktiv in den klientelistischen Strukturen und System erhaltenden Apparaten der autoritären Regime.[15] Während die industriellen Verbrauchsländer Strukturen und Anreizsysteme entwickelten, die ein Verlassen des Öl basierten Entwicklungspfades erleichtern, blieben die meisten OPEC-Staaten in strukturkonservativen Herrschaftsformen mit geringen Freiheitsgraden und hohen Korruptionsindizes eingeschlossen.[16]

Vergleicht man Wachstumsperformance und Regierungsausgaben der OPEC-Staaten mit den Industrieländern einerseits und den Entwicklungs-, Schwellen- und Transformationsländern andererseits für den Zeitraum von 1980 bis 2002 zeigt sich folgendes: Die OPEC-Staaten (ohne den Irak) erreichten in dieser Zeit ein jährliches Wachstum des Bruttoinlandsprodukts von 3,0 Prozent. Damit lagen sie zwar geringfügig über den Industrieländern, die in diesen 23 Jahren durchschnittlich um 3,0 Prozent wuchsen, jedoch deutlich unterhalb der Gruppe der Entwicklungs-, Schwellen- und Transformationsländer (ohne Ölförderländer), deren Ökonomien in dem knappen Vierteljahrhundert im Jahresdurchschnitt um 4,0 Prozent wuchsen (vgl. Bardt 2005: 3).

---

[14] Zu den Erdöl-Rentierstaaten des Nahen und Mittleren Ostens vgl. das gleichnamige Buch von Beck (1983); Schmid 1991; Pawelka/Wehling 1999.

[15] Zum Zusammenhang zwischen Ölreichtum und autoritärer Herrschaft und wirtschaftlicher Entwicklung vgl. Ross 2001: 325-361.

[16] Zum Zusammenhang zwischen Öleinnahmen und wirtschaftlicher Entwicklung vgl. Philip 1994: 9-16; Karl 1997: 222-227; zu Daten über politische Rechte/Freiheitsrechte und Korruption, sowie zum Human Development Index (HDI) und einzelnen Aspekten wie Pro-Kopf-Einkommen, Gesundheitsausgaben, Säuglingssterblichkeit und Lebenserwartungen vgl. Seifert/Werner 2005: 196.

Auch im Hinblick auf die Regierungsausgaben zeigt sich eine für die OPEC-Staaten nachteilige Entwicklung. So beliefen sich die Ausgaben der OPEC-Staaten von 1980 bis 2000 pro Schüler im weiterführenden Schul- und im Hochschulbereich gemessen am BIP pro Kopf auf die Hälfte des weltweiten Durchschnitts; die Ausgaben für Forschung und Entwicklung kamen mit einem Anteil von 0,2 Prozent auf weniger als ein Drittel des weltweiten Durchschnitts von 0,9 Prozent und lagen selbst noch weit unter dem Durchschnitt der Entwicklungsländer, die immerhin 0,6 Prozent aufwendeten. Dafür waren die Militärausgaben der OPEC-Länder in Höhe von 6,1 Prozent des Bruttoinlandsprodukts mehr als doppelt so hoch wie im weltweiten Durchschnitt von 2,9 Prozent des BIP. Bei der Messung der Regierungsqualität (nach Governance-Indikatoren der Weltbank) rangieren die OPEC-Länder im Zeitraum von 1996 bis 2002 im Hinblick auf ihre politische Stabilität, ihre Regierungseffektivität und ihre Regierungsqualität deutlich unter dem Weltdurchschnitt und nochmals deutlich unter dem (darunter liegenden) Durchschnitt der Entwicklungs- und Transformationsländer (vgl. ebd.: 6f.).

Zusammenfassung

Countervailing power, ein Mechanismus, der überall anzutreffen ist, wo Macht ausgeübt wird, hat die Weltwirtschaft des Erdöls in einer bestimmten Phase auf spektakuläre Weise geprägt und dauerhaft verändert. Er setzte bereits im Prozess der Inkorporation ein, als Unternehmen der Industrieländer, begünstigt und flankiert von ihren Regierungen, Eigentums- und Verfügungsrechte an den Ölvorkommen weniger entwickelter Länder erwarben. Aus der Sicht der Peripherie erschienen die Austausch- und Machbeziehungen zwischen den eigenen Regierungen und den Konzernen der Verbrauchsländer zunehmend als ungerecht und inakzeptabel.

Bestrebungen zur Verbesserung der Verhandlungsposition gegenüber den multinationalen Unternehmen wurden durch grundlegende Veränderungen des Weltsystems begünstigt. Die Zentrumsländer gingen mit Ausnahme der USA geschwächt aus den Weltkriegen hervor, mussten (einschließlich der USA) auch in der Peripherie militärische Niederlagen hinnehmen und immer mehr Länder in die Unabhängigkeit entlassen. Hinzu kam eine zunehmende Abhängigkeit von Rohstoffimporten aus der Dritten Welt.

Auf Seiten der Ölexporteure hatten es die Konzerne immer weniger mit Kollaborateuren zu tun, deren Unwissenheit und Schwäche leicht auszubeuten war, sondern zunehmend mit entschlossenen Gegenmachtpolitikern, die ihre mehr oder weniger radikalen Ziele mit unterschiedlichen Mitteln und Methoden verfolgten und dabei viel von ihren Gegnern gelernt und übernommen hatten.

Solange die Exportstaaten einzeln mit den Konzernen verhandelten, konnten sie zwar gewisse Vertrags- und Einnahmeverbesserungen erreichen, aber keine Veränderung des Systems, das nach wie vor zum Vorteil der Konzerne funktionierte. Dies änderte sich erst, als die Exportstaaten mit der OPEC ein internationales Produktionskartell bildeten und über die Festlegung der Produktionsmengen die Exportpreise zu bestimmen versuchten. Der Erfolg der OPEC lässt sich im Wesentlichen auf vier Faktoren zurückführen. Erstens hatten die meisten Mitgliedsländer durch Staatsbeteiligungen oder Verstaatlichung der Ölindustrie eine weitgehende Kontrolle über die Ölindustrie ihrer jeweiligen Länder gewonnen. Zweitens repräsentierten sie zusammen einen hohen Anteil an der Weltölproduktion, die sie für die Versorgung der Industrieländer unentbehrlich machte. Ein weiterer Grund für den Erfolg der OPEC war ihre Unterschätzung durch die Konzerne und Regierungen der Zentrumsländer, die die Überlebtheit des überkommenen Erdölregimes nicht wahr haben wollten und es durch Verhandlungen zu perpetuieren versuchten. Ein vierter Erfolgsfaktor war das Überraschungsmoment, die mit Wut und Mut ergriffene Initiative zur Überrumpelung der Gegner durch einseitige Preiserhöhungen und Liefersperren.

In der großen Machtprobe erwiesen sich vor allem die vermeintlich starken Staaten des Zentrums als unerwartet schwach. Ihre unvorbereiteten Regierungen waren zu keiner gegenläufigen Machtausübung imstande. Die Vereinigten Staaten fielen als Hegemonialmacht aus und mussten hinnehmen, dass Europa und Japan, die beiden anderen Komponenten der „Triade" (die die Dekonzentration amerikanischer Hegemonie bezeichnet), es vorzogen, einzeln mit den OPEC-Ländern zu verhandeln (vgl. Keohane 1984: 195). Während die Regierungen ziemlich hilflos agierten, zeigten sich die Konzerne – auch dank der in dieser „alten" Industrie weit fortgeschrittenen Anwendung neuester computerisierter Logistik – äußerst effektiv bei der Verteilung der verfügbaren Ölmengen auf die verschiedenen Industrieländer.

Auch mit ihrer überwältigenden Demonstration von Gegenmacht konnten die Länder der OPEC (wie auch die restlichen Ölexporteure) den Zwängen des Weltsystems, das auf internationaler Arbeitsteilung und funktionaler Interdependenz basiert, nicht entkommen. Sie mussten erkennen, dass sie ihr Öl nur *mit* den Konzernen, die nach wie vor die weitaus größeren und höchst profitablen Teile der Wertschöpfungsketten und die weit verzweigten Distributionsnetze kontrollierten, international vermarkten konnten. Die OPEC-Länder waren also zur Kooperation mit den Konzernen verdammt und mussten nach neuen Formen des Interessenausgleichs suchen. Wie und warum dabei der Marktmechanismus an Bedeutung gewann, ist Thema des folgenden Kapitels.

5 Weltwirtschaftliche Integration

In diesem Kapitel geht es um die Frage, wie Unternehmen und Regierungen des Zentrums und der Peripherie die Phase der Konfrontation überwunden und neue Koordinationsmechanismen gefunden haben, nachdem ihnen klar geworden war, dass sie ihre jeweiligen Interessen nicht gegen, sondern nur mit der jeweils anderen Seite verwirklichen können. Eine Rückkehr zum alten Regime der multinationalen Konzerne kam ebenso wenig in Frage wie die Aufrechterhaltung des revolutionären Regimes der OPEC. Schon in der ersten und verstärkt in der zweiten Ölkrise hatten sich Marktmechanismen in Form von Spotmärkten spontan entfaltet und dazu beigetragen, das festgefahrene System aufzulockern und die antagonistischen Blöcke voneinander abzupuffern. Als Vorteil des Marktes erwies sich seine Grundeigenschaft, Koordination ohne übereinstimmende Ziele der Tauschpartner beziehungsweise Tauschgegner herstellen zu können. Damit kommen wir zu der Hypothese, dass aus der Phase der gegenläufigen Machtbildungen eine neue Integrationsweise hervorgeht, in der weder die multinationalen Konzerne (wie in der Inkorporationsphase), noch die Regierungen der Öl exportierenden Länder (wie in der Revolutionsphase), sondern „neutrale" Marktmechanismen das bestimmende Integrationselement bilden. Dieser Integrationsmodus dauert bis heute an.

In unserem Hyperzyklus des Erdöls ist „Integration" in historischer Perspektive als (vorläufig) letzte *Phase* eines sehr langen Entwicklungszyklus konzipiert, als eine Phase der *Reintegration* des Erdölsystems (im Zeichen der Marktkräfte), die auf eine vorhergehende Phase der *Desintegration* des alten (von wenigen integrierten Konzernen bestimmten) Systems folgt. Aus systemtheoretischer Sicht ist „Integration" ein Funktionserfordernis komplexer Systeme, das in *allen* Phasen ihrer Entwicklung irgendwie bewältigt werden muss. Als Integrationsmechanismen, die die international-arbeitsteilige und vertikal differenzierte Weltwirtschaft zusammenhalten, kommen aus der Weltsystemperspektive vier Mechanismen in Frage:

- Weltmärkte, auf denen Wirtschaftssubjekte aus verschiedenen Gesellschaften Tauschbeziehungen miteinander eingehen;
- multinationale Unternehmen, die Produktionsfaktoren aus verschiedenen Gesellschaften kombinieren, Produktionsprozesse Länder übergreifend organisieren und ihre Produkte weltweit anbieten;
- internationale Verträge, die zwischen souveränen Staaten zur Regelung ihrer wechselseitigen Beziehungen bilateral oder multilateral abgeschlossen werden;
- internationale Organisationen, die von Nationalstaaten gegründet und unterhalten, Regulierungs- und Problemlösungsfunktionen im Weltsystem ausüben und sich zu relativ eigenständigen Akteuren entwickeln können.

Diese vier Integrationsmechanismen wirken nicht unabhängig voneinander, sondern sind auf vielfältige Weise miteinander verknüpft und machen in ihrer Gesamtheit Art und Grad der weltwirtschaftlichen Integration aus.

1. Weltmarkt

Aus der Sicht der klassischen Ökonomie ist der Markt der primäre Integrationsmechanismus arbeitsteiliger Vergesellschaftungen auf allen Ebenen des Wirtschaftslebens: von der lokalen über die nationale bis hin zur globalen Ebene. Für Adam Smith ist der Markt integraler Bestandteil der „natürlichen" Ordnung freier Gesellschaften. Aus der wechselseitigen Abhängigkeit der Menschen bei der Befriedigung ihrer Bedürfnisse und der Verfolgung ihrer Interessen entwickelt sich eine spontane Ordnung, die effizienter ist als jede Art geplanter Koordination. Das Streben nach Eigennutz und eine natürliche Neigung zum Austausch führen zur Entstehung von Märkten, auf denen es unter Bedingungen der Wettbewerbsfreiheit zum Ausgleich der individuellen Interessen und zur Steigerung der gesellschaftlichen Wohlfahrt kommt. Wie von einer „unsichtbaren Hand" geleitet, tragen die Menschen, indem sie ihre eigenen Interessen verfolgen, unbeabsichtigt zum Wohlstand der Gesellschaft bei.

Nach klassischer Auffassung kann der Markt sein Wohlstand steigerndes Potential um so besser entfalten, je mehr Länder er umfasst. Je ausgedehnter der Markt, um so ausgeprägter die internationale Arbeitsteilung, und je entschiedener sich die einzelnen Länder auf Produktionen spezialisieren, bei denen sie komparative Vorteile haben, um so intensiver und gewinnbringender ist der internationale Austausch und um so fester auch die Integration einer solchen freien und offenen Handelswelt. Im System der klassischen Ökonomie kommt dem Markt Vorrang vor den „hierarchischen" Koordinationsinstanzen „Staat" und „Unternehmen" zu. Den Unternehmen signalisiert der freie Markt Bedarf und Nachfrage, stimuliert den Wettbewerb um Gunst und Geld der Verbraucher und sortiert weniger leistungsfähige Unternehmen aus. Gegenüber den Staaten tritt der Markt, insbesondere der internationale Kapitalmarkt, als Sanktionsinstanz auf, die die Regierungen zur ständigen Überprüfung ihrer Politik zwingt und ökonomisch unvernünftige Maßnahmen mit Kapitalflucht und hohen Zinsen bestraft (vgl. von Weizsäcker 1999: 109ff.).

2. Nationalstaat

Es stellt sich die Frage, ob eine „freie" – tatsächlich aber mit vielen Zwängen für Unternehmen und Regierungen verbundene – Handelswelt aus sich selbst heraus entstehen und überdauern kann oder ob sie hierzu staatlicher Ordnungs- und Machtpolitik bedarf. Nach der Ansicht von Polanyi sind freie Märkte weder spontan entstanden, noch unabhängig wirkende Integrationsmechanismen, sondern künstliche, von Staaten durchgesetzte und nur zeitweise aufrechterhaltene Ordnungen. Bis zum Ende des 18. Jahrhunderts waren Märkte „niemals mehr als eine bloße Begleiterscheinung des Wirtschaftslebens" (vgl. Polany 1978: 71, 102). Märkte waren überwiegend reguliert, in die Gesellschaft „eingebettet". Am Ende des 18. Jahrhunderts kam es in England dann zu einem Wechsel von geregelten zu selbst regulierten Märkten, zu einer „Herauslösung" des Marktes und der gesamten Wirtschaft aus der Gesellschaft und zu einer Beherrschung des Gesellschaftslebens durch die Gesetze des Marktes. Dabei zeigte sich, dass der freie Markt keineswegs nur wohltätige Wirkungen entfaltete, sondern auch gesellschaftliche Strukturen zerrüttete, was dann zu einer politischen Eindämmung der Marktkräfte führte. Gray spitzt diesen Sachverhalt so zu: „Gesellschaften neigen gleichsam automatisch dazu, die Märkte zu zähmen, während freie Märkte nur durch die Machtmittel eines zentralisierten Staates geschaffen werden können. Die Norm sind regulierte Märkte; sie sind es, die in jeder Gesellschaft von selbst entstehen" (Gray 2001: 288).

Auf der internationalen Ebene setzte Großbritannien in der zweiten Hälfte des 19. Jahrhunderts ein System des Freihandels durch, nachdem es zur Hegemonialmacht aufgestiegen war und sich stark genug fühlte, im internationalen Wettbewerb nicht nur zu bestehen, sondern komparative Vorteile aus ihm zu ziehen. In der zweiten Hälfte des 20. Jahrhunderts war es wiederum eine Hegemonialmacht, die Vereinigten Staaten, die eine liberale Handelswelt begründete und mit Macht und Überzeugungskraft durchsetzte. Die These, dass ein freies und offenes Handelssystem zu seiner Durchsetzung und Aufrechterhaltung einer Hegemonialmacht bedarf, die kollektiv verbindliche Regeln durchsetzt, abweichendes Verhalten sanktioniert und das System gegen äußere Bedrohungen verteidigt, ist nicht unumstritten. Gegen die Theorie der hegemonialen Stabilität wurde eingewandt, dass eine Handelswelt auch ohne hegemoniale Macht entstehen und funktionieren kann, nämlich dann, wenn Staaten nicht nach Autarkie streben, sondern ihre wechselseitige Abhängigkeit akzeptieren, und wenn sie zu der Überzeugung gelangt sind, dass eine wechselseitige Öffnung ihrer Ökonomien und die Einigung auf ein kollektiv verbindliches Regelwerk sie besser stellen würde als individuelles Sicherheits- und Machtstreben, das zu Protektionismus und Krieg führen kann (vgl. Rosecrance 1987: 34ff.). Dieser Ansatz kommt in Kooperationstheorien internationaler Beziehungen zur Anwendung (vgl. Müller 1993: 9ff.).

Wie auch immer, man kann davon ausgehen, dass nicht nur Hegemonialmächte, sondern alle souveränen Staaten, auch solche der Peripherie, gewisse Spielräume im Umgang mit den Marktkräften haben. Sie können je nach den nationalen Interessen und dem Zustand des Weltsystems, in das sie eingebettet sind, auf ihrem Territorium Marktkräfte freisetzen oder eindämmen, den Wettbewerb zwischen Unternehmen forcieren oder staatliche Monopole gründen. Dies war selbst auf dem Höhepunkt der amerikanischen Hegemonie und sogar in ihrer unmittelbaren Nachbarschaft möglich, als zum Beispiel Mexiko ein Jahr vor dem Ausbruch des Zweiten Weltkriegs die Ölindustrie verstaatlichte – wofür das periphere Land anschließend allerdings einen hohen Preis zahlen musste.

3. Multinationale Unternehmen

Der Begriff des Weltmarktes ist eher eine abstrakte Vorstellung als eine Realitätsbeschreibung. Es gibt kaum Konstellationen, in denen ursprüngliche Produzenten und Endverbraucher aus verschiedenen Ländern in direkten Austausch treten. In der realen Wirtschaft haben wir es fast immer und überall mit Sequenzen von Märkten und Unternehmen zu tun, die zwischen Produktion und Konsumption vermitteln. Dem Ideal einer klassischen Marktwirtschaft entspricht am ehesten eine Struktur, in der auf jeder Produktionsstufe (vom Rohstoff bis zum Konsumgut) funktional spezialisierte Unternehmen angesiedelt sind, die sowohl mit anderen Unternehmen auf der gleichen Produktionsstufe als auch mit Unternehmen auf jeweils vor- und nachgelagerten Produktionsstufen nach Marktregeln verkehren.

Das Gegenteil hiervon ist eine Struktur, in der ein vertikal integriertes Unternehmen sämtliche Produktionsstufen internalisiert und damit alle Zwischenmärkte ausgeschaltet hat. Im Extremfall gibt es nur noch einen einzigen Markt: den Absatzmarkt für Konsumgüter, während alle vorgelagerten (Zwischen-)Märkte durch unternehmensintene, administrative Koordinationsverfahren ersetzt wurden. In diesem Fall hat die *sichtbare Hand des Managements* die unsichtbare Hand des Marktes verdrängt (vgl. Chandler 1977: 1, 6ff., 484ff.). Indem Unternehmen ihre vertikal integrierten Strukturen auf eine Mehrzahl von Ländern ausdehnen, tragen sie zu weltwirtschaftlicher Integration beziehungsweise zur Umstellung der weltwirtschaftlichen Integrationsweise vom Marktmechanismus zur Managerhierarchie bei. Dabei ist die Integration der Weltwirtschaft als solche kein Ziel kapitalistischer Unternehmen, sondern Nebenfolge betriebswirtschaftlich motivierter Strategien und Strukturen.

Vertikale Integration ist eine typische Strategie bereits relativ großer, expandierender und international orientierter Unternehmen. Nur größere Unternehmen verfügen über die finanziellen und organisatorischen Mittel, vor- und nachgelagerte Produktionsstufen zu internalisieren und dabei in andere, vielfach weniger entwickelte Länder vorzudringen; nur größere Unternehmen sind in der Lage, zwischen Markt und Hierarchie als alternative und substitutive Koordinationsmechanismen zu wählen, die Marktkräfte zu nutzen, wo sie unentbehrlich sind oder betriebswirtschaftliche Vorteile bieten und sie außer Kraft zu setzen, wenn hierarchische Strukturen bessere Ergebnisse versprechen. Chandlers Untersuchungen der amerikanischen Unternehmensgeschichte zeigen, dass sich das Marktprinzip letztlich nur auf der Absatzseite als „unersetzlicher Generator für Bedürfnisse, Bedarf und Nachfrage" erwiesen hat, während es auf der Beschaffungsseite in mehr oder weniger großem Umgang durch „Managerhierarchien" verdrängt wurde. Und dies gilt in hohem Maße auch für die Mineralölindustrie, deren führende Unternehmen von den Industrieländern aus, weit in die Ölursprungsregionen vorgedrungen sind und alle Produktionsstufen von der Exploration bis zur Vermarktung internalisiert und damit die gesamte Wertschöpfungskette unter ihre Kontrolle gebracht haben (vgl. Chandler 1977: 321ff., 350ff.).

Das Beispiel der Mineralölindustrie zeigt aber auch, wie nationale Regierungen, nicht nur die des Zentrums, sondern auch solche der Peripherie, die Handlungsspielräume multinationaler Unternehmen begrenzen können. Am Ende der zwischen Zentren und Peripherien gespannten Handels- und Verarbeitungskette, in den industriellen Verbrauchsländern, haben Regierungsbehörden die Ölmärkte in Krisenzeiten mit administrativen Mitteln reguliert (man denke an die Texas Railway Commission) und Unternehmen mit allzu großer Marktmacht aufgelöst (man denke an die Zerlegung der Standard Oil Corporation). Und am Anfang der Waren- und Wertschöpfungsketten waren Regierungen peripherer Exportländer imstande, ausländischen Unternehmen die Eigentumsrechte an ihren Ölvorkommen zu entziehen und sie zum Wettbewerb um Explorations- und Förderkonzessionen und um staatlich begrenzte Produktions- und Ausfuhrmengen zu zwingen.

Während die klassische Ökonomie den Primat des Marktes gegenüber Unternehmen und Staaten postuliert, zeigt die Wirtschaftsgeschichte, dass Unternehmen wie Regierungen Marktmechanismen für höchst verschiedene Interessen und Zwecke instrumentalisieren können. Ob die strategischen Spiele mit dem Markt immer zweckrational sind, inwieweit es sich dabei um Gewinnspiele handelt, steht auf einem anderen Blatt. Als Arbeitshypothese können wir festhalten, dass weltwirtschaftliche Integration als teils geplantes, teils ungeplantes Ergebnis des strategischen Handelns von Staaten und Unternehmen zu verstehen ist, die beide die Marktkräfte mit mehr oder weniger Erfolg für ihre jeweiligen Ziele einzuspannen versuchen, damit aber auch scheitern und unter Anpassungszwänge an verselbständigte und eigendynamische Märkte geraten können.

4. Internationale Regime

Ein vierter Integrationsmechanismus sind internationale Organisationen beziehungsweise internationale Regime, die von Nationalstaaten gegründet und getragen werden, um den Austausch und die Zusammenarbeit zwischen Akteuren verschiedener Länder durch kollektiv verbindliche Regelwerke zu erleichtern und zu fördern. Wenn man die organisationalen Aspekte, wie Mitglieder, Organe, Finanzen usw. betont, spricht man von „internationalen Organisationen"; hebt man hingegen auf Prinzipien, Normen und Regeln ab, die das Verhalten von Akteuren in einem bestimmten Bereich internationaler Beziehungen koordinieren sollen, spricht man von „internationalen Regimen" (vgl. Müller 1993: 26ff.). Während Unternehmen und Märkte eher spontan, als Nebenfolge anders motivierter Aktivitäten, zu weltwirtschaftlicher Integration beitragen, ist diese Ziel und Zweck internationaler Wirtschaftsorganisationen beziehungsweise internationaler Wirtschaftsregime, unter denen der Internationale Währungsfond (Weltwährungsregime), die Weltbankgruppe (Weltentwicklungsregime) und die Welthandelsorganisation (Welthandelsregime) die wichtigsten sind.

Internationale Organisationen und Regime können insofern als der komplexeste Integrationsmechanismus betrachtet werden, als sie Staaten und Märkte und Untenehmen umfassen. Internationale Organisationen umfassen eine Vielzahl von Staaten, die als Mitglieder den Regelwerken unterworfen sind, die sie (beziehungsweise einige oder auch nur einer von ihnen) durchgesetzt haben oder denen sie bloß beigetreten sind. Internationale Organisationen sind mehr als die Summe ihrer Mitglieder; sie können sich zu relativ eigenständigen Akteuren entwickeln, die das Handeln ihrer Mitglieder nicht bloß koordinieren, sondern auch kontrollieren. Internationale Regime können Marktmechanismen als Regelelemente nutzen, „wenn sich die Teilnehmer darauf verständigen, die Gesetze des Marktes wirken zu lassen. Der Regimecharakter besteht dann in den Vereinbarungen, die das Funktionieren des Marktes möglich machen. Der Markt ist nur ein Element des Regimes, nicht das Regime selbst" (ebd.: 26). Über Marktregelungen oder Verhaltenskodizes für Unternehmen werden diese in ihren Handlungsmöglichkeiten begrenzt. Unternehmen müssen aber nicht notwendigerweise nur Adressaten und Objekte internationaler Regime sein, sondern können auch als Subjekte und Mitbegründer fungieren, nämlich dann, wenn sie als direkte Verhandlungspartner nationaler Regierungen oder internationaler Organisationen auftreten und mit ihnen beiderseits verbindliche Regelwerke vereinbaren. Dies war der Fall bei der Aushandlung der Ölkonzessionssysteme im Prozess der Inkorporation, wo Unternehmen der Zentrumsländer als *corporate statesmen* auftraten und mit Regierungen der peripheren Ölländer Regelwerke über die Exploration, Produktion und Distribution von Erdöl bilateral aushandelten.

In der Weltwirtschaft des Erdöls lassen sich drei Erdölregime unterscheiden, die jeweils eine unterschiedliche Konfiguration von Markt, Staat und Unternehmen verkörpern und in ihrer historischen Abfolge eine Schwerpunktverschiebung zwischen diesen drei Integrationsinstanzen erkennen lassen:

- das alte Regime der integrierten Konzerne, in dessen Rahmen die Inkorporation der meisten Exportländer vollzogen wurde;
- das revolutionäre Regime der OPEC, in dem es zu einem Machtwechsel von den multinationalen Konzernen zu den koordiniert handelnden Exportstaaten kam;
- das neue, zurzeit geltende Erdölregime, das von globalen Marktkräften und Finanzbeziehungen bestimmt wird.

Als Ausgangspunkt für die Analyse der Strukturen und Funktionsweisen dieser drei Erdölregime eignet sich Krasners weithin akzeptierte Definition internationaler Regime als „sets of implicit or explicit principles, norms, rules and decision-making procedures around which actors' expectations converge in a given area of international relations. Principles are beliefs of fact, causation and rectitude. Norms are standards of behavior defined in terms of rights and obligations. Rules are specific prescriptions or proscriptions for action. Decision-making procedures are prevailing practices for making and implementing collective choice" (Krasner 1983: 2).

Voraussetzung für die Errichtung eines internationalen Regimes ist die Verständigung der Teilnehmer über die *Prinzipien,* nach denen ihre Beziehungen strukturiert, verbindliche Normen etabliert und Verhaltensregeln formalisiert werden. Dazu müssen sie prüfen, ob trotz unterschiedlicher Interessen ein hinreichender Vorrat an übereinstimmenden Wahrnehmungen und Bewertungen der Situation, an Zielvorstellungen und Kooperationsmöglichkeiten besteht. Man muss sich auf grundlegende Fakten, Wirkungszusammenhänge und Handlungsprinzipien verständigen, aus denen heraus funktionsfähige und für beide Seiten zufriedenstellende Mechanismen des Interessenausgleichs entwickelt werden können. Im Rahmen der Weltwirtschaft des Erdöls kann man drei Prinzipien der Systemintegration und des Interessenausgleichs unterscheiden, die nacheinander die Weltwirtschaft des Erdöls bestimmt haben:

- Industriekapitalismus, bei dem die Austauschbeziehungen zwischen Förder- und Verbrauchsländern, im Grenzfall von der Exploration bis zur Endvermarktung, von privaten Mineralölkonzernen nach den Grundsätzen der Kapitalrechung organisiert werden;
- Staatswirtschaft, bei der Regierungen im Interesse maximaler Ölrenten Produktion und Export über Staatskonzerne steuern. Dabei erzwingt die begrenzte Reichweite der Staatskonzerne allerdings eine Kooperation mit den kapitalistischen Konzernen der Verbrauchsländer;
- kapitalistische Marktwirtschaft, bei der Produktion und Verbrauch dezentral über freie Märkte koordiniert werden. Wenn die Preisbildung auf den Märkten mehr durch finanzielle Interessen als durch reale Bedarfsdeckung bestimmt wird, kann man auch von Finanzkapitalismus sprechen.

Während Prinzipien die konstruktiven Bestandteile von Regimen darstellen, sind *Normen* die restriktiven Elemente. Sie begrenzen die Wahl der Mittel und Methoden und definieren die Rechte und Pflichten der Akteure. „Die Rechte eines Partners beinhalten die Verpflichtung der anderen, diese Rechte zuzugestehen und zu sichern und entsprechend eigene Ansprüche zurückzustellen. Insofern stellen die Verpflichtungen ihrerseits Ansprüche der Partner an das eigene Verhalten dar" (Müller 193: 40).

Der wichtigste Normenkomplex des internationalen Erdölregimes bezieht sich auf die Eigentums- und Verfügungsrechte an den Erdölvorkommen. Länder mit einer Tradition des Bergbaus können auf Gesetze zurückgreifen, in denen Bodenschätze entweder exklusives Eigentum des Staates sind oder (auch) von privaten Grundbesitzern genutzt werden können, wobei deren Verfügungsrechte (Verkauf oder Verpachtung) dann durch weitere Gesetze mehr oder weniger eingeschränkt sein können. Länder, in denen zuvor keine Bodenschätze ausgebeutet wurden und die demzufolge auf keine entsprechenden Rechtstraditionen zurückgreifen konnten, mussten neue Rechtsnormen entwickeln oder übernehmen. In dem meisten Fällen haben sie Rechtsnormen westlicher Ländern übernommen. Dabei haben deren Regierungen und Unternehmen oftmals beträchtlichen Druck ausgeübt und auf der Geltung internationalen Privatrechts westlicher Provenienz bestanden. Man kann davon ausgehen, dass die Wahl des rechtlichen Rahmens eine Frage der Machtverhältnisse ist. Wenn die Konzerne der Zentrumsländer über größere Verhandlungsmacht verfügen, werden sie die Geltung des internationalen Privatrechts durchsetzen; wenn die Regierungen der Ölländer volle Souveränität über ihre Ölvorkommen erreicht haben, werden sie eine nationale Gesetzgebung entwickeln, die die Rechte der ausländischen Konzerne beschränkt.

Unter den *Regeln* internationaler Regime werden spezifische, zumeist vertraglich fixierte und sanktionsbewehrte Bestimmungen, Vorschriften und Verbote verstanden. Wie die normativen Rahmenbedingungen unterliegen auch die konkreten Regelungen der Exploration, der Produktion und des Handels dem Wandel. Verträge ändern sich normalerweise schneller und häufiger als Gesetze und sind nicht nur Ausdruck der Machtverhältnisse, sondern auch der Konjunkturschwankungen. Während die ursprünglichen Konzessionsverträge mit ihren umfassenden und langfristigen Regelwerken Regierungen und Konzerne fest aneinander banden, sind die nachfolgenden Regelungen unter dem Einfluss der OPEC stärker diversifiziert und flexibler angelegt. Dies gilt vor allem für den internationalen Rohölhandel, der immer weniger über langfristige Lieferverträge und immer mehr über kurzfristige Kaufverträge abgewickelt wird.

Zu einem Regime gehören auch *Praktiken und Prozeduren*, die zur Geltung kommen oder in Gang gesetzt werden, wenn Gesprächs- und Handlungsbedarf besteht, wenn veränderte Umweltbedingungen, Interessenlagen oder Akteurskonstellationen eine Anpassung der Regeln erfordern, wenn offene Fragen geklärt, Missverständnisse ausgeräumt, Streitigkeiten beigelegt, Regelverletzungen geahndet werden müssen. Im Idealfall kommt es zu offenen Verhandlungen mit dem Ziel, einvernehmliche Problemlösungen zu finden, die von allen Mitgliedern getragen werden, im Extremfall zum Oktroi durch einen hegemonialen Akteur oder durch eine dominante Gruppe ohne vorherige Konsultation. In der Weltwirtschaft des Erdöls kam es in der Phase der Inkorporation zu bilateralen Verhandlungen zwischen Konzernen und Regierungen, nach Gründung der OPEC verstärkt zu Gruppenverhandlungen zwischen dem (formalen) Kartell der OPEC und dem (informellen) Kartell der großen Konzerne und nach einer Reihe fehlgeschlagener Einigungsversuche zu einseitigen Beschlüssen der OPEC-Staaten, bis sich schließlich ein System dezentraler Netzwerkentscheidungen nach den Gesetzen von Angebot und Nachfrage ausbildete, das so wie es funktioniert, von keiner Seite intendiert wurde, aber offenbar von beiden Seiten akzeptiert wird. Versuche zur Bildung eines neuen, zeitgemäßen Weltölregimes auf der Grundlage gemeinsam ausgehandelter Prinzipien, Normen, Regeln und Entscheidungsprozeduren sind bisher ausgeblieben.

5.1 Das alte Erdölregime der integrierten Konzerne

Das erste und längste – aus Sicht der Verbrauchsländer vorteilhafteste, aus Sicht der Förderländer ungerechteste – Erdölregime wurde von Mineralölkonzernen der Zentrumsländer im Zuge der Inkorporation ölreicher Regionen in die expandierende Weltwirtschaft des Erdöls nach Prinzipien des *Industriekapitalismus* errichtet. Sie können in drei Punkten zusammengefasst werden:

- die Staaten des Zentrums lassen privatwirtschaftlichen Unternehmen freie Hand bei der Versorgung ihrer Volkswirtschaften mit Rohöl, bestehen im Interesse der Verbraucher aber auf Wettbewerb auf dem jeweiligen nationalen Absatzmarkt;
- die Mineralölkonzerne handeln mit den Regierungen ölreicher Länder unter Einsatz ihrer überlegenen finanziellen, technologischen und organisatorischen Kapazitäten Konzessionsverträge aus, in denen sie Eigentums- und Verfügungsrechte an den jeweiligen Ölvorkommen erwerben;
- die Konzerne organisieren den internationalen Ölfluss vom Bohrloch bis zur Tankstelle, kontrollieren alle Stufen des Verarbeitungs- und Veredlungsprozesses und tragen mit ihrer betriebswirtschaftlich motivierten Strategie der vertikalen Integration zu weltwirtschaftlicher Integration bei.

Um den Beitrag der multinationalen Konzerne zur Integration der globalen Ölwirtschaft zu ermessen, geht man am besten vom Begriff der Produktionsstufe aus, wobei die Exploration von Ölvorkommen die erste, die Vermarktung von Ölprodukten die letzte Produktionsstufe bildeten, und untersucht dann, mit welchen Strategien und Strukturen sie von ihrer ursprünglichen Produktionsstufe, ihrem Gründungspunkt aus, vertikal (auf jeweils vor- und nachgelagerte Produktionsstufen) und horizontal (auf der gleichen Produktionsstufe) expandiert sind und dabei immer mehr Länder und andere Unternehmen unter Verdrängung des Marktprinzips administrativ miteinander vernetzt haben. Betrachtet man die drei größten Mineralölkonzerne unter diesen Aspekten, dann erkennt man, dass sie auf verschiedenen Produktionsstufen und in verschiedenen Ländern entstanden sind, aber alle den Pfad zu vertikaler Integration eingeschlagen und immer wieder auch auf jeweils gleicher Produktionsstufe kooperiert haben, um in Produktionsgemeinschaften Ölvorkommen gemeinsam auszubeuten oder in Kartellen den Wettbewerb untereinander zu begrenzen.

Standard Oil (Exxon)

Die Entwicklung des permanent größten Mineralölkonzerns begann in einem Kontext, der dem Typus der klassischen Marktwirtschaft ziemlich nahe kommt. Vereinfacht gesagt gab es auf allen Produktionsstufen eine Vielzahl funktional spezialisierter Ein-Produkt-Unternehmen, die nach Marktregeln miteinander verkehrten: unabhängige Produzenten, die oft nur über ein einziges Bohrloch verfügten und dieses nach dem *law of capture* (so viel und so schnell wie nur möglich) ausbeuteten, was sie in einen ruinösen Wettbewerb trieb; unabhängige Ölraffinerien, die Rohöl bei den Produzenten kauften und es in ihren Anlagen in verschiedene Ölprodukte verwandelten; unabhängige Fuhrunternehmen, die die Ölprodukte von den Raffinerien zu Großhändlern transportierten, von wo aus sie dann zu den Einzelhändlern in den Ballungszentren gelangten, die die Ölprodukte vermarkteten.

Da dieses System von Anfang an zwar notorisch instabil (mit riesigen Preisstürzen nach der Entdeckung neuer Ölfelder (vgl. Green 1985: 33), aber auch potentiell profitabel (mit *wind fall profits* bei steigenden Preisen) war, bot es weit blickenden und strategisch denkenden Unternehmern einen starken Anreiz für die Einführung umfassender und integrierter Strukturen. Zu diesen gehörte bekanntlich auch John D. Rockefeller (1839–1937), der den bis heute führenden Mineralölkonzern (Exxon Mobil) als „Standard Oil Corporation" gründete. Die chaotischen Verhältnisse im Bereich der Rohölförderung und der ruinöse Wettbewerb zwischen zahlreichen unabhängigen

Produzenten hatten ihn abgeschreckt und dazu bewogen, auf der Stufe der Raffinierung einzusteigen, wo bessere Entfaltungschancen und größere Gewinne zu erwarten waren. „Ihm war klar, dass nicht derjenige die Industrie beherrschen würde, der Erdöl produzierte, sondern der, der es raffinierte und verteilte und seine Rivalen durch billige Frachtraten ausstechen konnte" (Sampson 1976: 37).

Der Entwicklungspfad der Standard Oil Corporation stellt sich als ein situationsabhängiger Wechsel von vertikaler und horizontaler Integration, von Expansion entlang verschiedener Produktionsstufen und als Ausbreitung auf jeweils einer Produktionsstufe, dar.[1] Sechs Jahre nach der Entdeckung des Erdöls in Titusville, im Bundesstaat Pennsylvania, hatte der 26-jährige Rockefeller im hundert Meilen westlich gelegenen Cleveland im Nachbarstaat Ohio die Mehrheit an einer Ölraffinerie ersteigert. Mit unterschiedlichsten Methoden, von einvernehmlicher Kooperation über heimliche Aktienkäufe bis zur Ausschaltung anderer Raffinerien durch Preiswettbewerb („*cut to kill*") wurden die Verarbeitungskapazitäten erweitert und Konkurrenten übernommen oder verdrängt.

Mit der Zunahme des Produktionsvolumens stellte sich das Problem des Transports der Ölprodukte zu den Verbrauchszentren. Hierfür kam nur die Eisenbahn in Betracht. Aufgrund des großen Produktions- und Transportvolumens konnte die Standard Oil günstigere Frachtpreise als ihre Konkurrenten aushandeln, damit weitere Vorteile gegenüber der Konkurrenz erzielen und im Raffineriebereich eine nahezu monopolartige Position aufbauen. Nach anfänglichem Widerstand gegen den Bau von Pipelines war um 1880 auch fast das gesamte amerikanische Pipelinesystem unter der Kontrolle der Standard Oil, die nun 90 bis 95 Prozent der Raffineriekapazität der Vereinigten Staaten und 85 Prozent des amerikanischen Marktes beherrschte (vgl. Anderson 1984: 20; Yergin 1991: 51, 53).

Von Anfang an wurde amerikanisches Erdöl auch exportiert. „In den siebziger und achtziger Jahren des neunzehnten Jahrhunderts floss mehr als die Hälfte der amerikanischen Ölproduktion in den Petroleum-Export. Petroleum war dem Wert nach der viertwichtigste Exportartikel Amerikas; das erste unter den Industriegütern. Und Europa war der weitaus größte Absatzmarkt. Ende der siebziger Jahre dominierte nicht nur ein einziger Staat,

---

1 Zur Mischung und zum Wechsel von horizontalen und vertikalen Aktivitäten vgl. Chandler 1977: 321-326, 350-351, 418-426.

sondern auch eine einzige Gesellschaft – Standard Oil. Mindestens 90 Prozent des exportierten Petroleums ging durch die Hände von Standard" (Yergin 1991: 72f.). Der deutsche Markt wurde mit einheimischen Partnern in Form der 1890 gegründeten „Deutsch-Amerikanischen Petroleumgesellschaft" (DAPG) erschlossen, die mit „amerikanischen Methoden" nicht nur eine marktbeherrschende Stellung erkämpfte, sondern auch wichtige Innovationen durchsetzte (vgl. Karlsch/Stokes 2003: 56ff.). Von den USA aus wurde ein weltweites Netz von Agenten über die ganze Welt ausgebreitet und „ein eigener Spionagedienst sorgte dafür, dass man der Initiative der Konkurrenz oder nationaler Regierungen zuvorkommen konnte" (Sampson 1976: 39).

Nach der horizontalen Expansion auf der Stufe der Raffinierung und der vertikalen Expansion in Richtung in- und ausländischer Absatzmärkte (*downstream*) erfolgte erst im dritten Schritt eine vertikale Integration (*upstream*) in den Bereich der Exploration und Förderung von Rohöl (vgl. Yergin 1991: 65ff.). Dabei ist eine Tendenz erkennbar, von anfänglichem Rohölkauf nach Tagespreis (*spot purchase*) zu längerfristigen Lieferverträgen (*long-term purchase*) bis zum Erwerb von Fördergesellschaften überzugehen. Vor einer eigenen Suche nach neuen Ölfeldern (*wildcat*-Exploration) – der vierten Möglichkeit der Rohölbeschaffung – ist die Standard Oil Company lange zurückgeschreckt (vgl. Greene 1985: 51, 62ff.). Die Rohölbeschaffung begann schließlich wiederum zuerst in den USA (Ohio, Texas, Louisiana, New Mexico, Oklahoma) und später im Ausland, zunächst in Mittel- und Südamerika (wo unter anderem in Mexiko die Transcontinental Oil Company und in Venezuela das Creole Syndikat gekauft wurden), später auch im Nahen Osten (wo man sich an der Turkish Petroleum Company im Irak, am iranischen Konsortium und an der Aramco in Saudi-Arabien beteiligte). Nach der Erdölkrise der 1970er Jahre engagierte sich die Exxon auch in der Nordsee und wieder verstärkt auch auf dem amerikanischen Kontinent, vor allem in Alaska.

Um den aus immer mehr Einzelfirmen auf verschiedenen Produktionsstufen und in verschiedenen Regionen arbeitenden Konzern besser leiten zu können und das damalige Verbot des wechselseitigen Aktienbesitzes von Unternehmen zu umgehen, erfanden die Anwälte von Standard Oil 1879 eine neue Organisationsform, den sie „*Trust*" nannten (vgl. Karlsch/Stokes 2003: 21f.). Treuhänder verwalteten die Aktien aller von Standard Oil kontrollierten Unternehmen, wählten deren Management aus und überwachten die 14 vollständig eigenen und die 26 im Mehrheitsbesitz befindlichen Gesellschaften. Während Rockefeller behauptete, alle involvierten Unternehmen seien selbständig, wurden sie tatsächlich von dem *Board of Trustees* gesteuert und kontrolliert.

Die zunehmende Macht des Trusts und die rabiaten Geschäftspraktiken Rockefellers erregten die Aufmerksamkeit der Presse und riefen den US-Kongress auf den Plan. Mehrere Untersuchungsausschüsse beschäftigten sich mit den Vorwürfen verbotener Absprachen zur Einschränkung des freien Handels gegen das öffentliche Interesse. Auf der Basis des 1890 in Kraft gesetzten *Sherman Antitrust Act* wurde die Standard Oil angeklagt und für schuldig befunden. 1911 verurteilte das Oberste Gericht den Standard Oil Trust zu einer völligen Entflechtung innerhalb von sechs Monaten. „Die Standard Oil wurde in mehrere getrennte Einheiten geteilt. Die größte unter ihnen war die ehemalige Holdinggesellschaft, die Standard Oil of New Jersey, mit fast der Hälfte des Gesamtkapitalwertes; sie wurde schließlich zur Exxon – und verlor nie ihre Führungsposition. Die mit neun Prozent des Kapitalwertes nächst größte war die Standard Oil of New York, aus der letztlich die Mobil wurde. Dann war da noch die Standard Oil (California), aus der die Chevron hervorging; die Standard Oil of Ohio wurde zur Sohio und später zum amerikanischen Arm von BP; aus der Standard Oil of Indiana wurde die Amoco, aus der Continental Oil die Conoco; und die Atlantic wurde ein Teil der Arco und in der Folge schließlich zur Sun" (Yergin 1991: 144).

Die formale Entflechtung der Unternehmen wurde mit funktionaler Kooperation und letztlich mit „Wiedervereinigungen" in Form von Übernahmen und Fusionen gekontert, die in den 1980er und 90er Jahren ihren bisherigen Höhepunkt erreichten. 1984 übernahm Chevron die Gulf; ein Jahr später übernahm die Texaco die Getty Oil; 1998 kam es zur bis dato größten Fusion der Industriegeschichte, als Exxon die Mobil übernahm. Im Jahr darauf übernahm die Amoco die ARCO und wurde anschließend selbst von der BP übernommen. 2001 fusionierte die Chevron mit der Texaco und die Conoco mit der Phillips.

Mehr noch: die Gesellschaften, die 1911 entflochten wurden, um auf dem amerikanischen Markt Wettbewerb aufrechtzuerhalten, konnten sich bei der Ausweitung ihrer Auslandsaktivitäten auf das von der US-Regierung propagierte Prinzip der *Open Door* berufen und wurden von ihr darin unterstützt. Amerikanische Regierungen haben immer wieder zwischen kartellrechtlicher Disziplinierung (vor allem innerhalb der USA) und freiem Gewähren lassen oder aktiver politischer Unterstützung der Konzerne (vor allem bei ihren auswärtigen Aktivitäten und dabei auch unter befristeter Aussetzung kartellrechtlicher Bestimmungen) geschwankt. Wie Yergin feststellt, kam es in den Vereinigten Staaten „immer wieder zu zwei einander widersprechenden Verhaltensweisen der Behörden gegenüber den großen Ölgesellschaften ... Gelegentlich förderte Washington diese Gesellschaften und ihre Expansionsbestrebungen, weil man glaubte, eine solche Politik diene den politischen und wirtschaftlichen Interessen, den strategischen Zielen der Vereinigten Staaten und fördere den Wohlstand der Nationen. Zu anderen Zeiten sahen sich dieselben Gesellschaften populistischen Angriffen ausgesetzt, die sich gegen die Gewinnsucht, den Monopolismus, die Arroganz und die Geheimpolitik der >>Ölmagnaten<< wandten" (Yergin 1991: 590). So häufig und stark amerikanische Regierungen in die Ölindustrie interveniert haben, ist es doch nie, wie in Großbritannien, zur Gründung eines Staatskonzerns oder zur Verstaatlichung einer privaten Mineralölgesellschaft gekommen.

British Petroleum

Im 19. Jahrhundert wurde das internationale Ölgeschäft nahezu unumschränkt von Standard Oil beherrscht. Erst allmählich erwuchsen dem amerikanischen Konzern ernst zu nehmende Konkurrenten: die niederländisch-britische Royal Dutch/Shell und die British Petroleum (BP). Beide entstanden in der von Europäern beherrschten Peripherie, im Nahen und im Fernen Osten. Die British Petroleum entstand im Unterschied zur amerikanischen Standard Oil Corporation bekanntlich auf der Stufe der Erdölförderung im peripheren Persien, von wo aus die Erdölindustrie des Nahen Ostens mit strategisch motivierter Unterstützung der britischen Regierung entwickelt wurde. Von Anfang an erschien die BP als ein Instrument des British Empire. Als der englische Geschäftsmann William Knox D'Arcy seine im Jahre 1901 vom Schah von Persien erworbene Konzession zur Exploration und Förderung der Ölressourcen im Süden aus Geldmangel nicht nutzen konnte, kam es 1905 auf Vermittlung von Admiral Fischer, der sich für die Umstellung der Royal Navy von Kohle- auf Ölbetrieb einsetzte, zu einem Einstieg der britischen Firma „Burmah Oil Company", der ältesten Ölgesellschaft des Landes, die von Burma und Assam (Indien) aus die Flotte belieferte. Nach der Entdeckung des Ölfeldes von Masjid-i-Suleiman im Südwesten des Landes wurde im Jahre 1909 mit Beteiligung der Burmah Oil die Anglo-Persian-Oil Company gegründet. Um der Gefahr der Übernahmen durch die Royal Dutch/Shell zu entgehen, setzte Churchill als Erster Lord der Admiralität kurz vor Ausbruch des Ersten Weltkriegs eine Beteiligung der britischen Regierung von 51 Prozent und die Ernennung von zwei Direktoren durch die Regierung durch.

Von der Stufe der Erdölförderung aus expandierte das Unternehmen zwangsläufig *downstream*, in Richtung Transport, Raffinierung und Versorgung der Royal Navy. In Abadan am Persischen Golf entstand 1911 die erste Raffinerie, die über eine Pipeline mit den Ölfeldern verbunden wurde; sie sollte sich zu einer der größten Raffinerien der Welt entwickeln. Mit der British Tanker Company wurde eine eigene Tankerflotte aufgebaut, die das Schiffsöl von Abadan aus zu den Versorgungsstationen der Flotte im Nahen und Fernen Osten lieferte.

Nach dem Ersten Weltkrieg wuchs die Anglo-Persian über die Rolle als Lieferant für die Royal Navy hinaus und entwickelte sich zu einem integrierten Konzern, der das qualitativ hochwertige persische Öl in großen Mengen und zu günstigen Preisen in immer mehr Ländern vermarktete, darunter ab 1926 auch in Deutschland, wo sie neben der Deutsch-Amerikanischen Petroleum Gesellschaft der Standard Oil (DGAP) unter dem Namen „Deutsche BP" ein eigenes Versorgungsnetz aufbaute (vgl. Karlsch/Stokes 2003: 140ff.).

Auf der Produktionsseite expandierte die 1935 in Anglo-Iranian umgetaufte Gesellschaft im Irak, wo sie in der 1912 gegründeten Turkish Petroleum Company (TPC) etwa die Hälfte der Anteile hielt (die später durch den Verkauf von Anteilen an amerikanische Konzerne auf 23,75 Prozent reduziert wurden), in Kuwait, wo sie 1934 mit der Gulf Oil zu jeweils 50 Prozent die Kuwait Oil Company betrieb, ferner in Abu Dhabi, wo sie zwischen 23 und 75 Prozent an den dortigen Produktionsgemeinschaften hielt, und nach dem Zweiten Weltkrieg in Nigeria (vgl. Sampson 1976: 140, 170).

Die Verstaatlichung der in ihrem Ursprungsland Iran liegenden Unternehmensteile im Jahr 1951 traf die Anglo-Iranian ins Mark. Über Nacht verlor das Unternehmen drei Viertel seiner Produktion und Raffineriekapazität, einschließlich der größten Raffinerie der Welt in Abadan (vgl. Greene 1985: 252). Die Krise konnte zwar mit Hilfe der Vereinigten Staaten beigelegt werden, doch verlor die Anglo-Iranian ihr Monopol und musste sich die Kontrolle des iranischen Öls mit mehreren anderen Unternehmen teilen. In dem 1953 gegründeten internationalen Konsortium war die Anglo-Iranian mit einer Beteiligung von 40 Prozent zwar der größte Anteilseigner, musste aber außer der Royal Dutch/Shell auch eine Gruppe amerikanischer Unternehmen (Exon, Mobil, Gulf, Texaco und Socal mit einem Anteil von jeweils 7 Prozent) als Partner akzeptieren – womit erstmals amerikanische Unternehmen im Nahen Osten aktiv wurden.

Unter dem Schock der Verstaatlichung und des verminderten Zugangs zum iranischen Öl verstärkte die 1954 in „The British Petroleum Company" umgetaufte Gesellschaft ihre Bemühungen um Exploration und Förderung in anderen Regionen und war dabei sehr erfolgreich. Zu ihren wichtigsten Explorationsgebieten zählten traditionelle Einflussgebiete des Empire, wie die Scheichtümer an der Trucial Coast, Abu Dhabi, Kuwait sowie Nigeria und Libyen (vgl. Greene 1985: 254f.).

In den 1960er Jahren verlagerte sich der Schwerpunkt der Förderung vom Nahen Osten nach Nordamerika und Europa. 1962 begann man mit der Exploration der Nordsee, 1968 wurden in Alaska in der Prudhoe Bay große Vorkommen entdeckt. Dabei wurde eine Mehrheitsbeteiligung an der Standard Oil of Ohio erworben. Die Ölschocks von 1973/74 und 1979/80 konnten aufgrund des Engagements in den sicheren Regionen Nordamerikas und Europas abgefedert werden. In der zweiten Ölkrise verlor der Konzern endgültig seine wichtigste Ölquelle im Iran und musste sich auf den expandierenden Spotmärkten mit Rohöl eindecken.

Im Jahre 1987 verkaufte die Britische Regierung ihren Anteil von 31,5 Prozent. BP übernahm den restlichen 45 Prozent-Anteil an der Standard Oil of Ohio und fasste das Amerika-Geschäft in der neu gegründeten „BP America" zusammen. Wie so viele andere Unternehmen gab auch BP ihre zwischenzeitlich eingeschlagene Diversifikationsstrategie auf – die den Mineralölkonzern in disparate und ölfremde Geschäftsfelder (Nahrungsmittel, Kupfer und Kohle, Informationstechnologie) geführt hatte – und konzentrierte sich auf die Kernbereiche der Kohlenwasserstoff-Wirtschaft: Mineralöl und Petrochemie. Die Erdölförderung wurde auf Länder wie Kolumbien, die Nachfolgestaaten der früheren Sowjetunion und die *off-shore*-Förderung im Golf von Mexiko ausgedehnt. Im Jahre 1998 kam es zur Fusion mit der Amoco, der früheren Standard Oil of Indiana; sie war die bis dato größte Fusion in der Industriegeschichte, wurde aber schon ein Jahr später durch die noch erheblich größere Fusion von Exxon und Mobil übertrumpft.

Royal Dutch/Shell

Die Royal Dutch/Shell entstand wie die BP in der Peripherie, aber nicht im Nahen, sondern im Fernen Osten, in Kolonialgebieten der Niederlande und Großbritanniens gleichzeitig auf der Handels- und der Produktionsstufe durch die Fusion der „Royal Dutch Petroleum Company", einer in Sumatra entstandenen niederländischen Fördergesellschaft, mit der „Shell Trading Company", einem britischen Transport- und Handelsunternehmen, im Jahre 1907.

Die *Shell Trading and Transport Company* hat ihre Wurzeln im internationalen Handelsgeschäft zwischen Europa und dem Fernen Osten. Einer ihrer Schwerpunkte war der Handel mit Lampenöl (damals „Kerosin" genannt). Dieser Markt wurde von Rockefellers Standard Oil Company beherrscht, die Öl in Kanistern über den Pazifik nach Japan und andere fernöstliche Länder lieferte. Um sich gegen die übermächtige amerikanische Konkurrenz behaupten zu können, suchten die Inhaber, die Brüder Samuel, nach einer Möglichkeit, sie preislich zu unterbieten. Dazu brauchten sie Ölquellen und Transportkapazitäten. Bei der Ölversorgung kooperierten sie mit den französischen Rothschilds, die nach Absatzmöglichkeiten für ihre reich sprudelnden Ölquellen in Russland suchten. Die Transportprobleme führten zu einer der großen Innovationen der Erdölindustrie, der Entwicklung des Öltankers. Samuels Strategie bestand darin, das russische Erdöl auf dem Seeweg von Baku über Bantam am Schwarzen Meer durch den 1869 eröffneten Suez-Kanal in den Fernen Osten zu transportieren. Dies gelang erstmals im Jahre 1892, als der erste spezielle Öltanker, die SS Murex, 4.000 Tonnen russisches Erdöl nach Singapur und Bankok transportierte. Ein Jahr später wurde die Firma „The Tank Syndicate" gegründet, aus der im Jahre 1897 die Shell Transport and Trading Company hervorging.

Als nach der Jahrhundertwende erkennbar wurde, dass es auf absehbare Sicht in Fernost keinen Absatz für Benzin gab – der ca. 30-prozentige Benzinanteil am Rohöl wurde bisher abgefackelt – und Vorkalkulationen zu dem Ergebnis kamen, dass sich ein Benzintransport von Fernost nach Europa lohnen würde, begann man 1902 mit dem Transport des leichtflüssigen und brennbaren Materials durch den Indischen Ozean, das Rote Meer und den Suez-Kanal oder auch um das Kap der Guten Hoffnung herum nach Europa. In Deutschland hatte die Royal Dutch/Shell mit ihrer 1902 gegründeten Tochtergesellschaft „Benzinwerke Rhenania" Erfolg, die sich auf dem

Benzinmarkt (im Unterschied zu dem monopolartig organisierten Petroleummarkt) gleichrangig neben der (amerikanisch beeinflussten) DGAP behaupten konnte (vgl. Karlsch/Stokes 2003: 88ff.). Neben dem Asienhandel entwickelte die Royal Dutch/Shell als erstes europäisches Unternehmen das Amerikageschäft, indem sie texanisches Öl aus dem 1901 entdeckten Spindletop-Feld nach Übersee verschiffte und vermarktete. Nach anfänglich großen Erfolgen geriet die Gesellschaft in eine schwere Krise, die im Jahre 1907 zur Fusion mit der Royal Dutch führte.

Die *Royal Dutch Petroleum Company* hat ihre Wurzeln ebenfalls im Fernen Osten, aber nicht im Handel, sondern in der Exploration und Förderung von Rohöl. Sie war im Jahre 1890 gegründet worden, um ein ergiebiges Ölfeld im Nordosten von Sumatra auszubeuten. Nach erbitterten Konkurrenzkämpfen mit der britischen Shell und der amerikanischen Standard Oil kam es 1903 zur Kooperation zwischen der (größeren) Shell, die zuvor ein Übernahmeangebot der Standard Oil abgelehnt hatte, und der (kleineren) Royal Dutch in Form eines Gemeinschaftsunternehmens, an der auch die französischen Rothschilds beteiligt waren. Als gemeinschaftliches Vermarktungsunternehmen aller drei Partner in Asien wurde die „Asiatic Petroleum Company" betrieben. Vier Jahre später fusionierten die (nun stärkere) Royal Durch und die (schwächere) Shell, die sich strukturell gut ergänzten, in der gänzlich unkonventionellen Form von zwei eng kooperierenden Muttergesellschaften, die als Holdings im Verhältnis von 60:40 an allen gemeinsamen Tochtergesellschaften beteiligt waren. Obwohl Royal Dutch zum Zeitpunkt der Fusion der größere Partner war, wurde die Gesellschaft mit ihrer Handelsmarke „Shell" bekannt.

Mit der Fusion von Fördergesellschaft und Handelsunternehmen wurde ein großer Schritt in Richtung vertikaler Integration realisiert, die *upstream* und *downstream* weltweit vorangetrieben wurde. Royal Dutch/Shell explorierte und entdeckte Öl in Borneo (1910), Mexiko (1913), Venezuela (1914), erwarb Produktionsstätten in Rumänien (1906), Russland (1919), Ägypten (1911), Trinidad (1913) und Kalifornien (1913) (vgl. Greene 1985: 218). 1919 erwarb sie mit der El Aguila (der Mexican Eagle Company des Lord Cowdray) den größten Produzenten Mexikos und spielte auch in Venezuela bis zur Verstaatlichung der Industrie im Jahr 1976 eine führende Rolle. Royal Dutch/Shell war das erste europäische Unternehmen, das noch vor dem Ersten Weltkrieg in den USA aktiv wurde. „By then, RD/Shell had become the largest (in net asset terms), most profitable and most truly international of the world's oil companies" (Philip 1994: 30f.).

Die Hauptstrategie der Royal Dutch/Shell war darauf gerichtet, die hohen Transportkosten durch eine weltweit optimierte Wahl von Förderregionen und Absatzmärkten zu reduzieren und damit die Gewinne zu erhöhen. Die berühmt gewordene Strategie der „geraden Linie" (*policy of the straight line*) war darauf gerichtet, die Ölproduktion in weltweitem Maßstab so zu organisieren, dass die Entfernung zwischen Ölfeld und Absatzmarkt minimiert würde. Mit dieser prinzipiell einfachen, aber höchst folgenreichen Strategie, mit der man den Preiswettbewerb mit konkurrierenden Unternehmen, insbesondere der Standard Oil, vermeiden wollte, stieg Royal Dutch/Shell zum ersten wahrhaft globalen Mineralölkonzern auf und trug mehr als alle anderen Unternehmen zu weltwirtschaftlicher Integration bei.

Dieses globale Netz wurde durch den Zweiten Weltkrieg, unter dem die Royal Dutch/Shell mehr als alle anderen *majors* zu leiden hatte, stark zerrissen (vgl. Greene 1985: 225). Da das Unternehmen im Nahen Osten, der sich nach dem Zweiten Weltkrieg zur führenden Förderregion entwickelte, relativ schwach vertreten war – im Irak mit einem Anteil von 23,75 Prozent an der Irak Petroleum Company, im Iran mit 14 Prozent am dortigen Konsortium, in Kuwait immerhin mit 50 Prozent an der Kuwait Oil Corporation –, hatte es komparative Nachteile gegenüber den anderen *majors*. Dadurch rutschte der Schwerpunkt des Unternehmens *downstream*, in die Bereiche der Verarbeitung von Rohöl und der Vermarktung spezialisierter Ölprodukte wie Flugbenzin, Diesel, Heizöl, Schmieröl. In Pernis bei Rotterdam wurde die größte Raffinerie der Welt errichtet und in der Nähe der Raffinerien wurden petrochemische Werke aufgebaut. Damit wurde eine Tradition fortgesetzt, die 1929 mit der Gründung der Shell Chemical Company begonnen hatte, mit der die niederländisch-britische Gesellschaft früher und mit größerem Erfolg als ihre Konkurrenten in die Petrochemie eingestiegen war. Schließlich hatte die Royal Dutch/Shell aber auch im Bereich der Rohölproduktion Erfolge zu verzeichnen, so in Nigeria, in der Nordsee und im Golf von Mexiko.

Zur Erklärung der Strategie der vertikalen Integration

Die von allen großen Konzernen (einschließlich hier nicht näher untersuchten *majors* wie Gulf, Mobil, Socal, Texaco) betriebene Strategie der vertikalen Integration, die mit der organisatorischen und kommerziellen Vernetzung von immer mehr Förder- und Verbrauchsländer zu weltwirtschaftlicher Integration beiträgt, kann mit der Weltsystemperspektive nicht gut erklärt werden. Bessere Erklärungsansätze liefern der Transaktionskostenansatz der institutionellen Ökonomie, der aus der Organisationstheorie stammenden Ansatz der Ressourcenabhängigkeit und das wirtschaftshistorische Konzept der pfadabhängigen Entwicklung.

Obwohl der *Transaktionskostenansatz* aus einer anderen Theorietradition als die Weltsystemperspektive stammt, enthält er Prämissen über das Verhalten von Unternehmen, die mit Wallersteins Konzept der kapitalistischen Weltwirtschaft kompatibel sind. Hierzu gehört vor allem die Vorstellung der Profitmaximierung als oberste Verhaltensmaxime, die sich im Transaktionskostenansatz als Prinzip der Kostenminimierung darstellt. Es wird davon ausgegangen, dass Unternehmen bei der Organisation ihrer wechselseitigen Beziehungen (Transaktionen) nicht unbedingt den Marktgesetzen unterworfen sind, sondern über Gestaltungsspielräume verfügen. Sie können ihre Transaktionsformen in einem Kontinuum zwischen „Markt" und „Hierarchie" wählen; das Spektrum reicht vom vereinzelten Markttausch (*spot market contract*) über längerfristige, spezifizierte Lieferverträge, Konsortien und Gemeinschaftsunternehmen bis zum alle Produktionsstufen integrierenden, von einer Managerhierarchie koordinierten Konzern. Jede Koordinationsform ist mit spezifischen Transaktionskosten verbunden. Der Markt verursacht Informations-, Verhandlungs- und Vertragskosten; hierarchische Organisationsformen sind mit Planungs-, Koordinations- und Kontrollkosten verbunden. Bei der institutionellen Ausgestaltung ihrer Beziehungen vergleichen die Unternehmen die Transaktionskosten der verfügbaren Alternativen und wählen diejenige Koordinationsform aus, die mit den jeweils geringsten Transaktionskosten verbunden ist (vgl. Williamson 1975: 39f.; Sydow 1992: 129ff.). Alle im Spektrum zwischen Markt und Hierarchie angesiedelten Transaktionsformen sind in der Weltwirtschaft des Erdöls zum Zuge gekommen. Die Unternehmen haben sich über Spotmärkte mit Rohöl versorgt, längerfristige Lieferverträge abgeschlossen und Produktionsgemeinschaften gegründet, Haupttendenz war aber von Anfang an das Bestreben, alle Produktionsstufen zu internalisieren und zentral zu koordinieren. Vertikale Integration schien die Ideallinie zum Unternehmenserfolg darzustellen (vgl. Penrose 1968: 46ff.). Fraglich ist aber, ob und inwieweit diese Form der Expansion als Abfolge rationaler Wahlhandlungen unter dem alleinigen Aspekt der Transaktionskostenminimierung erklärt werden kann. Die Entscheidung für eine Strategie der vertikalen Integration muss nicht unbedingt aus Bestrebungen zur Minimierung der Transaktionskosten resultieren, sie kann auch an dem konkurrierenden Ziel einer Maximierung der Kontrolle über die relevante Beschaffungsumwelt beziehungsweise der Sicherung des Ressourcenflusses orientiert sein. Dies ist der Ansatz des *Resource Dependence-Approach* (vgl. Sydow 1992: 196ff.). Er geht davon aus, dass Unternehmen normalerweise nicht alle Ressourcen besitzen oder nicht in der Lage sind, alle für die Produktion vermarktungsfähiger Güter oder Dienstleistungen benötigten Ressourcen selbst herzustellen. Sie sind darauf angewiesen, die fehlenden Ressourcen von anderen Organisationen aus ihrer Umwelt zu beziehen. Diese fundamentale Ressourcenabhängigkeit mindert die Autonomie der Unternehmensführung und motiviert sie zu Unabhängigkeits- und Machtstrategien, indem sie entweder eine Diversifikation der Bezugsquellen oder eine Beherrschung der kritischen Umweltsegmente oder eine Kombination von beiden anstreben. Dabei ist eine vollständige Internalisierung der vorgelagerten Produktionsstufen weder in jedem Falle erforderlich noch realisierbar. Das Ziel einer zuverlässigen und berechenbaren Versorgung mit Vorprodukten ist z. B. auch mit vertraglichen Vereinbarungen zu erreichen, in denen die Zulieferer ihre formale Selbstständigkeit behalten, funktional aber eng an das verarbeitende Unternehmen gebunden werden. Wie Scott bemerkt, können Lieferverträge so konzipiert sein, „dass ein erhebliches Maß an Unsicherheit abgefangen wird – indem man sich zum Beispiel solcher Kniffe bedient wie des Kontingenzvertrags auf der Basis bestimmter Ansprüche, des unvollständig bestimmten Langzeitvertrags und des Kettenvertrags. Die Aushandlung von Verträgen mit ... wichtigen Rohstofflieferanten und Abnehmern ist eine der Hauptmöglichkeiten, wie Organisationen sich ein gewisses Maß an Sicherheit im Hinblick auf eine sich wandelnde Zukunft verschaffen können" (Scott 1986: 266). Lieferverträge stellen somit eine attraktive Zwischenform dar, die die Flexibilität des Marktes mit der Dauerhaftigkeit der Hierarchie zu verbinden suchen.

Nicht ausgeschlossen sind auch weniger rationale Verhaltensweisen wie der *Imitationsmechanismus*, bei dem innovative Unternehmen oder Marktführer, die mit neuen Strategien und Strukturen erfolgreich sind, von anderen, weniger innovativen Unternehmen nachgeahmt werden (vgl. Schumpeter 1987: 329ff.; Chandler 1977: 312ff.). Strategische oder strukturelle Umstellungen führender Unternehmen üben auf ihre Konkurrenten einen Druck aus, die eigene Position zu überprüfen, und dies endet häufig in der Übernahme von deren scheinbar überlegenen Konzepten. Durch Anpassungen und Nachahmungen kann es zu Trends und zu Trend verstärkendem Verhalten kommen, schlimmstenfalls zu einer Art von Herdentrieb, bei der die Herde kaum noch weiß, warum und wohin sie ihrem Leittier folgt.

Während transaktionskostentheoretische Erklärungen in Übereinstimmung mit der Theorie der rationalen Wahlhandlung davon ausgehen, dass Unternehmen in jeder Situation über Handlungsspielräume zur Neugestaltung ihrer Umweltbeziehungen verfügen und frühere Entscheidungen jederzeit revidierbar sind, gehen *pfadanalytische Erklärungen* davon aus, dass es in größeren Zeitabständen, in bestimmten Situationen, zu Richtungsentscheidungen kommt, die alle folgenden Entscheidungen beeinflussen und die Entscheidungsspielräume einengen – ohne dass den Akteuren die Tragweite ihrer ursprünglichen Entscheidung voll bewusst ist oder von ihnen vorhergesehen werden kann. „Verlaufsabhängigkeit ergibt sich aus den Mechanismen zunehmender Erträge, die dafür sorgen, dass ein einmal eingeschlagener Pfad weiter verfolgt wird (North 1992: 134)".[2] Sobald ein Unternehmen zum Beispiel damit begonnen hat, eine vertikale Expansionsrichtung einzuschlagen, tritt eine Art von Sachzwang oder Verlaufsabhängigkeit auf, bei der die Investition auf einer Produktionsstufe eine weitere Investition auf einer anderen Produktionsstufe nach sich zieht, um die Rentabilität der ersten zu gewährleisten. Die Produktion von Rohöl erfordert Märkte, um es in Wert zu setzen; Investitionen in Raffinerien rentieren sich nur bei einem kontinuierlichen Zufluss von Rohöl und einem entsprechendem Abfluss in die Verbrauchsmärkte, erfordern also Investitionen in den Erwerb von Förderlizenzen und in den Ausbau von Verteilungsnetzen. Irreversible Investi-

---

[2] Institutionen, institutioneller Wandel und Wirtschaftsleistung. Dabei kommen vier sich selbst verstärkende Mechanismen ins Spiel, die ein Unternehmen auf dem einmal eingeschlagenen Pfad halten, es darin „einschließen" (*lock-in*): Gründungskosten, Lerneffekte, Koordinationseffekte und adaptive Erwartungen (vgl. ebd.: 112f.).

tionen, versunkene Kosten und zunehmende Erträge, Ertrag steigernde Lern- und Koordinationseffekte sowie adaptive Erwartungen und nicht zuletzt auch eine gewisse organisationale Trägheit halten Unternehmen auf dem einmal eingeschlagenen Kurs.

North's Postulat: *"History matters!"* findet eine eindeutige Bestätigung in Greens umfassender Studie über *Strategies of the Major Oil Companies*, in der die Bedeutung von frühen Richtungsentscheidungen und Identitätsbildungen betont wird: „Most of the policies of the Majors in effect today were formed early in the history of the organization, either close to the date of origin of the company or within its first independent decade, and have remained in effect thereafter. This implies that early events in a firm's history were of greater significance to its strategy than more recent events of similar magnitude. This result shows the great influence of internal factors and inertia upon strategy and the resistance of this equilibrium to change" (Greene 1985: 266).

Die Strategie der vertikalen Integration ist auch mit handfesten finanziellen Vorteilen verbunden. In internalisierten Wertschöpfungsketten können Gewinne, wenn nicht versteckt, dann doch verschoben werden, womit sich erhebliche Steuereinsparungen realisieren lassen. Sampson zufolge ist die interne Buchführung der amerikanischen Konzerne „darauf ausgerichtet, möglichst viel Gewinn >>stromaufwärts<< – also mit der Rohölförderung im Ausland – zu machen, weil sie dafür keine US-Steuern zahlen mussten; >>stromabwärts<<, beim Verkauf von Ölprodukten an die Kundschaft, sah man dagegen weniger auf den Gewinn, denn er musste ja in den USA versteuert werden" (Sampson 1976: 190). Andererseits können erhöhte Steuern und Abgaben bei der Ölproduktion oder Verstaatlichungen der Ölvorkommen und Fördereinrichtungen zu einer Verstärkung stromabwärtiger Aktivitäten zur Verteidigung oder Vergrößerung von Marktanteilen führen, um Gewinneinbußen am Beginn der Förder- und Verarbeitungskette wettzumachen (vgl. Sampson 1976: 304).

Horizontale Verflechtungen

Obwohl die vertikalen Strategien und Strukturen der multinationalen Konzerne für die Integration der Weltwirtschaft entscheidend sind, müssen auch ihre horizontalen Verflechtungen mit einbezogen werden, denn beide zusammen ergeben erst das Gewebe, das die Weltwirtschaft des Erdöls zusammenhält. Nach zunehmendem Integrationsgrad gestaffelt, lassen sich hier vier Formen unterscheiden:

- Markt vermittelte Öllieferungen zwischen Konzernen mit überschüssiger und defizitärer Produktion;
- Absprachen und Abkommen zur Koordinierung des Verhaltens auf Märkten und gegenüber Regierungen;
- Konsortien oder *joint ventures* zur gemeinsamen Förderung oder Verarbeitung von Rohöl;
- Übernahmen und Fusionen, bei denen ehemals selbständige Unternehmen zu größeren Einheiten verschmelzen.

Der „horizontale" Austausch von Öl zwischen den Konzernen ist zumeist eine Folge imperfekter vertikaler Integration. Die integrierten Konzerne waren häufig nicht perfekt ausbalanciert, einige förderten zeitweise mehr Rohöl als sie intern verarbeiten konnten, andere mussten Öl zukaufen, um ihre Raffinerien auszulasten. Dies zeigt, dass vertikale Integration Märkte als Ventile benötigt, um einen kontinuierlichen Durchfluss sicherzustellen, der für die Erzielung hoher Profite unabdingbar ist.

Während wechselseitige Öllieferungen unter allen Gesichtspunkten unproblematisch erscheinen, sind Marktabsprachen und Marktaufteilungen höchst problematisch, weil sie zu Lasten Dritter, auf Kosten der Verbraucher, gehen. Die wohl berühmteste Absprache in der Geschichte der Mineralölindustrie ist das *Achnacarry-Agreement*, benannt nach dem Ort, in dem sich die Chefs der drei großen Gesellschaften Standard Oil of New Jersey (Exxon), Royal Dutch/Shell und Anglo-Persian (BP) im Jahr 1928 angesichts einer Ölschwemme in einem informellen, nie unterzeichneten Dokument auf eine Einschränkung des Wettbewerbs verständigt hatten. Hauptpunkt der so genannten „*Pool Association*" war die „*As-Is*"-Vereinbarung, der zufolge jedes Unternehmen eine Produktionsquote auf der Basis der Marktabsätze von 1928 erhielt. Produktionssteigerungen sollten nur nach Maßgabe des tatsächlichen Bedarfs erfolgen, und die einzelnen Unternehmen sollten ihre Produktion nicht über ihre Quote hinaus steigern. Zudem wurde eine sogenannte „*Gulf-Plus*"-Preisformel vereinbart, der die hohen amerikanischen Preise im Golf von Mexiko zugrunde gelegt wurden, auf die dann die Transportkosten vom Golf von Mexiko bis zum jeweiligen Absatzmarkt aufgeschlagen wurden, auch wenn das Öl tatsächlich von einer anderen, näher gelegenen und preiswerteren Förderregion (beispielsweise aus dem Nahen Osten) verschifft wurde. So schützte man das teure amerikanische Öl vor der Konkurrenz und garantierte den Konzernen, die Zugang zu billigeren Ölquellen hatten, hohe Profite (vgl. Sampson 1976: 81ff.). Obwohl diese Absprache nicht wirklich durchgehalten wurde, hatte sie bis 1974 eine gewisse Geltung (vgl. Barudio 2001: 203ff.).

Die zweite wichtige Absprache war das ebenfalls 1928 getroffene (bereits erwähnte) *Red Line-Agreement*, in dem sich die in der Iraq Petroleum Company verbundenen Konzerne auf eine einheitliche Politik im gesamten Bereich des ehemaligen Osmanischen Reiches, in dem alle bedeutenden Ölfelder des Nahen Ostens mit Ausnahme von Persien und Kuwait lagen, verpflichteten. Die einzelnen Konzerne sollten innerhalb des (seinerzeit von Gulbenkian mit einem roten Stift umrissenen) Territoriums niemals unabhängig voneinander beziehungsweise gegeneinander operieren; sie mussten Konzessionen entweder mit den übrigen IPC-Mitgliedern teilen oder sie benötigten deren Zustimmung für einen alleinigen Erwerb. Dieses häufig umstrittene Abkommen, das den Rahmen für die weitere Ölpolitik im Nahen Osten bildete, kann als britisch inspiriertes Komplott zur Abwehr oder Eindämmung amerikanischer Wettbewerber verstanden werden (vgl. Greene 1985: 248). Es hielt bis 1948, als es von amerikanischen Gesellschaften gekippt wurde, die sich die saudi-arabischen Ölvorkommen (ohne britische Beteiligung) sichern wollen (vgl. Yergin 1991: 264ff., 523ff.).

Absprachen zwischen Konzernen haben sich nicht nur auf die Aufteilung von Förderregionen und Absatzmärkten gerichtet, sondern auch gegen widerspenstige. In diesem Zusammenhang ist der Begriff „*Front Uni*" in die Literatur zur Bezeichnung des Bündnisses, das die Konzerne 1922 gegen die sowjetische Bedrohung ihrer russischen Ölinteressen geschlossen hatten, eingegangen (vgl. ebd.: 311ff.). Knapp 50 Jahre später kam es zu einer neuen *front uni* gegen das aufbegehrende Libyen.

Konsortien haben im Bereich der Exploration und Produktion von Rohöl immer eine erhebliche Rolle gespielt. Förderkonsortien oder Produktionsgemeinschaften sind primär nicht darauf gerichtet, Wettbewerber fern und klein zu halten; ihr vorrangiges Ziel besteht vielmehr in der Verteilung der Explorations- und Förderkosten und -risiken auf mehrere Unternehmen. Konsortien sind in der Regel stabiler und verlässlicher als Absprachen. Wie im Zusammenhang mit der Inkorporation des Nahen Ostens beschrieben, hat eine kleine Zahl internationaler Förderkonsortien, in denen die Sieben Schwestern in unterschiedlichen Beteiligungsverhältnissen miteinander verknüpft waren, das nationale Ölmonopol Großbritanniens abgelöst und bis zum großen Umbruch der 1970er Jahre die Ölförderung im Nahen Osten und darüber hinaus in der ganzen Welt beherrscht.[3]

Die am weitesten reichende Form horizontaler Verflechtungen sind Übernahmen und Fusionen, bei denen ehemals selbständige Unternehmen zu größeren Einheiten verschmelzen. In der Mineralölindustrie beginnt die Geschichte der großen Fusionen mit der „Wiedervereinigung" der 1911 entflochtenen Standard Oil-Abkömmlinge. Die Nachfolgegesellschaften der Standard Oil haben sich mit deren Entflechtung niemals abgefunden und schon wenige Jahre danach begonnen, das weit verzweigte Gebilde durch Absprachen und Allianzen, durch die Bildung von Konsortien oder Gemeinschaftsunternehmen bis hin zu Fusionen und Übernahmen wieder zusammenzufügen.[4] Die größten Konzerne sind zwar durch Übernahmen und Fusionen noch größer geworden, vermutlich sind sie aber trotz ihrer Größe weniger dominant als früher, denn im Laufe der Zeit sind immer mehr *independents* und kleinere Spezialunternehmen in das System eingedrungen. Allem Anschein nach folgt auch die Ölindustrie der in den USA beobachteten Tendenz abnehmender bis stagnierender Marktanteile der größten Konzerne.[5]

Erosion des Regimes der integrierten Konzerne

Diese Strategien und Strukturen vertikaler und horizontaler Integration sind nicht nur ein integraler Bestandteil der Funktionsweise des alten Regimes der Konzerne, sondern auch eine der Ursachen für seinen Zerfall. Mehr noch als die vertikale Integration haben die verschiedenen Formen der horizontalen Kooperation, insbesondere das Kartellverhalten der Konzerne, Be-

---

[3] Vgl. die Tabellen in Sampson 1976: 140, 202. Eine Landkarte der Förderregionen der Konsortien im Nahen Osten findet man in Yergin 1991: 534.

[4] Die Genealogie der großen Konzerne ist in Anderson 1984: 27 graphisch dargestellt.

[5] Nach einer empirischen Untersuchung ist der Anteil der 500 größten Firmen am Bruttosozialprodukt der USA von 1980 bis 1992 von 59,3 auf 36,1 Prozent gesunken – fast eine Halbierung in 13 Jahren (vgl. Norberg 2001: 201f.).

strebungen zur Bildung von Gegenmacht in der Peripherie ausgelöst und zur Gründung der OPEC beigetragen.

Die Logik des Industriekapitalismus behauptete sich zwar in der gesamten Dauer des Regimes, doch kam es mit der Vermehrung der Mineralölunternehmen zu einer Ausdifferenzierung und Heterogenisierung des Systems, die Integration durch Hierarchiebildung immer unwahrscheinlicher und Integration über Marktmechanismen immer wahrscheinlicher machte. Im Nahen Osten waren im Jahre 1946 neun Konzerne tätig, im Jahre 1956 bereits 19 und im Jahre 1970 war ihre Zahl auf 81 gestiegen. „Und dies war nur Teil einer sehr viel größeren Expansion. Nach einer Schätzung stießen zwischen 1953 und 1972 insgesamt mehr als 350 Unternehmen zur Erdölindustrie außerhalb Amerikas oder weiteten ihre Teilnahme daran bedeutend aus" (Yergin 1991: 655; vgl. auch Anderson1984: 53).

Neben der *Dekonzentration* der Strukturen ist auch eine *Delegitimation* der Normen festzustellen. Die Eigentumsrechte der Konzerne an den Rohölvorkommen wurden von den Regierungen der Förderländer immer mehr bestritten. Immer mehr Länder gingen zur Verstaatlichung ihrer Bodenschätze und der Produktionsstätten über und verdrängten das von den Konzernen durchgesetzte internationale Privatrecht durch eine übergeordnete nationale Gesetzgebung.

Die in den Konzessionsverträgen fixierten Regeln über die Größe und Laufzeit der Konzessionen, über Abgaben, Steuern und Gewinnverteilungen mussten auf Druck der Regierungen ständig neu verhandelt werden. Die verfügbaren Daten sprechen dafür, dass die Regierungen der Öl exportierenden Staaten schrittweise Regelwerke durchsetzten, die zu tendenziell abnehmenden Unternehmensgewinnen und zunehmenden Staatseinnahmen führten (vgl. Mikdashi 1972: 139).

Die Entscheidungsprozeduren waren häufig durch ein arrogantes und ungeschicktes Verhalten der Konzerne gegenüber den Regierungen geprägt, das die Verhandlungsatmosphäre vergiftete und Widerstand evozierte. Dabei hat sich Greene zufolge vor allem die British Petroleum im Iran hervorgetan. In ihren Verhandlungen mit den Persern nutzte die BP die Rückendeckung durch die britische und die Schwäche der persischen Regierung, um eine „tradition of inflexible and arbitrary dealings" zu entwickeln, die später zu großen Schwierigkeiten und letztlich zur Zerstörung des alten Regimes der Konzerne führte (vgl. Greene 1985: 243).

5.2 Das revolutionäre Regime der OPEC

Entstehungszusammenhang, Wirkungsweise und Zersetzung des revolutionären Regimes der OPEC wurden bereits im letzten Kapitel ausführlich dargestellt, so dass wir uns hier auf eine zusammengefasste Interpretation in Begriffen der Regimeanalyse beschränken können.

Auch wenn hier von einem „revolutionären" Regime die Rede ist, darf die Kontinuität der Entwicklung, die sich in der Fortsetzung der antagonistischen Kooperation äußert, nicht außer Acht gelassen werden. Jedes neue Regime entwickelt sich im Kontext des alten Regimes, dessen Prinzipien, Normen, Regeln und Entscheidungsprozeduren mehr oder weniger radikal verändert werden. Die OPEC-Revolution ist der Höhepunkt einer längerfristigen Entwicklung, in der sich die Struktur des alten Regimes der Konzerne allmählich zersetzt und die Grundzüge eines neuen, *staatskapitalistischen* Regimes evolutionär herausgebildet haben.

Die Merkmale des neuen Regimes der OPEC lassen sich im Kontrast zu denen des alten Regimes der Konzerne wie folgt zusammenfassen:

- der privatwirtschaftliche Industriekapitalismus wird durch eine Staats- und Rentenwirtschaft auf Seiten der Förderländer zurückgedrängt;
- die Eigentumsrechte an den Ölvorkommen gehen im Zuge nationaler Ölgesetzgebung von den Konzernen des Zentrums auf die Staaten der Peripherie über;
- die umfassenden Konzessionen der westlichen Mineralölgesellschaften werden durch Kauf- und Lieferverträge mit den Staatskonzernen der Förderländer ersetzt;
- bilaterale Verhandlungen zwischen Unternehmen und Regierungen werden von einseitigen Beschlüssen der OPEC abgelöst.

Im Prinzip ist die OPEC ein internationales Kartell von Staats- und Rentenökonomien. Die Regierungen der Mitgliedsländer haben die Verfügungsmacht über die nationalisierten Ölvorkommen in Staatskonzernen konzentriert und sie auf die Finanzierung der Staatshaushalte verpflichtet. Die Staatskonzerne der Exportländer sind keine rein ökonomischen Akteure, die nach den Prinzipien maximaler Kapitalrentabilität handeln, sondern politökonomische Gebilde, die ihre Entscheidungen im Interesse der Maximierung oder Absicherung der internationalen Ölrenten treffen. Je nach der

Größe der Ölvorkommen, der Größe der Bevölkerung und der daraus resultierenden Präferenzen orientieren sie sich entweder mehr an der kurz- und mittelfristigen Maximierung oder der langfristigen Sicherung der Ölrenten. Bevölkerungsreiche Länder mit begrenzten Ölreserven präferieren bekanntlich zumeist die erste Strategie, schwach bevölkerte Länder mit weitreichenden Ölreserven die zweite Strategie. Im besten Fall verwalten die staatlichen Monopole die Ölvorkommen als Treuhänder der Gesamtgesellschaft, im schlechtesten Falle sind sie Pfründe korrupter Herrscher und Versorgungseinrichtungen priviligierter Staatsklassen.

Die Reichweite der Staatskonzerne ist im Wesentlichen auf die Produktion begrenzt; der Zugang zu den Absatzmärkten der Verbrauchsländer ist ihnen durch deren Konzerne weitgehend versperrt. Daher können sie – im Unterschied zu den multinationalen Konzernen des alten Regimes, die Produktion und Absatz organisch miteinander verbunden hatten – nur wenig zu weltwirtschaftlicher Integration beitragen. Gleiches gilt auch für die OPEC, die die Förder- und Angebotspolitik der Mitgliedsländer koordiniert. In jedem Fall umfasst das von der OPEC durchgesetzte Erdölregime nur einen Teil der globalen Ölwirtschaft. Es umfasst nicht die Gesamtheit der Austauschbeziehungen, sondern regelt unmittelbar nur die Angebotsseite und bindet dort auch nicht alle wichtigen Exportländer ein. Es handelt sich somit um ein unvollständiges oder partielles Regime, das das alte Regime der Konzerne eher verdrängt als zerstört hat.

Normative Grundlage des OPEC-Regimes ist die Solidarität der Förderländer, die in der Form einer internationalen Organisation auf Dauer gestellt und institutionell gesichert werden soll. Das Kartell der OPEC basiert nicht nur auf ähnlichen Erfahrungen und übereinstimmenden Interessen, sondern, soweit es den Nahen Osten betrifft, auch auf einer gemeinsamen arabisch-islamischen Identität (abgesehen vom nicht-arabischen Iran). Nachdem die Exportstaaten die Eigentums- und Verfügungsrechte der Konzerne kassiert und Staatseigentum an den Ölvorkommen durchgesetzt hatten, sollten sie nach dem Willen der OPEC-Gründer wirtschaftliche Vorteile nicht länger in nationalen Alleingängen anstreben, sondern international abgestimmt zum gemeinsamen Vorteil aller Mitgliedern handeln. Dabei schien ein internationales Produktionskartell die beste Wahl zu sein, hatten doch auch die Konzerne auf der Gegenseite durch kartellartiges Verhalten Krisen erfolgreich bewältigen und ihre Verhandlungsmacht signifikant steigern können.

Die Regeln des Austauschs von Öl gegen Geld werden nicht mehr durch langfristige, großräumige und exklusive Konzessionsverträge definiert, sondern durch eine Vielzahl verschiedener Kauf- und Lieferverträge ersetzt, die zwischen den multinationalen Gesellschaften und den Staatskonzernen abgeschlossen werden. Deren Gesamtvolumen wird durch die OPEC bestimmt, die auf ihren mehrmals jährlich stattfindenden Konferenzen über die Variation der Angebotsmengen die Preise zu steuern versucht. Dabei haben sich die Förderländer nicht immer an die OPEC-Regeln gehalten und zeitweilig die ihnen zugewiesene Förderquote überschritten. Als größtes Förderland ist Saudi-Arabien wiederholt als *swing supplier* eingesprungen und hat die überhöhte Förderung einzelner Mitgliedsländer durch eine Senkung der eigenen Produktion ausgeglichen. Als Saudi-Arabien diese undankbare Rolle aufgab und seinen Marktanteil durch eine kräftige Produktionserhöhung halten wollte, kam es zu einer drastischen Senkung des Rohölpreises, der Öleinnahmen der Exportstaaten und des Weltmarktanteils der OPEC. Mangelnde Disziplin und nationaler Egoismus haben, wie gesehen, zur Erosion des Förderkartells in der 1980er Jahren beigetragen.

Insgesamt gesehen war die OPEC zwar stark genug, die Regeln des alten Regimes der Konzerne großenteils außer Kraft zu setzen, aber nicht stark genug, das gesamte System einem neuen, eigenen Regelwerk zu unterwerfen. Die Regeländerungen, die die OPEC durchsetzte, bezogen sich in erster Linie auf die Steuerung des Angebots, in zweiter Linie aber auch auf den gesamten Integrationsmechanismus. Zum einen wurden erstmals auch am Anfang der internationalen Produktions- und Handelskette Marktmechanismen eingeführt, die die expropriierten Konzerne der Verbrauchsländer zwangen, Rohöl bei den Staatskonzernen zu kaufen. Zum anderen überstiegen die Öleinnahmen der OPEC, die sich von 1970 bis 1979 auf ca. 3.000 Milliarden Dollar (zu heutigen Preisen) summierten, die Absorptionsfähigkeit der Mitgliedsländer. Da die Petrodollars im Inland nach den Regeln des Rentier-Staates nur teilweise absorbiert, d. h. konsumiert und investiert werden konnten, flossen sie über die Kanäle und Institutionen des internationalen Handels- und Finanzsystems in erheblichem Umfang in die industriellen Zentrumsländern für den Kauf von Gütern und Dienstleistungen und in Form von Direkt- oder Portfolioinvestitionen zurück. Dieses *Recycling* der Petrodollars minderte in den Industrieländern die Folgen des Ölpreisschocks und trug zur Finanzierung globaler Handels- und Dienstleistungsdefizite, insbesondere des Leistungsbilanzdefizits der Vereinigten Staaten, bei. Die Zirkulation der Petrodollars schwächte somit die desintegrierenden Effekte der OPEC-Revolution ab (vgl. Harks 2005: 2ff.). Zudem verliehen die Öl exportierenden Länder im Rahmen der so genannten „Oil-facility" von 1974 bis 1976 Geld an den Internationalen Währungsfond, der damit ärmere Öl importierende Länder, die von den drastischen Ölpreiserhöhungen besonders stark betroffen waren, unterstützte. Darüber hinaus leisteten die Exportstaaten auch vermehrt direkte Entwicklungshilfe.

5.3 Das neue Erdölregime im Zeichen der Marktkräfte

Die Herausbildung eines neuen, von den Kräften des Weltmarktes dominierten Erdölregimes beginnt schon in der ersten Ölkrise von 1973/74, in der die Lieferbeziehungen (von Oktober 1973 bis März 1974) unterbrochen und (infolge des Lieferausfalls von 2,6 Millionen Barrel pro Tag) auf den Verbrauchsmärkten Versorgungsengpässe auftraten. Mit der zweiten Ölkrise von 1978/79, in der mit dem Iran das seinerzeit zweitgrößte Exportland ausfiel, begannen die Konturen des neuen Regimes deutlichere Züge anzunehmen. Die Unterbrechung der Lieferbeziehungen führte zu einem chaotischen Wettlauf um verfügbare Ölmengen. Daran beteiligten sich außer den Mineralölkonzernen weitere Akteure wie Rohstoffhandelsgesellschaften, unabhängige Raffinerien, Chemiekonzerne, Luftfahrtunternehmen, Speditionen usw., die hektisch nach neuen Beschaffungsmöglichkeiten suchten und bereit waren, fast jeden Preis zu zahlen.

Unter dem Eindruck verschärfter Konkurrenz und steigender Preise versuchten die Ölexporteure die Lieferbeziehungen so schnell wie möglich von den bisher vorherrschenden langfristigen Verträgen auf die viel lukrativeren Spotmarktverträge umzustellen. Dabei lassen sich drei Phasen unterscheiden (vgl. Hensing 1994: 174ff.). In der ersten Phase von den frühen 1960er Jahren bis zur ersten Ölpreiskrise dienten Spotmärkte als „Restmärkte". Wie bereits erwähnt, nutzten die integrierten Konzerne Spotmärkte als Ventile für überschüssige oder defizitäre Produktion. Zudem begannen Länder wie Libyen auch schon damit, ihr Öl an den großen Konzernen vorbei auf den Absatzmärkten anzubieten. In der zweiten Phase vom ersten bis zum zweiten Ölpreisschock (1973/74–1979/80) fungierten Spotmärkte als „Marginalmärkte"; die OPEC setzte zunehmend Preisangleichungsklauseln durch, die sich an Spotnotierungen orientierten, wodurch die Ölpreise und Staatseinnahmen stiegen. Nach der zweiten Ölpreiskrise wandelten sich die Spotmärkte zu „Hauptmärkten", auf denen immer größere Ölmengen nach Tagespreisen gehandelt wurden. „Bis zum Ende der siebziger Jahre wurden höchstens zehn Prozent der internationalen Öllieferungen über die Spotmärkte gehandelt ... Ende 1982, nach den Umwälzungen, die dem zweiten Ölschock folgten, lief mehr als die Hälfte des international gehandelten Rohöls über den Spotmarkt oder wurde zu Preisen verkauft, die vom Spotmarkt bestimmt waren" (Yergin 1991: 892).

Aus dem Bedürfnis der Ölimporteure nach einer Absicherung gegen die schwankenden Tagespreise auf den Spotmärkten und nach einer längerfristigen Sicherung des künftigen Ölbedarfs entwickelten sich *Terminmärkte*. Bei Terminkontrakten („*Futures*") fallen Vertragsabschluss und Lieferung zeitlich mehr oder weniger weit auseinander. In den Verträgen werden Menge, Preis, Lieferdatum und Laufzeit frei ausgehandelt. Somit weiß z. B. ein Händler, welchen Preis er in mehreren Monaten für das dann gelieferte Öl zahlen muss. Termingeschäfte werden überwiegend direkt zwischen Käufer und Verkäufer „*over the counter*" abgeschlossen.

Eine besondere Form des Termingeschäfts ist das *Optionsgeschäft*. Im Unterschied zum Termingeschäft hat der Käufer einer Option das Recht, nicht aber die Pflicht, eine Ware innerhalb einer vereinbarten Laufzeit zu einem vorab vereinbarten Preis zu erwerben. Für dieses Wahlrecht muss der Käufer eine Prämie (Optionsprämie) zahlen. Steigt bei einer Kaufoption der Marktpreis über den Optionspreis, wird der Käufer die Option ausüben, d. h. die Lieferung verlangen. Sinkt hingegen der Marktpreis unter den Optionspreis, wird der Käufer die Option fallen lassen und sich am Spotmarkt eindecken.

Beim Handel mit Fremdwährungen, bei Devisentermingeschäften, werden zur Absicherung gegen das Risiko von Wechselkursänderungen *Swap-Geschäfte* getätigt. Dabei werden z. B. künftige Zahlungsverpflichtungen in Dollar gegen solche in Euro getauscht. Mit dem SWAP-Satz, der die Differenz zwischen Termin- und Kassakurs bezeichnet, werden Zinsunterschiede zwischen den Währungen quantifiziert. Die im SWAP-Satz zum Ausdruck kommenden Kurssicherungskosten des internationalen Kapitaltransfers werden auf den internationalen Kapitalmärkten ohne jede Form der Standardisierung abgewickelt. Damit sind sie freier und flexibler als Optionsgeschäfte. So muss z. B. vorab kein fester Preis festgelegt werden, sondern es können auch Preisziele mit Schwankungsbreiten vereinbart werden.

Diese *derivativen Märkte* funktionieren jedoch nur, wenn jederzeit genügend Liquidität vorhanden ist. Der Kapitalbedarf bringt weitere Marktteilnehmer ins Spiel: risikobereite Investoren und Finanzdienstleister, die mit Terminkontrakten, Optionen, Swaps usw. handeln, ohne an den physischen Bewegungen von Erdöl interessiert zu sein. Auf dem *Terminkontraktmarkt* geht es im Unterschied zu Spotmärkten und Terminmärkten nicht um physische Lieferungen, sondern um Finanzgeschäfte, um den Handel mit Risiken und Rechten. Es geht um Finanzierung, Absicherung und Spekulation, um „Papieröl" (*paper barrels* im Unterschied zu *wet barrels*, dem physischen Öl). Terminkontrakte („Papiere") werden selber zum Gegenstand des Handels. Das Volumen dieser Geschäfte macht inzwischen etwa das Hundertfache der tatsächlichen Ölproduktion aus; nur ein kleiner Teil des auf dem Papier gehandelten Öls ist tatsächlich vorhanden.[6]

Da sich die neuen Finanzinstrumente sowohl für Zwecke des Absicherns gegen Risiken als auch für die Spekulation auf Preisänderungen eignen und entsprechend eingesetzt werden, ist die Bewertung dieser derivaten Märkte umstritten. Die einen betonen ihre Funktion als rationale Mechanismen der Risikoabsicherung, die anderen betrachten sie als Spielwiesen eines verantwortungslosen Kasino-Kapitalismus (vgl. Strange 1997: 20ff.). Die einen sehen in der großen Liquidität der derivativen Märkte, die den weltweiten jährlichen Ölkonsum um ein Vielfaches übertrifft, ein Potential zur Dämpfung der Preisausschläge, die anderen eine oder *die* Ursache für exzessive Preisausschläge (vgl. Weisser 2001). Tatsächlich ist die Volatilität des Rohöls stärker gestiegen als die anderer Produkte (vgl. OECD 2005: 13).

Die Abgrenzung zwischen der Absicherung gegen Risiken (*Hedging*) und der Spekulation auf schwankende Preise, zwischen Hedgefonds, die mit Risiken handeln, und Spekulanten, die aus Preisänderungen Profite zu ziehen versuchen, ist schwer zu ziehen und oft fließend. Spekulation kann und muss vielleicht als integraler Bestandteil unternehmerischen Handelns betrachtet werden. Wie Hintze, einer der Klassiker des Kapitalismus, sagt: „Der Unternehmer kann kalkulieren, soweit die Daten reichen, darüber hinaus muß er spekulieren: dadurch entsteht ein Risiko, das man einzuschränken bestrebt ist" (Hintze 1970: 146). Man kann argumentieren, dass Spekulanten die Risiken übernehmen, die die Hedger abgeben wollen, weil sie in der Risikoüber-

---

[6] Zum Unterschied zwischen Terminmarkt und Terminkontraktmarkt vgl. Mineralölwirtschaftsverband 2004: 36.

nahme profitable Anlagemöglichkeit sehen und versuchen, aus den Schwankungen der Ölpreise Profit zu schlagen, ohne an einer tatsächlichen Lieferung der Ware interessiert zu sein (vgl. von Weizsäcker 1999: 114).

Reale und virtuelle Orte derartiger Geschäfte sind drei internationale *Börsen*, die die informationelle und institutionelle Infrastruktur für den internationalen Handel bereitstellen: die „New York Mercantile Exchange" (NYMEX), deren primäre Angebots- und Nachfrageregion Nordamerika ist; die „International Petroleum Exchange" (IPE) in London, die für Europa zuständig ist; und die „Singapore International Monetary Exchange" (SIMEX), die für den Handel in Asien von großer Bedeutung ist. Angesichts der Heterogenität der Rohöle hat jede der großen Börsen ein Referenzöl; Referenzöl der NYMEX ist das *West Texas Intermediate* (WTI), die Notierungen der IPE beziehen sich auf das in der Nordsee gewonnene *Brent Blend* und die der SIMEX auf *Dubai Sour*. Die Qualität aller drei Referenzöle wird immer auch mit der Sorte *Arabian Light*, dem Referenzöl der OPEC, verglichen. Die Markttransparenz (Preise) wird maßgeblich von kommerziellen Informationsdiensten wie „Platts" hergestellt, die Händler befragen, Marktberichte verfassen und Kurse zusammenstellen – und aufgrund ihrer journalistischen Arbeitsweise nicht unanfällig für Verzerrungen und Manipulationen sind (vgl. Weisser 2001: 13).

Die Preisbildung für physisches Öl vollzieht sich im Wesentlichen aus dem Zusammenspiel von Terminkontrakt- und Spotmarkt. Beim Mineralölwirtschaftsverband heißt es: „Wenn auch der Terminkontraktmarkt ein reiner Finanzmarkt ist, bestimmt er dennoch die Preise für das physisch gehandelte Öl. Wetten auf die ferne und sehr ferne Zukunft wirken sich daher auf die Preise am Spotmarkt aus. Der Terminkontrakt mit der nächsten Fälligkeit setzt den aktuellen Ölpreis für physische Lieferung. Erwartungen über die zukünftige Entwicklung, Ängste vor möglichen Versorgungsstörungen – die Psychologie der Börsen – beeinflussen die Preisbildung. Selbst in Zeiten ausreichender Ölversorgung kann dies zu steigenden Rohölpreisen führen" (Mineralölwirtschaftverband 2004: 53). Wenn für eines der Referenzöle ein „offizieller" Preis genannt wird, dann handelt es sich dabei um den Preis für den jeweils nächstgelegenen Terminkontrakt, der im freien Spiel der Kräfte von Angebot und Nachfrage ermittelt wird.

Das Spiel der Marktkräfte wird von einer Vielzahl einzelner Faktoren bestimmt, die man in zwei Gruppen unterteilen kann: Fundamentaldaten, die sich auf feststellbare Tatsachen auf der Angebots- und Nachfrageseite beziehen, und spekulative Erwartungen, die ebenso sehr psychologischer wie wirtschaftlicher Natur sind.

Die wichtigsten *Fundamentaldaten* auf der Angebotsseite sind:

- Förderquoten und Förderkapazitäten und die Möglichkeiten kurzfristiger Produktionssteigerungen; wichtig ist dabei die Fähigkeit und Bereitschaft von Non-OPEC-Ländern, Produktionskürzungen der OPEC durch zusätzliche Lieferungen auszugleichen;
- Raffineriekapazitäten; aufgrund geringer Investitionen in neue Anlagen als Folge kleiner Ertragsmargen sind viele Raffinerien veraltet und störanfällig;
- bestätigte Reserven; die Bezeichnung „*proved oil reserves*" darf nicht darüber hinweg täuschen, dass die aus verschiedensten Quellen stammenden Daten von unabhängiger wissenschaftlicher Seite aus oftmals nicht bestätigt werden können; sie müssen daher, insbesondere wenn sie von den Regierungen Öl exportierender Staaten veröffentlicht werden, mit großer Skepsis betrachtet werden (vgl. Simmons 2005: 19ff., 69ff.; Rifkin 2002: 29).

Auf der Nachfrageseite beziehen sich die wichtigsten Fundamentaldaten, nach ihrer Wirkungsdauer geordnet, auf:

- saisonabhängige Nachfrage, die von aktuellen Preisbewegungen, Lagerbeständen, Temperaturschwankungen usw. beeinflusst wird;.
- konjunkturelle Entwicklung, die, wie die Asienkrise von 1997 gezeigt hat, zu erheblichen Nachfrageausfällen und Preiseinbrüchen führen kann (vgl. Mineralölwirtschaftverband 2004: 15);
- Strukturverschiebungen in der Weltwirtschaft wie z. B. der Aufstieg der Schwellenländer Asiens, die die Nachfrage nach Erdöl tendenziell stärker treiben als die reifen Ökonomien der Industrieländer mit ihrer abnehmender Energieintensität des Wirtschaftswachstums;
- langfristige Entwicklungen, wie die Substitution des Erdöls durch das Erdgas, die zunehmende Nutzung nicht fossiler und erneuerbarer Energien und Fortschritte im Bereich energiesparender Technologien.

Spekulative Faktoren beziehen sich vor allem auf den Kontext der Ölproduktion: auf Kriege, Krisen, Streiks, Terrorismus, Naturkatastrophen, die die

Förderung erschweren oder verteuern können. Wenn ein komplexes System am Limit arbeitet, ist es auch für kleine Störungen anfällig; die können große Befürchtungen auslösen und eine eigene Dynamik entwickeln, die sich immer mehr von den überprüfbaren Tatsachen entfernt. Wie bereits erwähnt, hatte die zweite Ölpreiskrise noch zu panikartigen Reaktionen auf Seiten der Ölverbraucher geführt; in den nachfolgenden Preiskrisen waren die Reaktionen gemäßigter; die Verbrauchsländer hatten strategische Ölreserven angelegt und gelernt, mit den endemischen Preiskrisen besser umzugehen. Das bedeutet aber nicht, dass der Spekulation der Boden entzogen wäre; es sind im Gegenteil neue Risiken hinzugekommen, wie z. B. der islamistische Terrorismus in der östlichen und verheerende Stürme in der westlichen Hemisphäre, in der Karibik und im Golf von Mexiko. Wie viel an Fundamentaldaten und wie viel an spekulativen Wetten auf die Zukunft in den Ölpreisen steckt, variiert mit der Zeit und ist generell nicht zu beantworten. Viele Wissenschaftler und Praktiker tendieren zu der Auffassung, dass sich über kurz oder lang immer die fundamentalen Marktkräfte durchsetzen (vgl. Hensing 1994: 192).

Unterstützt und befördert wurde die Entwicklung zu einem Markt bestimmten Erdölregime durch einen wirtschaftspolitischen Paradigmenwechsel in den Zentrumsstaaten, der auch als „Marktrevolution" bezeichnet wurde (Yergin/Stanislaw 1999: 9ff., 123ff.). Er ist im Wesentlichen eine Reaktion auf die Krisenerscheinungen der 1970er Jahre und das Versagen keynesianistischer Wirtschaftspolitik, deren *deficit-spending* zu übermäßiger Staatsverschuldung geführt hatte. Inspiriert von den Wirtschaftswissenschaftlern (und Nobelpreisträgern) Friedrich von Hayek und Milton Friedman und angeführt von der britischen Premierministerin Margaret Thatcher und dem US-Präsidenten Ronald Reagan wurden ein Rückzug des Staates aus der Wirtschaft und eine Politik der Stärkung der Marktkräfte propagiert. Dies bedeutete für die USA mit ihrer Tradition der Makro-Regulierung, wie sie sich im Bereich der Erdölindustrie vor allem in der Texas Railroad Commission spiegelt, vor allem eine Deregulierung der Märkte. In Großbritannien lief dies vor allem auf die Privatisierung von Staatsunternehmen, wie der British Petroleum, hinaus. Die einst von Churchill aus Staatsraison mitbegründete BP wurde von seiner (sich nie als solche bezeichnende) konservativen „Enkelin" vollständig privatisiert; aus der Privatisierung der staatlichen Anteile am Nordseeöl und -gas entstand mit der „Enterprise Oil" eine der größten unabhängigen Ölgesellschaften der Welt. Mit diesen Maßnahmen sollte ein möglichst großer Teil der Produktion auf den Weltmarkt gelangen, wo ihre Verteilung den Kräften des Marktes überlassen würde. Ein derartiges System könnte flexibler und effizienter auf Angebotsausfälle oder Nachfragesteigerungen reagieren als alle „hierarchischen" Alternativen.

Auch die peripheren Exportländer wurden von einer (anders begründeten) Art von Marktrevolution erfasst. Nachdem ihre Regierungen die Ölvorkommen (in der Phase der Gegenmachtbildung) verstaatlicht und die Ölkonzerne enteignet hatten, blieben als Modalitäten des Ölverkaufs nur marktliche Formen im Kontinuum von langfristigen Lieferverträgen oder kurzfristigen Spotmarktkontrakten.[7] Die Exportstaaten wurden zu Mitspielern auf den Spot- und Terminmärkten und *nolens volens* zu Mitbegründern des neuen finanzkapitalistisch durchwirkten Erdölregimes. Die Marktrevolution erfasste im Wesentlichen aber nur die Außenwirtschaft dieser Staaten, ihre Binnenwirtschaft mit den Bereichen der Exploration und Produktion wurde weiterhin von Staatskonzernen beherrscht – was die Kooperation mit ausländischen Konzernen und die Öffnung für private Investitionen und Beteiligungen nicht ausschloss.

Mit dem Aufstieg der semiperipheren Länder Asiens gerät das marktkapitalistisch geprägte Verteilungssystem zunehmend unter Druck. „Alle größeren Wirtschaftsmächte Asiens – neben China auch Japan, Indien und Südkorea und in zunehmendem Maße auch einige Staaten Südostasiens – verfolgen einen neomerkantilistischen oder nationalistischen Ansatz zur Sicherung von Energieeinfuhren und Transportrouten, was die Entwicklung von kooperativen und Markt orientierten Ansätzen, sich gemeinsam den für alle ähnlichen Herausforderungen der Energiesicherheit zu stellen, verhindert" (Kreft 2006: 55). Dabei bedienen sich die Regierungen dieser Länder teilweise staatlich kontrollierter Unternehmen, um ihre schnell wachsenden und ölintensiven Volkswirtschaften durch exklusive und langfristig angelegte Lieferverträge mit dem in zunehmenden Mengen benötigten Öl zu versorgen. Da das Öl direkt importiert wird, ohne zuvor auf den Weltmarkt gelangt zu sein, werden der freie Markt kleiner und die Marktkräfte schwächer.

Protagonist dieser Entwicklung ist China, das seit 1978 mit einem durchschnittlichen jährlichen Pro-Kopf-Wachstum des Bruttoinlandspro-

---

[7] Dabei scheinen langjährige, bewährte Lieferbeziehungen zu dominieren; der Anteil derartiger Verträge am Welthandel wird auf gut 60 Prozent geschätzt (vgl. Mineralölwirtschaftsverband 2004: 25).

dukts von fast 8 Prozent rasant und äußerst energieintensiv wächst. 1993 wurde China erstmals Nettoimporteur von Rohöl, zehn Jahre später hatte es Japan vom Platz des zweitgrößten Erdölverbrauchers verdrängt und war nach den USA und Japan zum drittgrößten Erdölimporteur aufgestiegen (vgl. Müller-Kraenner 2007: 92). Ähnlich wie das postkommunistische Russland versucht die kommunistische Regierung Chinas, international wettbewerbsfähige Energiekonzerne zu etablieren, die im Rahmen einer eng verzahnten Außen- und Energiepolitik verlässliche Importstrukturen garantieren sollen. Dabei kommt es weniger auf unternehmerische Profitmaximierung als auf nationale Versorgungssicherheit an. Träger der neomerkantilistischen Strategie sind drei staatlich kontrollierte Ölfirmen: die China National Petroleum Corporation (CNPC), China National Offshore Oil Company (CNOOC) und China National Petrochemical Corporation (Sinopec), die sämtlich zu den *global players* gehören. Die PetroChina (CNPC) rangiert auf der FAZ-Liste der größten Unternehmen der Welt nach der Börsenkapitalisierung 2007 mit einem Börsenwert von 261 Mrd. $ hinter Exxon Mobil, General Electric und Microsoft auf Rang vier – noch vor den westlichen Konzernen Royal Dutch/Shell, BP, Total, ENI usw. (vgl. FAZ 2007: U 6).

Im Kampf um Zugang zu Ölvorkommen schrecken die Chinesen nach ihrer Maxime der Nichteinmischung in die inneren Angelegenheit anderer Länder nicht vor Energieallianzen mit einer Reihe von Pariastaaten der internationalen Gemeinschaft, wie dem Sudan, dem Irak Saddam Husseins und dem iranischen Mullahregime, zurück. Während die chinesischen Staatskonzerne anfänglich Ölregionen bevorzugten, in denen westliche Konzerne nicht besonders stark engagiert waren oder die sie aus Sicherheitsgründen oder wegen Missachtung der Menschenrechte mieden, konkurrieren sie inzwischen überall in der Welt mit den westlichen Multis – in Afrika, im Nahen Osten, in Zentralasien und in Lateinamerika (vgl. Sieren 2005: 315ff.). Nachdem chinesische Firmen sich an vielen internationalen Kooperationen beteiligt und eine Reihe ausländischer Firmen gekauft hatten, wagten sie sich im Jahr 2005 an die Übernahme eines großen amerikanischen Mineralölunternehmens, der kalifornischen Unocal heran, für die sie 18,5 Mrd. US-Dollar boten. Nach der auf diesen Schock folgenden Protestwelle und angesichts eines drohenden Übernahmeverbots durch die US-Administration zog die CNOOC ihr Angebot zurück (vgl. Müller-Kraenner 2007: 102). Um den Argwohn anderer Länder angesichts des massiven Auftritts Chinas auf den internationalen Energiemärkten zu dämpfen, wies die chinesische Regierung wiederholt auf ihre Doktrin vom „friedlichen Aufstieg" ihres Landes hin, der nicht auf Kosten anderer Länder, sondern in internationaler Kooperation erfolgen soll. Abzuwarten bleibt, ob das zunehmende Gewicht Chinas – das Land befindet sich auf dem Weg zum größten Ölverbraucher der Welt und könnte diese Position nach Schätzungen der IEA schon um 2020 erreicht haben – zu einer neomerkantilistischen Wende des gegenwärtigen Erdölregimes führt oder ob es den westlichen Regierungen gelingt, Chinas Vertrauen in einen offenen Weltölmarkt durch weitreichende Kooperationsangebote zu stärken.

Zusammenfassend können die Grundzüge des neuen Erdölregimes wie folgt umrissen werden: Der Industriekapitalismus der Zentrumsländer, der mit der OPEC-Revolution zurückgedrängt wurde, ist in Form des Finanzkapitalismus zurückgekehrt und hat auch die Staats- und Rentenökonomien der Exportländer in seine Kreise, in die Spot-, Termin- und Terminkontraktmärkte und die Mineralölbörsen, eingebunden. Die OPEC-Revolution der Peripherie ist durch die Marktrevolution des Zentrums überlagert worden mit dem Ergebnis, dass die Rohölpreise nun stärker durch die realen und virtuellen Marktkräfte als durch die Kartell-Politik der OPEC bestimmt werden.

Es gibt aber auch Anzeichen für eine Repolitisierung der globalisierten Ölwirtschaft. Ihre Protagonisten sind nicht die Anbieter, sondern die Nachfrager von Erdöl, nicht die Öl produzierende Peripherie, sondern die Öl verbrauchende Semiperipherie. Chinas neomerkantilistische Beschaffungspolitik bedroht die Funktion des Weltrohölmarktes als dezentralen Verteilungsmechanismus und führt mit ihrer engen Verknüpfung von Außen- und Energiepolitik zu verstärkten Regierungsinterventionen auch auf Seiten der westlichen Verbrauchsländer. „Energiesicherheit" ist zu einem Top-Thema der internationalen Politik geworden, und „Ressourcenkriege" werden von Wissenschaftlern und Politikern als neues Bedrohungsszenario ausgemacht (vgl. Umbach 2003; Klare 2001).

Davon unberührt bleibt die Souveränität der Exportstaaten im Umgang mit ihren nationalisierten Ölvorkommen. Sie wird weder von den westlichen Zentrumsländern, noch von den *emerging powers* Asiens in Frage gestellt oder gar bedroht. Die Spielräume der Öl exportierenden Länder haben sich weiter vergrößert; der Kreis der Länder, mit denen sie Energie- und Sicherheitsallianzen eingehen können, hat sich erweitert. Mehr denn je können sie zwischen den USA, der EU, Russland, China, Indien usw. wählen und lavieren und sie gegeneinander ausspielen. Aufgrund ihrer privilegierten Position könnten sie aber auch zur Entwicklung eines internationalen Erdölregimes mit multilateral ausgehandelten und kollektiv verbindlichen Prinzipien, Normen, Regeln und Entscheidungsprozeduren beitragen, das Ressourcenkriege verhindert und allseitige Kooperationsgewinne verheißt.

Die Grundzüge der drei bisherigen Erdölregimes sind in Tabelle 5.1 stichwortartig zusammengestellt.

Tabelle 5.1: Erdölregime im typologischen Vergleich

	Das alte Regime der integrierten Konzerne	Das revolutionäre Regime der OPEC	Das neue Erdölregime im Zeichen des Marktes
Entstehung:	im Prozess der Inkorporation ölreicher Regionen	durch den Mechanismus gegenläufiger Macht	nach Konfrontation aufgrund funktionaler Interdependenz
Dauer:	1870 bis 1973	1973 bis um 1980	ab 1980er Jahre
Prinzipien:	Industriekapitalismus	Staatswirtschaft	kapitalistische Marktwirtschaft
	Koordination durch integrierte Konzerne	Koordination durch internationales Produktionskartell	Koordination durch globale Güter- und Finanzmärkte
	Rentabilität des Kapitals	Erhöhung der Ölrenten	spekulative Gewinnmaximierung und Risikoabsicherung
Normen:	internationales Privatrecht	nationale Gesetzgebung souveräner Förderstaaten	freie Preisbildung auf deregulierten Märkten
Regeln:	Konzessionsverträge	Kartellregeln	Markt- und Börsenregeln
Entscheidungsprozeduren:	bilaterale Verhandlungen zwischen Unternehmen und Regierungen	einseitige OPEC Beschlüsse über Fördermengen	Einzelentscheidungen der Marktteilnehmer

5.4 Erklärung der Regimewandel

Nachdem wir das Problem der Integration der Weltwirtschaft des Erdöls im Bezugssystem der Regimetheorie analysiert haben, sei abschließend noch kurz auf die Beziehungen zwischen der umfassenderen Weltsystemperspektive und der spezielleren Theorie internationaler Regime eingegangen. Wie weit trägt die Weltsystemperspektive bei der Erklärung des Wandels der Integrationsweisen, der Abfolge der drei unterschiedlichen Erdölregime? Inwieweit kann sie durch Elemente der Regimetheorie ergänzt und verfeinert werden? Inwieweit liefert die Theorie internationaler Regime insgesamt überzeugendere Erklärungsmuster als die Weltsystemperspektive?

Aus der *Weltsystemperspektive* erscheint der revolutionäre Übergang vom Regime der integrierten Konzerne zum Regime der OPEC lediglich als vorübergehende Störung des global-kapitalistischen Systems, als eine relativ kurze Phase der Desintegration, die von einer neuen Phase der Reintegration abgelöst wird, in der das System zu seiner früheren Stabilität zurückfindet. Für diese Interpretation spricht der Befund, dass der Kapitalismus der Zentrumsländer nach der von der OPEC erzwungenen Desintegration der Konzerne in neuer Form, als Kombination von (altem) Industriekapitalismus und (neuem) Finanzkapitalismus, als dominierende Integrationsinstanz zurückgekehrt ist. Das revolutionäre Intermezzo der OPEC könnte positiv gewendet auch als eine Phase der Erneuerung des kapitalistischen Weltsystems interpretiert werden, zu der die OPEC durch die Beseitigung kolonialistischer Residuen, durch die Auflockerung oligopolistischer Verfestigungen und durch die Verschärfung des Wettbewerbs unbeabsichtigt beigetragen hat. Indem die OPEC die saturierten und selbstgefälligen Konzerne zu Rationalisierungen und Innovationen zwang, hat sie den globalen Kapitalismus auf längere Sicht womöglich eher gestärkt als geschwächt.

Von den verschiedenen Theorien internationaler Regimes ist die *Theorie der hegemonialen Stabilität* mit der Weltsystemperspektive am besten vereinbar. „Sie besagt im Kern, dass nur eine Hegemonialmacht imstande ist, den Ordnungsrahmen für eine offene Weltwirtschaft herzustellen und zu sichern. Im 19. Jahrhundert habe die Pax Britannica die Expansion des Welthandels ermöglicht. Nach dem Zweiten Weltkrieg seien es die Vereinigten Staaten gewesen, die mit Erfolg die Führungsrolle bei der Reorganisation der Weltwirtschaft eingenommen hätten. Ein (absoluter oder relativer) Machtverlust des Hegemons untergrabe die Stabilität der von ihm geschaffenen Regime. Die Befolgung liberaler ‚Spielregeln' lasse nach. Nationalismus und Protektionismus entfalteten ihre desintegrierenden Wirkungen. Auf den ersten Blick schien damit eine überzeugende Erklärung für die weltwirtschaftlichen Krisenprozesse in den siebziger Jahren gefunden zu sein, weil diese als Folgen und Begleiterscheinungen eines zunehmenden Machtverlusts der USA interpretiert werden konnten" (Kreile 1989: 91f.).

Mit der Theorie der hegemonialen Stabilität kann man die Karriere des alten Regimes der integrierten Konzerne gut erklären. Es entstand unter dem Dach britischer und amerikanischer Hegemonialmacht und verkörperte die Ordnungsvorstellungen der beiden führenden Länder, die, wie wir gesehen haben, aber nicht nur eine liberale, sondern auch eine imperiale Seite hatten. Den Übergang der Hegemonialmacht von Großbritannien zu den Vereinigten Staaten überstand das Regime der Konzerne ohne grundlegende Veränderungen seiner Prinzipien, Normen, Regeln und Entscheidungsprozeduren. Dies hat damit zu tun, das der Niedergang Großbritanniens in den Ölregionen teilweise parallel zum Aufstieg der Vereinigten Staaten verlief, so dass es zu keinem signifikanten Machtvakuum kam. Wenn es in dieser Phase zu Veränderungen der Konzessionsverträge kam, hatten diese mehr mit den spezifischen Beziehungen zwischen Regierungen und Konzernen in den Förderländern als mit globalen Machtverschiebungen zu tun. Als die amerikanische Hegemonialmacht Ende der 1960er Jahre wirtschaftliche und politische Schwächen zeigte und Symptome des Niedergangs erkennbar wurden, geriet das von ihr protegierte Regime der Konzerne zunehmend unter den Druck der erstarkten Peripherie und wurde von ihr in einer kritischen Situation mit einem unerwarteten Coup außer Kraft gesetzt.

Das revolutionäre Regime der OPEC kann mit der Theorie der hegemonialen Stabilität allenfalls partiell erklärt werden. Einerseits kann man zwar argumentieren, dass die OPEC-Revolution in dem Moment ausbricht, in dem Wallerstein zufolge der hegemoniale Niedergang der Vereinigten Staaten und die Destabilisierung der von ihnen getragenen Weltwirtschaftsregime sichtbar zu werden beginnt (ab 1967); anderseits ist die OPEC als international-organisatorischer Kern der sich entfaltenden Gegenmacht noch zu Zeiten unangefochtener US-Hegemonie (1960) gegründet worden.

Die Gründung der OPEC kann mit der *Kooperationstheorie* erklärt werden. Diese besagt, dass organisierte internationale Zusammenarbeit theoretisch auch ohne Hegemonialmacht auskommen kann. Strategisch und eigeninteressiert handelnde Staaten können zu einer internationalen Kooperation zusammenfinden, wenn Kooperationsgewinne aussichtsreich erscheinen, wenn eine Mehrzahl von Regierungen erwartet, dass gemeinsam ausgehandelte Problemlösungen ihren jeweiligen Staat besser stellen würden als es bei einem nicht-kooperativen Vorgehen der Fall wäre. Wie das Gefangenendilemma der Spieltheorie zeigt, gibt es Situationen, in denen individuelle und kollektive Rationalität auseinanderfallen und das individualistische Kalkül zu einem schlechteren Ergebnis führt als bei einer Kooperation. Wenn ein einzelnes Öl exportierendes Land durch Preissenkungen seinen Marktanteil vergrößern will, führt das in dem Falle, dass alle anderen Ölexporteure die gleiche Strategie wählen, zu einem allgemeinen Preisverfall mit schädlichen Auswirkungen für alle. Einigen sich die Exportstaaten hingegen auf kollektiv verbindliche Spielregeln, kann ruinöse Konkurrenz vermieden und Zuwachs an Berechenbarkeit und Stabilität für alle Beteiligten erreicht werden. „Als Grenze internationaler Verhandlungslösungen gilt gemeinhin die ‚Pareto-Grenze'. Kooperation gelingt nur dort, wo es zumindest für einen Beteiligten noch einen Wohlfahrtsgewinn gibt, ohne dass der andere dadurch Nachteile erleidet. Problemlösungen, die mit einer Umverteilung verbunden sind, haben es dagegen relativ schwer. Aber auch diese Grenze kann übersprungen werden, selbst wenn ein Teilnehmer Nachteile hinnehmen muss. Unter der Bedingung, dass die Kooperationslösung insgesamt einen Wohlfahrtsgewinn mit sich bringt und die Nachteile des Teilnehmers kompensierbar sind, kann der Gewinner den Verlierer durch Kompensationsangebote dennoch zur Kooperation gewinnen (Hey/Schleicher-Tappeser 1998: 80)."[8]

Das revolutionäre Regime der OPEC entstand auf dem Weg internationaler Verhandlungen zwischen den Regierungen von Exportländern, ohne dass es in dieser Staatengruppe eine hegemoniale Macht gab, die ihre Ordnungsvorstellungen hätte oktroyieren können. Grundlage der Kooperation war die Erwartung, dass ein kollektives, vertraglich abgesichertes und formal organisiertes Handeln im Rahmen eines Kartells für alle Staaten zu höheren Einnahmen führen würde als individuelle beziehungsweise bilaterale Verhandlungen, wie sie im alten Regime üblich waren. Während die OPEC im Innenverhältnis auf einer am gemeinsamen Vorteil der Mitgliedsländer ori-

---

[8] Mit der Kooperationstheorie kann man auch die Entstehung des alten Regimes der integrierten Konzerne erklären, das ja auf dem Weg der Verhandlungen zwischen Konzernen der Zentrumsländer und Regierungen der peripheren Ölländer zustande kam. Kooperationstheoretiker könnten argumentieren, dass der Faktor „Hegemonialmacht" von untergeordneter Bedeutung gewesen sei, da das erste Erdölregime auf privatrechtlichen Verträgen basierte, an deren Zustandekommen die Regierungen der Zentrumsländer beziehungsweise Hegemonialmächte in der Regel nicht direkt beteiligt waren. Die in den Verhandlungen und Verträgen zur Geltung kommende Macht war finanzieller, technischer und organisatorischer Art und wurde von Konzernmanagern ausgeübt. Die politisch-militärische Macht der hegemonialen Regierungen blieb in der Regel latent und virtuell.

entierten Zusammenarbeit basiert, ist sie nach außen hin auf die Umverteilung der Erdölerträge zu ihren Gunsten ausgerichtet und setzt dabei – zumindest in ihrer revolutionären Phase – nicht auf kooperative Lösungen zum allseitigen Vorteil.

Die eigentliche OPEC-Revolution kann mit der *konflikttheoretischen Schule der internationalen Beziehungen* erklärt werden, der zufolge „die Entwicklungsdynamik der internationalen Beziehungen und damit auch der internationalen Organisationen aus strukturell bedingten Widersprüchen" etwa zwischen Zentren und Peripherien im Weltsystem resultiert. Damit verbindet sich die Vorstellung, „dass internationale Politik vor allem als Ensemble von historisch-strukturell bestimmten, verbindlichen Regelungs- und Verteilungsentscheidungen zu begreifen ist, in denen sich letztlich die sozioökonomischen Ungleichheiten sowie die dagegen auftretenden politischen Widerstände" widerspiegeln. „Eine dritte charakteristische Annahme dieser Schule betrifft den Prozess des strukturellen Wandels in den internationalen Beziehungen. Im Unterschied zur ‚liberalen' Schule, die ein inkrementalistisches (schrittweise vorgehendes) Verständnis von sozialem und politischem Wandel aufweist, geht die konflikttheoretische Schule davon aus, dass sich Veränderungsprozesse auch in Gestalt von Strukturbrüchen ... vollziehen können ... und dass dadurch bedingte Entwicklungssprünge irreversibel sind" (Rittberger 1994: 81).

Als ein Entwicklungssprung lässt sich die Durchsetzung der Marktkräfte im neuen Erdölregime begreifen. Sie ist weder von einer Hegemonialmacht herbeigeführt, noch in internationalen Verhandlungen vereinbart, sondern allenfalls von der angloamerikanischen „Marktrevolution" begünstigt worden. Die Durchsetzung von Marktmechanismen in den Beziehungen zwischen Förder- und Verbrauchsländern basiert auf der Einsicht wechselseitiger Abhängigkeit und mangelnden Chancen zur Aushandlung eines formalen und globalen Erdölregimes. Besser als die Theorie der hegemonialen Stabilität und die Kooperationstheorie kann die *Interdependenztheorie* die eher spontane Entstehung dieses Regimes erklären (vgl. Müller 1993: 9ff.). Grundgedanke dieser Richtung der Regimetheorie ist die Vorstellung einer zunehmenden Verflechtung der Staaten, die sich einerseits in einer permanenten politischen Machtkonkurrenz befinden, andererseits aber immer stärker wirtschaftlich voneinander abhängig sind. Wirtschaftliche Interdependenz kann zwar weder Kriege verhindern, noch fördert sie automatisch friedliche Zusammenarbeit, doch können aus dem Bewusstsein wechselseitiger Abhängigkeit heraus Anreize zur Mäßigung in der nationalen Machtpolitik und zur Verständigung auf eine Regulierung der internationalen Beziehungen ausgehen. Die in der Phase der Konfrontation zutage getretene Unfähigkeit beider Seiten, der jeweils anderen Seite ihre Ordnungsvorstellungen aufzuzwingen und die Einsicht in ihre unaufhebbare wechselseitige Abhängigkeit, bewegte sie zur Suche nach einer Neuregelung der Austauschbeziehungen. Die Minimallösung bestand in einem eher passiven gewähren lassen der Marktkräfte und einer Handlungskoordinierung durch frei schwankende Preise, die Maximallösung in der gemeinsamen Errichtung eines kompletten internationalen Regimes etwa nach dem Vorbild oder als Subregime der WTO. Bis heute war nicht mehr erreichbar als ein Minimalkonsens, in dem man die Koordinationslast auf globale Märkte und die sie umgebenden Finanzinstitutionen abwälzte, mit der Folge erratischer Preisschwankungen, die eigentlich keine Seite zufrieden stellen kann.

Als letzter Theorieansatz sei der so genannte *Realismus* in den internationalen Beziehungen erwähnt, die älteste aller Theorien, die bis auf Thykydides zurückgeht. „Realistische Ansätze betonen, dass Staaten nach Unabhängigkeit und Souveränität streben und letztlich nur auf sich selbst angewiesen sein wollen. Ihr Ziel ist Selbsthilfe. Sie verfolgen gleichartige Ziele, verwenden gleichartige Mittel und sind tatsächlich >>gleichartige Einheiten<<. Der einzige theoretisch festzuhaltende Unterschied zwischen ihnen liegt in dem Maß ihres Erfolgs im Kampf um Macht und Stellung: Die einen sind schwächer, die anderen stärker. Die einzigen gemeinsamen Interessen, die solche Macht orientierten Staaten verbinden, sind Verteidigung gegen eine überlegene Macht und Widerstand gegen Hegemonie. Für begrenzte Zwecke mögen sich Staaten zu Allianzen und Kriegskoalitionen verbinden, aber ihre gemeinsamen Interessen beschränken sich darauf, zu verhindern, dass eine andere Macht zu stark wird. Ideologische Konflikte tauchen in diesem Bild nur insofern auf, als sie Machtkämpfe noch erbitterter werden lassen. Ideologische Solidarität führt zu keiner dauerhaften Verständigung zwischen den Staaten" (Rosecrance 1987: 56f.).

Neuere Entwicklungen in der Weltwirtschaft des Erdöls deuten darauf hin, dass einige aufstrebende Staaten der Semiperipherie, vor allem China, weder ein besonderes Vertrauen in eine von den Vereinigten Staaten nach wie vor verfolgten Politik hegemonialer Stabilität haben, noch auf den von der Europäischen Union favorisierten kooperativen Politikansatz bauen wollen, sondern eher (noch) einem „realistischen" Verständnis der Staatenwelt anhängen und im sich verschärfenden Kampf um knappe Ressourcen Versorgungssicherheit durch Machteinsatz erzielen wollen.

Zusammenfassend sind in Tabelle 5.2 einige wichtige alternative Ansätze zur Erklärung von Regimen und Regimewandel dargestellt. Die Synopse mag verdeutlichen, dass man sowohl mit der (umfassenden) Weltsystemperspektive, als auch mit den (teils konkurrierenden, teils ergänzenden) Konzeptionen des *countervailing power* und der hegemonialen Stabilität – beides Ansätze relativ geringerer Reichweite – die Abfolge der drei Erdölregime angemessen erklären kann. Demgegenüber liefern Kooperations- und Interdependenztheorie (wie auch die in der Übersicht nicht aufgenommene Konflikttheorie und die Realistische Schule der Internationalen Beziehungen) nur partielle Erklärungen des hier diskutierten Problemkomplexes.

Tabelle 5.2: Theoretische Erklärungen der drei Erdölregime

	Das alte Regime der integrierten Konzerne	Das revolutionäre Regime der OPEC	Das neue Erdölregime im Zeichen des Marktes
Weltsystemperspektive	Inkorporation durch Konzerne des Zentrums	vorübergehende Störung des Weltsystems	Restrukturierung des globalen Kapitalismus
Hegemoniale Stabilität	UK und USA als Ordnungsmächte	Folge des Niedergangs der Hegemonialmächte	Anarchie als Folge ausbleibender hegemonialer Ordnungsmacht
Countervailing Power	Übermacht des Zentrums stimuliert Aufbau von Gegenmacht in der Peripherie	Mobilisierung aller Gegenmachtpotenziale durch Regierungen peripherer Staaten	Machtgleichgewicht zwischen Zentrum und Peripherie nach Konfrontationsphase
Kooperationstheorie		Formale Kooperation in Form eines internationalen Kartells zum gemeinsamen Vorteil	
Interpendenztheorie			spontane Ordnung in Form dezentraler Marktbeziehungen zwischen interdependenten Akteuren

6 Die Zukunft des Erdölsystems

Die Frage nach der Zukunft des globalen Erdölsystems lässt sich aus der strukturalistischen Weltsystemperspektive und den mit ihr verbundenen Modellen zyklischen Wandels nur in sehr allgemeiner Weise beantworten. Obwohl diese Konzeptionen raum-zeitlich weit reichen, sind sie doch auch selektiv. Wie jedes theoretische Bezugssystem ist auch das hier verwendete auf bestimmte Aspekte und Ausschnitte der Wirklichkeit fokussiert und blendet andere aus. Diese unausweichliche Begrenzung ist in der sozialen Welt, in der alles irgendwie mit allem zusammenhängt, eine Quelle der Ungewissheit und des Irrtums. Unerkannte oder für unbedeutend gehaltene Ereignisse der Vergangenheit können sich im Nachhinein als Ausgangspunkte folgenreicher Entwicklungspfade erweisen. Langsame, kaum merkliche „tektonische" Verschiebungen können zu plötzlichen Strukturbrüchen führen. Unvorhersehbare Wirtschaftskrisen, politische Revolutionen, Kriege und andere Katastrophen können Sozialstrukturen zerstören, Funktionsmechanismen außer Kraft setzen, Entwicklungstrends umlenken.

Bei allen Prognosen müssen wir davon ausgehen, dass die „tendenziellen Regeln" der Weltwirtschaft, wie sie von Braudel und Wallerstein formuliert und hier modifiziert wurden, auch in Zukunft noch gelten werden. Nur unter der Annahme, dass die das Weltsystem des Erdöls prägenden Struktur- und Verlaufstypen sich aus der Vergangenheit in die Zukunft hinein verlängern, lassen sich Vermutungen über die weitere Entwicklung anstellen. So, wie Unternehmer (nach dem *Bonmot* von Hintze) nur so weit rechnen können wie die Daten reichen, darüber hinaus aber spekulieren müssen, so können auch Wirtschafts- und Sozialwissenschaftler verlässliche empirische Aussagen nur über das Gewesene machen und bewegen sich bei ihren Vorhersagen aufgrund des jederzeit möglichen Scheiterns ihrer Theorien an der Wirklichkeit oftmals eher im Bereich der Spekulation als in dem der Prognose.

Bei dem Versuch, etwas Sinnvolles über die Zukunft des globalen Erdölsystems auszusagen, können wir uns an der Logik unseres Hyperzyklus orientieren, der vom Kapitalismus als produktiver „Unruhe" im Räderwerk des Weltsystems ausgehend, die Inkorporation externer Regionen, Gegenmachtbildungen in der Peripherie und die Integration des Systems als Kernprozesse in der Entwicklung des Weltsystems betrachtet. Wir gehen davon aus, dass der Ölkomplex für den Kapitalismus weiterhin interessant ist, dass es noch Gebiete mit erheblichen Reserven und Ressourcen gibt, die über kurz oder lang in die Weltwirtschaft eingegliedert werden, dass Gegenmachtbildungen im asymmetrischen, von widerstrebenden Interessen geprägten Weltsystem allzeit virulent sind und dass die Suche nach einer stabilen Ordnung, die einen fairen Interessenausgleich garantiert, dauerhaft auf der Agenda der interdependenten Akteure steht.

Um sinnvolle Aussagen über die weitere Entwicklung des globalen Erdölsystems machen zu können, muss das gesamte Weltsystem, das den relevanten Kontext für die Weltwirtschaft des Erdöls bildet, in dessen Rahmen und unter dessen Restriktionen es sich entwickelt, berücksichtigt werden. Zu diesen Rahmenbedingungen, die sich zeitlich vor und relativ unabhängig vom industriellen Weltölsystem entfaltet haben und dies „von außen" her beeinflussen, gehört ganz wesentlich auch das Wachstum der Weltbevölkerung, handelt es sich beim Erdöl doch um eine nicht vermehrbare Ressource, sich allmählich erschöpfende Ressource, die von immer mehr Menschen nachgefragt und beansprucht wird. Andere Rahmenbedingungen und Entwicklungstrends, die vor dem Ölzeitalter eingesetzt haben, aber weiterhin wirksam sind, sind die Expansion und Variation des Kapitalismus und die Industrialisierung der Wirtschaft sowie der Niedergang großer Imperien und die Vermehrung der Nationalstaaten.

Im Hinblick auf die Hauptkomponenten unseres Hyperzyklus und unter Berücksichtigung globaler Kontextbedingungen lassen sich fünf Entwicklungstendenzen in der Weltwirtschaft des Erdöls identifizieren, wobei offen bleiben muss, ob sich diese Tendenzen in Zukunft wechselseitig verstärken, abschwächen oder neutralisieren:

1. zunehmende Disparitäten im Weltsystem, die die Dominanz des Westens in Frage stellen;
2. fortgesetzte Expansion und Variation des Kapitalismus;
3. Inkorporation bisher ausgelassener oder unzugänglicher Regionen;
4. Vermehrung von Gegenmachtpotentialen in Peripherie und Semiperipherie;
5. Fortsetzung des Kampfs um Hegemonie und Ordnung in der Staatenwelt.

1. Zunehmende Disparitäten im Weltsystem

Unter dem Aspekt des Erdöls als nicht vermehrbare Ressource ist das enorme *Wachstum der Weltbevölkerung* von größter Bedeutung. Die Weltbevölkerung hat sich in den letzten 150 Jahren von 1.262 Milliarden Menschen um 1850 auf 6.158 Milliarden Menschen um das Jahr 2000 fast verfünffacht. In den letzten 75 Jahren hat sich die Bevölkerung vervierfacht, der Energieverbrauch aber versechzehnfacht. Besonders spektakulär ist das Bevölkerungswachstum Nordamerikas. Seine Bevölkerung ist, hauptsächlich aufgrund der Masseneinwanderung, in den letzten 150 Jahren von 26 Millionen auf 306 Millionen Menschen angestiegen; in der Zeit von 1850 bis 1900 hatte das ins Zentrum der Weltwirtschaft strebende Nordamerika die höchste und von 1900 bis 1950 die zweithöchste Wachstumsrate aller Kontinente (nach Lateinamerika) aufzuweisen (vgl. Birg 2004: 6). Dennoch ist der Bevölkerungsanteil des Westens (Nordamerika, Europa, Australien und Neuseeland) seit 1920 stark rückläufig; er sank von 48,1 Prozent in 1920 auf 14,4 Prozent in 1971 und wird von diesem Niveau aus langsam weiter sinken; bis 2025 wird der Bevölkerungsanteil des Westens auf schätzungsweise 10,1 Prozent absinken (vgl. Huntington 1996: 124). Während die Bevölkerung in den Vereinigten Staaten weiter ansteigt, ist sie in Europa stark rückläufig. Auch die Bevölkerung Japans nimmt seit dem Aufstieg des Landes ins Zentrum der Weltwirtschaft ab; von 1920 bis 2025 wird Japans Anteil an der Weltbevölkerung von 4,1 auf 1,5 Prozent sinken.

Dem dramatisch sinkenden Weltbevölkerungsanteil der Zentrumsländer steht ein teilweise ebenso dramatisch steigender Anteil der peripheren und semiperipheren Länder an der Weltbevölkerung gegenüber. Während der Anteil Russlands wie der Europas seit 1920 rückläufig ist und Chinas Anteil in etwa gleich bleibt, verzeichnen die islamischen Länder einen stark ansteigenden Anteil an der Weltbevölkerung von 2,4 Prozent in 1920 auf 17,9 Prozent in 2010 und 19,2 Prozent in 2025. Das dynamische Bevölkerungswachstum des Nahen Ostens, in dem sich mindestens 60 Prozent der Weltölreserven befinden, wird nicht ohne gravierende Auswirkungen auf die Beziehungen zu Europa bleiben. Der zunehmende Anteil muslimischer Immigranten, ihre weithin misslingende Integration in die europäischen Gesellschaften und die Kontrolle ihrer Herkunftsstaaten über die größten Erdölreserven bilden eine gefährliche Mixtur.

Eine zweite bedeutende Wandlungstendenz ist die *Industrialisierung der Weltwirtschaft*. Mit der Industrialisierung der Welt geht eine Abkehr von der „biologischen alten Ordnung", die auf *erneuerbaren* Energiequellen basierte, einher, und es wird ein sich selbst tragender Wachstumspfad eingeschlagen, der auf der Nutzung *nicht* erneuerbarer Energiequellen (Kohle, Erdöl, Erdgas) basiert.[1] Es stellt sich die Frage, wie ein Wachstumspfad fortgesetzt werden kann, wenn seine Energiebasis schrumpft. Oder in Begriffen pfadabhängiger Entwicklung formuliert: wie kann ein Pfad, der in eine Sackgasse zu münden droht, verlassen werden, wenn starke wirtschaftliche, politische und kulturelle Reproduktions- und Selbstverstärkungsmechanismen (wie zunehmende Erträge und versunkene Kosten, Unwillig- oder Unfähigkeit zu langfristig angelegter Energiepolitik, Gewöhnung an eine energieaufwendigen Lebensstil usw.) ihn auf diesem Kurs halten?

Am Beginn des Erdölzeitalters (1859) haben Großbritannien, Frankreich, die Vereinigten Staaten und Deutschland die „*take-off*-Phase" des zunehmend auf nicht erneuerbaren Energieträgern basierenden industriellen Wachstums bereits hinter sich gelassen oder erreicht; Großbritannien begann ab 1780 mit dem Start zum industriellen „Steigflug", Frankreich um 1830, Deutschland vor und die Vereinigten Staaten um 1840. Bis 1920 haben alle anderen Länder des Zentrums (einschließlich Japan und Russland) nachgezogen. Nach dem Zweiten Weltkrieg starten auch die ersten semiperipheren Länder Asiens (Indien, China, Taiwan, Thailand, Südkorea) in die Industriegesellschaft. Zur gleichen Zeit hat der Iran den Industrialisierungspfad eingeleitet, zehn Jahre nach Mexiko, das als erstes Öl exportierendes Land mit der Industrialisierung begonnen hat (vgl. Rostow 1978: 51).

Den Weg in die nachindustrielle Gesellschaft, auf dem die Energieintensität des Wirtschaftswachstums abnimmt, haben nach den Vereinigten Staaten inzwischen alle Länder des Zentrums eingeschlagen. Da dies aber nur einen relativ kleinen Teil der Weltbevölkerung betrifft, wird die Nachfrage nach Erdöl weltweit weiter überproportional zum Bevölkerungswachstum ansteigen, wenn auch nicht mit dem Faktor vier wie in den letzten 75 Jahren.

Industrialisierung ist einer der Hauptgründe für einen enormen Anstieg des durchschnittlichen *Pro-Kopf-Einkommens* der Weltbevölkerung, dessen

---

[1] Zum Begriff der „biologischen alten Ordnung" vgl. Marks 2006: 33ff.

Wachstum fast parallel zum Wachstum der Weltbevölkerung verläuft (vgl. Sachs 2005: 43). Diese positive Tendenz wird aber durch den negativen Effekt einer zunehmenden Ungleichverteilung des Wohlstands konterkariert. Das Einkommensgefälle zwischen den Ländern des Zentrums und denen der Peripherie ist im Laufe der Zeit immer größer geworden. Dies ist weniger eine Folge sehr hoher Wachstumsraten der Zentrumsländer als vielmehr der Aufrechterhaltung eines überdurchschnittlichen Wachstums über einen langen Zeitraum. Zwischen 1820 und 1998 betrug die durchschnittliche jährliche Wachstumsrate für Westeuropa 1,5 Prozent, für die USA 1,7 Prozent und für Japan 1,9 Prozent. In Afrika lag sie bei 0,7 Prozent, in Asien (ohne Japan) bei 0,9 Prozent und in Lateinamerika bei 1,2 Prozent. Die nicht sehr groß erscheinenden Unterschiede der durchschnittlichen jährlichen Wachstumsraten addierten sich jedoch in knapp 180 Jahren zu enormen Diskrepanzen: um bis zum zwanzigfachen zwischen den Ländern des Zentrums und denen der Peripherie (vgl. Sachs 2005: 45). Die Tatsache, dass ein immer kleinerer Teil der Weltbevölkerung einen weit überproportionalen (wenn auch langsam sinkenden) Anteil am Weltbruttosozialprodukt, an der Weltindustrieproduktion und am Welthandel behaupten kann, enthält ein enormes Konfliktpotential.

Eine vierte Haupttendenz ist die starke *Zunahme der Staaten*, die als souveräne Akteure um Rohstoffe und Absatzmärkte konkurrieren, den Wettbewerb um die begrenzten Ölreserven verschärfen und die Wahrscheinlichkeit internationaler Konflikte erhöhen. Am Beginn des Erdölzeitalters um 1850 gab es etwa 50 Staaten, hundert Jahre später war die Zahl auf 81 angestiegen und hatte sich bis 1991 mit 167 Staaten mehr als verdoppelt (vgl. Held u.a. 1999: 54). Heute gehören der UNO 191 Staaten an. Hauptursachen für die Vermehrung der Staaten waren der Zusammenbuch der eurasischen Reiche und der Kolonialimperien. Während aus dem Zusammenbruch des deutschen Kaiserreiches und des zaristischen Russlands keine neuen Staaten hervorgingen, führte der Zusammenbuch der österreichisch-ungarischen Doppelmonarchie und des Osmanischen Reiches zur Ausdifferenzierung einer Reihe unabhängiger Staaten. Von größter Bedeutung für die Weltwirtschaft des Erdöls war der Zusammenbruch des Osmanischen Reiches nach dem Ersten Weltkrieg, in dessen Folge sich unter dem als „Mandat" bezeichneten imperialen Intermezzo der Briten und Franzosen im Nahen Osten eine Reihe künstlicher neuer Staaten bildete. Auch in den anderen Regionen des britischen und des französischen Kolonialreiches stieg die Zahl der unabhängigen Staaten im Prozess der Entkolonialisierung stark an. Mit Auflösung der Sowjetunion kam es nach 1991 zu einem neuen Schub, in dem eine Reihe energiereicher zentralasiatischer Länder ihre Unabhängigkeit erreichte.

Von wenigen Ausnahmen abgesehen, konnten in den unabhängig gewordenen Staaten keine sich selbst erhaltenden staatlichen Kapazitäten aufrechterhalten oder neu geschaffen werden. Viele postkoloniale und postsowjetische Staatsgründungen entwickelten sich zu „*failed states*" oder „*rogue states*" – gescheiterte Staaten beziehungsweise Staaten, die sich den internationalen Regeln nicht fügen (vgl. Debiel u.a. 2006: 90f.). Wie Fukuyama bemerkt, stellen gescheiterte Staaten vermutlich das gravierendste Einzelproblem für die internationale Ordnung dar. Schwache oder gescheiterte Staaten verstoßen gegen die Menschenrechte, provozieren humanitäre Katastrophen, sind der Grund für massive Migrationsbewegungen und greifen ihre Nachbarn an (vgl. Fukuyama 2006: 132). Außerdem sind sie Brutstätten des internationalen Terrorismus.

2. Expansion und Variation des Kapitalismus

In unserem Hyperzyklus des Erdöls sind wir im Industriekapitalismus des späten 19. Jahrhunderts gestartet und im Finanzkapitalismus des frühen 21. Jahrhunderts angekommen. Im Zusammenhang mit der Inkorporation externer Regionen haben wir zwischen den Kapitalismen Großbritanniens und der Vereinigten Staaten unterschieden und sind bei der Analyse von Gegenmacht in der Peripherie auf den Staatskapitalismus der Ölexporteure gestoßen. Bei der Untersuchung der Integrationsmechanismen des Weltsystems haben wir einen neuen Finanzkapitalismus identifiziert, der den alten Industriekapitalismus zunehmend absorbiert und seinen Interessen unterwirft. Wenn wir darüber hinaus auch noch die Verbreitung kapitalistischer Praktiken in den postkommunistischen Ländern Asiens mit einbeziehen, wird vollends klar, dass wir vom Kapitalismus im Plural sprechen müssen, wenn wir seine Bedeutung für die Entwicklung des Weltsystems verstehen wollen.

Für die Beurteilung der verschiedenen Kapitalismen in Zentrum und Peripherie bietet sich Webers Konzept der (formalen) Rationalisierung als säkulare Tendenz an. Er basiert auf der idealtypischen Unterscheidung zwischen rationalen und irrationalen Arten des Erwerbs (vgl. Weber 1976: 95f.). „Rationaler Kapitalismus ist ... an Marktchancen orientiert, also wirtschaftlichen Chancen im engeren Sinne des Wortes, und je rationaler er ist, desto mehr an Massenabsatz und Massenversorgungschancen" (Weber 1981: 286). Zu den irrationalen Erscheinungsformen des Kapitalismus zählt Weber den politisch orientierten Kapitalismus, der an „fiskalischen sowie kolonialen Chancen und Staatsmonopolen" orientiert ist (ebd. 1981: 299). Hierunter fallen „imperialistische Gewinne" ebenso wie „rein spekulative Transaktionen" (vgl. Weber 1976: 205, 524, 96). Betrachtet man unter diesen Aspekten die Entwicklung des Kapitalismus in Zentrum und Peripherie, dann erkennt man drei langfristige Tendenzen: im Zentrum eine fortschreitende *Entkopplung* des Kapitalismus vom Staat, die zu einer zunehmenden Orientierung des Kapitalismus an Marktchancen führt; in Peripherie und Semiperipherie eine dezidierte *Instrumentalisierung* staatlicher Konzerne für politische Zwecke; und das Ganze überwölbend einen von den angloamerikanischen Zentren ausgehenden globalen *Finanzkapitalismus* von zweifelhafter Rationalität.

Aus weberianischer Sicht ist mit der Abkehr von Kolonialismus und Imperialismus, die nach seiner Einschätzung trotz massiver Einkommensübertragungen die Entfaltung des rationalen Kapitalismus im Westen gehemmt haben, ein Rationalisierungsschub verbunden. Entkolonialisierung ist ein politischer, von Regierungen der Zentrumsländer (unter externem und internem Druck) durchgeführter Prozess, der zu einer Entpolitisierung der Unternehmen im Sinne einer Befreiung von kolonial-politischen Rücksichtnahmen und politisch-administrativen Aufgaben in den peripheren Herrschaftsgebieten geführt hat. Bei dieser Entkopplung kapitalistischer Unternehmen vom nationalen Machtstaat lassen sich in der Mineralölindustrie zwei Schritte unterscheiden: zuerst die durch veränderte internationale Machtkonstellationen erzwungene Auflösung nationaler Monopole und ihre Überführung in internationale Konsortien, in denen sie die Kontrolle der Ölindustrie eines peripheren Landes mit Unternehmen anderer Zentrumsländer teilen müssen; dann im zweiten Schritt (der sich mit dem ersten überlappen kann) das Eindringen unabhängiger Gesellschaften (*independents* und *newcomers*) in die Reviere der Sieben Schwestern, deren Oligopol durch die verschärfte Konkurrenz wenn nicht aufgebrochen, dann doch nachhaltig geschwächt wurde. Beide Rationalisierungsschübe wurden überwiegend von amerikanischen Unternehmen bewirkt, die ohne den Ballast des Kolonialismus freier agieren konnten als die europäischen Konzerne.

Während sich die Konzerne der Zentrumsländer immer stärker in Richtung Marktkapitalismus entwickelten, schlugen die Staaten der Peripherie und Semiperipherie mit dem Aufbau von Staatskonzernen eine gegenläufige Richtung ein. Deren „politischer Kapitalismus" dient unmittelbar „fiskalischen" Interessen. Er ist mehr an der Finanzierung von Staatsaufgaben und Herrschaftssicherung als an der Massenversorgung der Bevölkerung orientiert. Wie die Diskussion um den „Fluch der Ressourcen" zeigt, hat der Rentierkapitalismus der Öl exportierenden Staaten des Nahen Ostens, an der Steigerung der Staatseinnahmen gemessen, wenig zur Hebung des allgemeinen Lebensstandards der Bevölkerung beigetragen.

Eine ähnliche Entwicklung zeigt sich seit den 1990er Jahren auch in Russland. Ein entscheidender Unterschied zu den vergleichsweise kleinen und schwachen Staaten des Nahen Ostens ist die Instrumentalisierung der Energiekonzerne für *„imperialistische Gewinne"*. Nach den chaotischen Privatisierungen der Jelzin-Jahre kehrte die russische Regierung unter Putin zur staatlichen Kontrolle des für die russische Wirtschaft zentralen Energiesektors zurück. Mit rabiaten Methoden wurde Yukos, das führende Unternehmen der privatisierten Ölindustrie, das sich unter seinem Besitzer Chodorkowski aus der staatlichen Umklammerung zu lösen und zu einem internationalen Konzern zu wandeln versuchte, zerschlagen und in den staatlichen Rosneft-Konzern überführt. Der größte russische Ölkonzern Lukoil wird zwar nach wie vor privat geführt, muss seine strategischen Investitionen aber, wie alle wichtigen Unternehmen, mit der Regierung abstimmen und sich den Großmachtinteressen des Kreml fügen. (Der Fall Yukos/Chodorkowski zeigt, was Oligarchen und Managern droht, wenn sie sich den Interessen der Machthaber widersetzen oder gar eigene politische Ambitionen verfolgen.) Im Zweifelsfall müssen kapitalistische Rentabilitätserwägungen hinter strategischen Großmachtinteressen zurückstehen, und dies verleiht dem autoritären Kapitalismus Russlands irrationale Züge.

Während in der von Öl- und Gasexporten abhängigen russischen Staatswirtschaft neoimperialistische Züge unverkennbar sind, findet man in der von Energieimporten abhängigen Wirtschaft Chinas eine ausgeprägte *neomerkantilistische* Ausrichtung. Sie gründet auf der Vorstellung, dass es sich bei der Verteilung der weltweiten Ölreserven um ein Nullsummenspiel handelt, in dem es nur Gewinner oder Verlierer gibt, in dem der Vorteil eines Landes zu Lasten und auf Kosten eines anderen Landes geht. Demzufolge bemühen sich die staatlich kontrollierten Energiekonzerne Chinas um exklusive und langfristige Lieferverträge mit den Regierungen vieler Exportstaaten. Dabei bevorzugen sie Länder, die von den privaten Konzernen der westlichen Verbrauchsländer aufgrund unsicherer Verhältnisse gemieden werden. Für die Regierungen mancher Ölländer sind die chinesischen Konzerne attraktive Partner. Sie mischen sich nicht in die inneren Angelegenheiten ihrer Handelspartner ein, fragen nicht nach der Einhaltung von Menschenrechten und sind vorrangig an der Sicherung eines kontinuierlichen, möglichst steigenden Ölflusses interessiert. Dafür sind sie auch bereit, großzügige Entwicklungshilfe und Sonderzahlungen an die Machthaber zu leisten.

Auch der Neomerkantilismus der chinesischen Staatskonzerne ist nach Webers Kriterien irrational und wird der langfristigen Entwicklung beider Seiten eher schaden als nutzen. Auf der einen Seite kann die nationale Energiesicherheit durch internationale Exklusivverträge zunächst vielleicht gesteigert werden. Doch wenn im Lauf der Zeit immer mehr andere Verbrauchsstaaten ebenfalls zu einer merkantilistischen Beschaffungspolitik übergingen, würde der ursprüngliche Vorteil der Neomerkantilisten verloren gehen. In einer durch bilaterale und exklusive Lieferbeziehungen segmentierten Welt könnten die Ölimporteure zusätzliche Mengen nur noch in langwierigen Verhandlungen, unter hohen Transaktionskosten und drohenden Ressourcenkriegen beschaffen. Auf der anderen Seite würde es den Ölexporteuren sehr erschwert, mit anderen Abnehmern ins Geschäft zu kommen, die bereit wären, höhere Preise zu zahlen. Da der freie Austausch behindert wäre, würden beide Seiten Wohlfahrtsverluste erleiden.

Irrationale Züge zeigen sich aber auch im alles überwölbenden, Zentrum und Peripherie miteinander verbindenden und auch gegeneinander ausspielenden *Finanzkapitalismus*. Die Finanzierung des Handels zur Deckung materiellen Massenbedarfs macht nur noch einen kleinen Teil der Finanztransaktionen aus. Wie die überproportionale Zunahme der Finanzströme gegenüber den Güterströmen und die Verselbständigung der derivativen Märkte, auf denen immer neue Finanzprodukte gehandelt werden, erkennen lässt, geht es hier nicht nur um finanzielle Dienstleistungen wie die Absicherung gegen Preis- und Währungsrisiken, sondern auch, und vielleicht vor allem, um *„spekulative Erwerbschancen"*, um Gewinnspiele im „Kasino" – mit großem Geldeinsatz und hohem Risiko zwar, aber ohne unternehmerische Leistung. Der seit Jahrhunderten währende Kampf zwischen rationalem und irrationalem Kapitalismus erscheint keineswegs entschieden (vgl. Weber 1976: 819ff.).

3. Inkorporation bisher ausgelassener oder unzugänglicher Regionen

Der Prozess der Inkorporation externer Regionen als Rohöllieferanten der Weltwirtschaft scheint weitgehend abgeschlossen zu sein. Zumindest im Bereich des konventionellen Öls sind keine großen Entdeckungen mehr zu erwarten. Der Nahe Osten hat sich mit seinen alle anderen Regionen überragenden Reserven immer mehr zum Zentrum der Öl exportierenden Peripherie entwickelt.

Nun können sich externe Regionen auch *innerhalb* bereits inkorporierter Länder befinden. Wie Braudel bemerkt, finden sich „rückständige Zonen ... nicht nur in den echten Randgebieten, sondern durchsetzen selbst die zentralen Regionen mit zahlreichen Flecken ... Alle fortgeschrittenen Volkswirtschaften sind solcherart von zahlreichen außerhalb der Weltzeit stehenden Löchern durchsiebt" – und warten quasi darauf in die Wirtschaftskreisläufe eingebunden zu werden (vgl. Braudel 1986: 41). Manche dieser *internen Peripherien* werden erst in einem bestimmten Moment der wirtschaftlich-technischen Entwicklung als relevante Rohstofflagerstätten, Produktionsstandorte oder auch Absatzgebiete „entdeckt". Hopkins und Wallerstein sprechen von „>>innerer<< Expansion in dem Sinne, dass nicht sämtliche Gebiete, die innerhalb der äußeren Grenzen der Weltwirtschaft lagen, auch notwendigerweise von Anfang an in die Sozioökonomie einbezogen waren. Es gab >>Subsistenz-Redouten<<. Zweifellos war die Eingliederung von Gebieten, die an den äußeren Rändern des Systems lagen, und Gebieten, die Redouten im Innern darstellten, als Prozess ökonomisch im Grunde dasselbe Phänomen, selbst wenn sie juristisch anders definiert wurde und politisch vielleicht andere Voraussetzungen hatte. Während die >>äußere Expansion<< unzweifelhaft ihre Grenze erreicht hat, kann es durchaus sein, dass die >>innere<< Expansion noch nicht völlig abgeschlossen ist" (Hopkins/Wallerstein 1979: 168).

In der Weltwirtschaft des Erdöls kann man von Anfang an eine gewisse Iteration zwischen interner und externer Inkorporation von Erdöllagerstätten erkennen. Dies trifft vor allem auf die Vereinigten Staaten zu, die abwechselnd neue Erdölfelder im Inneren des Landes und im Ausland erschlossen. Der Prozess begann in Pennsylvania und führte über Oklahoma und Texas schnell ins benachbarte Mexiko und von dort zurück nach Ost-Texas. Alaska wurde Jahrzehnte nach Arabien inkorporiert. Großbritannien begann als Staat und Empire ohne eigene Ölvorkommen mit der Inkorporation externer

Regionen außerhalb des Empire in Persien, lange bevor unter seinem Festlandssockel in der Nordsee Erdöl gefunden und gefördert wurde.

Die Inkorporation interner Regionen wird im Zusammenhang mit der Erschließung *unkonventioneller* Ölvorkommen in Zentrums- und Peripherieländern an Bedeutung gewinnen (vgl. Campbell u.a. 2002: 88ff.). In Kanada und Venezuela befinden sich Regionen mit erheblichen Mengen an Ölsanden, die bei hohen Ölpreisen und infolge ständig verbesserter Technologien wirtschaftlich gewonnen werden können (vgl. Babies 2003). Unkonventionelles Öl umfasst außer Ölsanden, Ölschiefer und aus Kohle gewonnenem Öl, auch Öl aus der Tiefsee und aus den Polarregionen. Damit kommen wieder externe Regionen ins Spiel, die bisher noch nicht inkorporiert wurden und deren Rechtsstatus umstritten ist. Russlands im Stil frühneuzeitlichen Entdecker und Eroberer erinnernder Vorstoß am Nordpol – mit der Anbringung einer russische Flagge auf dem Meeresgrund im August 2007 wurden zugleich Eigentumsrechte an den dort vermuteten Ölvorkommen reklamiert – signalisiert den Bedarf an einem internationalen Regime für den Umgang mit Ressourcen in unbesiedelten und unzugänglichen Regionen außerhalb tradierter Staatsgrenzen.

4. Vermehrung der Gegenmachtpotentiale

Nach dem Prinzip des *countervailing power* führt nahezu jede Manifestation von Macht zu einer gegenläufigen Bewegung des Widerstand und der Gegenmachtbildung. Diese Dialektik von Macht und Gegenmacht ist in der Weltwirtschaft des Erdöls von Anfang an virulent. Die spektakulärsten Fälle sind (in der formativen Phase der Mineralölindustrie) der politische Widerstand von Teilen der amerikanischen Gesellschaft gegen die wirtschaftliche Dominanz des Standard Oil Trusts, der nach dem Sherman Antitrust Act 1911 aufgelöst wurde, und der viele Jahre später beginnende Widerstand Öl exportierender Staaten gegen die Übermacht multinationaler Konzerne, der in der Erdölkrise von 1973 seinen Höhepunkt erreichte und zu einer grundlegenden Veränderung der Austausch- und Machtbeziehungen zwischen Zentrum und Peripherie führte. Ein dritter Fall von Gegenmachtbildung bahnt sich mit dem Eindringen der Staatskonzerne Russlands und Chinas in die Weltwirtschaft des Erdöls an, die als machtbewusste Exporteure beziehungsweise Importeure von Öl die Konzerne und Regierungen des kapitalistischen Zentrums herausfordern.

Wichtigste Quelle von Gegenmacht bleiben aus der Sicht der ölabhängigen Zentrumsländer vermutlich die Öl exportierenden Staaten des Nahen Ostens. Sie verfügen über die weitaus größten Ölreserven und werden daher einen immer größeren Anteil an der Weltförderung und am Weltexport auf sich vereinigen (vgl. Energy Information Administration 2007: 31). Die Macht dieser Staaten erscheint umso bedrohlicher, als zehn der 13 OPEC-Mitglieder zum islamischen Kulturkreis gehören. Bisher war der Zusammenhalt des OPEC-Kartells zwar eher ökonomisch als ideologisch motiviert, doch wenn fundamentalistische Regierungen an die Macht kämen, könnte Erdöl in weniger berechenbarer und radikalerer Weise als früher für politisch-ideologische Zwecke eingesetzt werden. Die auf die Machtübernahme der Fundamentalisten im Iran folgenden Kriege und Krisen haben reichliches Anschauungsmaterial für künftige Risiken und Bedrohungen geliefert. Allerdings ist der nach der islamischen Revolution ausgebrochene Krieg zwischen dem Iran und dem Irak nicht von den Mullahs, sondern von dem laizistisch-sozialistischen Diktator des Irak (mit tatkräftiger Unterstützung der US-Administration) begonnen worden; die daraus resultierende zweite Ölpreiskrise ist eine Folge der Konflikts zwischen zwei OPEC-Mitgliedern und nicht des Einsatzes der „Ölwaffe" gegen den Westen. Auch die Entfesselung der Marktkräfte und der Spekulation, die für die zunehmenden Turbolenzen im internationalen Ölhandel verantwortlich gemacht werden, ist nicht auf Maßnahmen radikal-islamischer Politiker oder politisierter Staatskonzerne zurückzuführen, sondern auf das nervöse und undisziplinierte Verhalten westlicher Ölkäufer: auf dem Wunsch, sich gegen Preis- und Lieferrisiken abzusichern und auf den Drang, Risiken und Ängste zu kommerzialisieren.

Das größere Risiko für Gegenmacht und Gewalt aus dem Nahen Osten liegt wohl mehr in der strukturellen Instabilität der Region als in der Machtübernahme einzelner Länder durch Islamisten, mehr im unkontrollierten Wuchern des Terrorismus als in der Ausbreitung der Theokratie. Vielleicht können die sich abzeichnenden Entwicklungen in der Zentralregion der weltweiten Ölproduktion mit dem rationalistischen Begriff der Gegenmacht nicht mehr angemessen beschrieben werden. Nicht strategisch eingesetzte Gegenmacht mehr oder weniger fundamentalistischer Regierungen scheint das größte Problem zu sein, sondern das Unvermögen der von welchen

Gruppen auch immer geführten Regierungen, die enormen gesellschaftlichen Probleme ihrer Länder zu bewältigen. Der anscheinend immer weniger kontrollier- und kanalisierbare Aufruhr in den Bevölkerungen der Exportländer hat vermutlich eher demographische als ideologische Ursachen. Laqueur zufolge „gibt es in Nordafrika und im Nahen Osten ein großes Reservoir junger Arbeitsloser, rund 25 Prozent der jeweiligen Bevölkerungen, und das Bevölkerungswachstum eilt dort dem Wirtschaftswachstum voraus. 100 Millionen Arbeitsplätze werden in den nächsten 10 Jahren benötigt, um dieses Problem zu lösen, doch es spricht nichts dafür, dass dies möglich sein wird. Die Arbeitslosigkeit in Nordafrika und im arabischen Nahen Osten ist, wie zu Recht gesagt wurde, eine Zeitbombe; die Frage ist nur, ob sie im Nahen Osten, oder in Europa oder an beiden Orten explodieren wird" (Laqueur 2006: 194).

Gegenmacht erfahren die ölabhängigen Zentrumsländer zunehmend auch von Seiten semiperipherer Export- und Importländer wie Russland und China. Hier scheinen ideologische Motive eine geringere Rolle zu spielen als in der nahöstlichen Peripherie. Hier geht es primär um wirtschaftliche und politische Vorteile, um Versorgungssicherheit und Großmachtstatus. Während China seine auf industrielle Produktion gegründeten Machtpotentiale eher gegenüber peripheren Förderländern, bei der Aushandlung exklusiver und langfristiger Lieferverträge mit den dortigen Regierungen ausspielt und gegenüber dem Westen „Harmonie" als Grundzug der Außenpolitik verkündet, richtet sich Russlands auf große Energiereserven gegründete Gegenmacht vor allem gegen das benachbarte Europa, das seinen Energiebedarf immer stärker durch Importe decken muss. Das Gegenmachtpotential Russlands gegenüber der Europäischen Union resultiert einerseits aus der in der Putin-Ära gestiegenen Fähigkeit, die eigenen Öl- und Gasreserven im Zusammenspiel zwischen Staat und Konzernen zu steigenden Preisen international zu vermarkten, andererseits aus der zunehmenden Abhängigkeit Europas vom Energieimport, dessen Anteil an der Deckung des Energieverbrauchs von gegenwärtig 50 Prozent bis 2030 auf 70 Prozent ansteigen wird. Während die EU im Bestreben, ihre Energieabhängigkeit vom Nahen Osten zu begrenzen, mit ihrer 1974 verabschiedeten „Europäischen Energiecharta" (mit bisher eher mäßigem Erfolg) auf eine völkerrechtlich verankerte Energiepartnerschaft mit Russland setzt, kann das umworbene Russland versuchen, das ebenfalls immer stärker vom Energieimport abhängige und zunehmend zahlungskräftigere China gegen Europa auszuspielen.[2] Im Energiebereich scheint die Verhandlungsmacht Russlands gegenüber Europa größer zu sein als die Europas gegenüber Russland; Russland hat offensichtlich die besseren Alternativen.

China wird immer mehr zum Konkurrenten Europas und Amerikas beim Zugang zu den Ölreserven der Welt. Während die Ölintensität der industriellen Zentrumsländer seit langem abnimmt, bleibt sie in China, Indien und anderen Schwellen- und Entwicklungsländern auf hohem Niveau. Bei unzureichenden eigenen Ölvorkommen ist Wirtschaftswachstum also nur um den Preis zunehmender Importe zu haben. Theoretisch könnten die aufstrebenden Semiperipherien ihren Ölbedarf auch über die multinationalen Konzerne aus den Zentrumsländern decken. Aber aufgrund seiner überwiegend schlechten Erfahrungen mit westlichen Unternehmen in seiner kolonialen Phase, seiner (quasi)kommunistischen Herrschaftsform und seiner staatswirtschaftlichen Tradition setzt China verständlicherweise eher auf eigene, von der Staatsmacht geschmiedete und der nationalen Versorgungssicherheit verpflichtete Konzerne. Die enormen Handelsüberschüsse und Devisenreserven haben es den Chinesen ermöglicht, außerordentlich kapitalstarke und wettbewerbsfähige Mineralölkonzerne aufzubauen, die den peripheren Exportländern attraktive Lieferbeziehungen offerieren können.

Wenig angesprochen wurden bisher Macht und Gegenmachtbildungen *innerhalb* des Zentrums. Ein großes Thema sind die divergierenden Weltsichten und Politikansätze der USA und der EU, die sich auch im Umgang mit Staaten der Semiperipherie und der Peripherie niederschlagen. Nach der Ansicht von Kagan orientieren sich die Europäer an einer Kantschen Welt der Vernunft, des Friedens und der Verträge, während sich die Amerikaner in einer Hobbesschen Welt der Anarchie, der Krieges und der Macht verwickelt sehen. Die Europäer hätten ihre alte Real- und Machtpolitik nur aus Schwäche zugunsten einer auf internationalen Vereinbarungen und transnationalen Regelwerken vertrauenden Politik aufgegeben. Hingegen würden die Amerikaner im Bewusstsein ihrer überlegenen wirtschaftlichen, politischen und militärischen Fähigkeiten und in realistischer Anerkennung der Jahrhunderte alten und immer noch gültigen Regeln der Außenpolitik, ihre Macht für nicht weniger idealistische Ziele einsetzen. Den „vielleicht wichtigsten Grund für die transatlantische Entzweiung" sieht Kagan in der Be-

---

2   Zur Energieabhängigkeit der EU und zur Energiecharta vgl. Westfahl 2004: 39-54; Chalker 2004: 55-67.

reitschaft Amerikas, „diese Macht – nötigenfalls auch einseitig – einzusetzen" und dies stelle eine „Bedrohung für Europas neues Sendungsbewusstsein dar" (vgl. Kagan 2004: 71). Prozesse gegenläufiger Machtbildungen finden sich nicht nur auf der Ebene internationaler Beziehungen, sondern auch innerhalb eines jeden Zentrumslandes, in den Beziehungen zwischen Energiekonzernen, Regierungen und gesellschaftlichen Bewegungen. Es geht um *kulturelle Hegemonie* in den Diskursen über Macht und Verantwortung der Mineralölkonzerne, über die Verflechtung privater Gewinninteressen mit Gemeinwohl verpflichteten Regierungen, über Versorgungssicherheit und vor allem über die ökologischen Folgen des Ölverbrauchs und die Umstellung der Energiesysteme auf erneuerbare Ressourcen.

Der vermutlich wichtigste Auslöser für zivilgesellschaftliche Gegenmachtbewegungen in den Ländern des Zentrums war der ein Jahr vor der ersten Erdölkrise publizierte Bericht des Club of Rome über „*Die Grenzen des Wachstums*". Der Bericht hat weltweite Diskussionen über die Gefahren und Grenzen exponentiellen Wachstums ausgelöst und neue Formen und Allianzen des Widerstands gegen industriehörige Regierungen und regierungsnahe Energiekonzerne inspiriert. Am wichtigsten war aus heutiger Sicht wohl die sprunghafte Vermehrung internationaler Nichtregierungsorganisationen (INGOs), die sich mit Problemen befassen, die nationale Regierungen wegen ihrer begrenzten Reichweite und Konzerne aufgrund ihrer Rentabilitätsbindung nicht angemessen bewältigen können. Ihr Gegenmachtpotential beruht auf ihren investigativen und kommunikativen Fähigkeiten, ihren Fähigkeiten, große Bevölkerungsgruppen, darunter auch Publizisten, Wissenschaftler und Politiker, für ihre Anliegen zu gewinnen, vor allem aber in ihrem Vertrauensvorschuss gegenüber Unternehmen und Regierungen.[3] Dabei lassen sich zwei miteinander verbundene Tendenzen erkennen: erstens den Wandel von spontanen Bewegungen zu formalen Organisationen, von der Organisation einzelner Kampagnen (z. B. gegen Umweltsünder) zum dauerhaft organisierten Kampf für weltweit geltende Normen (z. B. Umweltstandards) – was gelegentliche spektakuläre Einzelaktionen nicht

---

[3] Nach einer Umfrage des World Economic Forum unter 36.000 Menschen in 47 Ländern genießen NGOs unter 17 Institutionen das zweitgrößte Vertrauen hinter den Streitkräften des jeweiligen Landes und weit vor Wirtschaftsunternehmen und demokratisch legitimierten Parlamenten auf den beiden letzten Plätzen (vgl. Strube 2004: 51f.).

ausschließt; damit verbunden zweitens eine Tendenz zur Kooperation mit staatlichen Behörden und Unternehmen in globalen Politiknetzwerken (*Global Public Policy Networks*) – was gelegentliche Aktivitäten außerhalb dieser institutionalisierten Kooperationsformen nicht ausschließt. Inwieweit diese in Zentrumsländern entstandenen Netzwerke über die Durchsetzung neuer Energie- und Umweltregime den Weg in eine „neue biologische Ordnung" auf der Basis erneuerbarer Energien weisen können, wird die Zukunft zeigen.

5. Kampf um Ordnung und Hegemonie

Die Integration des Weltölsystems ist durch unterschiedliche Kombinationen von Unternehmen, Marktelementen und Staatsmacht bewirkt worden. Als langzeitliche Tendenz lässt sich eine Umgewichtung von der Hierarchie zum Markt erkennen. Während das alte Regime der integrierten Konzerne von britischen und amerikanischen Interessen und das revolutionäre Regime der OPEC von den Eliten der Exportstaaten bestimmt wurden, ist das gegenwärtige Marktregime weder vom Zentrum, noch von der Peripherie durchgesetzt worden, sondern in einer Phase der Krise und der Anomie eher spontan entstanden. Das Unvermögen der US-Administration, die alte Ordnung zu restaurieren oder ein neues Regelwerk zu etablieren, war die wohl wichtigste Voraussetzung für die Entfaltung der Marktkräfte; und da der Marktmechanismus im Unterschied zu hierarchischen Organisationsformen auch unter Bedingungen gegensätzlicher Ziele und gegenläufiger Interessen gut funktionieren kann, hat er sich den Ölexporteuren und -importeuren gleichsam aufgedrängt. Die explodierenden Spotmärkte erlaubten es den Öl exportierenden Staaten, „auf der Stelle" höhere Preise durchzusetzen und den Ölkäufern durch Überbietung der Konkurrenten sofort größere Mengen einzukaufen. Als Problemlösungsmechanismus war der Markt (im Hinblick auf die Transaktionskosten) schneller und billiger als jede Alternative, und da alternative und allseits akzeptable Ordnungsmodelle nicht in Sicht waren, setzte sich der deregulierte Marktkampf als Mechanismus des Ausgleichs von Angebot und Nachfrage durch. Der freie und offene Markt zog immer mehr Teilnehmer an, darunter zunehmend auch ölfremde Interessen. Er verselbständigte und verstärkte sich selbst und wurde ungeplant zur dominanten Koordinationsform.

Nun benötigt ein funktionsfähiger Markt immer auch einen institutionellen Rahmen, den er selbst nicht herausbilden kann, sondern der von politischen Instanzen geschaffen und unterhalten werden muss. Der globalisierte Ölmarkt hat die erforderliche Infrastruktur des Austauschs von Öl gegen Geld (einschließlich der sicheren und gewinnbringenden Anlage der Gewinne) vor allem in den Vereinigten Staaten gefunden, deren finanzwirtschaftliche Institutionen attraktiver und leistungsfähiger erschienen als die eines jeden anderen Landes. Dazu gehören Börsen als reale oder virtuelle Orte des Ausgleichs von Angebot und Nachfrage, Finanzinstitutionen, die den Austausch finanzieren und die Risiken abdecken und dazu immer neue Finanzprodukte (Derivate) einführen, und nicht zuletzt der Dollar als Recheneinheit und Zahlungsmittel. Indem die USA die Institutionen bereitstellen und die Regeln bestimmen, nach denen Öl weltweit bewertet und gehandelt wird, haben sie zumindest einen Teil der in der OPEC-Revolution verloren gegangenen Kontrolle über die In-Wert-Setzung des Erdöls zurück gewonnen.

Von der Frage, nach welchen Regeln das Weltölsystem funktioniert, ist die Frage zu unterscheiden, wem das Regelwerk am meisten nutzt, wer den größten Vorteil daraus zieht. Auch hier könnte die Antwort lauten: die Vereinigten Staaten, genauer gesagt, der Finanzkapitalismus der USA, der für die Wirtschaft des Landes längst wichtiger geworden ist als der Industriekapitalismus. Die innovative und expansive Finanzindustrie hat die reale Erdölwirtschaft in ein immer komplexeres und undurchsichtigeres Gefüge von finanziellen Institutionen und Akteuren eingebunden, die das physische Öl auf nie da gewesene Weise kommerzialisiert haben. Der Umfang der ölbezogenen Finanzgeschäfte dürfte den des eigentlichen Ölhandels um ein Vielfaches übertreffen – vielleicht um das fünfzig- bis hundertfache, um den die täglichen Finanzgeschäfte in *futures*, *optionen*, *swaps* usw. den täglichen Welthandel in Gütern und Leistungen übertreffen. Man kann die Hypothese wagen, dass das gegenwärtige Erdölregime für die von Finanzinteressen bestimmte amerikanische Wirtschaft so profitabel ist, dass sie sich jedem Versuch einer Veränderung seiner Prinzipien, Normen, Regeln und Entscheidungsprozeduren widersetzt und dies auch im politischen System der Vereinigten Staaten durchzusetzen vermag.

Dagegen könnte man die These stellen, die Beibehaltung des gegenwärtigen Erdölregimes sei weniger auf die Interessen dominanter Koalitionen innerhalb der Vereinigten Staaten zurückzuführen als vielmehr auf ihren

Verlust an Ordnungsmacht in den internationalen Beziehungen. Kennzeichen einer Hegemonialmacht ist die Durchsetzung und Aufrechterhaltung einer internationalen Ordnung, die Sicherheit und Stabilität in den internationalen Beziehungen garantiert und zum gemeinsamen Vorteil aller beteiligten Staaten funktioniert. Genau diese Eigenschaften fehlen dem gegenwärtigen System, das allzu leicht durch verantwortungslose Spekulanten im Zentrum und autokratische Herrscher in der Peripherie und international agierende Terroristen zum Schaden vieler gestört werden kann.[4] Vielleicht befinden wir uns in einer Phase des hegemonialen Interregnums, in der weder die USA noch irgendein anderer Staat imstande oder willens ist, Verantwortung für die Stabilisierung der chaotisch anmutenden, viele Risiken in sich bergenden Ölwelt zu übernehmen. Vorerst scheinen sich alle Akteure damit zu begnügen, aus der globalen Anarchie das für sie subjektiv Beste herauszuholen.

---

[4] Diese Störanfälligkeit resultiert nicht nur aus dem Verhalten eigeninteressierter Akteure, sondern auch aus einer grundlegenden Struktureigenschaft des Systems: der zu engen Kopplung seiner vielen verschiedenartigen Elemente, die dazu führt, dass die Störung eines Elements sich schnell in dem System verzweigt, andere Elemente befällt und damit das Funktionieren des gesamten Systems stark beeinträchtigt. Diese enge Kopplung ist großenteils informations- und kommunikationstechnisch bedingt und daher wohl unvermeidbar. Zu den Nachteilen enger und den Vorteilen loser Kopplung vgl. Weick 1985: 163ff.

7 Anhang

Bibliographie

Adams, Robert (1995): Paths of Fire, An Anthropologist's Inquiry into Western Technology, Princeton: Princeton University Press.

Albertini, Rudolf von (1985): Europäische Kolonialherrschaft 1880-1940, 2. Aufl. Stuttgart: Steiner.

Al-Rasheed, Madawi (2002): A History of Saudi Arabia, Cambridge (UK): Cambridge University Press.

Amineh, Medhi Parvizi (1999): Towards the Control of Oil Resources in the Caspian Region, New York: Palgrave.

Ammon, Günther (1994): Der französische Wirtschaftsstil, 2. Aufl. München: Eberhard.

Anderson, Robert O. (1984): Fundamentals of the Petroleum Industry, Norman: University of Oklahoma Press.

Arrighi, Giovanni (1994): The Long Twentieth Century: Money, Power, and the Origins of Our Time, London: Verso Books.

Babies, Hans G. (2003): Ölsande in Kanada – Eine Alternative zum konventionellen Erdöl? In: Commodity Top News No. 20/Oktober 2003 der Bundesanstalt für Geowissenschaften und Rohstoffe, Hannover.

Barber, Benjamin R. (1996): Coca Cola und heiliger Krieg: Wie Kapitalismus und Fundamentalismus Demokratie und Freiheit abschaffen, Bern: Scherz.

Bardou, Jean-Pierre/Jean-Jacques Chanaron/Patrick Fridenson/James M. Laux (1982): The Automobile Revolution: The Impact of an Industry, Chapel Hill: University of North Carolina Press.

Bardt, Hubertus (2005): Rohstoffreichtum – Fluch oder Segen, in: IW-Trends Vierteljahresschrift zur empirischen Wirtschaftsforschung, Institut der deutschen Wirtschaft Köln, 32. Jg., Heft 1.

Barudio, Günter (2001): Tränen des Teufels: Eine Weltgeschichte des Erdöls, Stuttgart: Klett-Cotta.

Beck, Martin (193): Die Erdöl-Rentier-Staaten des Nahen und Mittleren Ostens: Interessen, erdölpolitische Kooperation und Entwicklungstendenzen, Münster: Lit.

Bender, Peter (2003): Weltmacht Amerika: Das neue Rom, Stuttgart: Klett-Cotta.

Berenberg Bank/Hamburgisches Weltwirtschaftsinstitut (2005): Strategie 2030 – Energierohstoffe, Hamburg.

Birg, Herwig (2004): Historische Entwicklung der Weltbevölkerung, in: Informationen zur politischen Bildung Nr. 282, Bonn.

Blank, Jürgen E. (1994): Marktstrukturen und Strategien auf dem Weltölmarkt, Münster: Lit.

Boltanski, Luc/Ève Chiapello (2003): Der neue Geist des Kapitalismus, Konstanz: UVK.
Bornschier, Volker (1988): Westliche Gesellschaft im Wandel, Frankfurt am Main: Campus.
Braudel, Fernand (1986a): Sozialgeschichte des 15.-18. Jahrhunderts, Band 3: Aufbruch zur Weltwirtschaft, München: Kindler.
Braudel, Fernand (1986b): Die Dynamik des Kapitalismus, Stuttgart: Klett-Cotta.
Bromley, Simon (1991): American Hegemony and World Oil: The Industry, the State System and the World Economy, Cambridge: Penn State University Press.
Brown, Jonathan C./Peter S. Linder (1998): Oil, in: Topik, Stephen C./Allen Wells (eds.); The Second Conquest of Latin America: Coffe, Henequen, and Oil, Austin: University of Texas Press 1998.
Bühl, Walter L. (1990): Sozialer Wandel im Ungleichgewicht: Zyklen, Fluktuationen, Katastrophen, Stuttgart: enke.
Bundesanstalt für Geowissenschaften und Rohstoffe (Hg.) (2003): Reserven, Ressourcen und Verfügbarkeit von Energierohstoffen, Hannover.
Bundesanstalt für Geowissenschaften und Rohstoffe (Hg.) (2005): Reserven, Ressourcen und Verfügbarkeit von Energierohstoffen, Kurzstudie Hannover.
Burkart, Günter (1994): Individuelle Mobilität und soziale Integration: Zur Soziologie des Automobilismus, in: Soziale Welt, 45, 1994, S. 216-241.
Cameron, Rondo (1992): Geschichte der Weltwirtschaft, Bd. 2: Von der Industrialisierung bis zur Gegenwart, Stuttgart: Klett-Cotta.
Campbell, Colin u. a. (2002): Ölwechsel: Das Ende des Erdölzeitalters und die Weichenstellung für die Zukunft. München: DTV.
Castells, Manuel (2001): Das Informationszeitalter I: Die Netzwerkgesellschaft, Opladen: Leske + Budrich.
Chalker, James (2004): Der Energiecharta-Vertrag: Normen, Regeln, Implementierung, in: Osteuropa, 54. Jahrg. Heft 9-10, 2004, Europa unter Spannung – Energiepolitik zwischen Ost und West, S. 55-67.
Chandler, Alfred D. (1977): The Visible Hand: The Managerial Revolution in American Business, Cambridge (Mass.): Harvard Univ Press.
Clark, John/Christopher Freeman/Luc Soete (1981): Long Waves, Inventions, and Innovations, in: Futures, Vol. 13, S. 308-322.
Debiel, Tobias/Dirk Messner/Franz Nuscheler (Hg.) (2006): Globale Trends 2007, Frankfurt am Main: Fischer.
Dekmejian, Hrair/Hovann H. Simonian (2001): Troubled Waters: The Geopolitics of the Caspian Region, New York: I. B. Tauris & Co Ltd.
Deutsche BP (Hg.) (1961): Das Buch vom Erdöl: Eine Einführung in die Erdölindustrie, Hamburg: Reuter & Klöckner.
Dicken, Peter (1998): Global Shift: Transforming the World Economy, 3. Aufl. New York/London: Paul Chapman Publishing Ltd.
Dienes, Leslie/Theodore Shabad (1979): The Soviet Energy System, New York: John Wiley & Sons.
Duijn, van, Jacob (1981): Fluctuations in Innovations over Time, in: Futures, Vol. 13, S. 264-275.
Drucker, Peter (1984): Weltwirtschaftswende: Tendenzen für die Zukunft, München: Langen-Müller/Herbig.

Eichengreen, Barry (2000): Vom Goldstandard zum Euro: Geschichte des internationalen Währungssystems, Berlin: Wagenbach.
Emmott, Bill (2004): Vision 20/21: Die Weltordnung des 21. Jahrhunderts, Frankfurt am Main: Fischer.
Energy Information Administration (EIA) (2006): Caspian Sea Region: Survey of Key Oil and Gas Statistics and Forecasts, July (www.eia.due.gov.).
Energy Information Administration (2007): International Energy Outlook.
Engdahl, Frederick William (2000): Mit der Ölwaffe zur Weltmacht: Der Weg zur neuen Weltordnung, 4. Aufl. Wiesbaden: Böttiger.
Federal Trade Commission (1952): The International Petroleum Cartel, Washington (DC).
Ferguson, Niall (2004): Das verleugnete Imperium: Chancen und Risiken amerikanischer Macht, Berlin: Propyläen.
Ferguson, Niall (2006): Krieg der Welt: Was ging schief im 20. Jahrhundert, Berlin: Propyläen.
Fischer, Wolfram (1979): Die Weltwirtschaft im 20. Jahrhundert, Göttingen: Vandenhoeck und Ruprecht.
Frankfurter Allgemeine Zeitung (2007): Die größten Unternehmen der Welt nach der Börsenkapitalisierung, 03.07.2007, S. U 6.
Freeman, Chris/Carlota Perez (1988): Structural Crises of Adjustment, Business Cycles and Investment Behavior. In: Dosi, G. et al. (eds.), Technical Change and Economic Theory. London: Palgrave Macmillan, Kap. 3, S. 38-66.
Freeman, Chris/Francisco Louca (2001): As Time goes by: From the Industrial Revolutions to the Information Revolution, Oxford: Oxford University Press.
Fuentes, Carlos (1992): Der vergrabene Spiegel: Die Geschichte der hispanischen Welt, Hamburg: Hoffmann und Campe.
Fukuyama, Francis (2006): Staaten bauen: Die neue Herausforderung internationaler Politik, Berlin.
Galbraith, John Kenneth (1968): Die moderne Industriegesellschaft, München: Droemer/Knaur.
Galbraith, John Kenneth (1987): Anatomie der Macht, München: Bertelsmann.
Gallagher, John/Ronald Robinson (1972): Der Imperialismus des Freihandels, in: Hans-Ulrich Wehler (Hg.), Imperialismus, 2. Aufl. Köln: Kiepenheuer und Witsch, S. 183-200.
Gilpin, Robert (2002): The Rise of the American Hegemony, in: O'Brien, Patrick Karl, Armand Clesse (eds.), Two Hegemonies, Britain 1846-1914 and the United States 1941-2001. Aldershot/Burlington, Vermont: Ashgate, S. 165-182.
Götz, Roland (2005): Rußlands Erdöl und der Welterdölmarkt: Trends und Prognosen, SWP-Studie, Berlin.
Gowa, Joanne/Edward D. Mansfield (1993): Power Politics and International Trade, in: American Political Science Review, Vol. 87, S. 408-420.
Graf, William D. (1988): The Nigerian State: Political Economy, State Class and political System in the Post-Colonial Era, London: James Currey Ltd.
Gray, John (2001): Die falsche Verheißung: Der globale Kapitalismus und seine Folgen, Frankfurt am Main: Fischer.
Green, William N. (1985): Strategies of the Major Oil Companies, Ann Arbor.

Harks, Enno (2005): Der hohe Ölpreis und das Recycling der Petrodollars, in: SWP-Aktuell 38, September.

Hartshorn, J. E. (1962): Erdöl zwischen Mächten und Märkten: Die internationale Ölindustrie, Oldenburg: Stalling.

Held, David/Anthony McGrew/David Goldblatt/Jonathan Perraton (1999): Global Transformations, Politics, Economics and Culture, Cambridge (UK).

Hensing, Ingo (1994): Terminmärkte als Form internationalen Rohstoffhandels – dargestellt am Beispiel von Mineralöl und Erdgas, Münster: Lit.

Hintze, Otto (1970): Feudalismus – Kapitalismus, herausgegeben und eingeleitet von Gerhard Oestreich, Göttingen: Vandenhoeck u. Ruprecht.

Hobsbawm, Eric (1968): Industrie und Empire I: Britische Wirtschaftsgeschichte seit 1750, Frankfurt am Main: Campus.

Hobsbawm, Eric (1989): Das imperiale Zeitalter, 1875-1914, Frankfurt am Main: Campus.

Hobsbawm, Eric (1955): Das Zeitalter der Extreme: Weltgeschichte des 20. Jahrhunderts, München: Hanser.

Hofstede, Geert (2001): Lokales Denken, globales Handeln: Interkulturelle Zusammenarbeit und globales Management, 2. Aufl. München: Lit.

Hopkins, Terence K./Immanuel Wallerstein (1979): Grundzüge der Entwicklung des modernen Weltsystems: Entwurf für ein Forschungsvorhaben, in: Senghaas, Dieter (Hg.): Kapitalistische Weltökonomie: Kontroversen über ihren Ursprung und ihre Entwicklungsdynamik, Frankfurt am Main: Suhrkamp, S. 151-200.

Hopkirk, Peter (1994): The Great Game: The Struggle for Empire in Central Asia, New York: Kodansha.

Hourani, Albert (1992): Die Geschichte der arabischen Völker, Frankfurt am Main: Fischer.

Hubbert, M. King (1956): Nuclear Energy and the Fossil Fuels, in: American Petroleum Institute, Drilling and Production Practice, Proceedings of the Spring Meeting, San Antonio, Texas, S. 7-25.

Hughes, Thomas P. (1991): Die Erfindung Amerikas: Der technologische Aufstieg der USA seit 1870, München: Beck.

Huntington, Samuel (1996): Kampf der Kulturen: Die Neugestaltung der Weltpolitik im 21. Jahrhundert, München: Europa-Verlag.

James, Harold (1997): Rambouillet, 15. November 1975: Die Globalisierung der Wirtschaft, München: DTV.

Jenkins, Gilbert (1986): Oil Economists' Handbook, 4. Aufl. London.

Joffe, Josef (2006): Die Hypermacht: Warum die USA die Welt beherrschen, München: Hanser.

Junker (1998): Weltwirtschaftskrise, New Deal, Zweiter Weltkrieg, 1929-1945, in: Adams, Willi Paul, Peter Lösche (Hg.) Länderbericht USA: Geschichte, Politik, Geographie, Wirtschaft, Gesellschaft, Kultur, 3. Aufl. Bonn: Bundeszentrale für politische Bildung, S. 121-143.

Kagan, Robert (2004): Macht und Ohnmacht: Amerika und Europa in der neuen Weltordnung, München: Siedler.

Karl, Terry Lynn (1997): The Paradox of Plenty: Oil Booms and Petro-States, Berkeley (Cal.): Univ. of California Press.

Karlsch, Rainer/Raymond G. Stokes (2003): Faktor Öl: Die Mineralölwirtschaft in Deutschland 1859-1974. München: Beck.

Karlsson, Svante (1986): Oil and the World Order: American Foreign Oil Policy, Leamington Spa: Berg Publishers.
Kennedy, Paul (1989): Aufstieg und Fall der großen Mächte: Ökonomischer Wandel und militärischer Konflikt von 1500-2000, Frankfurt am Main: S. Fischer.
Kennedy, Paul (1993): In Vorbereitung auf das 21. Jahrhundert, Frankfurt am Main: S. Fischer.
Keohane, Robert O. (1984): After Hegemony: Cooperation and Discord in the World Political Economy. Princeton (N.J.): Princeton University Press.
Khan, Sarah Ahmad (1994): Nigeria: The Political Economy of Oil, Oxford.
Kindleberger, Charles, P. (1973): Die Weltwirtschaftskrise 1929-1939, München: DTV.
Kindleberger, Charles, P. (1996): World Economic Primacy 1500-1990, Oxford: Oxford University Press.
Klare, Michael T. (2001): Resource Wars: The New Landscape of Global Conflict. Metropolitan Books.
Klevemann, Lutz (2002): Der Kampf um das heilige Feuer: Wettlauf der Weltmächte am Kaspischen Meer, Berlin: Rowohlt.
König, René (Hg.) (1973): Handbuch der empirischen Sozialforschung, Bd. 1 Geschichte und Grundprobleme, 3. Aufl. Stuttgart: Enke.
Kosinowski, Michael (2002): Energievorräte, Energiegewinnung und Energiebedarf, in: Rebhahn, Eckart (Hg.), Energiehandbuch: Gewinnung, Wandlung und Nutzung von Energie, Berlin: Springer, S. 67-106.
Krasner, Stephen D. (ed.) (1983): International Regimes, London: Cornell University Press.
Kreft, Heinrich (2006): Neomerkantilistische Energie-Diplomatie: China auf der Suche nach neuen Energiequellen, in: Internationale Politik, 61. Jahrg. 2, S. 50-57.
Kreile, Martin (1989): Regime und Regimewandel in den internationalen Wirtschaftsbeziehungen, in: Kohler-Koch, Beate (Hrsg.), Regime in den internationalen Beziehungen, Baden-Baden: Nomos, S. 89-103.
Landes, David (1973): Der entfesselte Prometheus: Technologischer Wandel und industrielle Entwicklung in Westeuropa von 1750 bis zur Gegenwart, Köln: Kiepenheuer und Witsch.
Landes, David (1999): Wohlstand und Armut der Nationen: Warum die einen reich und die anderen arm sind. Berlin: Berliner Taschenbuch-Verlag.
Laqueur, Walter (2006): Die letzten Tage von Europa: Ein Kontinent verändert sein Gesicht, Berlin: Propyläen.
Lepsius, Rainer M. (1995): Max Weber und das Programm einer Institutionenpolitik, in: Berliner Journal für Soziologie, Bd. 5, S. 327-333.
Lewis, Bernard (1994): Der Atem Allahs – Die islamische Welt und der Westen: Kampf der Kulturen? Wien: Europa-Verlag.
Lewis, Bernhard (2003): Die Wut der arabischen Welt: Warum der jahrhundertelange Konflikt zwischen dem Islam und dem Westen weiter eskaliert, Frankfurt: Campus.
Maddison, Angus (1989): World Economic Performance Since 1870, in: Holtfrerich, Carl-Ludwig (ed.), Interactions in the World Economy: Perspectives from International Economic History, New York, S. 223-238.
Maddison, Angus (2001): The World Economy: A Millennial Perspective, Paris.
Mann, Michael (1990): Geschichte der Macht: Von den Anfängen bis zur griechischen Antike, Frankfurt am Main: Campus.

Mann, Michael (2003): Die ohnmächtige Supermacht: Warum die USA die Welt nicht regieren können, Frankfurt am Main: Campus.
Marks, Robert B. (2006): Die Ursprünge der modernen Welt: Eine globale Weltgeschichte, Darmstadt: Wissenschaftliche Buchgesellschaft.
McNeill, John R. (2003): Blue Planet: Die Geschichte der Umwelt im 20. Jahrhundert, Frankfurt am Main: Campus.
Mejcher, Helmut (1980/1990): Die Politik und das Öl im Nahen Osten, 2 Bde. Stuttgart: Klett-Cotta.
Mikdashi, Zuhayr (1972): The Community of Oil Exporting Countries: A Study in Governmental Co-operation, London: Sage.
Mikdashi, Zuhayr/Sherrill Cleland/Ian Seymour (eds) (1970): Continuity and Change in the World Oil Industry, Beirut: Middle East Research.
Mineralölwirtschaftsverband (2004): Preisbildung am Rohölmarkt, Hamburg.
Modelski, George (1987): Long Cycles in World Politics, London: University of Washington Press.
Mommer, Bernard (2002): Global Oil and the Nation State, Oxford: Oxford University Press.
Mommsen, Wolfgang J. (1971): Der moderne Imperialismus als innergesellschaftliches Phänomen: Versuch einer universalgeschichtlichen Einordnung, in: ders. (Hg.), Der moderne Imperialismus, Stuttgart: Klett-Cotta, S. 14-30.
Motzkuhn, Robert (2005): Der Kampf um das Öl: Weltvorräte, Multis und wir, Tübingen: Mohr Siebeck.
Müller, Harald (1993):, Die Chance der Kooperation: Regime in den internationalen Beziehungen, Darmstadt: Wissenschaftliche Buchgesellschaft.
Müller, Klaus (2002): Globalisierung, Frankfurt am Main: Campus.
Müller-Kraenner, Sascha (2007): Energiesicherheit: Die neue Vermessung der Welt, München: Antje Kunstmann Verlag.
Münkler, Herfried (2005): Imperien: Die Logik der Weltherrschaft – vom Alten Rom bis zu den Vereinigten Staaten, Berlin: Rowohlt.
Nefiodow, Leo A. (1990): Der fünfte Kondratieff: Strategien zum Strukturwandel in Wirtschaft und Gesellschaft, Frankfurt am Main: Gabler.
Nefiodow, Leo A. (2001): Der sechste Kondratieff: Wege zur Produktivität und Vollbeschäftigung im Zeitalter der Information, 5. Aufl. St. Augustin: Rhein-Sieg-Verlag.
Neumann, Lutz (2003): Öl und Gas am Golf von Guinea, Arbeitspapier FG6-AP Nr. 14, Stiftung Wissenschaft und Politik, Berlin.
Norberg, Johan (2001): In Defence of Global Capitalism, Kristianstad: Cato Institute
North, Douglass C. (1992): Institutionen, institutioneller Wandel und Wirtschaftsleistung, Tübingen: Mohr Siebeck.
Nye, Joseph S. (2003): Das Paradox der amerikanischen Macht: Warum die einzige Supermacht der Welt Verbündete braucht, Hamburg: Europäische Verlagsanstalt.
O'Brien, Patrick Karl (1982), European Economic Development: The Contribution of the Periphery, in: Economic History Review, Vol. 35, S. 1-18.
O'Brien, Patrick Karl/Armand Cleese (Hg.) (2002): Two Hegemonies, Britain 1846-1914 and the United States 1941-2001. Aldershot/Burlington, Vermont: Ashgate.
Odell, Peter (1981): Oil and World Power, 6. Aufl. Harmondsworth: Penguin Books.
OECD (2005): Economic Outlook Nr. 76, Paris.

Ohmae, Kenichi (1985): Macht der Triade: Die neue Form des weltweiten Wettbewerbs, Wiesbaden: Gabler.

Osterhammel, Jürgen (1987): Joseph A. Schumpeter und das Nicht-Ökonomische in der Ökonomie, in: Kölner Zeitschrift für Soziologie und Sozialpsychologie, 39, S. 40-58.

Osterhammel, Jürgen (1988): Spielarten der Sozialökonomik: Joseph A. Schumpeter und Max Weber, in: Mommsen, Wolfgang J., Wolfgang Schwentker (Hg.), Max Weber und seine Zeitgenossen, Göttingen: Vandenhoeck & Ruprecht, S. 147-195.

Osterhammel, Jürgen (1995): Kolonialismus: Geschichte, Formen, Folgen, München.

Pakenham, Thomas (1993): Der kauernde Löwe: Die Kolonialisierung Afrikas 1876-1912, Düsseldorf: Econ.

Pawelka, Peter/Hans-Georg Wehling (Hg.) (1999): Der Vordere Orient an der Schwelle zum 21. Jahrhundert: Politik, Wirtschaft, Gesellschaft, Wiesbaden: Westdeutscher Verlag.

Penrose, Edith (1968): The Large International Firm in Developing Countries: The International Petroleum Industry, London: MIT Press.

Perez, Carlota (1983): Structural Change and Assimilation of New Technologies in the Economic and Social Systems, in: Futures, Vol. 15, S. 357-375.

Philip, George (1994): The Political Economy of International Oil, Edinburgh: Edinburgh University Press.

Piore, Michael J./Charles Sabel (1985): Das Ende der Massenproduktion: Studie über die Requalifizierung der Arbeit und die Rückkehr der Ökonomie in die Gesellschaft, Berlin: Wagenbach.

Pohl, Hans (1989): Aufbruch der Weltwirtschaft: Geschichte der Weltwirtschaft von der Mitte des 19. Jahrhunderts bis zum Ersten Weltkrieg, Wiesbaden: Gabler.

Polanyi, Karl (1978): The Great Transformation: Politische und ökonomische Ursprünge von Gesellschaften und Wirtschaftssystemen, Frankfurt am Main: Suhrkamp.

Pollins, Brian (1989): Does Trade Still Follows the Flag? In: American Political Science Review, Vol. 83, S. 465-480.

Pomeranz, Kenneth (2000): The Great Divergence: China, Europe, and the Making of the Modern World Economy, Princeton (N. J.): Princeton University Press.

Pomeranz, Kenneth/Steven Topik (2006): The World That Trade Created: Society, Culture, and the World Economy, 1400 to the Present, 2. Aufl. New York: M E Sharpe Inc.

Porter, Bernard (1997): Die Transformation des Britisch Empire, in: Alexander Demandt (Hg.), Das Ende der Weltreiche: Von den Persern bis zur Sowjetunion, München: C.H. Beck, S. 155-173.

Rahr, Alexander (2006): Die neue OPEC: Wladimir Putin hat ein großes Ziel: Rußland soll zur globalen Energie-Supermacht werden, in: Internationale Politik, Jg. 61, S. 15-23.

Rebhahn, Eckart (Hg.) (2002): Energiehandbuch: Gewinnung, Wandlung und Nutzung von Energie, Berlin: Springer.

Reinhard, Wolfgang (1990): Geschichte der europäischen Expansion: Band 4, Dritte Welt Afrika, Stuttgart: Klett-Cotta.

Reinhard, Wolfgang (1996): Kleine Geschichte des Kolonialismus, Stuttgart: Klett-Cotta.

Rifkin, Jeremy (2002): Wenn es kein Öl mehr gibt: Die H2-Revolution: Mit neuer Energie für eine gerechte Weltwirtschaft, Frankfurt am Main: Campus.

Rosecrance, Richard (1987): Long Cycle Theory and International Relations, in: International Organization, Vol. 51, S. 183-301.

Rosecrance, Richard (1987): Der neue Handelsstaat: Herausforderungen für Politik und Wirtschaft, Frankfurt am Main: Campus.
Ross, Michael L. (2001): Does Oil hinder Democracy? In: World Politics, Vol. 53, S. 325-361.
Rostow, Walt W. (1978): The World Economy: History and Prospect, London: Palgrave Macmillan.
Sachs, Jeffrey, D. (2005): as Ende der Armut: Ein ökonomisches Programm für eine gerechtere Welt, München: Siedler.
Sachverständigenrat zur Begutachtung der gesamtwirtschaftlichen Entwicklung (2004/2005), Jahresgutachten.
Sampson, Anthony (1976): Die Sieben Schwestern: Die Ölkonzerne und die Verwandlung der Welt, Reinbek: Rowohlt.
Schindler, Jörg/Werner Zittel (2000): Fossile Energiereserven (nur Erdöl und Erdgas) und mögliche Versorgungsengpässe aus europäischer Perspektive, Ottobrunn.
Schmid, Claudia (1991): Das Konzept des Rentier-Staates: Ein sozialwissenschaftliches Paradigma zur Analyse von Entwicklungsgesellschaften und seine Bedeutung für den Vorderen Orient, Münster/Hamburg: LIT.
Schmidt, Helmut (2006): Die Mächte der Zukunft: Gewinner und Verlierer in der Welt von morgen, München: Goldmann.
Schneider, Steven A. (1983): The Oil Price Revolution. Baltimore: John Hopkins University Press.
Schumpeter, Joseph A. (1975): Kapitalismus, Sozialismus und Demokratie, 4. Aufl. München: Francke.
Schumpeter, Joseph, A. (1987): Theorie der wirtschaftlichen Entwicklung: Eine Untersuchung über Unternehmergewinn, Kapital, Kredit, Zins und den Konjunkturzyklus, 7. Aufl. Berlin: Duncker und Humblot.
Scott, W. Richard (1986): Grundlagen der Organisationstheorie. Frankfurt am Main: Campus.
Seifert, Thomas/Klaus Werner (2005): Schwarzbuch Öl: Eine Geschichte von Gier, Krieg, Macht und Geld, Wien: Deuticke.
Simmons, Matthew (2005): Twilight in the Desert: The Coming Saudi Oil Shock and the World Economy, Hoboken (NJ): Wiley & Sons.
Soros, George (1998): Die Krise des globalen Kapitalismus: Offene Gesellschaft in Gefahr, Berlin: Fest.
Stiglitz, Joseph (2002): Die Schatten der Globalisierung, Berlin: Siedler.
Strube, Jürgen (2004): Reserveaußenpolitik in Zeiten der Krise? Unternehmen und die Abkühlung der transatlantischen Beziehungen, in: Herbert-Quandt-Stiftung (Hg.), Jenseits des Staates? "Außenpolitik" durch Unternehmen und NGOs, Bad Homburg, S. 46-53.
Sydow, Jörg (1992): Strategische Netzwerke: Evolution und Organisation, Wiesbaden: Gabler.
Tannenbaum, Frank (1969): Lateinamerika, 3. Aufl. Mainz: Kohlhammer.
Thamer, Hans-Ulrich (1986): Verführung und Gewalt: Deutschland 1933-1945, Berlin: Siedler.
Todd, Emmanuel (2003): Weltmacht USA: Ein Nachruf, München/Zürich: Piper.
Traub, Rudolf (1986): Nigeria: Weltmarktintegration und sozial-strukturelle Entwicklung, Hamburg.
Triepel, Heinrich (1928): Die Hegemonie: Ein Buch von führenden Staaten, Stuttgart/Berlin: Kohlhammer.

Tugendhat, Christopher/Adrian Hamilton (1975): Oil – the Biggest Business, London: Methuen Publishing.

Turner, Louis (1987): Oil Companies in the International System, London: Allan & Unwin.

Umbach, Frank (2003): Globale Energiesicherheit: Strategische Herausforderungen für die europäische und deutsche Außenpolitik, München: Oldenbourg.

US-Department of Energy, Energy Efficiency and Renewable Energy (2006): FreedomCar and Vehicle Programm, Fact # 415, March 13: Changes in Vehicles per Capita around the World, http://www1.eere.energy.gov/vehiclesandfuels/facts/printable_versions/2006_fcvt_fot ... 31.10.2006

Venn, Fiona (1986): Oil Diplomacy in the Twentieth Century, Basingstoke: Palgrave Macmillan.

Wallerstein, Immanuel (1979): Aufstieg und künftiger Niedergang des kapitalistischen Weltsystems: Zur Grundlegung vergleichender Analyse, in: Senghaas, Dieter (Hg.): Kapitalistische Weltökonomie: Kontroversen über ihren Ursprung und ihre Entwicklungsdynamik, Frankfurt am Main: Suhrkamp, S. 31-67.

Wallerstein, Immanuel (1984): Der historische Kapitalismus, Berlin: Argument.

Wallerstein, Immanuel (1986): Das moderne Weltsystem I: Die Anfänge kapitalistischer Landwirtschaft und die europäische Weltökonomie im 16. Jahrhundert. Frankfurt am Main: Syndikat.

Wallerstein, Immanuel (1991): Unthinking Social Science: The Limits of Nineteenth-Century Paradigms, Cambridge (UK): Temple University Press.

Wallerstein, Immanuel (2002):, Three Hegemonies. In: O'Brien, Patrick, Armand Cleese (Hg.), Two Hegemonies, Britain 1846-1914 and the United States 1941-2001, Aldershot: Ashgate, S. 357-361.

Weber, Max (1976): Wirtschaft und Gesellschaft: Grundriß der verstehenden Soziologie, 5. Aufl. Tübingen: Mohr Siebeck.

Weber, Max (1981): Wirtschaftsgeschichte: Abriß der universalen Sozial- und Wirtschaftsgeschichte, 4. Aufl. Berlin: Duncker und Humblot.

Weber, Max (1988): Die protestantische Ethik und der Geist des Kapitalismus, in: ders., Gesammelte Aufsätze zur Religionssoziologie I, 9. Aufl. Tübingen: Mohr Siebeck.

Wee, Herman van der (1984): Der gebremste Wohlstand: Wiederaufbau, Wachstum und Strukturwandel 1945-1890, München: Deutscher Taschenbuch Verlag.

Weede, Erich (1990): Wirtschaft, Staat und Gesellschaft: Zur Soziologie der kapitalistischen Marktwirtschaft und der Demokratie, Tübingen: Mohr Siebeck.

Wehler, Hans-Ulrich (1971): Der amerikanische Imperialismus vor 1914, in: Wolfgang J. Mommsen (Hg.), Der moderne Imperialismus, Stuttgart: Kohlhammer, S.172-192.

Weick, Karl E. (1985): Der Prozeß des Organisierens, Frankfurt am Main: Suhrkamp.

Weisser, Hellmuth (2001): Mineralölpreise, Spekulanten und der Rotterdamer Spotmarkt: Abhängigkeiten und Mythen. Außenhandelsverband für Mineralöl und Energie, Hamburg.

Weizsäcker, C. Christian von (1999): Logik der Globalisierung, Göttingen: Vandenhoeck & Ruprecht.

Westfahl, Kirsten (2004): Handlungsbedarf: Die Energiepolitik der Europäischen Union, in: Osteuropa, 54. Jahrg. Heft 9-10, Europa unter Spannung – Energiepolitik zwischen Ost und West, S. 39-54.

Williamson, Oliver E. (1975): Markets and Hierarchies: Analysis and Antitrust Implications, New York: The Free Press.

Womack, James P./Daniel T. Jones/Daniel Roos (1992): Die zweite Revolution in der Autoindustrie: Konsequenzen aus der weltweiten Studie des Massachusetts Institute of Technology, Frankfurt am Main: Campus.

Yergin, Daniel (1991): Der Preis: Die Jagd nach Öl, Geld und Macht, Frankfurt am Main: Fischer.

Yergin, Daniel/Joseph Stanislaw (1999): Staat oder Markt: Schlüsselfrage unseres Jahrhunderts, Frankfurt am Main: Campus.

Zündorf, Lutz (1995): Weltwirtschaft: Soziologische Annäherungen an einen ökonomischen Begriff, in: Dieter Bögenhold u. a. (Hg.), Soziale Welt und soziologische Praxis: Festschrift für Heinz Hartmann, Göttingen: Nomos, S. 73-88.

Zündorf, Lutz (1999): Dimensionen weltwirtschaftlicher Vergesellschaftung: Weltmärkte, transnationale Unternehmen und internationale Organisationen, in: Eckardt, Andrea, Holm-Detlev Köhler, Ludger Pries (Hg.), Global Players in lokalen Bindungen, Berlin: Edition Sigma, S. 31-52.

Zündorf, Lutz (2002): Das System der internationalen Erdölindustrie, Universität Lüneburg: Fachbereich Wirtschafts- und Sozialwissenschaften, Arbeitsbericht 269.

Zündorf, Lutz (2003): Das Weltsystem des Erdöls: eine theoretisch-empirische Skizze, in: Kölner Zeitschrift für Soziologie und Sozialpsychologie 55. Jg., S. 421-446.

Verzeichnis der Abbildungen und Tabellen

Abbildung 2.1:	Ursprung und Entwicklungspfad der Ölwirtschaft	61
Abbildung 2.2:	Weltweite Erdölförderung 1857–2004	72
Abbildung 2.3:	Idealtypische Lebenszykluskurve des Erdöls	73
Abbildung 2.4:	Historische Entwicklung und Projektion der weltweiten Erdölförderung	79
Abbildung 2.5:	Szenarien der Weltproduktion	80
Abbildung 2.6:	Jährliche Ölfunde und Weltölproduktion	83
Abbildung 2.7:	Preisentwicklung für Rohöl 1970-2004	86
Abbildung 2.8:	Energieverbrauch und wirtschaftliche Entwicklung	100
Abbildung 3.1:	Jährliche Erdölproduktion von Mexiko und Venezuela 1910–1948	140
Abbildung 3.2:	Jährliche Erdölproduktion Lateinamerikas, des Nahen und Mittleren Ostens und Afrikas 1920–1974	157
Abbildung 3.3:	Ölpipelines in der kaspischen Region	170
Abbildung 4.1:	Verstaatlichung der Ölgesellschaften	210
Abbildung 4.2:	Entwicklung der Nettoexporteinnahmen der OPEC 1972–2007	219
Tabelle 2.1:	Rohstoffe, Reserven, Ressourcen und Verfügbarkeit von Energierohstoffen 2005	75
Tabelle 2.2:	Kondratieff-Zyklen und Hegemonialzyklen	102
Tabelle 3.1:	Nationale Typen der Inkorporation externer Regionen des Nahen Ostens	150
Tabelle 3.2:	Erdölreserven, Produktion und Export postsowjetischer Staaten am Kaspischen Meer	159
Tabelle 3.3:	Weltsystem, Inkorporation und dominante Konzerne	174
Tabelle 4.1:	Gewinne und Abgaben von sieben internationalen Ölgesellschaften in der östlichen Hemisphäre, 1957–1970	192
Tabelle 4.2:	Konjunkturelle und strukturelle Effekte der OPEC-Revolution in Zentrums- und Peripherieländern	222
Tabelle 5.1:	Erdölregime im typologischen Vergleich	270
Tabelle 5.2:	Theoretische Erklärungen der drei Erdölregime	276

Sachregister

Afrika 22, 35, 69, 131f., 151, 153f., 156f., 268, 281
AGIP (Agenzia Generali Italiana Petroli) 174
Ägypten 20, 128, 196, 202, 203, 215, 248
Alaska 18, 65, 68, 73, 217, 223, 242, 246, 286
Algerien 18, 69, 71, 127, 132, 141, 152ff., 165, 174, 196, 212f.
Anglo-Iranian Oil Company (AIOC) 27, 142f., 190, 203, 245
Anglo-Persian Oil Company (APOC) 142ff., 147, 150, 174, 187f., 207, 245, 254
Aramco (Arabian-American Oil Company) 150, 242
Aserbaidschan 12, 70, 132, 157ff., 174, 196
Asien 22, 141f., 158, 248, 264f., 267, 269, 280ff. *siehe auch* Zentralasien
Automobilindustrie 48, 87ff., 103, 106, 117
Automobilisierung 92, 142, 145, 150

Bahrain 141, 147
Börse 7, 75, 117, 194, 264, 268, 293
BP (British Petroleum) 27, 77, 115, 143, 150, 153, 155, 163ff., 174, 183, 187, 243ff., 254, 257, 266, 268

CFP (Compagnie Française des Pétroles) 143, 145, 152, 174, 191
China 49, 71, 98, 111, 117, 123, 160, 165, 167ff., 173, 267ff., 275, 279f., 284, 287, 289f.

Deutschland 49, 89f., 98, 107f., 110f., 116, 123, 133, 216f., 222, 245, 247, 280
Dubai 77, 264

ENI (Ente Nazionale Idrocarburi) 166f., 209, 268
Enteignung 136, 207, 213 *siehe auch* Verstaatlichung
Entkolonialisierung 12, 213, 282f.
Exploration 67, 72f., 82ff., 92, 128, 137, 142, 146, 155, 170, 172, 182, 184ff., 211f., 223, 234, 236ff., 242, 244, 246, 248, 255, 267
Export 23, 26, 132, 137f., 155, 159, 237, 241, 289
Exxon 10, 64, 115, 136, 138, 143, 145, 153, 163, 166, 208, 215, 240, 242f., 246, 254, 268 *siehe auch* Standard Oil

Finanzkapitalismus 13, 237, 269, 271, 282f., 285, 293
Fluch der Ressourcen 99, 284 *siehe auch* Paradox of Plenty
Ford 89f., 92, 106
Fordismus 47, 90, 106
Förderkartell 260 *siehe auch* Produktionskartell
Fördermaximum 66, 72f., 77ff. *siehe auch* Peak Oil
Förderquote 76, 78, 183, 220, 260, 265
Frankreich 26, 42, 49, 55, 90, 107, 111, 128, 133, 141, 145, 152, 171, 180, 196, 213, 216, 280
Fundamentaldaten 264ff.

Gegenmachtpolitiker 200ff., 205, 207, 211, 227
Gegenmachtstrategien 26
Gemeinschaftsunternehmen 147f., 155, 248, 250, 256 *siehe auch* Joint Venture

306

Gewinn 22f., 26, 29ff., 45, 90, 62f., 92, 136f., 143, 183ff., 189ff., 194, 220, 241, 249, 253, 283f., 293 *siehe auch* Profit
Gewinnbeteiligung 146, 187, 204, 209
Gewinnverteilung 12, 26, 207ff., 257
Großbritannien 9, 12, 26ff., 42ff., 49, 54ff., 90, 101ff., 107f., 110f., 114, 116, 123, 125f., 128, 130f., 133, 140ff., 149, 153f., 160, 172, 180, 196, 207, 213, 217f., 232, 244, 247, 256, 266, 272, 280, 282, 286
Gulf Oil Corporation 147, 245

Hedge-Fond 263
Hegemonialmacht 9, 20ff., 27, 44, 51, 53ff., 101, 103, 105, 107f., 110, 115f., 126f., 131, 152, 160, 162, 172, 216, 227, 232, 271f., 274, 294
Hegemonialzyklus 10, 12, 28, 51, 53ff., 59, 100ff., 121f.
Horizontale Integration 241, 256
Hyperzyklus 10f., 229, 277f., 282

Imperialismus 28, 41ff., 127f., 130, 142, 145, 173f., 196, 199, 202, 206, 283
Innovation 9, 12, 24, 29, 34f., 38ff., 43, 45, 47, 49f., 53, 59, 87f., 95ff., 105, 107, 110, 122, 205, 222, 242, 247, 271
Irak 12, 18, 25ff., 68, 71, 77, 123, 131, 144ff., 148, 150, 152, 174, 187f., 212, 219f., 223, 225, 242, 245, 249, 268, 288
Iran 12, 18, 20, 25, 27, 67f., 71, 77, 84, 131, 141f., 144ff., 150, 153f., 159ff., 164f., 167ff., 174, 187f., 190, 202f., 209, 212, 217, 219f., 245f., 249, 257, 259, 261, 280, 288 *siehe auch* Persien
Iraq Petroleum Company (IPC) 145ff., 150, 187, 189, 255
Islamische Revolution 25, 27, 84, 288

Joint Venture 147, 163, 165f., 168, 172, 254 *siehe auch* Gemeinschaftsunternehmen
Jom Kippur Krieg 27, 120

Kanada 18, 49, 78, 84, 107, 173, 287

Kartell 7, 13, 178, 206, 218, 220, 222, 238, 240, 258f., 269, 273, 276, 288 *siehe auch* Förderkartell, Produktionskartell
Kasachstan 12, 70, 132, 157ff., 165ff., 174
Kaspisches Meer 66, 70, 157ff. 164f., 167ff.
Kolonialismus 196, 201, 283
Kondratieff-Zyklus 9f., 12, 44ff., 55f., 59, 62, 81, 87, 92ff., 97, 99ff., 107f., 110, 116, 121f.
Konsortien 70, 128, 143ff., 147, 149f., 152, 163ff., 172, 174, 183, 189, 242, 246, 249f., 254ff., 283
Konzession 12, 82, 127, 129, 137, 142, 146f., 153f., 172, 177, 181, 183ff., 193f., 204, 207f., 238f., 244, 255, 257f., 260, 270, 272 *siehe auch* Ölkonzession
Kracken 87f.
Kuwait 20, 25, 27, 68f., 71, 77, 141, 146f., 150, 174, 203, 212, 219f., 223, 245f., 249, 255
Kuwait Oil Company 147, 150, 245

Lateinamerika 12, 119, 127, 131ff., 141, 151, 156f., 173, 184, 186f., 201, 268, 279, 281
Libyen 18, 69, 71, 132, 152ff., 165, 174, 183, 212, 219, 223, 246, 255, 261
Lieferunterbrechungen 261
Listenpreis 208 *siehe auch* posted price

Mexiko 11f., 18, 20f., 28, 65, 67f., 71, 127, 131ff., 162, 172, 174, 184f., 189, 196f., 209, 217f., 223, 232, 242, 246, 248f., 254, 266, 280, 286
Mobil Oil Corporation 64, 115, 143, 148, 155, 163, 166, 168, 240, 243, 246, 250, 268

Naher Osten 18, 20f., 26, 28, 55, 68, 71, 127f., 131, 139ff., 149f., 153, 159, 162, 167, 172, 180, 186, 196f., 201f., 206, 208,f., 213ff., 242, 244, 246, 249, 255ff., 259, 268, 279, 281, 284, 288f.
National Iranian Oil Company (NIOC) 143f., 164

307

Nigeria 12, 20, 69, 132, 154f., 174, 212, 219, 223, 245f., 249
Nordsee 70, 150, 162, 217, 223, 242, 246, 249, 264, 287

Ölboykott 68
Ölembargo 136
Ölexport 138f., 150, 152, 165, 173f.
Ölförderung 65f., 72f., 82, 215, 256 *siehe auch* Ölproduktion
Ölkonzession 143, 236 *siehe auch* Konzession
Ölkrise 11, 27, 71, 95, 122, 156, 229, 246, 261 *siehe auch* Ölpreisschock
Ölpipeline 170 *siehe auch* Pipeline
Ölpreis 25, 71, 74, 82, 84, 92, 95, 144, 206, 208, 215, 217ff., 224, 260f., 264, 266, 269, 287f. *siehe auch* posted price, Listenpreis
Ölpreisbildung 208
Ölpreiskrise 71, 95, 144, 223, 261f., 266, 288
Ölpreisschock 25, 82, 84, 92, 94, 116, 189, 217, 222f., 260f. *siehe auch* Ölkrise
Ölproduktion 11, 66f., 78, 138ff., 142, 149, 156f., 172, 189, 206, 218, 241, 249, 253, 263, 265, 288 *siehe auch* Ölförderung
Ölreserven 13, 18, 20, 76, 78, 159, 173, 212, 218f., 259, 266, 279, 281, 284, 288, 290
Ölvorkommen 9ff., 19f., 28, 55, 67, 69f., 72, 74, 77, 80ff., 98, 100, 110, 115, 121f., 125, 127, 129, 136f., 144, 148, 150, 152f., 158, 160f., 164f., 167ff., 172, 178, 181f., 187, 198, 201, 206f., 213, 216, 221, 223, 226, 234, 238ff., 253, 255, 257ff., 267ff., 286f., 290
OPEC 7, 11, 13, 25, 27, 70, 76f., 82, 84f., 131, 139, 144, 154, 156, 159, 165, 173, 179, 190, 202, 204, 208f., 212ff., 236, 238, 257ff., 264f., 269ff., 276, 288, 292f.

Paradox of plenty 99, 222, 225 *siehe auch* Fluch der Ressourcen
Peak Oil 79 *siehe auch* Fördermaximum

Persien 11, 27, 67, 141ff., 172, 183, 187, 196, 201, 207, 212, 244, 255, 287 *siehe auch* Iran
Pipeline 23, 64, 68, 143, 160, 162ff., 167ff., 191, 241, 245 *siehe auch* Ölpipeline
Posted Price 208, 212, 215 *siehe auch* Listenpreis
Preisbildung 237, 264, 270 *siehe auch* Ölpreisbildung
Produktionskartell 179, 220, 227, 259, 270 *siehe auch* Förderkartell
Profit 15, 29, 32, 45, 62, 76, 138, 189, 206, 214, 254f., 263f. *siehe auch* Gewinn

Raffinerie 64, 68, 88, 138, 143, 206, 240f., 245, 249, 252, 254, 261, 265
Red-Line-Agreement 145, 147f. *siehe auch* Rotstiftabkommen
Regime 13, 27, 48, 51, 56, 113, 115, 118, 122, 133, 136, 138, 154, 155, 180, 203, 212, 213, 217, 225, 229, 235, 236, 238, 256ff., 270ff., 287, 292
Rentier-Staat 23, 222, 224f., 260
Reserven 7, 20, 74ff., 159, 161, 164, 166f., 169, 219, 223, 265, 278, 286 *siehe auch* Ölreserven
Ressourcen 21, 24ff., 60, 63, 71f., 74ff., 104, 109, 125f., 130, 155, 161, 200, 205, 251, 276, 278, 287, 291
Rotstiftabkommen 147, 206 *siehe auch* Red-Line-Agreement
Royal Dutch/Shell 115, 135ff., 143f., 150, 156, 174, 244ff., 254, 268
Royalties 183ff., 208
Russland 18, 20ff., 54, 66f., 71, 111, 119, 141, 144, 158ff., 164f., 167ff., 180, 187, 247f., 268f., 280, 284, 289
Russlands 168, 173, 279, 281, 284, 287, 289f.

Saudi-Arabien 67ff., 77, 115, 128, 131, 146ff., 165, 174, 188, 190f., 193, 198, 201, 204, 209, 212, 218ff., 223, 242, 260
Sieben Schwestern 115, 153, 172, 189, 206, 209, 212, 256, 283

Socal (Standard Oil of California) 115, 147f., 174, 188, 193, 246, 250
Sowjetunion 16, 55, 67, 70, 111, 123, 142, 152, 157f., 160, 163, 166, 205, 214, 246, 282
Spekulation 118, 218, 263, 266, 277, 288
Spot-Markt 57, 250, 267, 269
Staatseinnahmen 20, 143, 171, 182, 186, 189ff., 193, 222, 224, 257, 262, 284
Staatskonzern 7, 13, 82, 143, 153, 166, 168, 178, 211, 224, 237, 244, 258ff., 267f., 284f., 287f.
Standard Oil 10, 35, 64, 66, 87f., 115, 135ff., 143, 145, 147f., 150, 153, 158, 174, 188, 215, 234, 240ff., 254, 256, 287 *siehe auch* Exxon
Steuern 23, 104, 115, 129, 132, 135, 139, 146, 153f., 171, 182ff., 189f., 193, 207f., 212, 253, 257
Strategie 26, 64, 154, 212, 216, 233, 239, 247, 249ff., 253, 259, 268, 273
Struktur 15, 21, 38, 54, 233, 258, 277
Suezkanal 55, 66, 158, 202, 214, 247
Suezkrise 128
Swap 167, 168, 169, 262f., 293
Swing Supplier 220, 260

Terminkontrakt 262ff.
Terminmarkt 263, 269
Texaco 115, 143, 148, 150, 155, 166, 174, 204, 243, 246, 250
Texas 65, 88, 204, 206, 234, 242, 264, 266, 286
Turkish Petroleum Company (TPC) 144, 242, 245
Turkmenistan 12, 70, 132, 158ff., 169, 174

USA 9, 20, 22, 25, 27f., 49, 55f., 65f., 69, 71, 73, 91, 93, 95, 101f., 105ff., 114ff., 122, 127f., 130f., 133f., 136ff., 142, 145, 148ff., 152, 156, 160, 162, 169, 173f., 180, 206, 208, 214f., 217, 222, 226, 242f., 248, 253, 256, 266, 268f., 271, 276, 281, 290, 293f. *siehe auch* Vereinigte Staaten

Venezuela 12, 18, 20, 67f., 71, 78, 84, 127, 131f., 137ff., 154, 172, 174, 185, 189, 191, 196f., 208, 212, 214, 219, 242, 248, 287
Vereinigte Arabischen Emirate 69, 212
Vereinigte Staaten 12, 126, 128, 130f., 133, 135, 138, 140ff., 145, 148f., 158, 160, 162f., 167, 172, 189, 197f., 204f., 207, 214, 216f., 227, 232, 241, 244f., 261, 271f., 275, 279f., 282, 286, 293 *siehe auch* USA
Verstaatlichung 68, 135, 138f., 143, 146f., 153f., 203ff., 207, 209ff., 213, 217, 221, 227, 244ff., 248, 253, 257 *siehe auch* Enteignung
Vertikale Integration 64, 233, 239f., 242, 248, 250f., 253f., 256

Warenterminmarkt 263
Weltkrieg 26, 28, 55, 65ff., 70f., 84, 88, 90, 107ff., 113, 119, 122, 128, 139, 141ff., 145, 148, 151ff., 158, 172, 180, 183, 188, 196, 198, 208, 213, 226, 232, 245, 248f., 271, 280f.
Weltölproduktion 10, 66, 71, 83, 97f., 121, 135, 227
Wirtschaftswachstum 18, 25, 47, 106, 125, 222, 265, 280, 289f.

Zentralasien 70, 84, 132, 157ff., 161, 173, 223, 268

Das Grundlagenwerk für alle Soziologie-Interessierte

> in überarbeiteter Neuauflage!

Das **Lexikon zur Soziologie** ist das umfassendste Nachschlagewerk für die sozialwissenschaftliche Fachsprache. Für die 4. Auflage wurde das Werk völlig neu bearbeitet und durch Aufnahme zahlreicher neuer Stichwortartikel erheblich erweitert.

Das **Lexikon zur Soziologie** bietet aktuelle, zuverlässige Erklärungen von Begriffen aus der Soziologie sowie aus Sozialphilosophie, Politikwissenschaft und Politischer Ökonomie, Sozialpsychologie, Psychoanalyse und allgemeiner Psychologie, Anthropologie und Verhaltensforschung, Wissenschaftstheorie und Statistik.

Werner Fuchs-Heinritz /
Rüdiger Lautmann /
Otthein Rammstedt /
Hanns Wienold (Hrsg.)
Lexikon zur Soziologie
4., grundl. überarb. Aufl.
2007. 748 S. Geb. EUR 39,90
ISBN 978-3-531-15573-9

Die Herausgeber:

Dr. Werner Fuchs-Heinritz ist Professor für Soziologie an der FernUniversität Hagen.

Dr. Rüdiger Lautmann ist Professor an der Universität Bremen und Leiter des Instituts für Sicherheits- und Präventionsforschung (ISIP) in Hamburg.

Dr. Otthein Rammstedt ist Professor für Soziologie an der Universität Bielefeld.

Dr. Hanns Wienold ist Professor für Soziologie an der Universität Münster.

Erhältlich im Buchhandel oder beim Verlag.
Änderungen vorbehalten.
Stand: Juli 2008.

www.vs-verlag.de

Abraham-Lincoln-Straße 46
65189 Wiesbaden
Tel. 0611.7878-722
Fax 0611.7878-400

Theorie

Dirk Baecker (Hrsg.)
Schlüsselwerke der Systemtheorie
2005. 352 S. Geb. EUR 24,90
ISBN 978-3-531-14084-1

Ralf Dahrendorf
Homo Sociologicus
Ein Versuch zur Geschichte, Bedeutung und Kritik der Kategorie der sozialen Rolle
16. Aufl. 2006. 126 S. Br. EUR 14,90
ISBN 978-3-531-31122-7

Shmuel N. Eisenstadt
Die großen Revolutionen und die Kulturen der Moderne
2006. 250 S. Br. EUR 34,90
ISBN 978-3-531-14993-6

Shmuel N. Eisenstadt
Theorie und Moderne
Soziologische Essays
2006. 607 S. Geb. EUR 49,90
ISBN 978-3-531-14565-5

Axel Honneth / Institut für Sozialforschung (Hrsg.)
Schlüsseltexte der Kritischen Theorie
2006. 414 S. Geb. EUR 34,90
ISBN 978-3-531-14108-4

Niklas Luhmann
Beobachtungen der Moderne
2. Aufl. 2006. 220 S. Br. EUR 24,90
ISBN 978-3-531-32263-6

Uwe Schimank
Differenzierung und Integration der modernen Gesellschaft
Beiträge zur akteurzentrierten Differenzierungstheorie 1
2005. 297 S. Br. EUR 29,90
ISBN 978-3-531-14683-6

Uwe Schimank
Teilsystemische Autonomie und politische Gesellschaftssteuerung
Beiträge zur akteurzentrierten Differenzierungstheorie 2
2006. 307 S. Br. EUR 29,90
ISBN 978-3-531-14684-3

Jürgen Raab / Michaela Pfadenhauer / Peter Stegmaier / Jochen Dreher / Bernt Schnettler (Hrsg.)
Phänomenologie und Soziologie
Theoretische Positionen, aktuelle Problemfelder und empirische Umsetzungen
2008. 415 S. Br. EUR 29,90
ISBN 978-3-531-15428-2

Erhältlich im Buchhandel oder beim Verlag.
Änderungen vorbehalten. Stand: Juli 2008.

www.vs-verlag.de

VS VERLAG FÜR SOZIALWISSENSCHAFTEN

Abraham-Lincoln-Straße 46
65189 Wiesbaden
Tel. 0611.7878-722
Fax 0611.7878-400

Soziologie

Hans Paul Bahrdt
Die moderne Großstadt
Soziologische Überlegungen
zum Städtebau
Hrsg. von Ulfert Herlyn
2. Aufl. 2006. 248 S. Br. EUR 34,90
ISBN 978-3-531-14985-1

Jürgen Gerhards
**Kulturelle Unterschiede
in der Europäischen Union**
Ein Vergleich zwischen Mitgliedsländern,
Beitrittskandidaten und der Türkei
2., durchges. Aufl. 2006. 316 S.
Br. EUR 29,90
ISBN 978-3-531-34321-1

Andreas Hadjar / Rolf Becker (Hrsg.)
Die Bildungsexpansion
Erwartete und unerwartete Folgen
2006. 362 S. Br. EUR 29,90
ISBN 978-3-531-14938-7

Ronald Hitzler /
Michaela Pfadenhauer (Hrsg.)
Gegenwärtige Zukünfte
Interpretative Beiträge zur sozialwissen-
schaftlichen Diagnose und Prognose
2005. 274 S. Br. EUR 19,90
ISBN 978-3-531-14582-2

Andrea Mennicken /
Hendrik Vollmer (Hrsg.)
Zahlenwerk
Kalkulation, Organisation
und Gesellschaft
2007. 274 S. (Organisation und
Gesellschaft) Br. EUR 29,90
ISBN 978-3-531-15167-0

Armin Nassehi
Soziologie
Zehn einführende Vorlesungen
2008. 207 S. Geb. EUR 16,90
ISBN 978-3-531-15433-6

Gunter Schmidt / Silja Matthiesen /
Arne Dekker / Kurt Starke
Spätmoderne Beziehungswelten
Report über Partnerschaft und Sexualität
in drei Generationen
2006. 159 S. Br. EUR 24,90
ISBN 978-3-531-14285-2

Georg Vobruba
**Entkoppelung von Arbeit
und Einkommen**
Das Grundeinkommen in der
Arbeitsgesellschaft
2., erw. Aufl. 2007. 227 S. Br. EUR 24,90
ISBN 978-3-531-15471-8

Erhältlich im Buchhandel oder beim Verlag.
Änderungen vorbehalten. Stand: Juli 2008.

www.vs-verlag.de

VS VERLAG FÜR SOZIALWISSENSCHAFTEN

Abraham-Lincoln-Straße 46
65189 Wiesbaden
Tel. 0611.7878-722
Fax 0611.7878-400